これならできる！

自然菜園

竹内孝功 著

耕さず草を生やして共育ち

農文協

はじめに

「無為自然」。自然に勝るものなし。19歳で市民農園で自然農法に取り組みはじめ、弱冠34歳で著書を書かせていただけるのは、自然農法の創始者の福岡正信先生をはじめ、自然農の川口由一先生、十草農業の廣野壽喜先生、(公財)自然農法国際研究開発センターの中川原敏雄先生や西村和雄先生、有機農業の金子美登先生、堆肥・育土研究所の橋本力男先生など、数多くの先駆者との出会い、その教えがあったからです。それぞれの先生の教えは、どれも独創的で、正直、当時は理解できず、各農法の矛盾に悩み苦しみました。しかし、失敗を繰り返しながら実践していくうちに、いずれのやり方にも共通している根っこがあることを知りました。その根っここそ、作物をはじめ生きもの命の営み、自然を最大限に活かすことでした。

本書では、偉大な先人たちの知恵を活かし、野菜が自然に育つために、自然の営みを活かして最小限の手助けで育てるコツを紹介します。しかし、それは絶対的なものではなく、自然との付き合い方で変わってくるものです。日本列島は北海道から沖縄まで南北に長く、それぞれの風土が個性的で、栽培方法も多様です。あるやり方が、ほかの地域では使えないことは多々あります。そこが面白いところだと今は思えます。私の経験した関東、長野を中心に自然菜園の基本的な考え方や方法を紹介しましたが、それぞれの風土に合わせて創意工夫していただき、生きものと共存、共育《ともそだ》ちする自然な菜園を育ててください。本書がそのきっかけの一歩になれば幸いです。

今思えば、生意気で頭でっかちな僕に惜しげもなく教えを与えてくださった数多くの諸先生たちにこの場を借りて感謝申し上げます。そして、なかなかまとまって書けずに多大のご迷惑をかけ、それでも熱心に編集してくださった農文協の赤澤さんにもお礼申し上げます。

平成24年6月吉日

信州安曇野　**竹内 孝功**

ウコッケイも元気な竹内自然菜園

これならできる！自然菜園

目次

自然菜園の野菜栽培の実際——75

イラスト・近藤 泉／レイアウト・條 克己

春先に、畑を覆い、けなげに咲く
ハコベやナズナ、オドリコソウ、オオイヌノフグリ
そんな草をちょっとのけて、種をまきます。
大きな夏草が伸びてきたら、
鎌で刈って草マルチにします。

自然菜園では、野菜だけでなく、
草やいろいろな生きものたちが共存しあいながら、
みんな、よりよく生きようと
根を張り、土を育てながら育ちます。
今まで、勝手に「雑草」と呼ばれてきた草たちが
とても愛おしく思えてきます。

昨秋、自家採種用に植え直したダイコンが花盛り

定植したトマトの下草をせっせと刈って草マルチ

自然菜園を続けていると、
年々、土も柔らかくなって良くなり、
全面的に耕したり、いずれは堆肥や肥料を施さなくとも、
自然に育つようになってくれます。
生きものたちも増え、病気や害虫の害も少なくなります。
自然菜園の野菜は野生のたくましさが蘇り
甘みがのってとてもおいしく、食べると元気になります。

草マルチの中で元気にクローバーと共に育つキャベツとレタス

PART 1

これならできる！　自然菜園

草と共存する自然菜園

草と共存して真っ赤に熟れたトマト

1 自然菜園にようこそ

自然の営みが育てる菜園

「雑草は放っておくとはびこって養分や水分、光を奪い、野菜が負けてしまうので、早めに除草すること」これが農家でも家庭菜園でも常識になっています。草は雑草と呼ばれ敵視され、耕したり抜き取られて畑から排除されてきました。

　自然菜園では、耕さず、草は抜き取らずに刈って敷いて、草の命を全うさせ、草と野菜を共に育てます。いろいろな草と共に、微生物や虫など、いろいろな生きものも増え、病虫害も気にならなくなります。しかも無尽蔵に生えてくる草たちのおかげで、耕さずとも、また肥料もほとんど施さずとも、無農薬でおいしい野菜が育つようになってきます。

　しかし、昔からある在来の野菜は、アサツキ、フキ、ゴボウ、ニンジン、ダイコン、カブなどくらいで、現在の日本で作られている野菜の大半は、明治以降に気候風土や土が違う外国から入ってきました。しかも今の野菜の品種は、農薬や化学肥料で骨抜きにされ、人の手助けなしには育ちません。自然菜園では、放任栽培ではなく、人が少し手を加えてできた里山のように、自然と共に手を取り合いながら野菜を育みます。

自然菜園の10の作法

　草と野菜が共存共栄する自然菜園には、10の基本的な作法があります。

その1 自然のリズムに合わせ適期適作で無農薬栽培

　まず大切なことは、自然のリズムに合わせた旬に栽培することです。適期をはずして栽培すると、病虫害にもあいやすく、生育もイマイチです。適期に育てると、害虫の被害も少なく、元気に育ち、風味も増します（42～43頁参照）。

その2 土のステージ（状態）に合った野菜を選び適地適作

　畑の土の状態によって生えてくる草が違い、育てやすい野菜が違います。生えてくる草の種類で、土のステージを1～3の3段階に分けて、適した作物、野菜を選びます（26～29頁参照）。

その3 野菜や草の根と土壌生物が耕し育てる不耕起・自然耕

　自然菜園では、根深ネギなどは土寄せなどで土を動かしますが、基本的に耕さず、一度作ったウネは何年間もそのまま使います。草や野菜の根、草マルチやミミズなどの土壌生物が、根穴構造や団粒構造を作り、野菜が自然に育つ土を育ててくれるからです。これを自然耕といいます（8～14頁参照）。

その4 最初に根性のある根を育てる

　種まき後、あるいは定植後の約1ヵ月間は、地上部の葉や茎よりも根が優先して育つように肥料や水も制限し、根性のある根を育てます。地上部の生育は最初ゆっくりで心細いかもしれませんが、「三つ子の魂百までも」というように、初期に根性をつけた野菜は、その後は丈夫に健康に育ちます（38～41頁参照）。

その5 堆肥や有機質肥料も最小限に

　有機栽培の失敗の多くが未熟堆肥や有機質肥料のやり過ぎが原因です。自然菜園では、化学肥料や農薬を使わないことはもちろんですが、堆肥や有機質肥料は最小限にします。堆肥は草のパワーが不足している土に補完的に施したり、「クラッキ」や「マチクラッキ」として少量施したりするだけです。土は堆肥で作るものでなく、野菜と草と微生物に育んでもらう「育土《いくど》」が基本です（30～31頁参照）。

その6 草は抜かずに刈って草マルチに

草は、野菜の草丈以上になる前に根を残して刈り、野菜の株元に敷いて草マルチにします。刈った草は根を残すことによって再生し、根は深く張って団粒構造を土の下層まで育み、草マルチは朽ちて地表から土を育みます。草マルチの下はいろいろな生きものの住《す》処《か》となり、病原菌や害虫がはびこりにくくなります（12～14頁参照）。

その7 コンパニオンプランツとの混作、間作

自然界では単一の草だけがはびこることはまれで、多くはいろいろな草が互いに助け合ったり、住み分けたりして混在しています。野菜や草でも、互いに助け合って育つ相性の良い組み合わせがあります。そのような植物をコンパニオンプランツ（共栄植物）といいます。コンパニオンプランツを混作、間作すると、調和がとれ、野菜の生長が促進されたり病原菌や害虫がはびこりにくくなります（18～22頁参照）。

その8 イネ科・マメ科の緑肥作物を通路にまいて草マルチ

イネ科やマメ科の緑肥作物の種を土手や通路などにまき、すき込まず、草と同様に刈って草マルチにします。イネ科の緑肥作物は細かな根が深くまで張り、土を深くまで耕してくれます。マメ科の緑肥作物は、根粒菌が根につき、空気中のチッソを固定し土を肥やします（15～17頁参照）。

その9 その畑に適した強い種を育む自家採種

自然菜園では野性味があって根性のある品種が適していますが、現在の市販品種の多くは、農薬・化学肥料栽培を前提に育種されています。耕さず肥料のあまり施さない自然菜園で育った優良株から自家採種すると、3～4年後には野性味に富んだ育てやすい、その畑に合った品種になってきます（70～71頁参照）。

その10 だんだん良くなる自然菜園

自然菜園を続けていくと、野菜が自然に育ちやすい土に変わってきます。害虫や病原菌の天敵も増えてくるので、だんだん病虫害が気にならなくなります。自然に育つ野菜は風味も良くなり、かけがえのない菜園になってきます（32～35頁参照）。

2 根と土壌生物が耕す「自然耕」

耕さずとも下層まで膨軟になる

耕さなくとも本当に大丈夫でしょうか？

春に1.8ｍの支柱を、耕している慣行栽培の畑と、4年間耕していない自然菜園の畑に突き刺してみました。

慣行栽培の耕起畑

長さ 1.8 ｍの野菜支柱

耕している畑に垂直に突き刺す

ここまでが限界、67㎝

自然菜園畑

自然菜園に突き刺すと、楽らく入っていく

ちょっと力をいれると、まだまだ入る

支柱の先近くまで入ってしまった

不耕起自然菜園では余裕で１ｍ 72㎝

やってみて自分でも改めて驚きました。耕している隣の畑は67㎝までしか入らなかったのに、自然菜園では、なんと楽らくと１ｍ72㎝まで入ってしまったのです。自然菜園の畑は、支柱が長ければもっと深く入ったでしょう。なぜ？

根を掘り上げてみると

草を生やすだけでなぜ、深くまで土が柔らかくなったのでしょうか。冬の間に根を張らせていたハコベとライムギの根を掘り上げてみました。

ライムギの根
１ｍ以上にも深くたくさんの根が大地を突き刺すように伸びている

ハコベの根
細かな根が表層にびっしりとスポンジ状に張りめぐっている

根が深くまで張り、根穴や団粒構造を作っている

前年にナスを育てたオドリコソウやハコべが繁茂した自然菜園の畑を、70cmほど掘ってみました。表層は草の細かな根と粒々の土になっており、ミミズもいます。地表から30～40cmの部分にも根穴や土の粒々がいっぱいで、よく見ると無数に伸びた細根のまわりにからまるように粒々ができています。さらに深い50～60cmの層にも、固い土に突き刺さるように根が伸びていて、そのまわりに柔らかな粒々ができています。この粒々の土の構造を団粒構造といいます。

自然菜園で支柱が1m72cmの深さまで入ったのは、この草や野菜の根が作った根穴や団粒構造が、その深さまでできていて柔らかくなっていたからです。

ミミズが作った団粒（糞）

根が土を耕す

1 春先にナスを作ったウネを深さ70cmくらいまで掘ってみた

2 表層の草マルチの下に、ミミズやネキリムシを発見

3 深さ20cmくらいまでは草の根がいっぱいの土布団

4 深さ30～40cmの部分にも根や根穴や土の粒々がいっぱい

5 50～60cmの層にも根が固い土に突き刺さるように伸び、そのまわりに粒々ができている

6 よく見ると伸びた細根のまわりにからまるように粒々ができている

草や野菜の根が作る多孔な根穴構造

人が耕さずとも、草や野菜の無数の根が耕すように土中に張りめぐり、やがて枯れるとスポンジのような根穴構造ができます。ちょうど人間の体の隅々までめぐっている血管のようです。この根穴は根に空気（酸素）や水を運ぶパイプラインとなり、次に生える草や野菜の根は、その根穴を伝わるように根を張らせ、さらにこの根穴を発達させていきます。

野菜が育つ良い土の条件は、「水はけが良く水もちも良い」というもので矛盾しています。根は水分も必要としますが、呼吸するために大量の酸素も必要とします。水もちも必要ですが、水はけが悪いと土の中が酸欠状態になって根が腐ってしまいます。

水はけ、水もち、肥もちを良くする団粒構造

自然菜園の土が深くまで柔らかになるのは、根穴構造だけではありません。前頁の写真で見られたように、根のまわりに土の粒々ができます。これを団粒構造といいます。土の微細な粒子がすきまなく詰まった土は単粒構造といって、固くて水はけが良くありません。

団粒構造は、最初は水に溶け壊れやすい小さな粒（ミクロ団粒）ですが、その小さな粒がくっついて大きな団粒に発達すると、水に溶けにくい丈夫な団粒構造（マクロ団粒）となります。マクロ団粒には小さなすきまや大きなすきまが多く、小さなすきまには水がたまり、大きなすきまは水の通り道となって空気も入るので、水はけも水もちも良くなります。さらに団粒構造自体がマイナス電子を帯びていて、アンモニアやカリウム、カルシウム、マグネシウムなどのプラスイオンをもった養分を吸着し貯蔵します。そのため肥もちも良くなり、肥料を与えなくとも蓄えた肥料分を野菜が必要なときに必要な分だけ供給してくれます。

自然菜園がうまく軌道にのってくると、肥料に依存しなくてもよくなるのは、必要な養分を団粒が蓄えているからです。

根と微生物が団粒構造を作る

なぜ団粒構造は根のまわりにできるのでしょうか。

0.5㎜くらいの団粒（マクロ団粒）を顕微鏡で見ると、小さな団粒（ミクロ団粒）や死んだ根や腐った植物の遺体、カビ（糸状菌）の菌糸などに生きた根がからみあっているそうです。さらに0.05㎜ほどの小さな団粒（ミクロ団粒）を拡大してみると、粘土粒子に植物の遺体が分解されつくしてできる腐植がくっつくように取り囲み、そのまわりには細菌や粘着物質が満たされているようです。粘土粒子

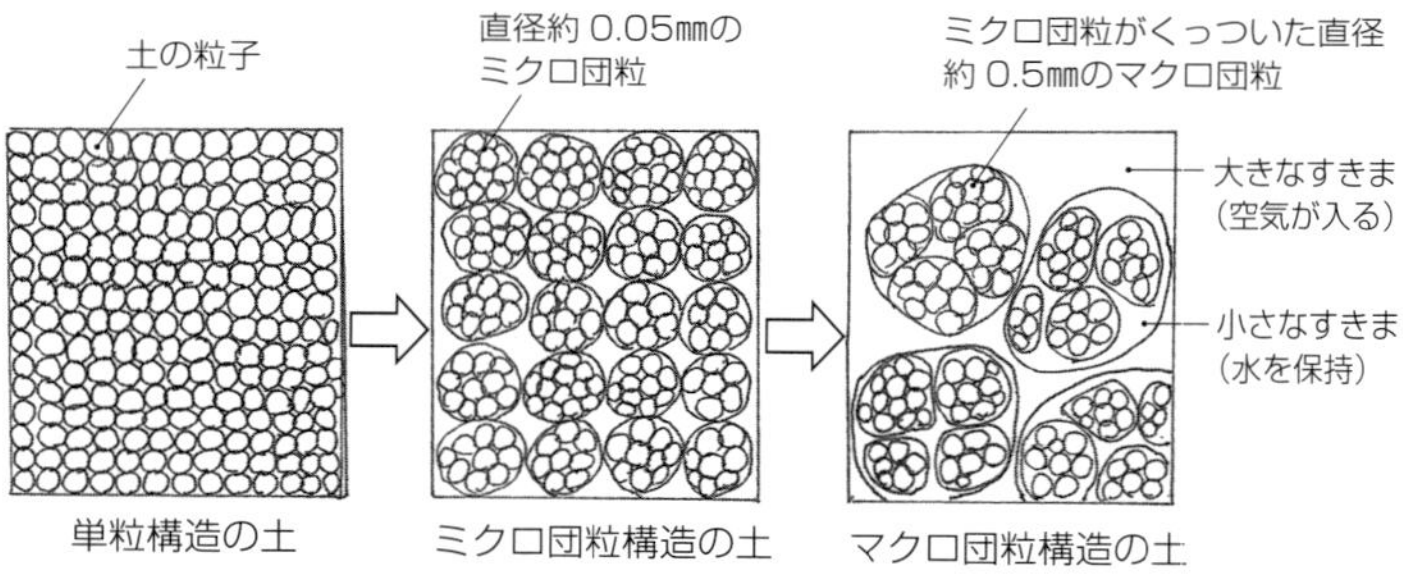

団粒構造の発達

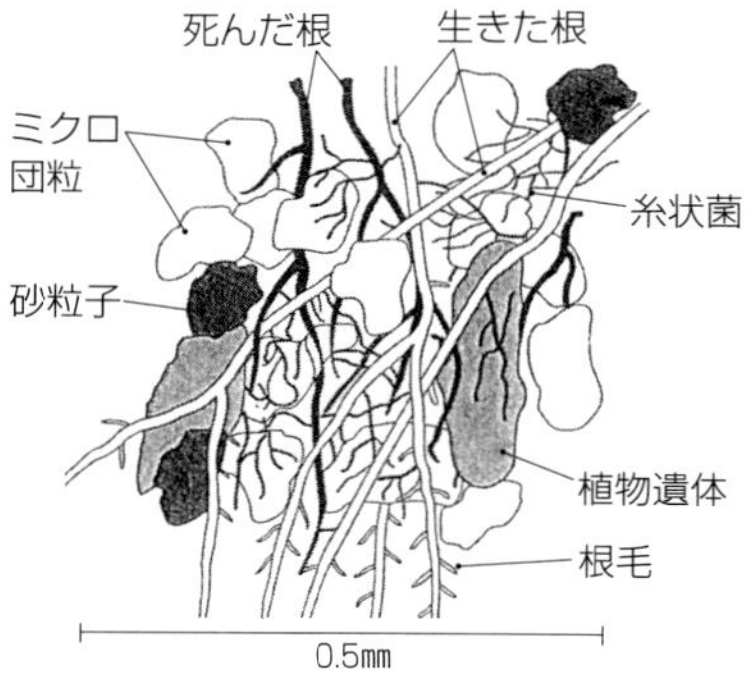

マクロ団粒
（Haynes and Beare 1996　青山正和『土壌団粒』農文協）

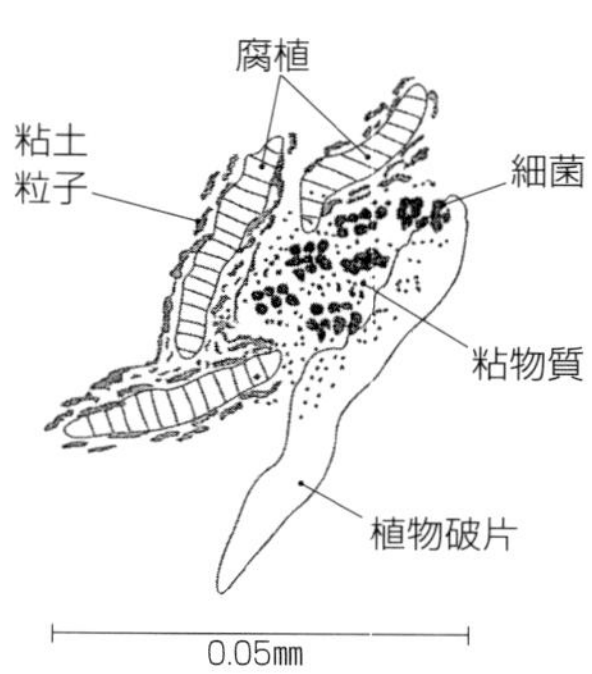

ミクロ団粒
（Haynes and Beare 1996　青山正和『土壌団粒』農文協）

と腐植とが、根や土壌微生物が分泌する粘着物質でくっついたものが団粒構造なのです。

ミミズも団粒構造作りを担っています。ミミズは枯れた茎葉や根を土といっしょに食べて、腸で消化して粘着物質でくっつけて、図のように地表に団粒構造となった大きな糞を出します。自然菜園の草マルチの下にころころある粒は、すべてミミズなどが作った団粒です。

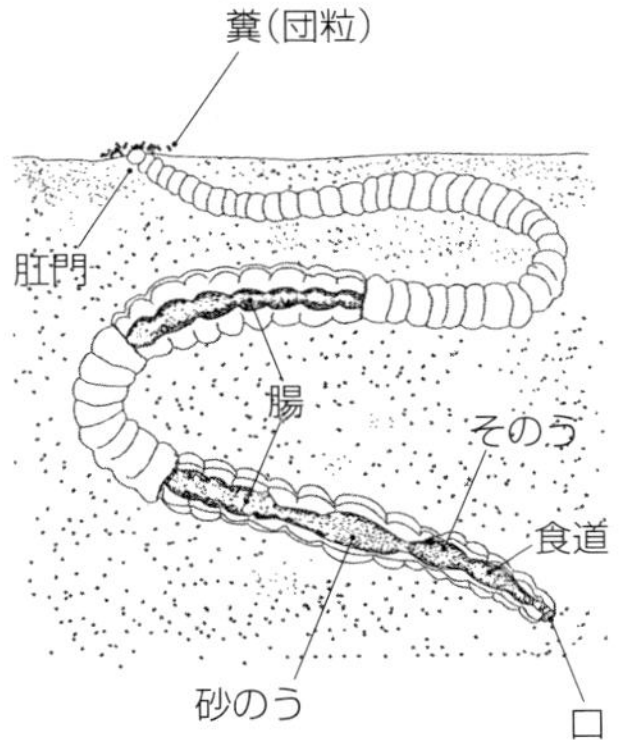

団粒構造製造を担うミミズ
（青山正和『土壌団粒』農文協）

根は微生物に養分を与え、根まわりを団粒構造に

根とミミズが作った団粒構造

つまり、野菜や草の根は、微生物の力も借りて、自分が暮らしやすいように、水はけや水もち、肥もちが良い団粒構造を作っているのです。土壌微生物にとっても、小さなすきまには小さな細菌、大きなすきまには糸状菌が多く、それぞれが住みやすいシェルターとなっています。

細菌や糸状菌は、枯れた根や茎葉を分解して栄養源にしていますが、それだけではなく、根から養分をもらっています。地上の茎葉から根に送られてくる養分のうち、根が自らの生長に使うものは半分くらいで、あとの半分は、毛根から土の中に出して、細菌や糸状菌などの土壌微生物を養っているといわれています。

そのため、根のまわりには特にたくさんの微生物が集まってきて増えるので、根のまわりに団粒構造がよくできるのです。

根と土壌微生物が育土する自然耕

自然菜園では草を生やし株元に草マルチをしますが、草の根を引き抜くことはしません。根を残せば、根穴構造は壊れず、すぐに茎葉が再生して根は再び団粒構造作りに専念します。堆肥を施さなくとも、この根と微生物の働きによって、だんだん深層まで根穴構造や団粒構造ができてくるのです。この働きを自然菜園では「自然耕」と呼び、これを抜きに自然菜園はありません。

草と野菜が共に「野良《のら》仕事」

「野良仕事《のらしごと》」という言葉があります。野良仕事とは、「野を良くすることに仕えること」という意味です。自然菜園は、人と、草や野菜、さまざまな土壌微生物や生きものがいっしょになって団粒構造を発達させる「野良仕事」をする菜園です。ところが、残念なことに、最近では〝農を作る業《わざ》〟⇩「農作業」となり、草は排除され大地は人の奴隷と化し、人の勝手な効率のみが強調されます。草が排除されて裸地となり、生きものが住みにくく固い土になっていきます。そのため、さらに毎回耕したり、肥料・堆肥を入れたりしなければならなくなります。

人が耕すと壊れてしまう根穴構造、団粒構造

人が堆肥や土壌改良剤を施して土を良くすることを「土作り」といいますが、人が土を柔らかくしようとして耕すと、この根と微生物がつくった団粒構造や根穴構造を破壊したり、単純化してしまいます。ロータリー耕などで細かく耕した土は、一時的にすきまができて柔らかくなって盛り上がりますが、雨に当たるとすぐに沈み固くなってしまいます。

自然菜園では「土つくり」ではなく、「育土《いくど》」が根と土壌微生物が自然耕で土を育てる基本になります。

3 草マルチで草と野菜が共存

根本根圏は除草し、自立根圏と共存根圏の草は刈って草マルチに

草と野菜が手を取り合って自然耕をし、野良仕事をしてもらう、これが自然菜園の理想です。しかし、その地に土着し人の手を借りずにたくましく生きる草たちと野菜が共存するには、野菜がしっかり根を張って自立するまで、草の勢いを弱めてやる必要があります。

まず、種まきするまき床や苗の根鉢の周囲は、野菜の幼根の根拠地＝「根本根圏」で、草の根を切り、草の種子が多く含まれる表土を除き、草を生やさないようにします。

根本根圏から外側は、野菜と草の根の戦場となります。地上部の茎葉と地下部の根が伸びる範囲は対称的で、根は一番大きく伸びた葉の先まで伸びています。種まき・定植後の1～2ヵ月間は、自分の陣地を確保し広げようと、野菜の根は戦いながら伸びています。この範囲を「自立根圏」と呼びます。自立根圏の草は刈って草マルチを敷き、草の勢いを抑えます。根本根圏と自立根圏を合わせた範囲が、作付けの「株間」「条間」となります。

自立根圏外は野菜と草の根の「共存根圏」です。共存根圏の草は、野菜よりも大きくなる前に株元を5～10cm残して高刈りし、その度自立根圏に草マルチしていきます。

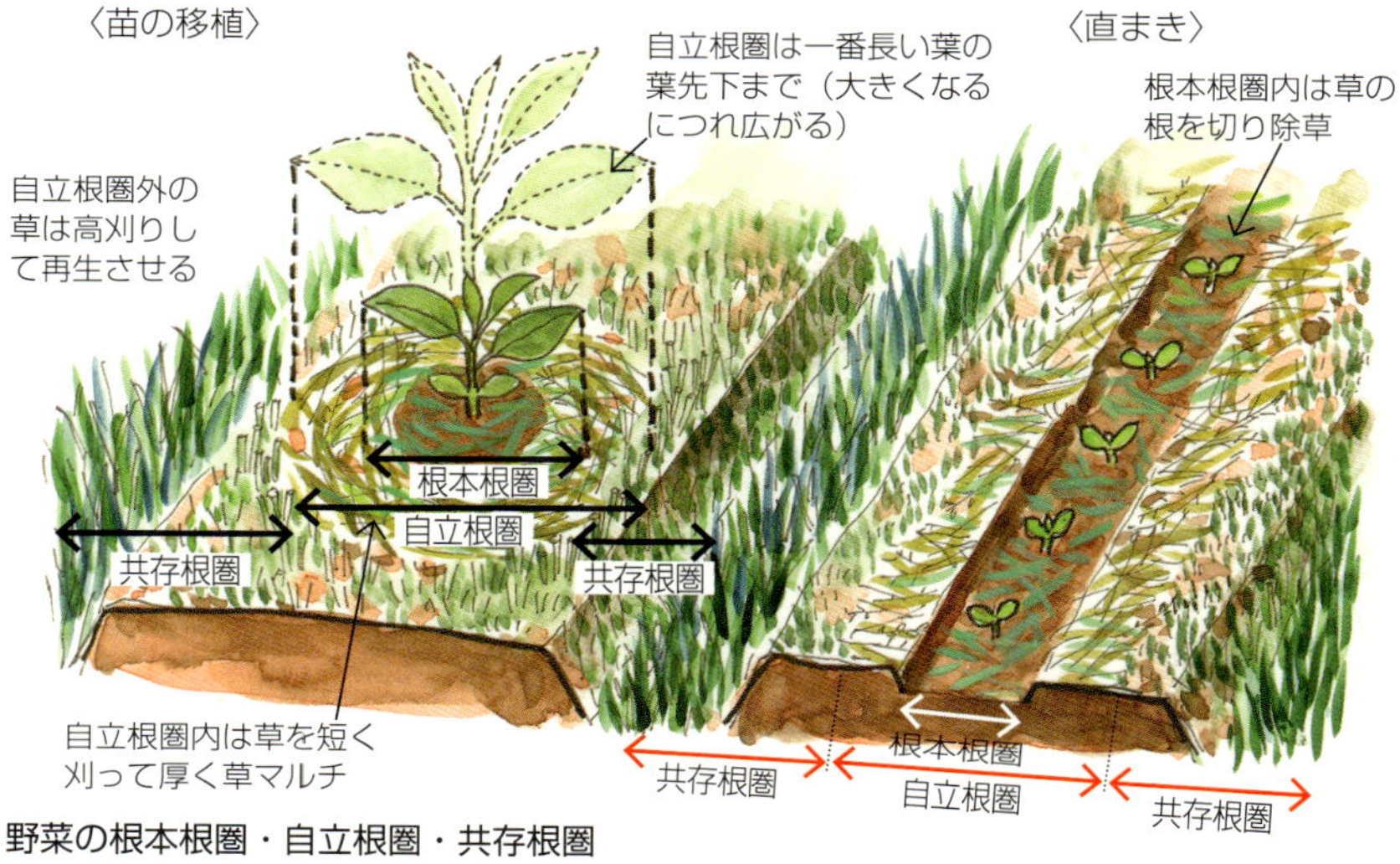

野菜の根本根圏・自立根圏・共存根圏

根本根圏・自立根圏・共存根圏の草管理

根本根圏となるまき床は、鍬で草の根切り、表土を寄せる

定植の前に根鉢の2倍くらいの範囲を根本根圏として除草

自立根圏の草はこまめに刈って草マルチ

共存根圏（通路など）の草は高刈りして自立根圏に草マルチ

野菜が自立すると草も生えなくなる

定植1～2ヵ月後、自立根圏に十分に根が張ると、自立根圏内には草が生えなくなり、野菜の根はさらに、その外の共存根圏に伸びていきます。

草マルチの下にびっしり張った野菜の根、こうなると草は生えてこない

草マルチを厚くし自立したトマト（右端は混植したバジル）

冬草はあえて刈る必要なし

草には、秋に芽生えて春に茂って花を咲かせて夏までに枯れる冬草と、春に芽生えて初夏から勢いよく伸び夏から初秋に花を咲かせて枯れる夏草とに大きく分けることができます。

ハコベやオオイヌノフグリ、ナズナ、オドリコソウなど、草丈が低く地を這うような冬草は、野菜が小さい間は株元だけ刈りますが、いったん野菜のほうが大きくなれば、刈らずともそのまま野菜と共存します。むやみに刈ると、夏草の台頭が早まるので、枯れるまでそのままにしておいたほうが得策です。夏草でもスベリヒユは、地面を這い乾燥から守ってくれるので、野菜が大きくなれば刈る必要はありません。

冬草は枯れるとそのまま草マルチとなり夏草を抑制

ハコベなどの冬草の中で育つソラマメ

果菜などに草マルチをしたら、米ぬかを少しまいておく

ナスやトマトなどの根本根圏には自立するまで草マルチをせず

根本根圏は、草マルチをして最後まで草を生やさないことが原則です。ただし、トマトやナスやピーマン、オクラ、スイカ、メロンなど高温が好きな果菜には、定植後1ヵ月間は根本根圏に草マルチをしません。土がむき出しになっていたほうが地熱が上がりやすく、株元が乾いて根性のある根が張りやすいからです。保湿を好むキュウリ、カボチャなどには最初から株元すべてに草を敷きます。

草が野菜より大きくなる前に刈り取る

野菜が自立する種まき・定植の1～2ヵ月間は、1週間に1回、日当たりが悪くならないよう少なくとも野菜より草が大きくなる前に、野菜の一番広がった葉の先端より5～10cm外側までこまめに刈って草マルチを厚くしていきます。自立根圏外の共存根圏は草が再生しやすいように高刈りして草マルチもしません。

もっとも草マルチを徹底したい時期が、夏野菜の梅雨時です。草は一雨ごとに伸びてくるので油断禁物です。梅雨明けには高温・乾燥を事前に防ぐためにも、すべての野菜の株下全部にしっかり草マルチをします。草マルチはこれで完成です。初秋の野菜にも厚く敷きますが、コオロギなど虫が多い場合は、草マルチをすると食害されやすいので、種まきした上や種苗の株元をある程度あけておきます。

高温性果菜のトマトの根本根圏は、定植後1ヵ月間は草マルチをせずあけておく

自立後でもここまで草が大きくなると、草に光が遮られ、徒長してしまう

草マルチの多様な効果

①自立根圏内を遮光し草の根の勢いを抑制する

草マルチに草を抑える効果があるのは、光遮断効果だけでなく、草が分解される過程で出る有機酸などが、草の発芽や生育を抑えてくれるからです。

②表層の根や土を守る

暑いときは、暑さや日焼け、土の乾燥を防ぎ、保水し、昼と夜の地温の急激な変化を和らげ、根を守ってくれます。冬の寒いときには寒さや霜焼け、土の飛散を防ぎます。大雨や強風のときには土の流失や泥の跳ね上がりを防ぎます。

③自然耕を促進する微生物や生きものを集め、土を育土する

ポリフィルムマルチと違い、草マルチはミミズやヤスデ、土着菌などの微生物のエサとなって分解されて野菜の養分となり、また団粒構造の材料（腐植）となります。

④病原菌や害虫がはびこりにくくなる

草マルチの中でさまざまな生きものがバランスよく増えて、病気や害虫の発生を防いでくれます。連作障害回避にもつながります。

4 緑肥作物は自然菜園の強力な助っ人

緑肥作物を通路（ウネ間）や土手にまいて草マルチ材料に

「自然菜園の命は草マルチ」といっても過言ではありません。しかし、地力がなく草が生えにくい菜園、条例で草を生やしてはいけない規則がある市民農園などでは、草マルチをする草が足りません。特に草マルチがもっとも必要な5月上旬からの種まきや定植時期には、草もそれほど繁茂していません。

そこで、自然菜園では、通路や空き地に緑肥作物をまいて草マルチの材料にします。緑肥作物とは、収穫を目的にせず、根の力で土を改善したり、茎葉をすき込んで堆肥や肥料代わりにする作物です。赤クローバー（アカツメクサ）やエンバク、ライムギ、イタリアンライグラス、オーチャードグラスなど、多くが家畜の飼料にする牧草です。

自然菜園では緑肥作物をすき込まずに刈って草マルチにします。緑肥作物は生育が旺盛なので、夏野菜が本格的に育ち草マルチを厚くしたい6月の梅雨入り前には、野生の草以上に大きくなり、草マルチ材料として大活躍します。

自然耕力がもっとも強いイネ科緑肥、地力アップ効果の高いマメ科緑肥

緑肥作物は、草マルチ材料として活躍するばかりではありません。ライムギやエンバク、イタリアンライグラス、オーチャードグラスなどのイネ科の緑肥作物は、細かな根が無数に地中深くまで張り、団粒構造を作る自然耕力の王者です。アブラナ科のダイコンやキャベツなどに悪さをするセンチュウも撃退して、連作障害を防いでくれます。さらに野菜に過剰な養分を吸い取ってくれたり、下層から養分を吸って野菜に供給してくれます。春は苗の風よけになったり、夏は地温上昇を防いでくれたり、天敵の住処にもなります。

マメ科の緑肥作物は根粒菌が根に共生してチッソを固定して土を肥やしてくれます。

ライムギ、エンバクとグラス類やクローバー類を混播

緑肥作物の種類はいろいろありますが、自然菜園の通路栽培に向いているのは、イネ科一年草のライムギとエンバク、イネ科多年草のオーチャードグラスとイタリアンライグラス、マメ科一年草のクリムソンクローバー（ストロベリーキャンドル）、マメ科多年草の赤クローバーなどです。いずれも、寒地（北海道）以外では、秋まきも春まきもできます。

なかでもライムギは寒さに強く、ムギの中でもっとも深く耕し、大量の有機物を作ってくれます。水はけが悪い畑や、腐植が少ない畑で特に有効です。春まきもできますが、秋まきすると背丈2m以上に伸び、根っこも2m以上深く入り耕してくれます。青いうちは、15cmくらい株元を残して刈ると、2〜3回再生してくるので、刈った青いワラは草マルチに最適です。

いずれも秋まきのほうが草負けせずに育ちやすいです。エンバクとグラス類、クローバー類を混播してまくと、何度も晩秋まで刈れ、草マルチの材料に事欠きません。クロバー類は生育が遅いので、必ずイネ科の緑肥作物と混播し、30cm程度大きくなるまで踏まないようにしましょう。

ライムギのすごい根

脱穀したムギワラでマルチしたトマト

6月初旬の秋まきライムギ

秋に通路にまいた早春の緑肥

自然耕力の王者、ライムギ

秋にまいたライムギは、6月初めには穂が出て2mくらいに伸び、根も深くまで張りめぐり、掘り起こしても崩れません。すごい自然耕力です。私は実を収穫して製粉し、ライムギパンを作ったりしています。

秋または早春に通路に混播し、5～6月に下部を刈り残して草マルチに

2～3月の早春に、ライムギ、エンバク、オーチャードグラス、イタリアンライグラス、クリムソンクローバー、赤クローバーの種子をすべて混ぜて通路の中央にまき、大きくなるまで踏まずに育てます。

4～6月の生育初期は、一年草のエンバクとクリムソンクローバーが優先的に育ちます。これを5～6月に、地上10cmくらいまでを残して刈って、そのウネの草マルチにします。

残った地上10cmの草の中に多年草のオーチャードグラスやイタリアンライグラス、赤クローバーが伸びてきており、やがてこれらの多年草がとって代わって大きくなります。

緑肥作物は単一でまいてもなかなか大きくならず定着するのはむずしいものですが、混播すると定着しやすく、株元10cmを残して

早春に通路に混播緑肥をまく

1 クリムソンクローバー、赤クローバー、エンバク、ライムギ、イタリアンライグラス、オーチャードグラスのミックス種子

2 ウネ間（通路）を鍬の幅で軽く起こす

3 ミックス種子をまく

4 土を寄せて覆土する

5 足で踏んで鎮圧する

混播緑肥で草マルチ

6月下旬、混播した緑肥作物が伸びたトウモロコシのウネの通路

ライムギ、エンバク、クリムソンクローバー、オーチャードグラスが混生する

エンバクとクリムソンクローバーを、地上10㎝くらい残して刈って、草マルチとして敷く

刈った後に、多年草のオーチャードグラス、イタリアンライグラス、赤クローバーが伸びてくる

旺盛に伸びた混播緑肥を刈って草マルチにする

刈ると2年目からはまかなくとも、多年草のオーチャードグラスやイタリアンライグラス、赤クローバーが生えてきます。多年草の緑肥作物が定着すれば、毎年春先の草マルチの材料に困りませんし、夏場の草を抑える効果もあります。

土手にはヘアリーベッチや白クローバー、ハーブを

緑肥作物でも、マメ科一年草のヘアリーベッチや、マメ科多年草の白クローバー、ミントなどのシソ科多年草のハーブなどは、地下茎を伸ばし地を這うように生育し、ほかの草を強力に抑えてくれます。しかし、繁殖力が強力で、むやみに菜園内にこれらの草の種をまくと、野菜の生育そのものを抑えてしまうので、気をつけます。菜園内にヘアリーベッチをまく場合は、一列にまくことがポイントです。種子がこぼれると野生化し、管理しにくくなるので、花が咲いたら根元一列を早めに刈ってしまいます。

白クローバーやミントは、毎年生育域を広げるので菜園に入れず、土手や草刈りのしにくい場所にまきます。これらも、種をつける前に刈り取って、草マルチに利用します。

白クローバー

ヘアリーベッチ

5 コンパニオンプランツとの混植・間作

コンパニオンプランツとの混植

自然界では、一般の畑のように一つの植物だけがまとまって繁茂することはほとんどありません。いろいろな植物が競いながら共存し合いながら混生しています。自然の営みを見習うことを基本にする自然菜園では、草や緑肥作物だけでなく、相性の良い野菜同士や作物を混植したり、間作したり、また前後作に組み合わせて輪作することが基本です。

いっしょに植えるとお互いの生育が良くなる植物をコンパニオンプランツ(共栄植物)といいます。同じような性質の者同士は競合しやすいですが、「植物としての科」、「養分や光、水などの好み」、「根の張り方」、「生育期間」などが異なる者どうしは、互いの自立根圏内に根が伸びても、お互いに受け入れてもちつもたれずの相性の良いコンパニオンプランツになります。

昔から「柿の木の下にミョウガを植えるとどちらも上手く育つ」といわれたり、アメリカ大陸のインディアンには、混植するとよく育つトウモロコシとカボチャとインゲンの三姉妹の物語が伝わっています。よく知られる「トマト&バジル」は、栽培でも料理でも絶妙のコンビです。

これらの組み合わせは、お互いの生長を助けるだけでなく、お互いの害虫を抑制し合う効果や、病気を防ぐ効果、栄養素を分かち合う効果などがあることが最近になってわかってきています。同じ科の野菜どうしは、ほかの野菜との相性の良し悪しも似ているので、育てる野菜が何科であるかを知っておきましょう。

作物の「科」ごとの分類

科	野 菜 名
アブラナ科	カブ、カラシナ、カリフラワー、キャベツ、クレソン、子持ちカンラン、コールラビ、タアサイ、ダイコン、タカナ、チンゲンサイ、中島菜、ハクサイ、広島菜、ブロッコリー、のらぼう菜、コマツナ、野沢菜
ウリ科	カボチャ、キュウリ、シロウリ、スイカ、トウガン、ニガウリ、ハヤトウリ、マクワウリ、メロン、ズッキーニ
ナス科	シシトウ、ジャガイモ、トウガラシ、トマト、ナス、パプリカ、ピーマン、食用ホオズキ
ユリ科	アサツキ、アスパラガス、タマネギ、ニンニク、ネギ類、ラッキョウ、リーキ、ニラ
キク科	エンダイブ、金時草(水前寺菜)、ゴボウ、シュンギク、食用ギク、フキ、レタス、マリーゴールド
セリ科	アシタバ、セリ、セルリー、ニンジン、パセリ、ミツバ
マメ科	インゲン、ダイズ、エンドウ、ササゲ、ソラマメ、ラッカセイ
シソ科	シソ、セージ類、タイム、チョロギ、ハッカ、バジル
イネ科	スイートコーン(トウモロコシ)、ムギ類、アワ、ヒエ、ソルゴー
その他	アオイ科(オクラ)、ウコギ科(ウド)、サトイモ科(サトイモ)、ヒルガオ科(サツマイモ)、ヤマノイモ科(ヤマノイモ)、バラ科(イチゴ)、ヒユ科(ホウレンソウ)、ショウガ科(ショウガ)

混植・間作には夫婦型、友人型、先輩後輩型がある

混植・間作のパターンは、人のおつき合いのパターンに似ています。パターンには、体を寄り添うように過ごす夫婦のように植え穴にいっしょに植えて根をからめる「夫婦型」、少し距離をおきながら対等につき合う友人どうしのように一定の間隔をあけて植えたり、隣どうしのウネに植えて間作する「友人型」、年齢や地位などの上下関係が大事な職場の先輩後輩関係のように長期栽培野菜と短期栽培野菜とを同じウネ混植する「先輩後輩型」とがあります。

よく使うコンパニオンプランツ
左からバジル、ネギ、エダマメ、ニラ

自然菜園でもっともよく使うコンパニオンプランツは、ユリ科のネギ、ニラ、ニンニク、マメ科のエダマメ、ラッカセイ、キク科のシュンギク、レタス、マリーゴールド、シソ科のバジル、セリ科のニンジン、セルリー、パセリなどです。

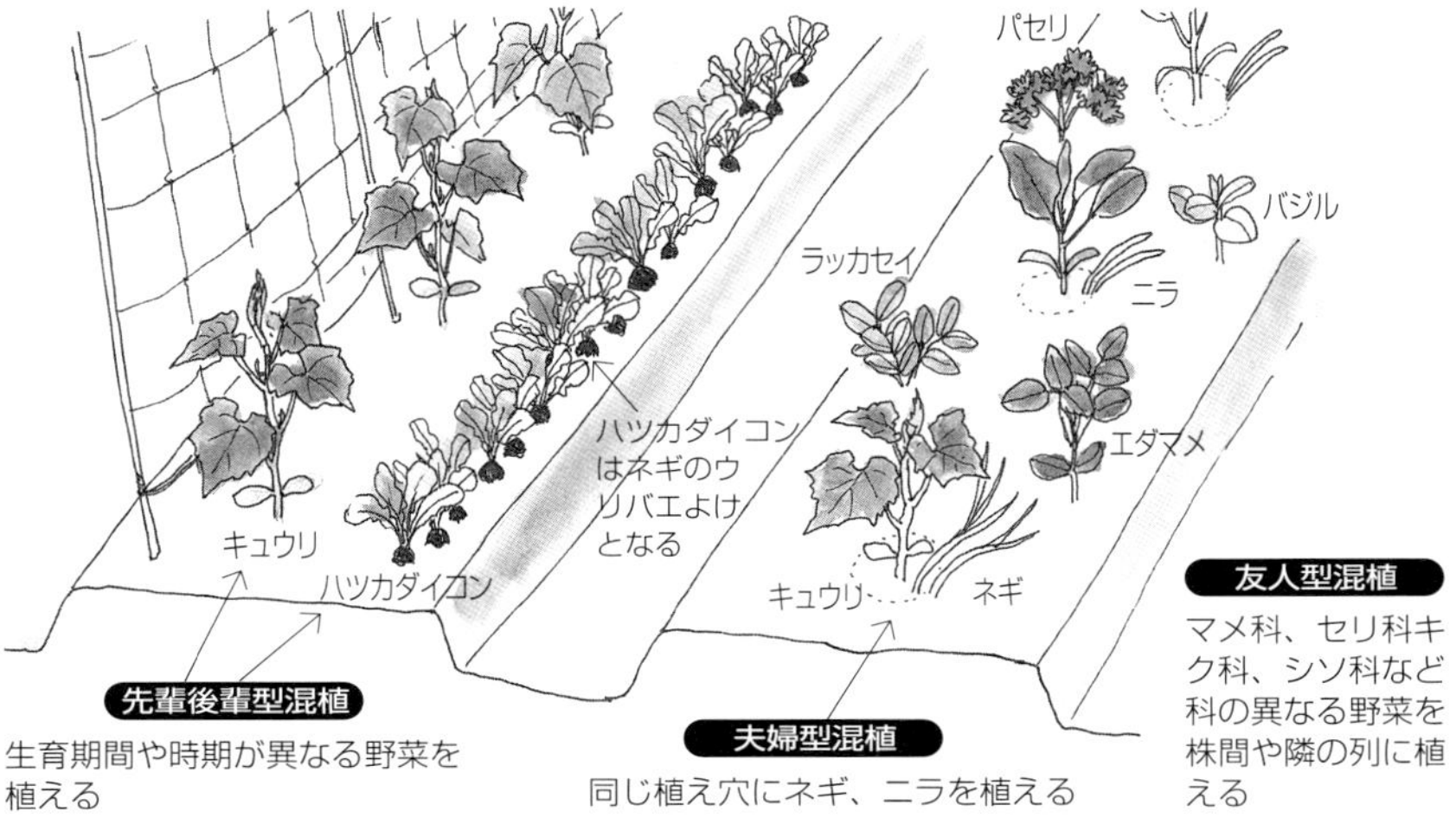

混植方法の種類

ネギやニラの夫婦型混植でナス科やウリ科の病気を防ぐ

ネギやニラ、ニンニクなどのユリ科の野菜の根に共生する微生物からは、抗生物質が出ていて病原菌の繁殖を抑えてくれます。ナス科のトマトやナスなどやウリ科のキュウリやスイカの苗を定植するときに、ネギやニラの根と苗の根とがからむようにいっしょに夫婦型混植すると、ウリ科のつる割れ病やナス科の青枯れ病などの土壌の病気が発生しにくくなります。ユリ科の根はひげ根型で浅く、ナス科やウリ科の深い根と競合しません。ただし、マメ科のエダマメやアブラナ科のハクサイやダイコン、キク科のレタスなどは、ネギやニラ、ニンニクなどのユリ科とは相性が悪いので夫婦型混植はさけ、友人型混植する場合も50cm以上離しましょう。

マメ類の友人型混植で生育促進

エダマメ（ダイズ）やインゲン、ラッカセイなどのマメ科の根には、根粒菌などが共生し、根粒菌は根から養分をもらい、空気中のチッソを固定して土を肥やして豊かにしてくれます。また、マメ科などの根に集まる菌根菌は、リン酸などを吸いやすい形に変えてくれます。

エダマメやラッカセイなどを友人型混植すると、野菜の生育が良くなり、土も豊かになってきます。ただし、エダマメは、収穫まで80日以内で、草丈が短く株も大きくならない極早生品種を使います。中生や晩生のエダマメやダイズでは、大きくなりすぎて野菜が陰になってしまうからです。

キク科やセリ科、シソ科ハーブとの混植で病害虫を予防

シュンギクやレタスなどのキク科や、ニンジンやパセリ、セルリーなどのセリ科、バジルなどのシソ科ハーブは、特有のにおいで他の科の多くの害虫に対して忌避効果があります。モンシロチョウやアブラムシ、コナガなどの害虫が発生しやすいアブラナ科野菜と友人型混植すると、アオムシやアブラムシなどの害虫が寄りつきにくくなります。

また、シソやバジルなどのシソ科のハーブは、病原菌も寄せつけない作用をもっているので、友人型混植すると効果があります。特にバジルはトマトと絆が強いコンパニオンプランツです。ただし、バジルは強いのでトマトと競合しないよう、小さな苗を植えるか、トマトより少し後に植えましょう。ミントなど多年草のハーブは地下茎で旺盛に育つので、混植には向いていません。

夫婦型混植で同じ植え穴に植えたナスとネギ。左は友人型混植のマリーゴールド（センチュウ害の抑制効果）、奥は友人型混植のエダマメ

夫婦型混植

ニラやネギを、メインのナス科やウリ科の果菜の植え穴に、1～2本ずつ植えて、メインの野菜の病気を防ぎます。メインの野菜を直まきするときは、ネギ・ニラを植えてから直まきします。

夫婦型混植したネギやニラは、メイン野菜の収穫終了時まで植えておきます。

トマトにニラを夫婦型混植

トマトの植え穴にニラを2株、根を中央に向けて入れる

トマトの根鉢を一方のニラに押しつけて植える

スイカにネギを夫婦型混植

ネギはスイカのつる割れ病を防ぐ

直まきのズッキーニにネギを夫婦型混植

ネギを１本植え覆土する

ズッキーニの種を4粒、方向を揃えてまく

覆土して草を軽くかぶせて乾燥を防ぐ

マメ類の友人型混植

メインの果菜などの定植時に、株間やウネ端に、草丈が大きくならない早生のエダマメやラッカセイ、つるなしインゲンをまきます。

イネ科のスイートコーンの株間にマメ科のエダマメをまいて混植。スイートコーンが風よけやカメムシの害を防ぎ、エダマメはスイートコーンにチッソを供給

ナスの株間にラッカセイをまいて混植

異なる科の野菜を友人型混植（列まき）

同じウネにアブラナ科、キク科、ユリ科、セリ科など科の異なる野菜を列でまきます。条間はその野菜の株間（自立根圏）以上とり、いずれの野菜も順次収穫します。

左からアブラナ科のカブ、キク科のゴボウ、セリ科のニンジン、イネ科のエンバク、イネ科のスイートコーン

アブラナ科のコマツナ（右）とハツカダイコン（左）の間に、キク科のシュンギクを間作。シュンギクがアブラナ科につくアオムシなどを寄せつけない

生育・収穫期の異なる野菜との先輩後輩型混植

前年にトマトのウネに植えたユリ科のニンニク。トマトが大きくなる前にニンニクは収穫する

アブラナ科のキャベツの間に先に植えたキク科のサニーレタス

狭い畑を有効利用する先輩後輩型混植

収穫までの期間が長い野菜と短い野菜、あるいは生育時期が異なる野菜との先輩後輩型混植は、畑を有効に活用する効果だけでなく、アブラナ科とキク科、ウリ科とアブラナ科、ナス科とアブラナ科・ユリ科など、科の異なるものを組み合わせると、夫婦型や友人型と同様の効果が期待できます。

バンカープランツ

キュウリのウネの中央と通路にまいたエンバクが伸びる。風よけやアブラムシのバンカープランツとなり、やがて草マルチ材料となる

イネ科は天敵の住処となるバンカープランツ

緑肥のムギ類と同様に、トウモロコシや陸稲《おかぼ》やキビ、アワ、ヒエ、ソルゴーなどのイネ科の作物は、根が多く深く張って、余分な養分を吸い上げ、土を団粒化させ、多くの有機物を土に還し土を豊かにしてくれます。また害虫の天敵の住処になって害虫を退治してくれます。

たとえばムギは、アブラムシの天敵のアブラバチやテントウムシの住処になります。このような植物をバンカープランツといいます。また、イネ科作物は草丈が高くなるので、風よけにもなります。

相性が悪いものどうしは要注意

注意しなければならないのは、相性の悪い組み合わせもあるということです。根が競合するものや、同じ害虫が発生しやすいアブラナ科どうしなどの組み合わせもさけたほうが良いです。

たとえばナス科の野菜はナス科どうしの混植や連作を嫌います。直根性のオクラやゴボウは、太い側根が張りだすトマトやナスとの混植を嫌います。エンドウやショウガはジャガイモとの混植や後作を嫌います。

トマトやナスのコンパニオンプランツであるネギと相性が悪いのはダイコン、ハクサイ、キャベツ、エダマメです。混植するとダイコンは股根に、キャベツやハクサイは結球しにくくなり、エダマメは実をつけにくくなります。相性が悪い組み合わせだけはしっかり覚えておくことが重要になります。

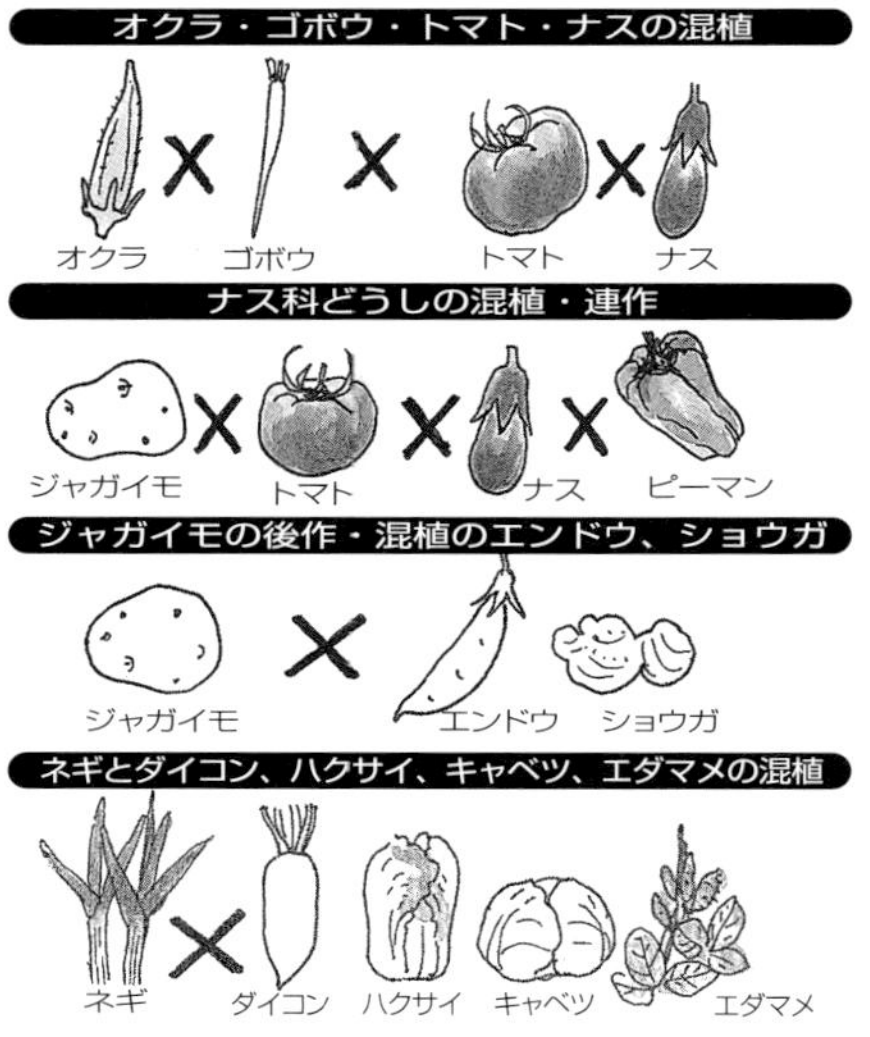

相性の悪い野菜の組み合わせ

作付け計画は混植パーツの組み合わせで

作付け計画をするときに、コンパニオンプランツもいっしょに計画しましょう。自然菜園は耕さないので、毎年同じウネを使って育てます。ウネは、ウネ幅（ベッド幅）を1m、緑肥作物をまく通路はやや広い50cmを標準にします。ウネの向きは、草丈の高い野菜が隣にあっても日当たりが悪くならないよう、南北方向にします。

作付け計画はウネごとに行ないますが、狭い家庭菜園ではウネの長さ1mごとに、図のような混植パーツを組み合わせて計画すると便利です

PART3では、各野菜ごとに混植パーツ例を紹介しましたので参考にしてください。まずメインの野菜の必要株数からパーツ数を決めれば、コンパニオンプランツの作付け量も決まってきます。通路の真ん中には緑肥作物を混播します。

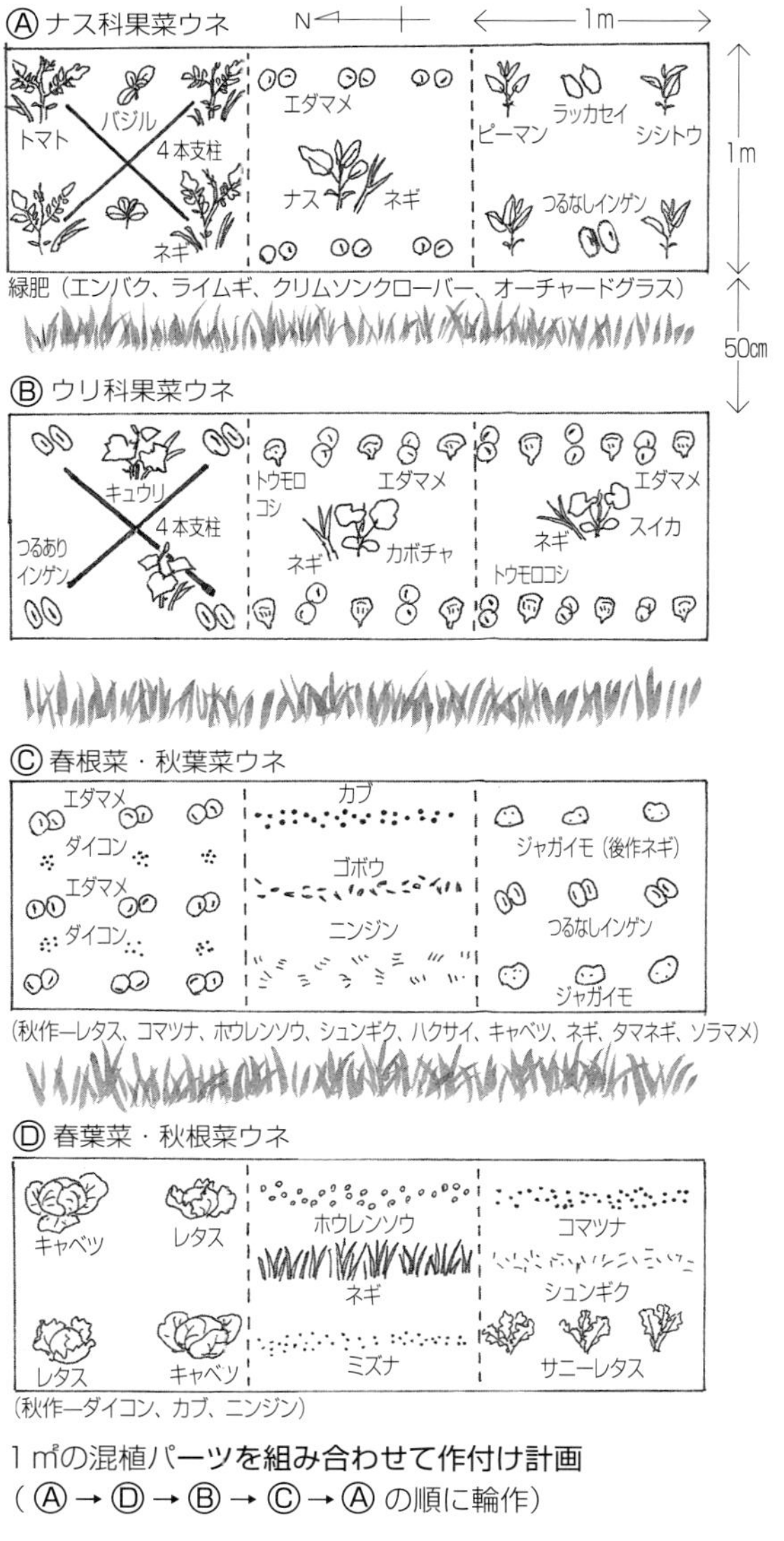

1㎡の混植パーツを組み合わせて作付け計画
（Ⓐ→Ⓓ→Ⓑ→Ⓒ→Ⓐの順に輪作）

6 土を休ませず、土を育てるリレー栽培

土を裸にせず、野菜や草が年中自然耕

自然菜園では、野菜と草の根が土壌微生物といっしょになって自然耕を、年中、休みなく続けることが原則です。地中に生きた根がなくなり自然耕が停止され、地表に何もなく裸になると、太陽の光や熱、風雨にさらされ団粒構造は消耗し、養分は流れて土はやせ、今まで地中で活躍していた微生物やミミズやヤスデ、トビムシなどの生きものも、エサ不足や乾燥で死んでしまいます。これらを防ぐには、野菜や草を生やして土を裸にせず、根は抜かず地中に残すことです。冬期はどうしても裸地になりやすいですが、ムギ類などの緑肥作物をまいたり、ハコベやナズナなどの冬草を繁茂させたり、野菜の残さや枯れ草を敷き詰めて、裸地にしないことが大切です。

しかし、できるだけ野菜を休まずに栽培したいものです。野菜には、土をゼロから生みだすことは草ほど得意としませんが、自分に合った土に改良する力は、草以上にありそうです。以前に、草を刈って敷き続けただけの区画よりも、同時に野菜も育て続けた区画のほうが、短期間に豊かな土壌に生えてくる草に変化したからです。自然菜園では、草だけでなく、野菜をリレーのバトンのように、次つぎ絶え間なくリレー栽培することが、野菜に向いた土を育土するポイントです。

自然菜園では連作障害はあまり心配しなくてもよいが…

リレー栽培をスムーズに行なうには、作付け計画段階で○○の後作には△△をというように決めておきます。そのためには、○○野菜の収穫終了時と△△野菜の種まき・定植適期を知っておかなければなりませんが、もうひとつ大切なことは、連作障害が出ないように輪作、作りまわしをすることです。

一般的には同じ野菜を連作すると、土中の養分が偏ったり、特定のアレロパシーがたまったり、その野菜を好む病虫害が増えたりして、だんだん正常な生育ができなくなります。連作障害でもっとも恐ろしいのは、青枯れ病や根こぶ病などのように、農薬でも完治できない土壌病原菌や害虫がまん延してしまうことです。連作障害が深刻になるのは単一作物を大規模に作る野菜産地や同じ野菜を連作するハウス栽培です。このようなところでは、土壌消毒をして土中の生きものをすべて殺しています。

自然菜園では、さまざまな草を生やし、緑肥や相性の良いコンパニオンプランツの混植・間作を基本としているので、あまり連作障害で困ることはありません。一般的に、左表に示したように、連作障害が出やすい野菜と連作可能な野菜とがあります。たとえばサツマイモ、ニンジン、ダイコンなどは連作することでむしろ肌がきれいに育ったりします。ユリ科のニンニク、タマネギ、ネギも連作できるので、大量にまとめて栽培する場合は連作区を設けます。連作障害が出やすい野菜は、相性の悪い組み合わせをさけ、混植・間作しながら、毎年ウネやパーツを変えたほうが安心です。

連作できる野菜と連作障害が出やすい野菜（作付け間は一般栽培の基準）

作付け間	野菜（間隔が短いほど連作障害が出やすい）
毎年可能	サツマイモ、カボチャ、ニンジン、ダイコン、ネギ、タマネギ、ニンニク
1年おき	ホウレンソウ、小カブ、インゲン
2年おき	ニラ、パセリ、レタス、ミツバ、ハクサイ、キャベツ、セルリー、キュウリ、イチゴ、ショウガ
3～4年おき	ナス、トマト、ピーマン、サトイモ、ゴボウ
4～5年おき	スイカ、エンドウ

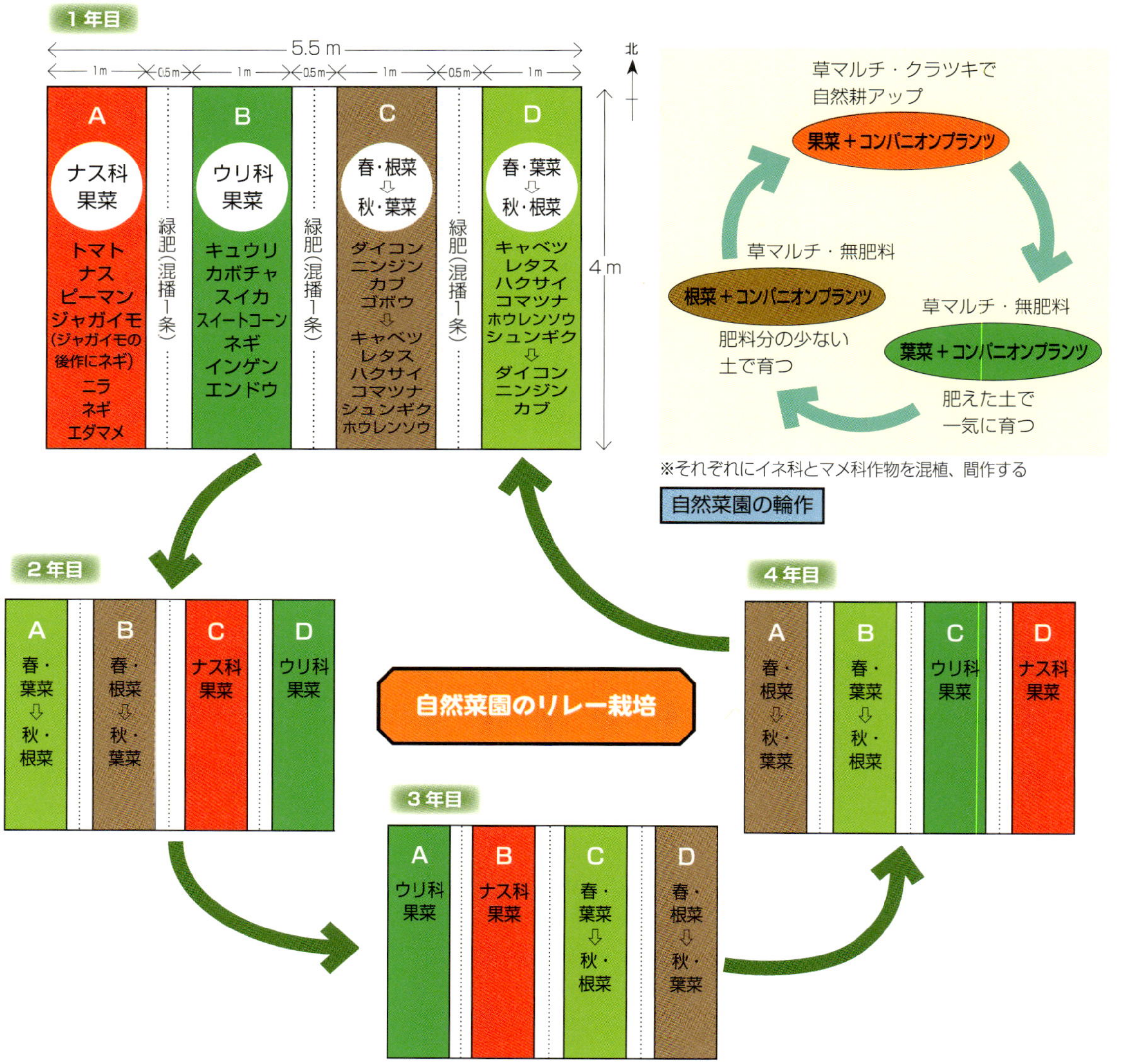

※それぞれにイネ科とマメ科作物を混植、間作する

自然菜園の輪作

果菜⇩葉菜⇩根菜の順で育土する

作物を収穫部位や肥料の面から分けると、吸肥力が強く育土力も強いイネ科（トウモロコシやムギ類）や土を肥やし肥料は少なくてよいマメ科、果実を収穫するため栽培期間が長く肥料も後半までコンスタントに必要な果菜類（トマト、ナス、キュウリなど）、栄養生長が旺盛な食べ盛りの青年期に収穫するため肥料も最初に必要となる葉菜類（コマツナ、キャベツなど）、肥料は少なく団粒化した土を好み肥大した根茎部を収穫する根菜類（ダイコン、ニンジンなど）に分けられます。

自然菜園では、前作が後作の育土をするようにリレー栽培します。草や緑肥作物を含めイネ科・マメ科の作物は常時、混植・間作で作ります。最初にもってくるのは、必要に応じてクラツキ、マチクラツキ、草マルチなどで根の生育を促進し、養水分を長期間供給できるように育てる果菜です。5月から収穫が終わる10月まで、生えてくる草を刈ってマルチするので果菜類の跡地は肥え、ナスの株元などはハコベがこんもりと茂ります。

果菜類の跡はよく育土され肥えているので、次は、スタートダッシュが必要な葉菜類にリレーします。ただし、土がまだ肥えていない場合は、葉菜類は最初に養分が必要なので、ボカシ肥のような吸収しやすい形の有機質肥料を適度にあげます。ただし、有機質肥料をあげすぎると栄養過多になりすぎ、葉の色が濃く味がえぐくなり、病虫害に侵されやすくなってしまいます。普通、果菜の跡なら肥料をやらなくてもとても素直に育ちます。

そして最後に、肥料分が少なく有機物がよく分解され団粒化したところでよく育つ根菜類にリレーします。根菜類は一見すると養分が必要だと思われがちですが、イネ科・マメ科に次いで、やせていてもそれなりに育ってくれるものです。肥料分が多いと「葉ばかり様」になったり、未熟な有機物が土の中にあると二股になったり、肌が汚くなったり、中心が空洞や黒くなったりする障害がでます。

4つのウネを4年で1回転

右頁の図が、リレー栽培の目安となる作付け計画図です。Aナス科主体の果菜ウネ（ジャガイモを含む）、Bウリ科主体の果菜ウネ、C春・根菜⇩秋・葉菜ウネ、D春・葉菜⇩秋・根菜の4つのウネを作ります。

果菜ウネには、スイートコーンやインゲン、エンドウなどのマメ類、生育期間の長いネギも含まれます。果菜にはネギ・ニラを夫婦型混植したり、株間にはエダマメなどを友人型混植します。ジャガイモやキュウリ、スイカ、スイートコーンなどは秋作も可能です。秋作は無肥料で葉菜を作ります。CとDの根菜⇕葉菜ウネは、春の葉菜ウネは秋は根菜ウネに、春の根菜ウネは秋は葉菜ウネになります。いずれも、アブラナ科野菜にキク科やセリ科、ヒユ科などを友人型混植します。

この4つに区分けしたウネを図のように、前年の果菜ウネは根菜⇕葉菜ウネにリレーして、4年で1回転します。

バトンタッチしたい野菜としたくない野菜

前後作の野菜どうしにも相性の良し悪しがあります。相性が悪いものを前後作に選ぶと、リレー栽培はうまくいきません。たとえば、ゴボウの跡地に同じ直根性のオクラを作ると、オクラの生長が悪くなります。同じナス科どうしのトマトとジャガイモ、ナスとオクラ、キュウリやエダマメとニンジンなどこれらの組み合わせは、前作の野菜のアレロパシーによる阻害や、好みの養分が前作に吸収されているためなど、経験的に知られています。後作に同じ科の野菜を育てると、どちらも生育が悪くなったり、共通の病虫害に侵されやすくなります。

逆に相性の良い前後作もあるので、上手に取り入れていきたいものです。

相性の良い後作

前作	後作
トマト	キャベツ、ブロッコリー、ネギ、ニンニク、レタス、ソラマメ、ホウレンソウ
ピーマン、トウガラシ、シシトウ	タマネギ、春キャベツ、ハクサイ
ナス	ハクサイ、エンドウ、ソラマメ
キュウリ	レタス、インゲン、エンドウ
エダマメ	秋ジャガイモ、ハクサイ、ホウレンソウ
スイートコーン	インゲン、エンドウ、ダイコン
カボチャ、スイカ、メロン	キャベツ、ミズナ、小カブ、ブロッコリー、ネギ、タマネギ
サツマイモ	ムギ、エダマメ
サトイモ	ソラマメ、ホウレンソウ
ジャガイモ	根深ネギ、葉ネギ

相性の悪い前後作

トマト ナス	⇔	ジャガイモ
ナス	⇔	オクラ ゴボウ
キュウリ エダマメ	→	ニンジン
エンドウ	→	ホウレンソウ
ジャガイモ	→	エンドウ インゲン
サツマイモ	→	カブ

⇔互いに前後作の相性が悪い
→左野菜の後作が相性が悪い

7 生える草でわかる野菜の適地適作

自然菜園では、何を育てたら良いかも、草に聴いてみましょう。生えてくる草の種類は膨大なので、すべて覚える必要はありません。春の作付け前に生えている冬草を見ればおよそわかります。

草を見ればわかる土ステージと適した野菜

自然菜園では、その土に合った作物、野菜を選ぶ「適地適作」が基本です。畑の土の状態によって、育てやすい野菜、育てにくい野菜があります。どのような状態の土か、どんな野菜が適しているのかは、生えている草の種類を見ればおよそわかります。土の中にはさまざまな種類の草の種子が休眠状態で埋まっていますが、すべてが発芽して生えてくるわけではありません。その時期のその場環境に一番合った草が優先して生えてきます。土壌の環境によって草の種類も育ち方も変わります。生えている草を観察すれば、土壌診断などの化学分析をしなくとも、土のpHや肥沃度などがある程度わかってきます。

野菜も元々は野生の草なので同様なことがいえます。昔から適地適作といい、その場に合った作物を選び、その作物に合った環境を作りながら栽培してきました。また不思議と、ある野菜を育てていると特定の草がよく生えてきたり、逆にその草が生えているとその野菜がとてもよく育ちます。

生えてくる草でわかる土壌pH

土壌pHは、むずかしくは土壌溶液中の水酸イオンと水素イオンのバランスで、水素イオンが多いと酸性になりますが、酸性になるほど石灰やマグネシウム、亜鉛、鉄などのミネラルが溶けて流亡し少なくなります。日本は雨が多くミネラルが流亡しやすいため、ほとんどが酸性土壌です。そのためアルカリ性の土壌に生える草はほとんどありません。雨が少ない地中海などヨーロッパの土壌は中性からアルカリ性です。そのため、地中海などヨーロッパが原産地の野菜は中性に近いほうが育てやすく、雨の多い日本や東南アジアなど酸性土壌の地帯が原産の野菜は、酸性に強い傾向があります。

下表に示したように、およそ生えてくる草で土のpHがわかります。野菜にも幅はありますが、適したpHがある程度決まっています。

草と野菜の最適土壌 pH

土ステージ	pH		草	適した野菜・作物
3	中性	7.0〜6.5	ハコベ、オオイヌノフグリ、オドリコソウ、ホトケノザ	エンドウ、ホウレンソウ、ニンニク、ナス、大玉トマト、ショウガ、タマネギ、ピーマン、玉レタス、キャベツ、ハクサイ、メロン／カボチャ、キュウリ、／雑穀（ソバ、キビ、ヒエ、アマランサス）
〜	微酸性	6.5〜6.0	アカザ、シロザ、ミミナグサ、カラスノエンドウ、レンゲソウ、コニシキソウ	サニーレタス、スイートコーン、オクラ、ミニトマト、ソラマメ、パセリ、ブロッコリー、ミツバ、／ニンジン、ゴボウ、イチゴ、カブ、
2〜	弱酸性	6.0〜5.5	カタバミ、ギシギシ、オオバコ、赤クローバー	ジャガイモ、ラッカセイ、サツマイモ、サトイモ／エダマメ、インゲン、スイカ／シュンギク、ダイコン、ムギ類
1	酸性	5.5〜5.0	白クローバー、スギナ、スイバ	

※土ステージ0の荒地に生えるススキ、クズ、メヒシバ、ハハコグサ、ヨモギはどんな酸度の土ステージでも生える

たとえば、ミネラルが多く雨が少ない西アジア（イラン）が原産地のホウレンソウは中性を好むので、スギナがたくさん生えている畑では育ちません。酸性の矯正には石灰類や草木灰、もみがらくん炭を施すと良いですが、草が自然耕することによって、だんだん中性になっていきます。たとえば、スギナが繁茂した酸性地でも、スギナには普通の草以上にカルシウムなどのミネラルが多いのでだんだん中和されていきます。するとスギナはだんだん減り、次の草にバトンタッチしていきます。

野菜別の肥沃度と土壌湿度

野菜を育てるうえでpHの次に大切な土壌の環境要素は、肥料分の多少を表わす肥沃度と、水分の多少を表わす土壌湿度です。肥沃度や湿度も畑に生える草の種類や育ち方によって、およそ判断できます。肥えたところには丸葉の草が、やせたところには葉の細いものが多いです。

下図のように、野菜が育った原産地や品種改良の程度によって、適した肥沃度や土壌湿度が決まっています。雨が少ない地帯が原産地の野菜は乾燥を好み、雨が多い地帯が原産地の野菜は湿潤を好みます。雨が少ない砂漠地帯が原産のスイカやメロンはウネを高くしたり、雨よけのビニールトンネルをかけるとよく育ちます。人の手で品種改良が進んだものほど、肥沃地でよく育つ傾向もあります。

肥沃度や湿度は、肥料や堆肥の投入、水やりによって比較的改善が可能ですが、やはり適地適作が大切です

草や野菜の育ち方でもわかる肥沃度

同じ草や野菜でも、肥沃度や湿度によって容姿を変えます。草の種類だけでなく、草の姿を観察することによって、肥料や水分の過剰、不足が判断できます。

土が肥沃になると、草の葉の色は濃くなり、葉が丸みを帯び、草丈も大きくなり、草勢が強くなってきます。ハコベも肥えた畑では、葉色が濃く丸く大きくなってこんもりと盛り上がってきます。

土のステージを知って適した野菜選び

私は右頁の表のように、pH、肥沃度、土壌湿度などの土壌環境を生える草によって判断し、1~3の3つの土ステージに分け、適した野菜を選んでいます。ステージが低くても、完熟堆肥や草木灰、もみがらくん炭を全層に施したり、クラツキで施すなどの工夫によって、ワンステージ上の野菜を育てることができます。

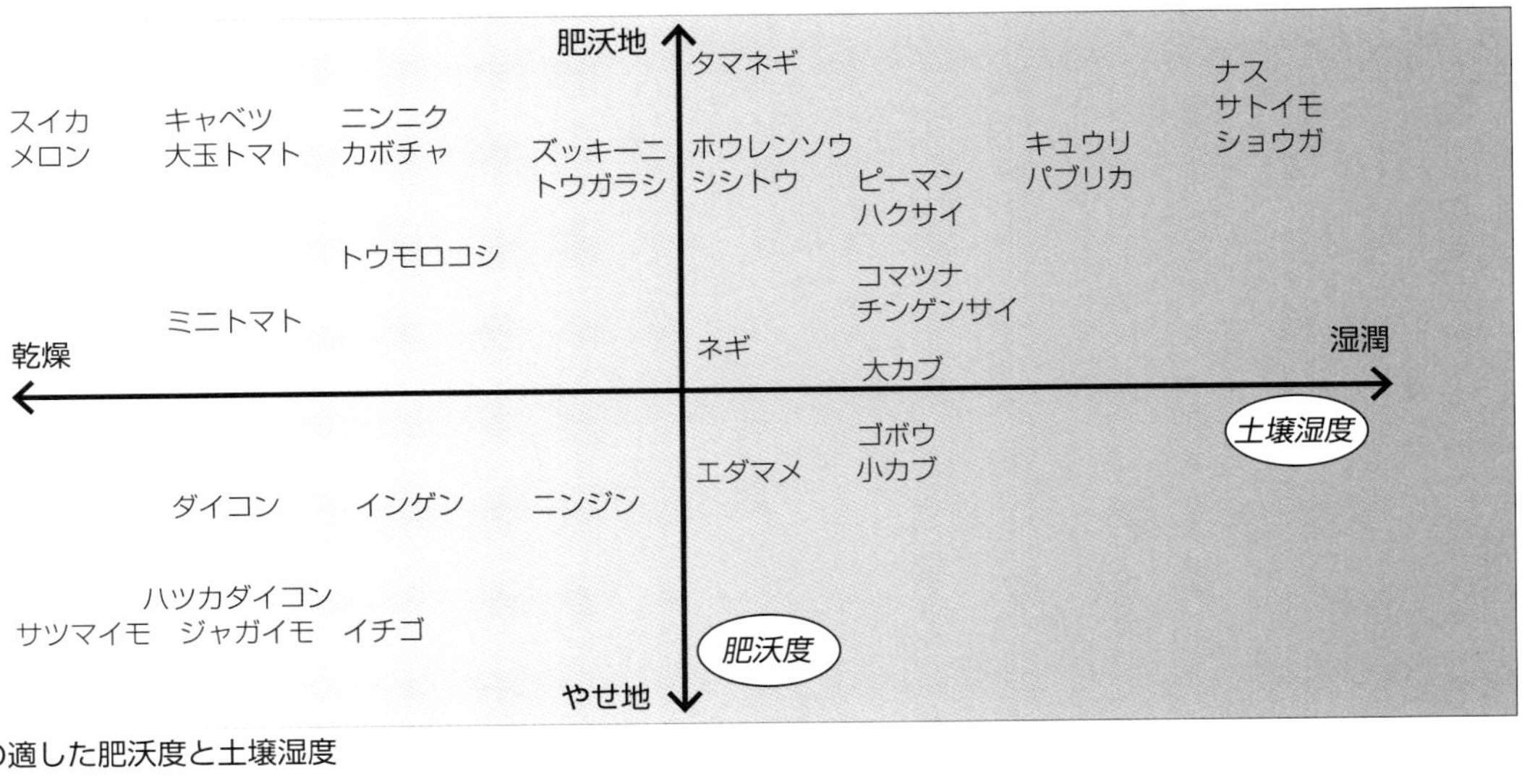

野菜の適した肥沃度と土壌湿度

生える草からみた土ステージと適した野菜・作物

ステージ	生える草	特性と対処法	適した野菜・作物
0 荒地	ススキ、チガヤ、クズ、セイタカアワダチソウ、ヨモギ	多年草の根を取り除き除草し、アレロパシーの強い作物を選ぶ。堆肥・草木灰を全層に施す	雑穀（エゴマ、ソバ、ヒエ、アワ、キビ、タカキビなど）
1 やせ地	スギナ、白クローバー、ハハコグサ、スイバ、イヌタデ、ギシギシ、アザミ	酸性が強くやせている。ステージ2以上の野菜には堆肥・もみがらくん炭を施す	サツマイモ、エダマメ、ダイズ、ジャガイモ、ライムギ、オオムギ、コムギ、マメ科緑肥作物
2 普通地	シロザ、アカザ、スベリヒユ、アオビユ、ツユクサ、スズメノカタビラ、カラスノエンドウ、ノボロギク	品種改良があまりされていない、野性に富んだ野菜を選ぶ。クラツキなどでレベル3の野菜も可能	ケール、ミニトマト、シソ、インゲン、サニーレタス、山東菜、ニラ、ワケギ、オカノリ、イチゴ、ハーブ、カボチャ、キュウリ、ニンジン、ダイコン、小カブ、ハツカダイコン
3 肥沃地	オオイヌフグリ、ハコベ、ナズナ、ヒメオドリコソウ、ホトケノザ、ハキダメギク	野菜がほとんど無肥料で育つ	玉レタス、キャベツ、ハクサイ、大玉トマト、ナス、ピーマン、パプリカ、タマネギ、ニンニクを含め野菜全般

土ステージ⓿…草の根を掘り取り雑穀を

ススキ、チガヤ、クズ、セイタカアワダチソウ、ヨモギなどの多年草が多い場所は、人の手が入っていない荒地です。四方八方に地下茎を伸ばし、根をマット状にはびこらせる、もっとも強靭な草たちです。

これらはどんなに肥えていてもやせていて酸性の土であっても、どのステージの土壌でも育ちます。多年草なので、一度はびこると何年間も、年中はびこります。彼らに占拠された場所では、野菜は根を張れず、とても育ちません。耕すと根が細かく切れて、さらに増やしてしまうので、まずシャベルなどで根を掘り大きな根を取り除き、完熟堆肥や草木灰を全層に施します。

ヒエ、アワ、キビ、タカキビ、アマランサス、エゴマ、ソバなどの雑穀が適しています。また、ジャガイモやネギを作り、収穫期に多年草の根を取り除いていく方法も有効です。

土ステージ❶…酸性でやせていても育つ野菜を

スギナ、白クローバー、ハハコグサ、スイバ、イヌタデ、ギシギシ、アザミなどが生えている土は、酸性でやせています。

そこで、ステージ2以上の野菜を育てる場合は、完熟堆肥や草木灰を全層に施します。酸性土壌でも育つ野菜、夏はサツマイモやエダマメ、ダイズ、ジャガイモ、冬はムギ類のライムギやオオムギ、コムギを育てます。マメ科のクリムソンクローバーなどを育てると土が肥えてきます。

土ステージ❷…野性味の強い野菜を

普通の畑はほとんどがステージ2です。シロザ、アカザ、スベリヒユ、アオビユ、ツユクサ、スズメノカタビラ、ノボロギクなど、やややせ地を好む草が生えています。

大玉トマトやキャベツのようなステージ3で育つ野菜はむずかしいですが、上表に示したようなミニトマトやケール、サニーレタスなど、こぼれ種が自然生えする野性味の強い野菜がよく育ちます。

また、ステージ2の畑でも、もみがらくん炭と完熟堆肥を浅くすき込み、果菜などには完熟堆肥をクラツキやマチクラツキで施し、極早生のエダマメを混植すると、ステージ3の野菜も育てやすくなります。

土ステージ❸…無肥料でどんな野菜も育つ

オオイヌノフグリ、ハコベ、ナズナ、ヒメオドリコソウ、ホトケノザなどの春草が一面に生えている畑では、どんな野菜でもできます。これらの草が葉の色が濃く、こんもりと茂り勢いが強くなってきたら、無肥料でも十分育ちます。

結球する野菜（玉レタス、キャベツ、ハクサイ）や、改良が進んでいる大玉トマト、ナス、ピーマン、パプリカ、そして肥えていないと小さくなってしまうタマネギ、ニンニクなどもよく育つようになってきます。

ステージ０の土に生える草

ヨモギ：キク科多年草、種子と地下茎が伸びて子株を作って増える

チガヤ：イネ科多年草、地下茎と種子で増える

セイタカアワダチソウ：キク科多年草、帰化植物で地下茎と種子で増え、繁殖力が強い

ススキ：イネ科多年草、種子と地下茎で増える

ステージ１の土に生える草

白クローバー：マメ科多年草、寒さ･暑さに強く、ほふく茎を伸ばし地面を覆って増える

ギシギシ：タデ科多年草、直根を張ってはびこり、地際を刈ってもすぐに芽が伸びて再生してくる

ハハコグサ：キク科一年草（冬草）、春に黄色の花が咲く。春の七草のオギョウ

スギナ：トクサ科多年草、地下30㎝前後の深いところに地下茎を伸ばし、根が深く張る

ステージ２の土に生える草

スズメノカタビラ：イネ科一年草（冬・夏草）、真夏と真冬を除き発生する

スベリヒユ：スベリヒユ科一年草（夏草）、乾燥に強く、茎は炒め物などにして食べられる

シロザ（先端部の葉裏が緑色）：アカザ科一年草（夏草）、１ｍ以上にもなる。若葉は食用、茎は杖になる

アカザ（先端部の葉裏が紅色）：アカザ科一年草。草姿はシロザと同様

カラスノエンドウ：マメ科一年草（冬草）、秋に芽生え春につる状の茎を旺盛に伸ばす

ノボロギク：キク科一年草（冬草）、ヨーロッパ原産。枝もよく伸び、草丈は20～40㎝

ツユクサ：ツユクサ科一年草（夏草）、やや湿ったところを好み、青紫の花が咲く

ステージ３の土に生える草

ヒメオドリコソウ：シソ科一年草（冬草）、晩秋に芽生え３～４月に開花して枯れる帰化植物

ナズナ：アブラナ科一年草（冬草）、肥えた中性の土を好む。春の七草

ハコベ:ナデシコ科一年草(冬草)、冬草だが夏涼しい地域では初秋まで繁茂し続ける。春の七草

オオイヌノフグリ：ゴマノハグサ科一年草（冬草）、細い枝が分かれて這い地面を覆う

8 土にテコ入れする堆肥や有機質肥料の使い方

人のテコ入れは最小限に

堆肥や石灰などの土壌改良剤で土作りをすることが第一といわれていますが、自然菜園では、土作りといわず「育土《いくど》」というように、土は作るものではなく、育てるものだと捉えています。土はあくまで草や野菜、土壌中の微生物やミミズなどが育てているからです。その土に合った野菜を育てれば、人の土作りはかえって余計なことになります。

しかし、自然界で土が変わり生える草が変わってくるのはとてもゆっくりです。耕さずとも土が柔らかで、肥料や堆肥を施さなくても、無農薬でも病害虫に負けずに野菜が育つようになるには長年かかります。さまざまな生きものたちが増え、十分に野良仕事ができるようにならなければならないからです。それまでは、野菜によってはどうしても人のテコ入れが必要です。

テコ入れといっても、人の手で環境を大きく全面的に変えるのではなく、野菜が育ちやすい初期の環境を調えてあげるイメージです。野菜がある程度育つことができれば、同時に野菜が土を育てていくからです。堆肥や有機質肥料は、生える草の種類や野菜の生育をよく観察し、土のステージに合わせて、できるだけ最小限に施します。肥料分が少ないほうが、野菜の根は肥料を求めて根性のある根に育ち風味も良くなります。

堆肥や有機質肥料は全面、全層に施す必要なし

自然菜園は不耕起が原則です。耕すのは、最初に始める1～2年だけです。全面、全層に堆肥や有機肥料を施すことができるのは最初だけになります。後は草マルチの上にまいて施すか、穴を掘ってクラツキで施します。

心配されるかもしれませんが、堆肥も有機肥料も全層に施す必要はないのです。植物は足がないので芽生えた場所、植えられた場所から動くことはできません。しかし、根は必要な養分や水分を探し求めて自由自在に伸びていきます。クラツキやマチクラツキの部分を収穫終了後に掘って見ると、細かな根がクラツキに集中して張っています。

また、根にも役割分担があって、土中深く張る根は主に水分を吸収しています。深い土中のほうが水分が安定してあるからです。肥料分を吸う根は、表層部に張る細かな細根群です。肥料は表面、あるいは表層に、部分的に施せば十分なのです。

特に完熟していない堆肥や有機質肥料を土中に入れ込むと、酸素不足で腐敗し、根や土中の有益な生きものを殺傷してしまいます。土中に生の有機物で残していいのは根だけです。完熟堆肥やボカシ肥を土中に施す場合は、「種まきや定植の1ヵ月以上前」が鉄則です。未熟堆肥のすき込みは厳禁です。

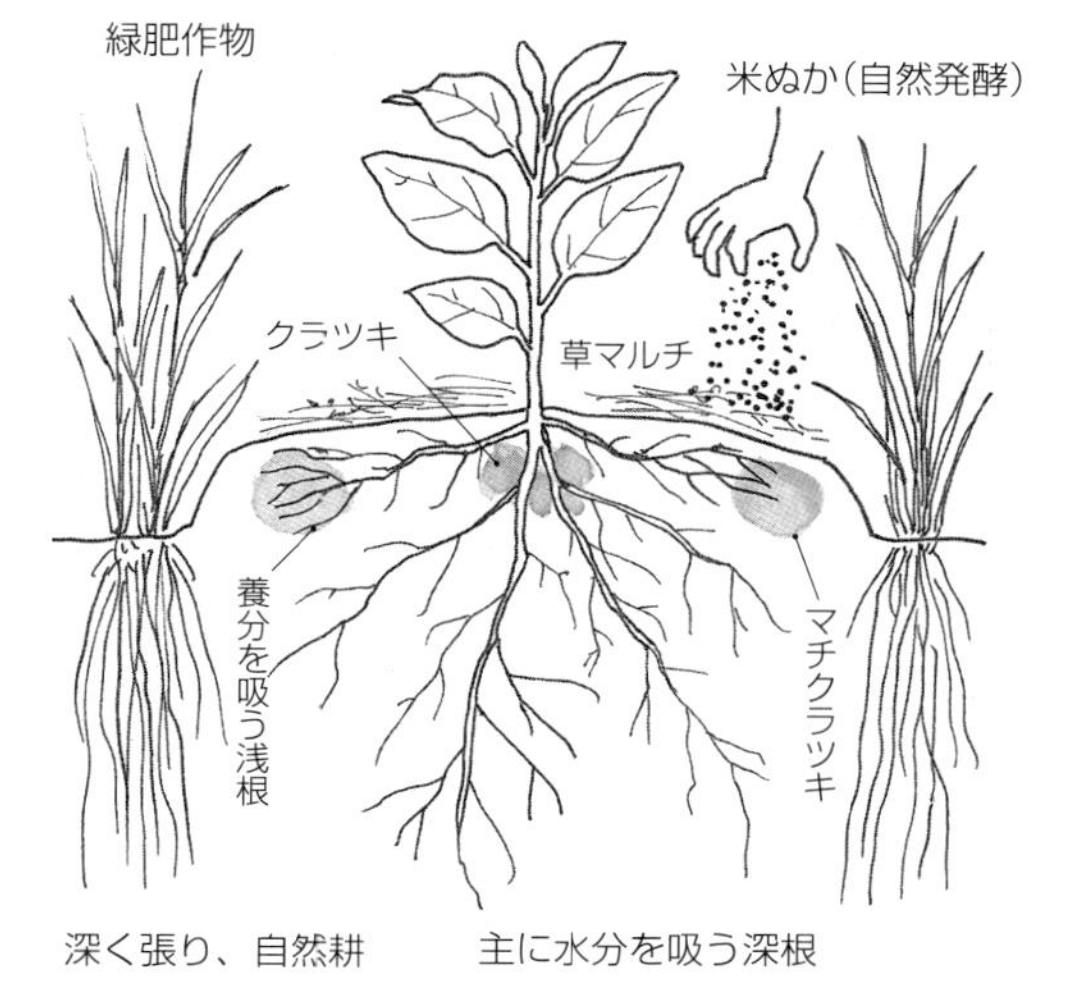

堆肥も肥料も表面・表層、部分施肥で十分

草マルチは自然菜園の自然発酵堆肥

自然菜園の要である草マルチは、野菜と草が共存するうえで重要なだけではありません。野山の腐葉土のように表面に草が堆積し、自然に腐熟していく、まさに自然堆肥場、発酵場です。草マルチの上にまく米ぬかや油かすは、草などにいる乳酸菌や酵母菌や納豆菌のエサとなり自然と発酵して土着菌ボカシ肥になります。表層に張った細根群が飛びついて吸収します。空気（酸素）が十分にあるので、腐敗発酵する心配はありません。土中に施すと腐敗して悪臭を放ちますが、草マルチボカシなら悪臭が出ることはありません。

果菜には完熟堆肥をクラツキで

自然菜園の初年度、土ステージ1～2の畑で土ステージ2～3の野菜を育てる場合は、作付けの1ヵ月前に、ウネの表土に1㎡当たりもみがらくん炭1ℓ、完熟堆肥3ℓを施し、レーキなどで表層5㎝の土と混ぜてなじませておきます。

そして、ウリ科やナス科の果菜類や肥えた土を好むサトイモやショウガなどには、クラツキをしておくと大変効果があります。カボチャやトマトなど、畑に落ちた果実から翌春芽吹いた自然生えは、とてもよく育ちます。これも果実の栄養が分解してクラツキのように種の周囲の土になじんでいるからでしょう。

クラツキも植え付け1ヵ月前に、深さ20㎝の植え穴にひと握り50～100ｇの完熟堆肥を埋めて土と混ぜてなじませておきます。ハクサイやキャベツ、玉レタスにも有効なので、やってみてください。さらに、果菜の植え付け時に、植え穴から20～30㎝離れた場所に、クラツキと同様に穴や溝を掘って堆肥を埋めておくマチクラツキも有効です（34頁参照）。

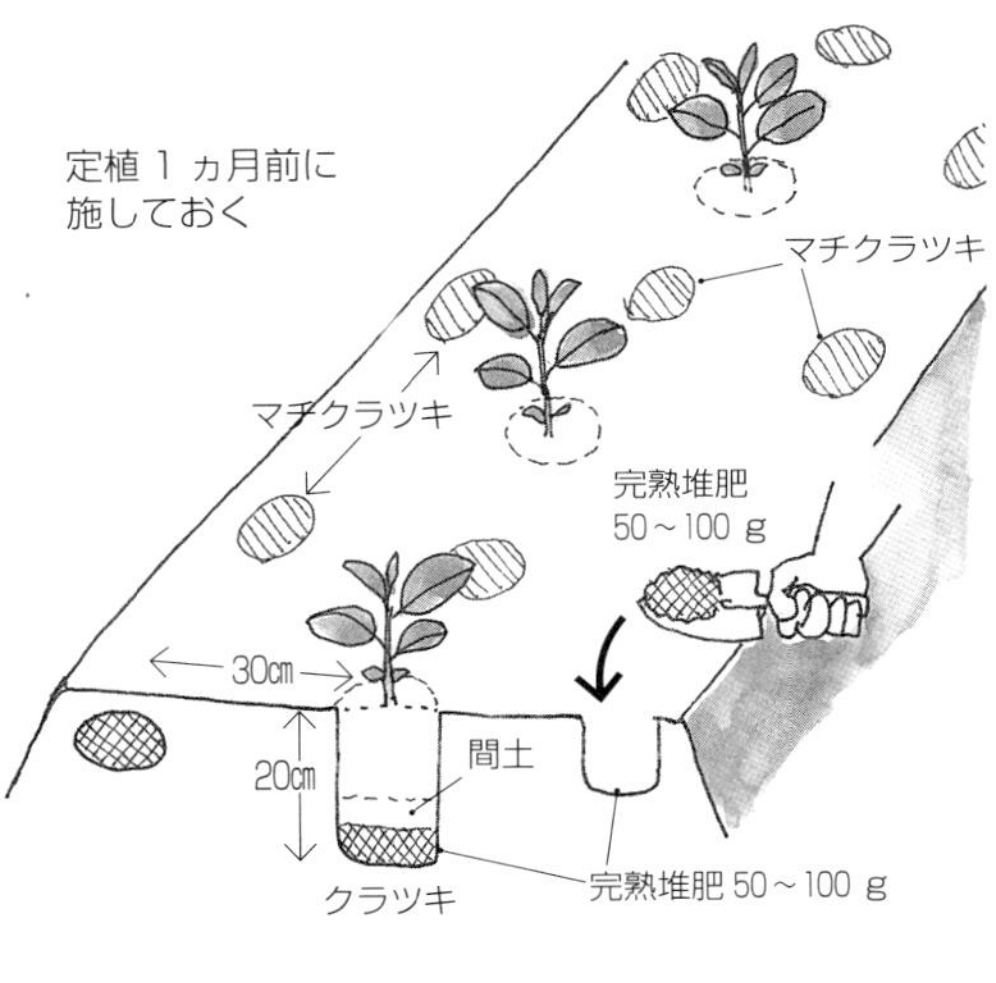

クラツキ、マチクラツキ

酸性矯正はもみがらくん炭がおすすめ

ステージ1～2の酸性から弱酸の土壌でも、草や野菜の根と微生物の自然耕や草マルチを続けていくと、自然と中性に近づいてきます。しかし、早く中和するにはテコ入れが必要です。酸性の土を中和するには、一般には消石灰や苦土石灰などの石灰類が使われていますが、自然菜園では草木灰やもみがらくん炭がおすすめです。特にもみがらくん炭はじっくり長く効き、微生物の住処にもなるのでおすすめです。もみがらくん炭なら、酸性を嫌うホウレンソウには種まきをした上にまいて覆土しても問題ありません。もみがらくん炭が入手できないときは炭か灰か、じっくり効く貝化石やカキガラ石灰も有効です。

市販の堆肥やボカシ肥は完熟テストが必要

市販のボカシ肥や堆肥は未熟なものが多く、使う前に完熟テストが必要です。

まずよく洗ったにおいのない保存ビンに、堆肥やボカシ肥を入れ、水を注ぎながら混ぜていきます。1㎝ほど水で隠れるほど注いだら、ふたをして常温で20日間置いておきます。その後ふたを取り、においを確認してください。無臭か土のにおいがしたら完熟です。強烈な腐敗臭があるものは、未熟か腐敗しているものなので、全体量の10％程度の米ぬかを加え再発酵させてから使用してください。

9 自然菜園3ステップ計画

「自然菜園一日にしてならず」です。開始から軌道にのるまでは時間がかかります。3つのステップで、計画を立ててみましょう。

ステップ1 初年度
土ステージ0や1の畑はまず大テコ入れ

初年度はどんな冬草が生えているかよく見て、土ステージを判断します。それによって、テコ入れの仕方が違います。

ほとんど冬草が生えていない畑や今まで畑でなかった荒れ地など、スギナなどが多い土ステージ0や1の場合は、ウネ立て前に大テコ入れが必要です。まだ酸性も強く、土の生きものも単純で宿根草の根がはびこっていることが多いなど、野菜が育ちにくいからです。

まず全面に、酸性矯正とミネラル補給のために、1㎡当たり草木灰100gとカキガラ石灰100g、土の微生物の住処としてもみがらくん炭を3ℓ程度、そして土が腐食化し団粒化が促進できるように、牛糞を主体とした完熟堆肥を3〜5ℓ、発酵鶏糞もしくは油かすを50〜100g、腐葉土5ℓをまきます。

次に鍬やシャベルで深さ30cm程度まで深く掘り起こし、土を細かに砕きながらテコ入れ

初年度の手順

土ステージ0〜1の畑は大テコ入れ資材をまき、シャベルで深さ30cmくらいまで掘り起こす

土ステージ2〜3の畑は通路の土をウネに上げることからスタート

鍬で砕土しながら、多年草の根や小石は除く

レーキで整地する

施す完熟堆肥、もみがらくん炭、米ぬかを用意

完熟堆肥をウネ全面にまく

もみがらくん炭をまく

レーキでかき混ぜる

米ぬかをまく

軽くレーキでかき混ぜる

ウネの中央にハコベを株ごと3mおきに移植する

資材とよく混ぜていきます。この際に、ヨモギやセイタカアワダチソウ、ギシギシなど多年草の根や石を拾って除きます。

ウネ立て・テコ入れは、種まきや植え付けの最低1ヵ月前までに行なうことが原則ですが、特に、この大テコ入れは、前年の秋に行なっておくのがベストです。

この大テコ入れ以降の手順は、次に紹介する土ステージ2～3の畑と同様です。

ステージ2～3の畑はウネ立てからスタート

生えている草によってステージは判断できますが、今まで化学肥料を使った慣行栽培の畑は土ステージ1～2、長年有機農業など堆肥や有機質肥料を施し無農薬栽培の畑は、ステージ3と想定できます。

このような土ステージ2～3の畑は、まずウネ立てをします。ウネは、草丈の高い野菜が南側になっても日当たりや風通しが悪くならないように、基本南北に立てます。ウネの幅は1m、通路幅を50cmと広めにとって、通路の土をウネに盛り上げます。盛り上げる土の高さは10～30cm、水はけのよい火山灰土などのウネは低く、水はけの悪い粘土質などの畑では高めにします。

草が生えている場合は、草の根を残して刈ってどかして、ウネを立て終わってから草マルチします。刈った草など生の有機物を土と混ぜないことが肝心です。

ウネ立て後、テコ入れ資材を2段階で施す

ステージ1～2の場合は、まだほとんどの野菜が安定して育つ状態でなく、野菜によっては育たないものもある微妙な状態です。そこで、1㎡当たり完熟堆肥1～2ℓ、もみがらくん炭1ℓ、米ぬか1ℓを立てたウネに施してテコ入れします。完熟堆肥の量はステージによって加減し、ステージ3の場合は、もみがらくん炭1ℓだけで十分です。

まず、完熟堆肥ともみがらくん炭をまき、鍬か熊手で、深さ10～15cm（ウネの高さ）くらいまで耕してよく混ぜます。次に、微生物がもっとも好む米ぬかをまいて、熊手などで表層5cmくらいに浅く混ぜます。米ぬかは生なので、深く入れないようにします。

その後、乾燥しにくいように平らな板や鍬の背で叩いてしっかり鎮圧しておきます。刈った草は、その上に戻して草マルチしておくとさらに効果的です。

緑肥作物やハコベで自然耕をアップ

このウネ立て後に幅50cmと広く取った通路の中央1条に、イネ科とマメ科の緑肥作物のタネを混播します。真ん中にまいて大きくなるまで踏まないようにします。緑肥作物の根が自然耕し、通路にも野菜の根が張れるようになります。伸びてきた緑肥作物は30cm以上に伸ばしてから、必ず下10cmを刈り残して何度も再生させ、草マルチに利用します。

また、土ステージ0～2のウネには、肥えた畑に生えているハコベを土ごと3mおきに移植しておきます。自然耕するハコベと同時に、団粒構造を作る有益微生物をも移植したいからです。

こうすると翌年から生える草がステージの高いものに変わりやすくなり、野菜も育ちやすくなります。

ステップ2　2年目以降

2年目は草や虫が増える我慢ステージ

自然菜園への切り替え2年目以降は我慢と忍耐が必要です。初年度のステップ1では、耕して草などを絶やし、ウネ全面にテコ入れしているので野菜優先で育ちますが、2年目以降は春にすでに草が一面に生えていたり、多年草の根が越冬して土中を占領していたりして、野菜よりも草が優先的に育ち、草負けしやすいからです。

草だけでなく、虫などの種類や量が増え、特に野菜を食害する害虫が優先的に増えて虫害にも悩まされます。

しかし、ステップ2はこのような草や野菜の根が自然耕し、ミクロ団粒からマクロ団粒を発達させる大切な過渡期です。根気よく我慢強く草刈って草マルチをして、あきらめないでください。

クラツキ、マチクラで部分的テコ入れ

ステップ2以降の有機物などのテコ入れは、クラツキ、マチクラツキで局部的に行ないます。夏野菜類や品種改良が進んだ結球野菜に有効です。特にまだその野菜に適した土ステージになっていない場合は不可欠です。

種まき、植え付け1ヵ月前に、作付け位置に直径、深さ20㎝程度の穴をあけ、中にひと握りの完熟堆肥を入れて土と混ぜ、馬の鞍のように盛り上げて埋め戻しておきます。また、株間や野菜から30㎝ほど離して、クラツキと同様の手順でマチクラツキ（待ちクラツキ）しておくと、自立根圏に伸びてきた根に養分補給ができます。

草の根切りと草マルチで草の勢いを抑制

種まきや植え付け前の、根本根圏の草の根切りも欠かせません。表面の土には、発芽の準備が整った草の種が混入しているので、根本根圏の表土を両側にどかし、鍬やのこぎり鎌で根を切っておきます（46〜47頁参照）。

クラツキの手順

植える位置に直径 20㎝、深さ 20㎝の穴を掘る

完熟堆肥 50 〜 100 g（ひと握り）を入れる

土を埋め戻す

しっかり鎮圧する

少し盛り上げておく（定植時にわかるように）

定植時に野菜（スイカ）から 30㎝離して、同様にマチクラツキを施す

草マルチボカシ肥

定植後および生育中に、草マルチの上に米ぬかをまく

晩秋に草マルチを厚く敷き、米ぬかを 1kg /㎡まいておく

苗植え付けの場合、植え穴（根本根圏）だけでなくその周囲の自立根圏までも最初は草をはぎ取るように刈っておくことが基本です（60～62頁参照）。草は野菜よりも大きくなる前に草を刈って根本根圏、自立根圏に敷き重ねて、再び生えてくる草を抑えながら野菜を優先的に育てます。

草マルチ&米ぬかで土着菌ボカシ肥

2年目以降のテコ入れは、クラッツキと草マルチ、さらに草マルチの上から米ぬか（または油かす）をまき、畑の土着微生物によって発酵させる土着菌ボカシ肥です。草マルチが自然堆肥化して団粒構造が発達してきます。

また、秋から冬に枯れた草や野菜の残さをウネ上に敷き詰め、上から米ぬかを1㎡1kg程度まいておくと、翌年までに腐植化や団粒化が促進されます。これは苗床やステージ3の野菜にも有効です。

ステップ3　早くて3年目以降
人のテコ入れなしに自然に育つ健康野菜

ステップ3になると、冬草のハコベやオオイヌノフグリなどが全面にひしめきあうように生えるようになり、自然と夏の草は抑えられ、土も肥えてきて、多くの野菜は堆肥やもみがらくん炭などのテコ入れなしで、草マルチだけで自然に育つようになります。生育期間が長く肥料分を好む野菜にだけ、草マルチに多少米ぬかを振る程度で十分です。テコ入れをし続けて土が肥え過ぎると、逆に病虫害が多くなってしまいます。

このようになるには早くて3年、場所によってはもっとかかるかもしれません。ステップ3になると、風味が別格で、とても保存性が高い健康野菜が育つようになります。

モグラやネズミ対策が肝心

ステップ3では、ネズミやモグラの穴が目立つようになり、その害に悩まされやすいです。対策としては、春になる前にネズミの越冬場所を壊したり、秋口に畦草をよく刈って越冬しにくくして増やさないことです。畦など侵入口に、根に毒をもつスイセンやヒガンバナを植えておくと忌避効果があります。

それでも駄目な場合は、ネギを植えて土寄せしながら耕して少しずつウネを立て直し、穴を壊すことも一つの方法です。

いずれにしても自然菜園は多くの生きものたちの居住空間でもあり、多少の被害なら許しましょう。そう思えば不思議と心地よく感じ、人も生態系の一員なんだなあ！と大自然の中にいるような気持ち良さが味わえます。

ミミズは多すぎてもダメ

「ミミズは土を耕してくれるので多いほどいい」という人がいます。「ミミズが増えてきたのは土が良くなったからだ」とよくいいます。しかし、ミミズは多すぎても悪影響があります。

ミミズにもいろいろな種類がいますが、畑にいるのは地中の浅層にいる太くて長いフトミミズです。堆肥や側溝の底には紫褐色の横縞のあるシマミミズ、それに小さなヒメミミズがいます。

病虫害の多い畑などで大発生するのは、未熟で養分の濃い有機物が大好きなシマミミズです。そのため、シマミミズは生ゴミミミズコンポストによく使われています。

畜糞堆肥など養分の濃い有機物の投入が多い畑で大発生するシマミミズは、本来、畑には生息しません。シマミミズが多いことは、畑が養分過多になっている警告です。畑に未熟な有機物が多いからです。

このような畑では有害な微生物が増え、野菜も肥満体質になって病害虫にやられやすくなります。ミミズをエサとするモグラの害も多くなります。

ミミズがほどほどにいる安定した畑では、病害虫の発生もモグラの被害も少なくなります。

自然菜園の備えたい用具

菜園の広さが100㎡くらいまでなら、最低必要な用具は、のこぎり鎌、ハサミ、軍手、シャベル、移植ゴテの5点で十分です。それ以外にあると便利なのは、平鍬、ハサミ、ジョウロ、メモリ付きバケツ、熊手、長鎌、砥石、平板です。100㎡以上の広い畑なら草払い機があると便利です。

必携用具　左からのこぎり鎌、ハサミ、軍手、移植ゴテ、シャベル

あると便利な用具　左からジョウロ、熊手、平鍬、三角ホー、長鎌、平板、メモリ付き10ℓバケツ、砥石

〈必携用具〉

①稲刈用のこぎり鎌

草と共存する自然菜園ならではの必携用具。細かな溝が刻まれたのこぎり歯なので、研ぐ必要がなく、使った後よくふいておくだけで数年使える。歯が多少の石に当たっても欠けないので、自立根圏などの草を土の中に歯を数ミリ入れて地際から刈ったり、まき床や植え穴のまわりなど根本圏の根を切る「根切り」にも使える。刃が厚くしっかりした丈夫なものがおすすめ。

②木バサミ

収穫や芽かきなどに使う。さびにくく強いステンレス製の摘果タイプがおすすめ。

③軍手

のこぎり鎌はよく切れるので、勢い余って手を切ってしまう。左手（草を持つ手）には最低身につける。手の甲が布、掌がゴムのものが使いやすい。

④移植ゴテ

苗の植え付けや根菜の収穫の際に使う。ステンレスで取っ手と刃の一体型が折れずに長持ちする。

⑤シャベル

イモ類の収穫や最初のウネ立てなどに必要。ウネ立てには慣れない鍬よりも使いやすく便利。使い終わったら必ずのこぎり鎌の背などでついた土を落としておく。

〈あると便利な用具〉

①平鍬

刃の幅12㎝くらいの平鍬は、ウネ立て、整地、まき床の根切り、覆土、鎮圧、土寄せ、イモ類の掘り取りなど、いろいろな作業に使う。土を鎮圧するときは鍬の背（底）で叩いて行なうので、しっかりと柄に刃が固定されていて、叩いても柄が抜けてこないタイプを選ぶ。

②三角ホー

ジャガイモやネギの土寄せ、芽生えたばかりの草の除草には、刃が三角形で両側に刃がついた三角ホーが便利。三角ホーの使い方は、刃を刃と直角方向に斜めに引くことがコツです。

③ジョウロ

水やりやストチュウ水の散布に使う。7ℓ以上の大きめの、異物がジョウロ内に入らないよう水口にネットが張ってあり、先端のハス口が詰まりにくいプロ用を選ぶ。

④熊手

刈った草や緑肥を集めて移動させ、草マルチとするときに重宝。また、自然菜園初期のとき、堆肥と土を表層に混ぜるときにも便利。

⑤長鎌

柄が1.4mくらいある長鎌は、立ったまま土手草や広範囲に伸びている草を刈るときに便利。常に研ぎながら使う。

⑥平板

長さ30㎝、幅12㎝、厚さ1㎝くらいの板。まき溝切りや鎮圧に使う。

⑦メモリ付きバケツ

米ぬかやくん炭の量を量ったり、ストチュウ水を作ったりするときに、目盛りが入ったバケツがあると便利。

⑧砥石

粗さが3種類あると便利。粗研石と中研石の合体したものと、仕上げ研石もあるといい。

PART 2

根性をつける基本技術

これならできる！ 自然菜園

草マルチを寄せて秋野菜のまき床作り

1 根に根性をつける

ど根性ダイコンに学ぶ

「野菜にも根性がある」というと思い浮かぶのは、コンクリートやアスファルトの道の小さなすきまの割れ目を押し広げるように育った「ど根性ダイコン」でしょう。肥料も水も与えられず固いわずかな土の中で、なぜ育つのでしょう？ 普通、そのような場所にはスギナなどの野生の草が生えます。野菜も元々は草なので、人の手によって改良され野生力が衰えているとはいえ、そのような力を少なからずもっているのです。

根は水に溶けない養分を根酸という有機酸を分泌して溶かして吸収する能力をもっています。「ど根性ダイコン」は、まさにその能力をフルに発揮して育ったのでしょう。岩山の小さな割れ目に芽生えた松が、やがて岩を割ってしまうのも、そうです。

アスファルトを突き破って育つど根性ダイコン

つまり、野菜の根に根性がつけば、肥料分はそれほど必要ないのです。根は肥料で育つと思う方も多いのですが、直接濃い肥料分が根に当たると根は変形したり、病気になったり異常をきたしてしまいます。実際に肥料を入れたばかりの畑に種をまくと発芽が不揃いになったり、根菜の根が二股に割れたり、根が異常に育ちます。肥料が多すぎると「肥焼け」といって根が枯れてしまいます。肥料分が少ないほうが根は素直に深く伸びる傾向にあります。

根性をつける自然耕・節水・少肥栽培

葉は光を求めて伸びていきますが、根が求めるのは、肥料分よりも根自身の生命にかかわる水と酸素です。特に根が呼吸するために必要な酸素は、発芽中から必要です。ポット育苗した苗の根をよく見ると、中心部よりもポットの周囲によく張っています。これはポットの周囲にはすきまがあって、空気がよく入るからです。

耕してふかふかの土壌は、発芽直後はとても土が柔らかいですが、雨が降り、時間の経過とともに土はだんだん固くなって水はけが悪くなり、空気が流入しなくなります。そのため根は酸素不足になって弱り、地上部の生育も悪くなってしまいます。自然耕で根穴構造と団粒構造が発達した自然菜園の土壌は、耕してふかふかの土壌と比べて表層部はやや固いですが、雨が降っても固くならず、最後

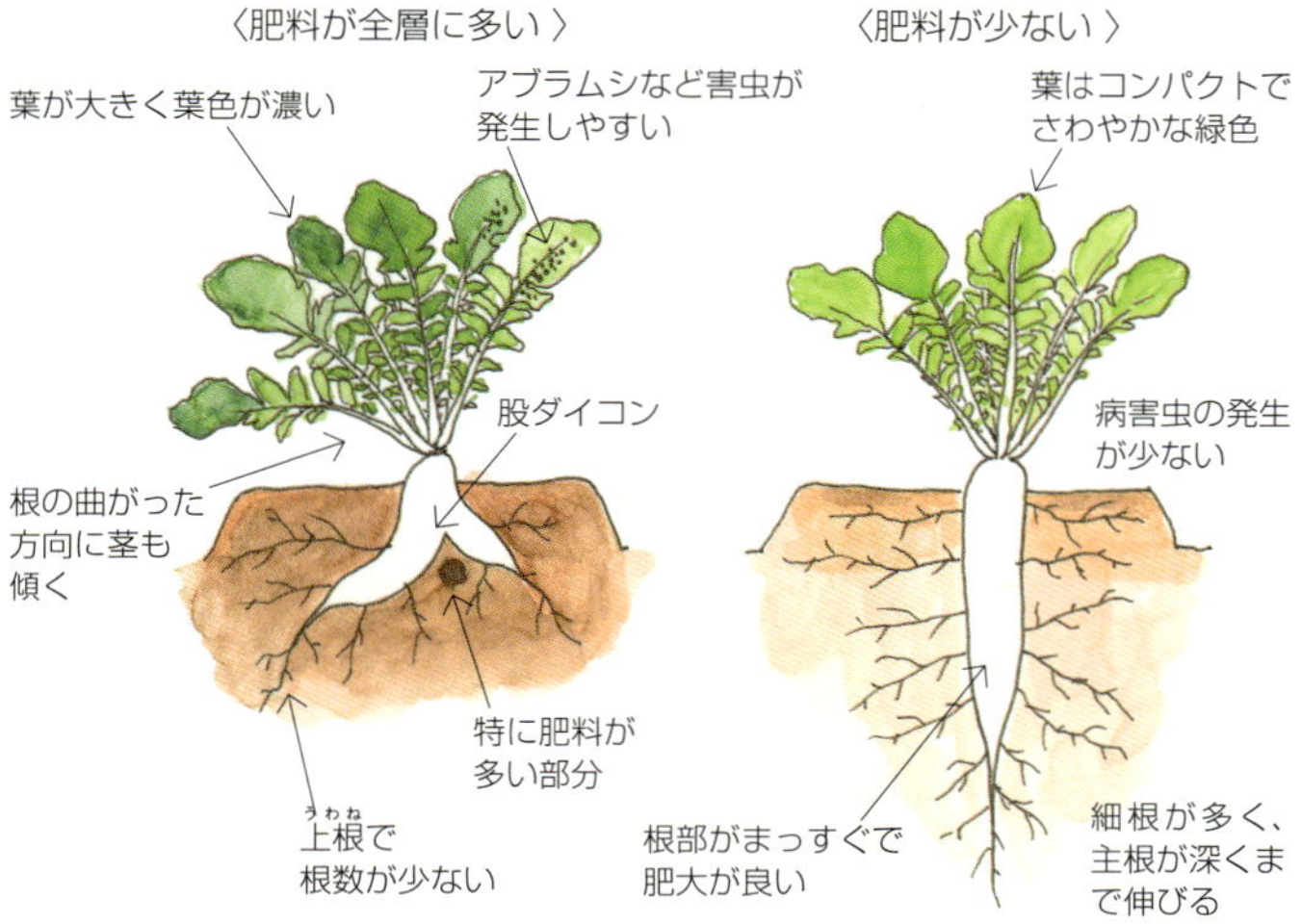
〈肥料が全層に多い〉
葉が大きく葉色が濃い
アブラムシなど害虫が発生しやすい
股ダイコン
根の曲がった方向に茎も傾く
特に肥料が多い部分
上根《うわね》で根数が少ない
〈肥料が少ない〉
葉はコンパクトでさわやかな緑色
病害虫の発生が少ない
根部がまっすぐで肥大が良い
細根が多く、主根が深くまで伸びる
肥料分が少ないほうが根はよく張る

一般栽培と自然菜園の生育の特徴

	生　育	水やり	肥　料	土	病虫害	根張り	草	管　理
自然菜園	地上部の初期生育は遅いが、後半まで樹勢が持続する	不要（干ばつ時のみ）	部分的少ない	表層部がやや固い	発生しにくい	強い	生やす	自然耕 草マルチ
慣行栽培の畑	初期生育は早いが途中でばてやすい	必要	全面的多い	初期は柔らかいがだんだん固くなる	発生しやすい	弱い	除草する	耕す、中耕除草 土寄せ、追肥 ポリマルチ

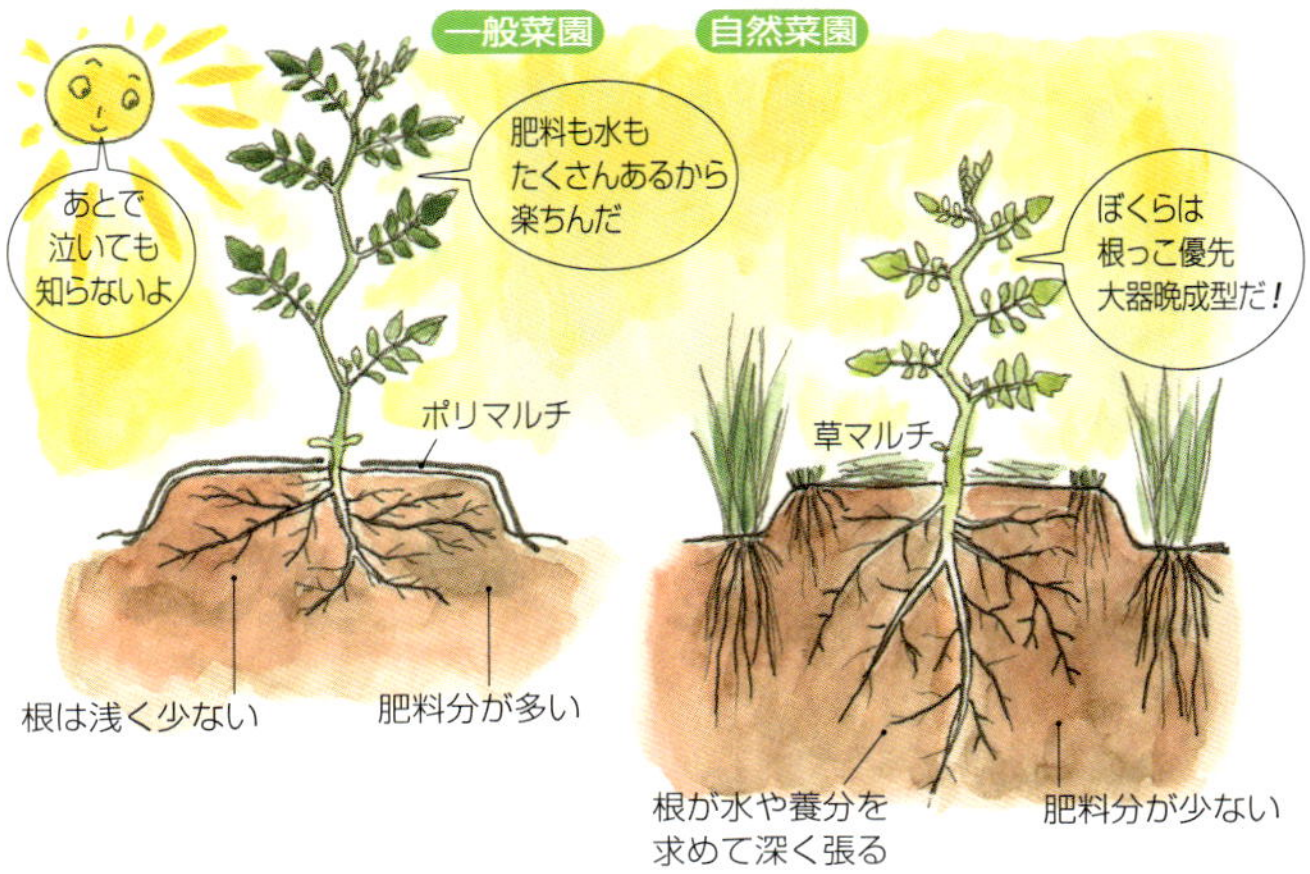

自然菜園の野菜は根っこ優先、大器晩成型

まで深くまで水も空気もよく流入するので、根にとっては暮らしやすい最高の環境なのです。

種まき後・定植後1ヵ月が肝心

「三つ子の魂百までも」という言葉があるように、野菜の根性も、種まきや定植後の1ヵ月間でつきます。

野菜によって根の生長の仕方や根性の素質は違いますが、発芽するとまず主根（種子根）が水を求めて直下に深く伸びます。ダイコンは播種後15日には、肥大するダイコン部の長さくらいに深く伸び、根に養分を蓄えて肥大を開始します。主根はさらに伸びていきますが、30日後くらいからは側根が肥料分を求めて伸び始め、葉が旺盛に伸びてきます。

根の根性はこの最初の1ヵ月で決まってしまいます。主根の根性をもっとも左右させるのが水です。通常、種まき後に水をやりますが、種子は水をたっぷり吸うと強制的に発芽のスイッチが入ります。水が種子のまわりにもたっぷりあると、種子は水よりも酸素を求めて根が出る前に子葉が出てきてしまいます。遅れて伸びてくる根は貧弱で、発芽後もこまめに水やりをしないと少しの乾きでしおれてしまいます。かといって水をやり過ぎると、根が酸欠状態になって根腐れしやすくなります。

生育初期に水や肥料がたっぷりあると、根性がつかないので、その後も人が水や肥料の面倒をみてあげなくてはならなくなります。

自然菜園の野菜は根っこ優先、大器晩成型

自然菜園では、湿った溝に種子をまき、土を種子の厚さ2〜3倍かけ、しっかり鎮圧するだけでいっさい水はかけません。すると土と種子が密着しじっくりと吸水してから発芽のスイッチが入るので、まず主根が伸びます。その後、子葉がしっかり持ち上がって発芽してきます。そして発芽後も基本的に水やりをしないので、根はさらに水を求めて深く張っていきます。本葉が数枚出るころからは、側根が少ない肥料を求めて旺盛に伸びてきます。肥料をたっぷり施して耕した畑の野菜は、側根も水や肥料分を楽に吸えるので、あまり伸びず地上部の茎葉優先で伸びます。これでは根性はつきません。

それに対して、自然菜園の野菜は根っこ優先で伸び、地上部の生育はゆっくりです。最初の1ヵ月は地上部の生育が悪いように感じてしまいますが、それからは主根が深く張って主に水分を吸い上げ、側根も草マルチに守られて自立根圏にしっかり張って、少ない肥料をどんどん吸い上げるようになるので、地上部の生長は目覚ましく、最後までばてず、しっかりとした丈夫な野菜に育ちます。

地下部の根系と地上部の茎葉は相似形

根は地上部から送られる同化養分で伸長し、肥料分や水分を吸って地上部に送ります。葉はその肥料養分や水を使って光合成して同化養分を作ります。地下部（根）と地上部（葉や茎）との関係は、相互依存的でとても密接です。地下の根は見えませんが、茎葉の先端部が元気よく伸び、葉のわき芽がよく伸びているときは、根も元気よく伸張しています。

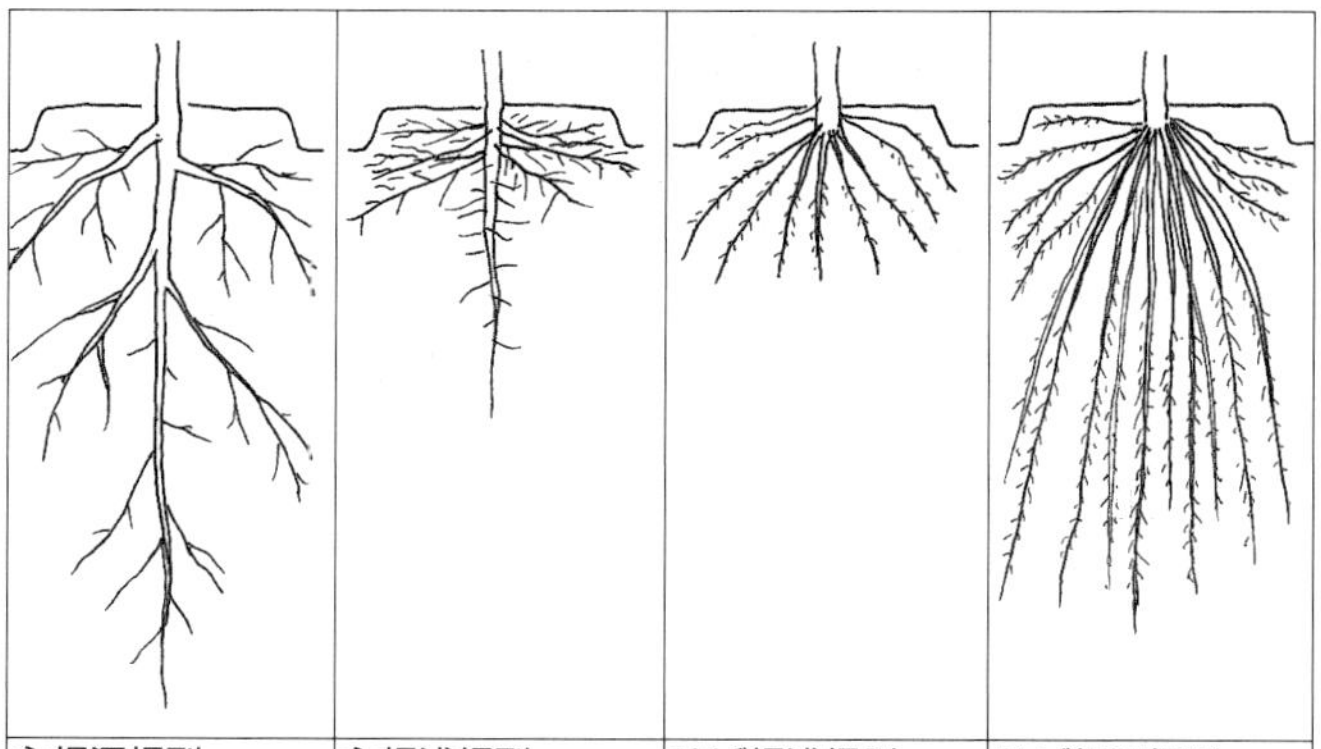

主根深根型	主根浅根型	ひげ根浅根型	ひげ根深根型
双子葉植物	双子葉植物	栄養繁殖する双子葉植物 単子葉植物	単子葉植物（イネ科）
トマト、ナス、スイカ、カブ、ダイコン、ニンジン、ゴボウ、ホウレンソウ、オクラ	キュウリ、カボチャ、ニガウリ、メロン、ピーマン、エダマメ、インゲン、ササゲ、キャベツ、ハクサイ、ツケナ類、レタス、シュンギク	ジャガイモ、サツマイモ、イチゴ サトイモ、ショウガ、ネギ、タマネギ、ニンニク、アサツキ	ムギ類、トウモロコシ、オカボ、イネ科緑肥作物

野菜の根の形態のタイプ

また地上部の草姿と根系の形は似ています。地上に1m以上まっすぐ伸びるトウモロコシは、根も同様に地下に1m以上伸びています。つるが地表を這うカボチャの根は、大きな葉で草が抑えられた地表近くを浅く、縦横無尽に伸びています。

野菜によって根系のタイプが違うことを知り、地上部の観察から根がしっかりのびのびと伸びる姿をイメージしながら育てると、栽培しやすくなります。

根の形態の4つのタイプ

野菜の根の形態は、野菜の種類や原産地などによって異なります。根に根性をつけるうえで、それぞれの野菜の根の形態を知っておくことが大切です。

根の形態は、双葉が開いて発芽する双子葉植物と、1枚の針のような葉が伸びて発芽する単子葉植物（イネ科、ユリ科のネギ類、サトイモ、ショウガなど）とに大きく分けられます。双子葉植物の根は、発芽時に伸びる主根（種子根）がしっかり張り、その主根から側根が何本も伸びる「主根型」です。単子葉植物の根は、種子根はありますが発達せず、伸びた茎の各節から節根がひげのように何本も伸びる「ひげ根型」です。双子葉植物でもジャガイモやサツマイモ、イチゴなど、種イモやつるを挿し芽して増やす（栄養繁殖）野菜の根も、種子根はないのでひげ根型に入ります。主根型の根は伸張しながら肥大して太くなりますが、ひげ根型は本数は増えますがあまり肥大はしません。

上図に示したように、主根型、ひげ根型、いずれにも1m以上深く張る「深根型」と1m以下の「浅根型」に分けられます。主根深根型は、主根、側根ともに深く張って根性がつきやすく、主根浅根型は、主根はあまり伸びず、側根が浅く広く張ります。

根のタイプでわかる生育特徴

自然菜園では、自然耕・節水・少肥栽培でストレスを与えて根を甘えさせずに根性をつけ、その野菜のもっている野性力を発揮させることが大変重要です。根のタイプによって、根性が元々あるタイプから、なかなか根性がつきにくいタイプがあります。

①主根深根型―もっとも根性がつきやすい

トマトやナス、スイカ、カブ、ダイコン、ニンジン、ゴボウ、ホウレンソウ、オクラなど、主根深根型の野菜の根は、温度や水分の

主根深根型のナスの根

主根浅根型のエダマメの根

主根深根型のスイカの根
（つる性野菜の根）

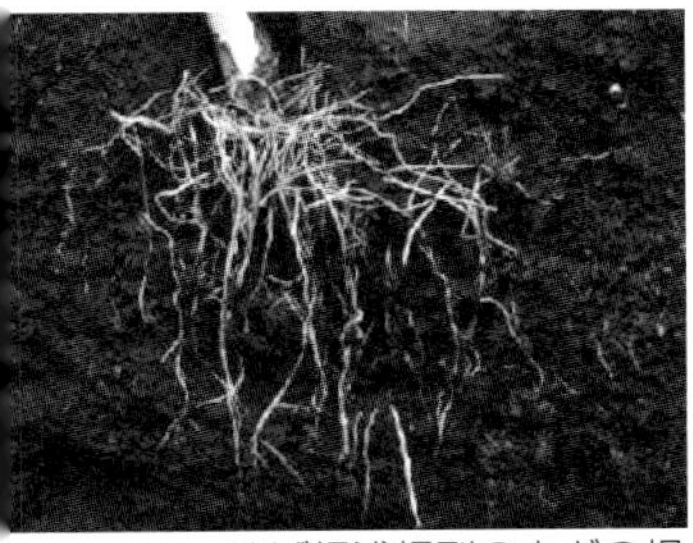
ひげ根浅根型のネギの根

ひげ根深根型のライムギの根

変化の少ない地下深くに根を張り、野菜の身体をしっかり支え、深くから養分や水分をもたらします。そのため、主根浅根型のものに対して、乾燥や温度変化に強く根性が強い傾向があります。上層部が乾いてもしおれにくく、天気や環境の変化に影響されにくいです。

水や肥料分の吸収力も強いです。特にダイコンやニンジン、ゴボウは、主根に水分や養分をため、肥料が少なくても効率的に吸うことができるので、よほどやせていない限りは追肥をすることなく育ちます。

主根深根型の野菜は、地下水位が低く水はけが良く、肥えすぎていない畑を選び、生育初期に節水・少肥を徹底して、主根を深く張らせることがポイントです。これらの主根深根型野菜は、育苗すると主根の伸張が阻害され損傷されるので、移植を嫌うものが多いです。ただし、トマトやナスなどの根は再生力が強く、移植すると新根の数が多くなり根性が増します。

②主根浅根型―草マルチを厚く

ピーマン、キュウリ、カボチャ、ニガウリ、メロン、エダマメ、インゲン、ササゲ、キャベツ、ハクサイ、ツケナ類、レタス、シュンギクなどは、主根はあまり深くに伸びず、側根が何本も上層から表層に張ります。乾燥、過湿、低温、高温などの変化に影響されやすく、特に酸素の要求度が高いので、大雨で滞水すると酸素不足で根が弱りやすいです。

主根浅根型は主根深根型と同様、生育初期に節水・少肥を徹底して、主根を深く張らせることがポイントです。そして草マルチをこまめに厚くして温度や水分の変化を和らげ、表層に張る根を守ってやることが大切です。

③ひげ根浅根型―草マルチと土寄せを

ジャガイモとサツマイモの根は浅いですが、原産地が乾燥地なので根性があり、肥料や水分の吸収力が強いので、乾燥に強く土ステージ1～2のやせた土を好みます。

その点イチゴの根は細く繊細で根圏が狭く、水分や温度、肥料の過不足に敏感です。ウネを高くして排水を良くし草マルチで表層の根を守ってやります。

単子葉植物のサトイモ、ショウガ、ネギ、タマネギ、ニンニク、アサツキは、節根が葉の付け根の節から次つぎに伸びてきますが、乾燥にも過湿にもとても弱く、草マルチが欠かせません。サトイモとショウガは土寄せをしたり、草マルチを厚くして根を守り、乾燥時には水やりも必要です。特に結球するタマネギやニンニクは、水不足・肥料不足になると結球部分が小さくなってしまいます。定植前に米ぬかと油かすを半々に混ぜたものをまいてから草マルチをするとよく育ちます。

ひげ根浅根型の野菜は、いずれも草に弱く、特に生育初期は弱いので、早めに草マルチを厚くして周囲の草を抑えることが大切です。

④ひげ根深根型―もっとも根性が強い

イネ科のトウモロコシやムギ類の根は、節根がまっすぐ深く張る、根性が強い自然耕の優等生です。草にも強いので草マルチもあまり必要ありません。

2 自然のリズムに合わせ適期適作

生育適温を知って栽培適期を知ろう

無農薬栽培の基本は、自然のリズムに乗り、旬の野菜を育てることです。しかし、ハウス栽培が一般的になり、いつが旬なのかわからない野菜が多くなりました。トマトやイチゴは冬が旬だと錯覚するほどです。

畑の草も野山の草も、冬草が春に花を咲かせて枯れると夏草が競うように生えてきます。自然界では、それぞれの生きものが、酸性土壌や中性土壌などの適地で住み分け、気温・地温や日長などの季節の変化で生育適温を選び住み分けています。

桜の開花は種まき指令

野菜も同様です。その野菜がもっとも生育しやすい時期に育てれば、人の手もかからず、その野菜本来の生育をするので、おいしくたくさん収穫できます。病気や害虫の被害も少なくなります。露地で無農薬栽培が原則の自然菜園では、適期適作が基本の基本です。たとえば、5月の初めにまいたエダマメは、春の子育てに一生懸命なハトなどにことごとく双葉を食べられがちですが、霜の心配もなく温かい6月になってまくと鳥にやられにくく、とてもよく育ちます。特に秋野菜は播種期間が短いので、早まきになりがちですが、早まきすると、冬越しに備えて産卵したり栄養を蓄えようと懸命な害虫たちの格好の餌食となってしまいます。

それぞれの野菜の播種適期は、それぞれの野菜の生育適温が一つの目安になります。特に根に根性をつけるには地温が重要です。また、夏の暑さや冬の寒さ、初霜の時期と晩霜の時期など、地域の気象を知っておくことが大切です。

生物暦で適期を知る

実際の旬栽培は、地域風土によって千差万別です。特に近年の異常気象のため、季節の流れが暦どおりではなくなり、年々野菜が育てにくくなってきています。自然の流れに乗るためには、自然の流れを知らなければなりません。そのためには、自然の流れに乗っ

野菜の生育適温と耐寒性・耐暑性

	栽培適期	原産地	野　菜	平均発芽・生育適温
高温性野菜	暑さに強く霜に弱いので春まきにして夏から秋に収穫	熱帯地帯	果菜…ナス、ピーマン、シシトウ、トウガラシ、ニガウリ、日本カボチャ、オクラ 豆類…エダマメ、ダイズ、ササゲ 根菜…サツマイモ、サトイモ、ショウガ	25～30℃・昼間35℃くらいまで耐えるが寒さに弱い
高温性野菜	暑さに強く霜に弱いので春まきにして夏から秋に収穫	高地・砂漠地帯	果菜…トマト、キュウリ、西洋カボチャ、ズッキーニ、スイカ、メロン、トウモロコシ 豆類…インゲン、ラッカセイ 根菜…ジャガイモ、ゴボウ	18～25℃。30℃以上の暑さには弱く、低温には比較的強く、多少夜温が低くても良い
冷涼性野菜	霜や寒さに強く暑さに弱いので夏場はさけ、秋から春にまく	地中海沿岸～中央アジア・中国等の温帯地帯	葉菜…シュンギク、ニンニク、レタス 根菜…ニンジン、青首ダイコン	15～20℃。暑さに弱く寒さにはやや強い
冷涼性野菜	霜や寒さに強く暑さに弱いので夏場はさけ、秋から春にまく	地中海沿岸～中央アジア・中国等の温帯地帯	果菜…イチゴ 葉菜…キャベツ、ハクサイ、ツケナ類、ホウレンソウ、タマネギ、ネギ 豆類…エンドウ、ソラマメ 根菜…カブ、ダイコン その他…ムギ類	13～20℃。耐寒性が強く、ホウレンソウ、ツケナ類、ソラマメ、エンドウ、キャベツ、ムギ類は秋まきし、冬から春に収穫できる

て育っている生きものの状態を見ながら、季節の移り変わりを知ることが大切です。

春を知らせてくれる桜の開花は、春野菜の種まきの時期を同時に知らせてくれます。年によって開花期がずれたら、それに合わせて種まき、植え付け、収穫すれば、自然の流れに乗った栽培ができます。

月の満ち欠けで知る作業適期

昔から、樹木を満月に切ると腐りやすく、新月に切り出すと用材として長持ちすることが知られています。それは、満月の時期は引力の影響で、水分が地上部に移動して材木に水分が多くなり、逆に新月の時期は、水分が根や地下部に移動するため、材木の水分量が少なくなり長持ちするからだといわれています。海の満潮、干潮があるように、地球は月の影響を強く受けていることは確かです。下表のように月の満ち欠けを活かして、種まき、植え付け、収穫をすると一層自然の小さな変化に気づくようになるかもしれません。

生物暦

植物の開花・落葉、生きものの初鳴き	平均気温（℃）	適期作業
 梅の開花 ウグイスの初鳴き	6～7	春作準備
 アブラナ科の開花 桜の開花	8～10	春野菜の種まき ジャガイモの植え付け
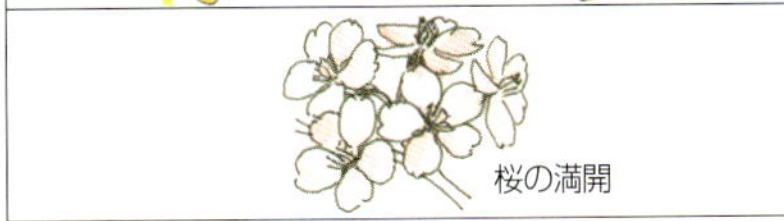 桜の満開	10～12	ダイコンの種まき クラツキ
 ノダフジの開花 オオムギの出穂	15	遅霜なし 夏野菜の直まき
 ノダフジの満開 コムギの出穂	16	夏野菜の定植
 アジサイの開花	21	夏野菜の収穫始め
 ヒグラシ・アブラゼミの初鳴き	26	夏ニンジンの種まき
 サルスベリの開花 ヤマハギの開花	25	ハクサイの種まき
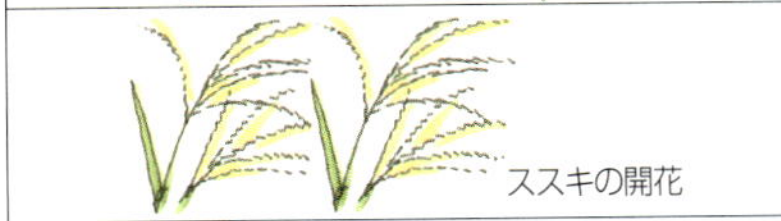 ススキの開花	24	秋冬野菜の種まき
 ヨメナの満開	18～20	ホウレンソウの遅まき限界
 イチョウの黄葉 カエデの紅葉	11	秋冬野菜の収穫適期
 イチョウ・カエデの落葉	9	ホウレンソウの糖度増す

『自然農法の種子』（2007）自然農法国際研究センター（一部改変）

月の満ち欠けと適期作業

月	新　月	上弦の月	満　月	下弦の月
適期作業	種まき（葉・果菜）	苗の移植・定植		剪定・整枝
	すぐ食べる根菜の収穫	葉菜類の収穫	果菜類の収穫	果実種子の自家採種
	根菜・葉菜類の自家採種	保存用の根菜類の収穫		穀類乾燥保存の収穫
		草マルチ	種まき（根菜）	草マルチ

3 種や種イモの選び方

種は草勢が強く病害虫に強い品種を選ぶ

種屋さんに買いに行くと、さまざまな品種があり迷ってしまいます。種子袋の裏側に栽培カレンダーやその品種の特性（特に長所）が書いてありますが、同じような品種でも値段にかなり開きがあり、ますます迷います。

自然菜園で、まず間違いなく育てやすいのは、地元の種苗店で昔から人気のロングセラー品種です。ロングセラーになる品種の多くは比較的安く、その地域で育てやすい優良品種の可能性があります。最新の品種は、市場出荷向けのプロの農家のために開発された品種がほとんどです。それらは農薬・化学肥料が必要不可欠で、しかもハウスなどでなければ育てにくいものも多いのです。また、「無農薬栽培向き」とか、「家庭菜園向き」と書いてあるものも、根の力が強く草勢が強いものが多く、初心者でも育てやすい品種です。

一代交配種よりも固定種を

種子には、固定種と一代交配種（F_1種）があります。固定種とは、長年、選別と自家採種を繰り返しながら種として形質が固定している品種のことです。固定種は自分の菜園で自家採種をしても、ほかの品種の花粉がついて受精（交雑）しない限り、翌年もだいたい同じように育ちますが、発芽が少しばらつく傾向があり、収穫もばらつきます。

それに対して一代交配種は、すべての種子に両親の優勢な遺伝情報だけが現われているので、発芽もいっせいで、姿かたちも揃い、いっせいに収穫できるので、市場に出荷するのに向いています。しかし、F_1種から自家採種した二代目は、親とかけ離れた品種がバラバラと生まれます。これを自家採種し、同じ形質のオリジナル固定種にするには、選抜しながら3年、いや5年以上かかります。

最近では、「○○交配」とか「一代交配○○」と種袋に書かれた一代交配種が多くなりました。固定種には、固定種とは書かれていませんが、「○○交配」とか「F_1品種」と書かれたもの以外は固定種です。

家庭菜園には、収穫時期にばらつきがあったほうがありがたいので、値段も安く自家採種も容易な固定種をおすすめします。種袋に書かれた栽培カレンダーを見ると一代交配種の種まき時期はかなり明瞭ですが、固定種は種まき適期幅も収穫適期幅もあいまいで長くなっていることが多いですが、各地の風土に合った旬の時期があるので、種まき適期を種屋さんに聞いておきましょう。

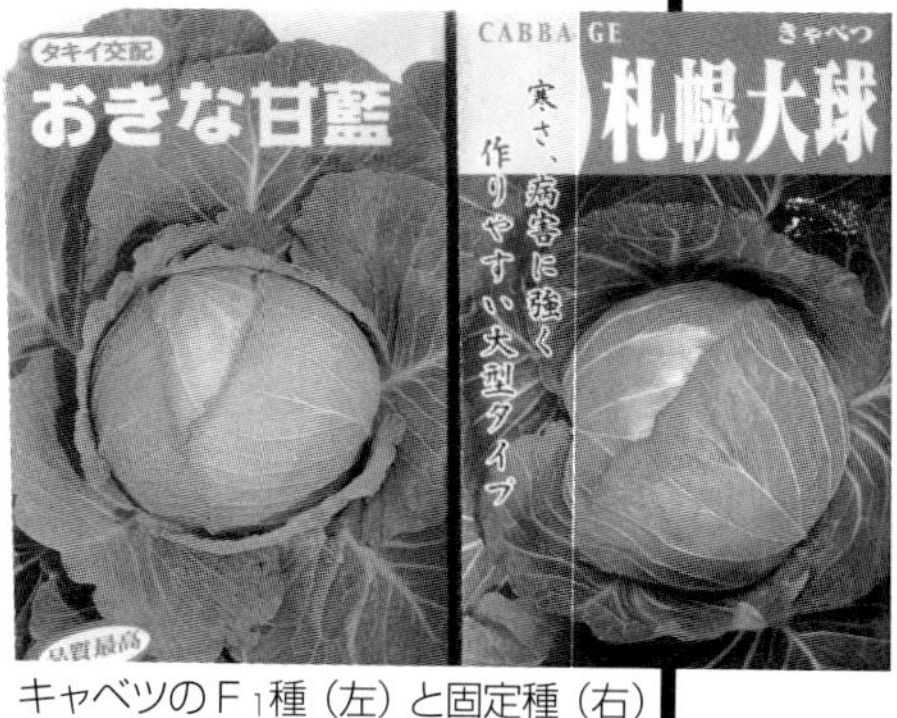

キャベツのF_1種（左）と固定種（右）

発芽率や有効期限をチェック

発芽率も見逃せません。たくさん入っているかに見えて、発芽率55％と半分くらいしか発芽しない種子は、値段が安くても多めにまく必要があるので、結局、高いものになります。多少高くとも発芽率の高いものを選んだほうが賢明です。

また、有効期限も明記されています。種の寿命は野菜の種類で違いますが、古い種ほど残りの寿命が短くなります。1～2年の寿命が短い種子はその年の分のみ購入し、寿命が

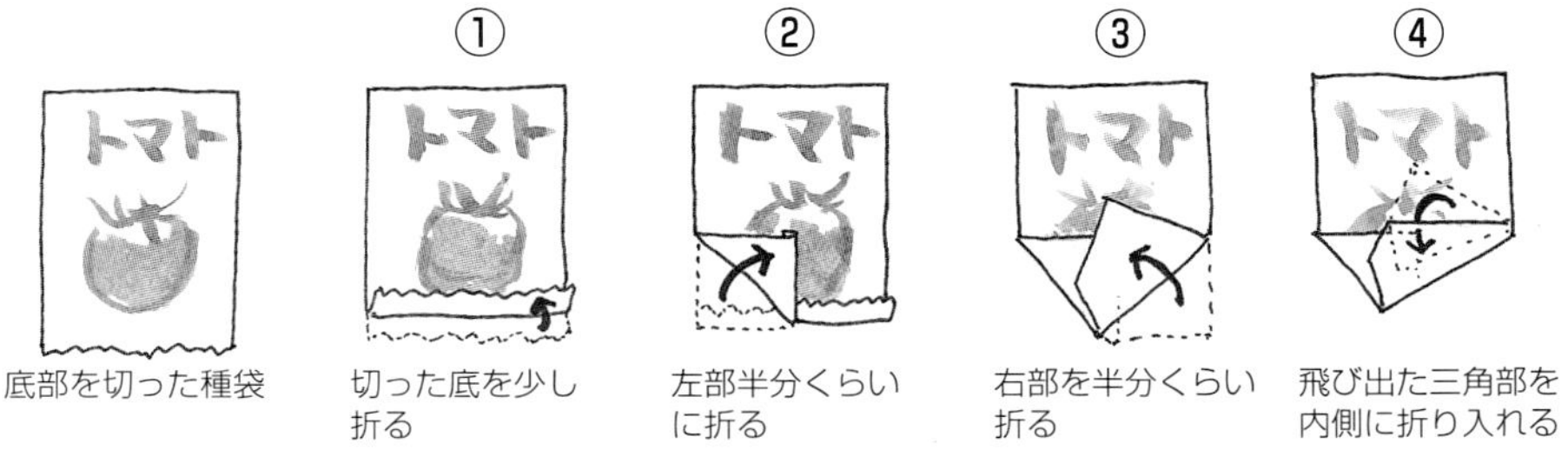

底部を切った種袋
切った底を少し折る
左部半分くらいに折る
右部を半分くらい折る
飛び出た三角部を内側に折り入れる

種が残った種袋たたみ方

花芽ができる条件

花芽ができる条件			野　菜
感温性	低温にあうとできる	発芽中からできる	ハクサイ、ツケナ類、ダイコン、カブ
		一定の大きさに育ってからできる	キャベツ、カリフラワー、ブロッコリー、セロリ、ネギ、タマネギ、ニンニク、ニンジン、ゴボウ、イチゴ、キュウリ、カボチャ
	高温にあうとできる		レタス
感光性	日が短くなる（短日）とできる		イチゴ、シソ、キュウリ、カボチャ
	日が長くなる（長日）とできる		ホウレンソウ、タカナ、シュンギク、ニラ、ラッキョウ、レタス
中　性	温度・日長に関係なく、一定の大きさになるとできる		トマト、ナス、ピーマン、マメ類（エンドウを除く）

野菜別種子の寿命

寿　命	野　菜
1～2年	ネギ、タマネギ、ニラ、レタス、キャベツ、ゴボウ、ニンジン、エダマメなど
2～3年	ダイコン、ハクサイ、カブ、スイカ、インゲン、エンドウ、ソラマメ、ホウレンソウなど
3～4年	キュウリ、カボチャ、トマト、ナスなど

長い種子は、冷蔵庫で乾燥剤とともに上手に保管すれば3年間くらい十分使用できるので、有効期限を確認して数年分まとめて買っておくとお得です。

また、自然菜園では農薬は使用したくないので、種子消毒の農薬が粉衣されていないかどうかチェックしてください。開けてみたらピンクやメタリックブルーの農薬でコーティングされていてショックを受けた方も多いと思います。

数種類買って同時にまいて試してみる

実際にどの品種がどの時期に自分の畑で育てやすいのかは、実際にまいて育ててみるまでわかりにくいものです。そこで、初めて育てる野菜は、気になる異なる品種を3つほど買い、同じ時期に3種類栽培したり、まく時期を変えて比較します。

葉菜類は早生、中生、晩生のそれぞれの品種を同時にまくと、収穫時期がずれて長く少しずつ収穫ができたり、どれか一つくらいはとてもよく育ち、まくタイミングと品種の特性が見えてきます。

必ず使用した種子の袋に、まいた日や収穫時期、出来具合を記入してとっておくと、翌年は迷わずに同じものを買うことができます。

春まきの葉菜は春まき用品種を

注意したいのは、葉菜類の春まきです。葉菜は大きくなる前に花芽ができてしまうと、小さなままでとう立ちしてしまいます。花芽できる習性は上左表のように野菜によって違いますが、寒さにあたってできるアブラナ科や、日がだんだん長くなる春の長日によってできるホウレンソウやシュンギクなどは、花芽分化しにくい春まき用の品種を選びます。

種イモの選び方

ジャガイモ、サトイモ、ニンニクなどは、種子でなく種イモ、種球を植えて育てます。これらは、親の根や茎、鱗葉に養分が貯蔵されたものです。種イモや種球は、病虫害に侵されていない親株のものから選びます。特にジャガイモはウイルス病にかかりやすいので、よく見極め、無肥料で育てて完熟させた、80g程度の肌のきれいなものを選びましょう。サトイモ、ニンニクなども同様ですが、充実した大きなものを選ぶことが大切です。

4 直まき法

育苗移植よりも直まきのほうが根性がつくが…

　自然界では、どんな植物も種が落ちた場所で芽生え、移植されることはありません。しかし、トマトやナス、スイカなどの果菜や、葉菜でもハクサイやキャベツ、ネギ類などは、育苗して移植する方法が当たり前になっています。育苗したほうが幼苗期の保護管理がきめ細かくできたり、原産地が熱帯で低温に弱いものは保温して育苗すれば早く収穫できるからです。また、根の再生力が強いトマトやキャベツなどは、移植することによって根が切られ、そのストレスで新根が多く発生して草勢が強くなります。

　しかし、どんな野菜も直まきしたほうが、その野菜本来の根性ある根が張ります。特に最初に深く伸びる主根は、育苗・移植すると切れたりトグロを巻くように曲がってしまいます。自然菜園では根性のある根を張らせることが重要です。移植苗は細い根が多く表層に張って肥料を吸収するので、最初の勢いはありますが根性はなく、早くにばててしまいがちです。直まきの根のほうが太い根が深く張るので、最初は生育がゆっくりですが、遅くまでばてません。

　オクラは熱帯原産なので早くまく場合は保温育苗が必要になりますが、本葉が数枚出た苗を移植してもなかなか活着せず枯れてしまいます。オクラは主根深根型で、直根が傷つけられると、根の再生がむずかしいからです。オクラは直まきがおすすめです。

　秋から収穫したいキュウリやナスなども、直まきしたほうが健全な根が深く張り、遅くまで収穫できます。ハクサイも根の再生力が弱いので、直まきしたほうが安心です。

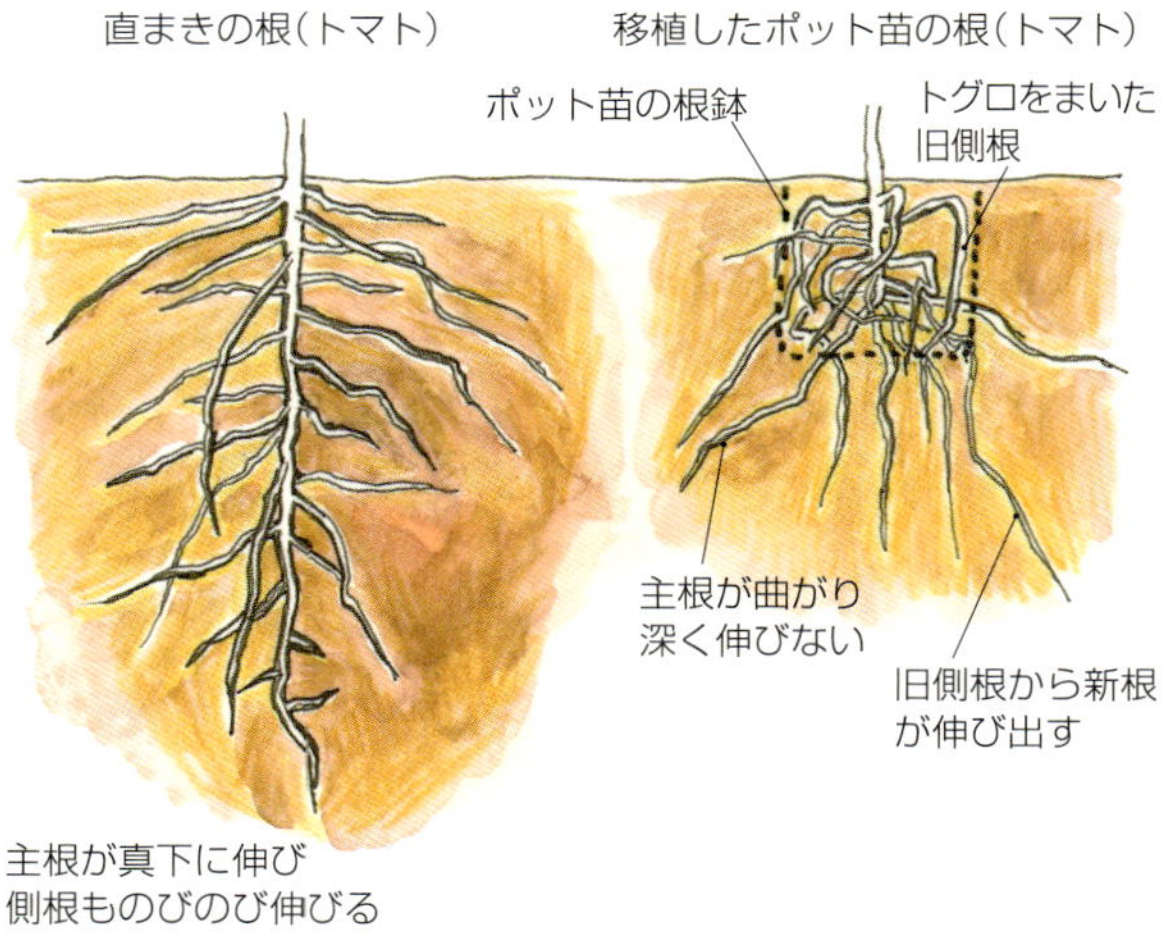
直まきの根（トマト）
移植したポット苗の根（トマト）
ポット苗の根鉢
トグロをまいた旧側根
主根が曲がり深く伸びない
旧側根から新根が伸び出す
主根が真下に伸び側根ものびのび伸びる

直まきしたトマトの根と移植したトマトの根

根性をつける直まき法

　根性のある根を張らせるには、節水が鉄則で、水をやらずに発芽させます。

　まず、まき床の1.5倍くらい（約20cm）の自立根圏の草をのこぎり鎌で、根を残して刈ってまき床の両脇に敷きます。次に、発芽しようとする草の種が多く混じっている表土1cmの土を、両脇に寄せて除きます。さらに根本根圏となるまき床の草の根を、鍬で細かく切ってならし平らにして鎮圧します。こうすると、まき床の草は枯れ、表土に混じっている草の種もまき床から除かれます。またよく鎮圧すると下層から水分が毛管現象でよく上がってきて乾きにくくなります。

　この湿ったまき床に種をまき、土を種子の厚さの2〜3倍かけます。種子には発芽する際に光を欲しがる野菜（好光性種子）と嫌う野菜（嫌光性種子）とがあり、好むものは覆土を薄くする必要がありますが、光を好む種子はたいてい小さくて薄いので、覆土はどん

葉菜の条まきの手順

ウネ（自立根圏）の草を刈り、まき床の草を両脇に寄せる

根本根圏となるまき床の、草の種が多い表土を三角ホーで両脇に寄せる

鍬でまき床の表土を削るようにして草の根を切る

鍬の底でまき床を叩くようにして鎮圧して平らにならす

種をまく

土で覆土する

足でよく踏み、種と土を密着させる

水やりはせず、刈り草を軽くまき床に敷く

好光種子と嫌光種子

好光種子	キャベツ ゴボウ レタス シュンギク ニンジン ミツバ セロリ シソ
嫌光種子	ダイコン ナス トマト トウガラシ ネギ タマネギ ニラ スイカ メロン カボチャ キュウリ ニガウリ シロウリ

果菜の点まきの手順（クラツキしたカボチャの場合）

まき床の草を刈り、根を切る

穴を掘り堆肥を入れてクラツキとする（種まき１ヵ月前）

間土を入れる

コンパニオンプランツのネギを１本植える

鎮圧してから種子（カボチャ）を４粒、方向を揃えてまく

覆土して鎮圧する

刈り草を軽くかぶせる

な野菜も「種子の厚さの2〜3倍」が目安です。乾燥時には厚めに、湿っているときは薄めにします。

種まき後、しっかり足で踏んでよく鎮圧し、刈り草を軽く敷いて、乾燥や雨による表土の固結を防ぎます。

このようにまくと、水をかけなくても、土と種が密着し自然に水を含んでから発芽のスイッチが入るようになります。

まず水を求めて種子根が伸びてきます。その後、根性のある種子根が張ってから自然に葉芽が伸びて発芽してきます。根が優先的に育つので、根性のある発芽をむかえることができます。根性のある主根が張っているので、発芽後も水やりは必要なく、またそうすることで、さらに主根は水を求めて深く張ります。

一般よりもやや密にまいて本葉が出るまでに根性をつける

最終的に育てて収穫する株数よりも数倍の種子をまきます。それは、まいた種子がすべて思うように発芽し健全に育つとは限らないからだけではありません。休眠していた種が根を伸ばし芽を地上に出して、子葉を開くまでは、女性の出産と同様にとても大変で力がいるからです。

地面から芽を出すのも根を張るのも、そのエネルギーは種子の中に蓄えられた養分だけです。もたもたしていると養分がなくなるばかりか、病原菌や草が襲ってきます。密にまくと、集団で土を耕すようにして根を張り、集団で芽が土を押し上げるので、発芽しやすくなります。そして、集団で草の発芽や発根を抑えて、自らの根本根圏を確保します。

それは、野菜のこぼれ種の自然生えする姿を見ればよくわかります。カボチャやキュウリなどウリ科の果実は、多いもの1果に300粒もの種子を宿しています。落ちた果実が朽ち、栄養分が周縁の土を肥やし、春になるとそこから集団で発芽してきます。集団で協力して芽生えて互いに霜や寒風から身を守り、競い合いながら大きくなり、やがてその中の数株が生き残って大きく育ちます。

エダマメは、4〜5cmのサヤの中に2〜3粒が等間隔に並んでいます。だから、まく場合も2〜3粒ずつまけば、集団力でよく発芽します。アブラナ科のコマツナなどは、種がたくさんつきサヤがはじけて、バラバラと種が落ち、密生して発芽してきます。

ただし発芽後、葉が触れ合うようになるごとに、2〜3回、間引くことが肝心です。放っておくと葉が混み合って光が当たらず徒長してしまうばかりか、根圏を広げることができず、せっかくの根性が弱ってしまいます。

条《すじ》まきか点まきし、間引いて自立根圏を最終株間に

種のまき方には点まき、条《すじ》まき、ばらまきがありますが、自然菜園では、基本的に葉菜は条まきがおすすめです。草の根を切った15〜20cmのまき床に、その野菜の自立根圏の直径を条間にして条まきし、自立根圏の直径を最終的株間として、葉が触れ合うつど間引きます。

自立根圏が広いハクサイやダイコン、キャベツ、キュウリなどの果菜などは、それぞれの自立根圏の直径を株間にして点まきしたほうが、種子が無駄にならず、間引きの手間も省けます。ばらまきは、レタスやネギの苗床やルッコラなど密にまいて軟弱に育てたいものに限られます。

播種間隔は、狭くしたほうが発芽が良くなります。特に発芽しにくいニンジンは密にまいたほうが良いです。野菜によって最終株間が違うので、種代や間引きの手間を考えて、播種間隔を決めます。

ニンジンやシュンギク、ネギなど、切れ葉だったり直立した葉の野菜は葉が触れ合いにくいので5mmくらいに、ダイコンなど双葉が大きいものは3cmくらいにまきます。

自然生えのカボチャ

野菜別種の間隔

播種間隔	野菜（条間・最終株間）　　＊最終株間 30cm以上のものは点まき
5mm	ニンジン（15cm）、レタス（25cm）、シュンギク（15cm）、ルッコラ（5cm）、ネギ（5cm）
1cm	ホウレンソウ（15cm）、ゴボウ（20cm）、エダマメ（30cm）、インゲン（30cm）
2cm	コマツナ（10cm）、小カブ（10cm）、ハクサイ（35cm）、キャベツ（35cm）、オクラ（50cm）、エンドウ（30cm）
3cm	ダイコン（30cm）、ハツカダイコン（3cm）、トウモロコシ（30cm）、ソラマメ（30cm）

5 間引き法

間引きは自然選抜の手助け

密にまいて集団力で発芽させたい自然菜園では、「間引くのはかわいそうで」と、そのままにしておくと、野菜どうしがすぐに葉も根も混み合って、おしくらまんじゅう状態となってしまいます。茎葉は光を求めてひょろひょろと徒長し、根も養分不足で伸びられず、せっかく張った根性のある根が活かせません。トマトなどの自然生えの過程をみると、株が密生し葉が重なり合うようになると、弱い株は自然に抑えられ、強い株が生き残っていきます。自然界ではより強い株を残そうと自然選抜し、自ら間引いているのだと思います。

野菜と草を共存させるには、前述したように、そのときの一番長い葉の先端部までの自立根圏の草を刈って草マルチにして、自立根圏内の草の勢いを抑えます。これは、同じ野菜の兄弟どうしにも当てはまり、隣の株と葉が重なり合ってきたら、基本的に根がぶつかり始めたことを意味するので、間引くタイミングだと思ってください。遠慮なく、より健全で強いものを残すようにして、葉が重なり合わないように弱い株を間引きます。この間引いたものは、ツマミナ、カイワレダイコン、間引き菜などとして収穫できます。間引いたダイコンやニンジンなどは、軟らかな葉がおいしいです。

1回目の間引きは最初の本葉出葉時

間引きの基本は、発芽から自立する本葉5～6枚までの間に2～3回に分けて、葉が触れ合ってきたときをタイミングにして間引くことです。葉が触れ合ってくるということは、野菜どうしの根がせめぎ合っている証拠だからです。しかし、一度に間引いてすきまができると、草が発芽しやすくなったり、土が乾燥しやすくなってしまいます。葉が触れ合ってきたら1株おきくらいに適度に間引くことによって、野菜どうしが適度に競争し、根性のある根が育ちます。

1回目は、発芽して子葉が開き、1枚目の本葉が子葉の中心から伸びてきたときです。この時期は、双葉や胚乳に蓄えられていた養分（母乳）だけでなく、自ら本格的に光合成を開始して自前で生きようとし始める、人間でいえば、離乳食の時期です。光合成をするためにも、光をたっぷり浴びたい時期です。

この1回目の間引きで残したい株は、しっかり開いた2枚の双葉がきれいな対称形で、双葉の下の茎＝胚軸がしっかりして太く短いものです。双葉の形が非対称だったり、奇形や虫食いだったり、胚軸が長くほっそりとしたものは、間引き候補です。健全な葉や茎は、根も丈夫で健康に育っている証拠だからです。とはいっても、間引きの目的は自立根圏を確保してやることが第一です。混み合った隣どうしの株を見比べて、どちらが良いかを判断するほかありません。

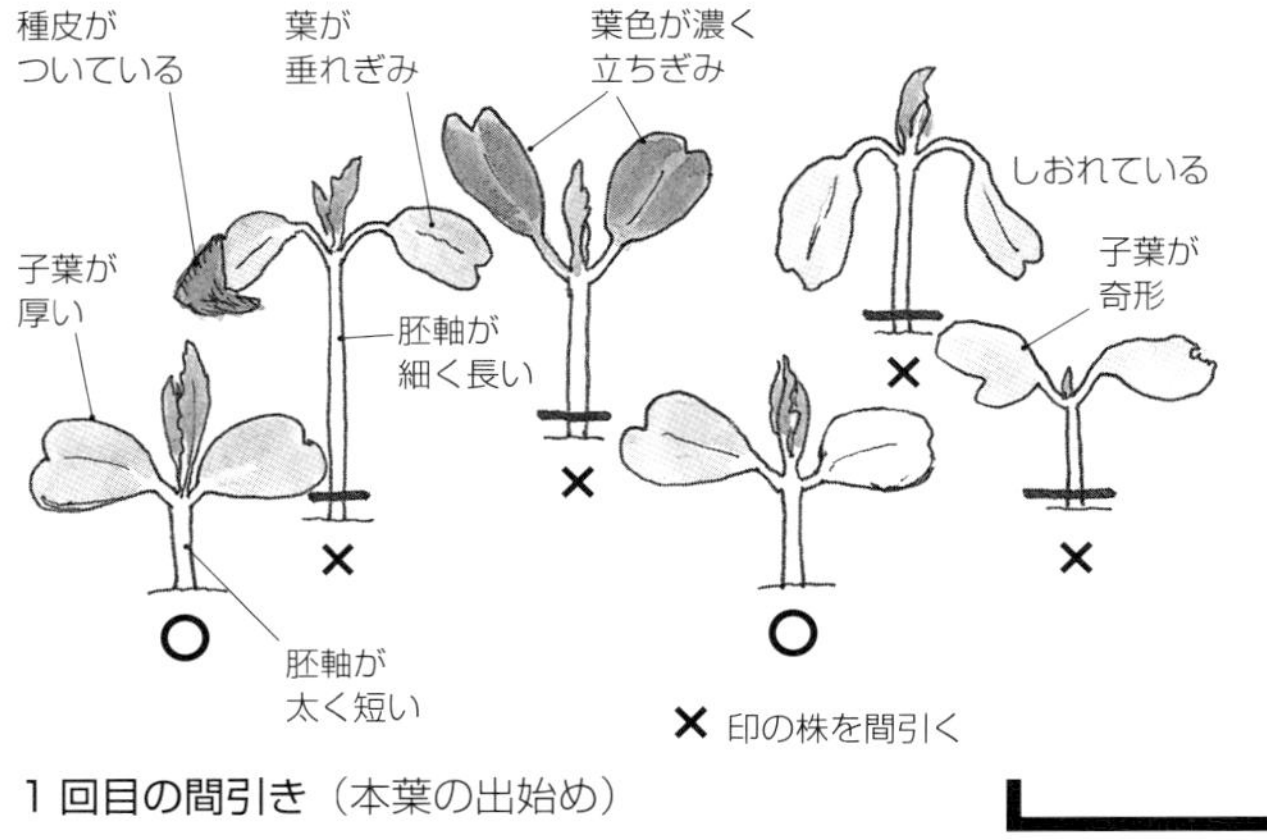

1回目の間引き（本葉の出始め）

最終間引きは本葉5～6枚時

2回目は、本葉が3～4枚のころです。そして本葉5～6枚のころまでに最終間引きをすませます。本葉が5～6枚の時期になるとどんな野菜も、完全に離乳し、将来を見据えて根を張り始めます。ちょうど、自立根圏まで根が張り、草の根と戦いながら根圏を広げていく青年期に入ります。この時期に最終間引きをすませることが大切です。そうでないと混み合った状態のままでは、野菜は大きくなれないとあきらめてしまうのか、これ以降間引いても大きくはなれません。

結球野菜のハクサイ、キャベツは、この時期から本格的に外葉を重ねて結球のための準備運動に入り始めます。そのため、育苗して定植する場合は、この時期までに定植をしてあげないと結球しにくくなります。ニンジン、ダイコン、カブなどの根菜類は、この時期に、左下の写真のように根元の皮（初生皮層）が破れ、根部を太らせようとし始めます。この時期を逃すと、ダイコン、ニンジン、カブなど、根菜の根の太さが限定されてしまいます。5～6葉期の最終間引きは、それくらい重要なのです。

点まきの間引きも同様に2～3回に分けて、本葉5～6枚までに、1本に間引きます。

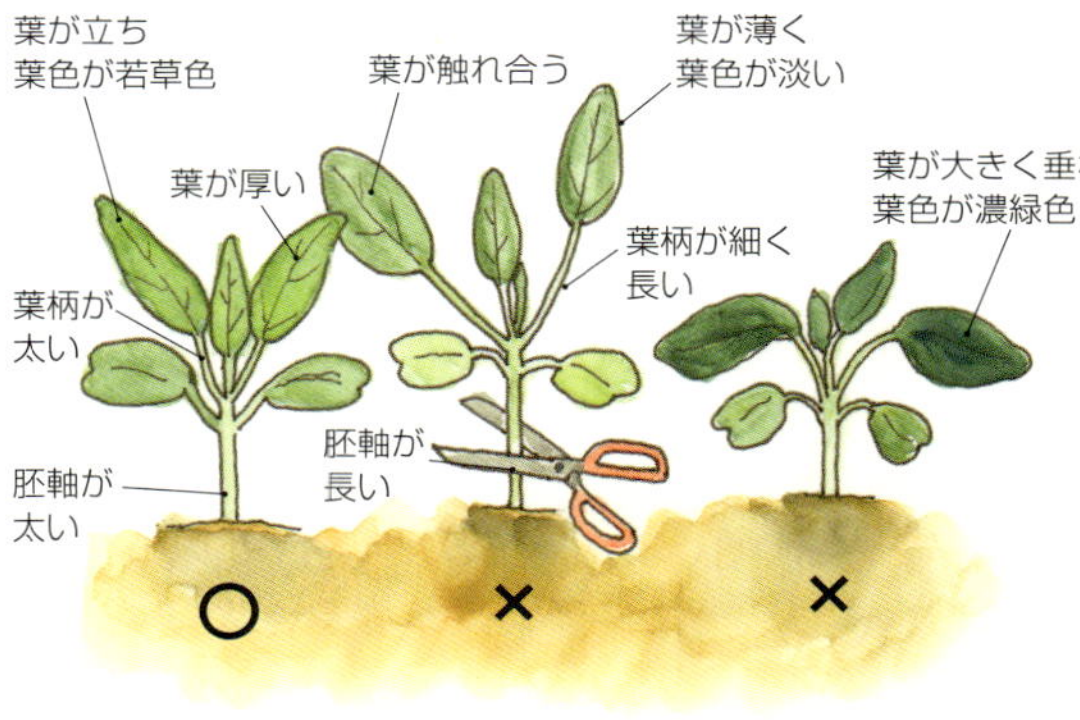

〈2回目の間引き（本葉3～4枚のころ〉

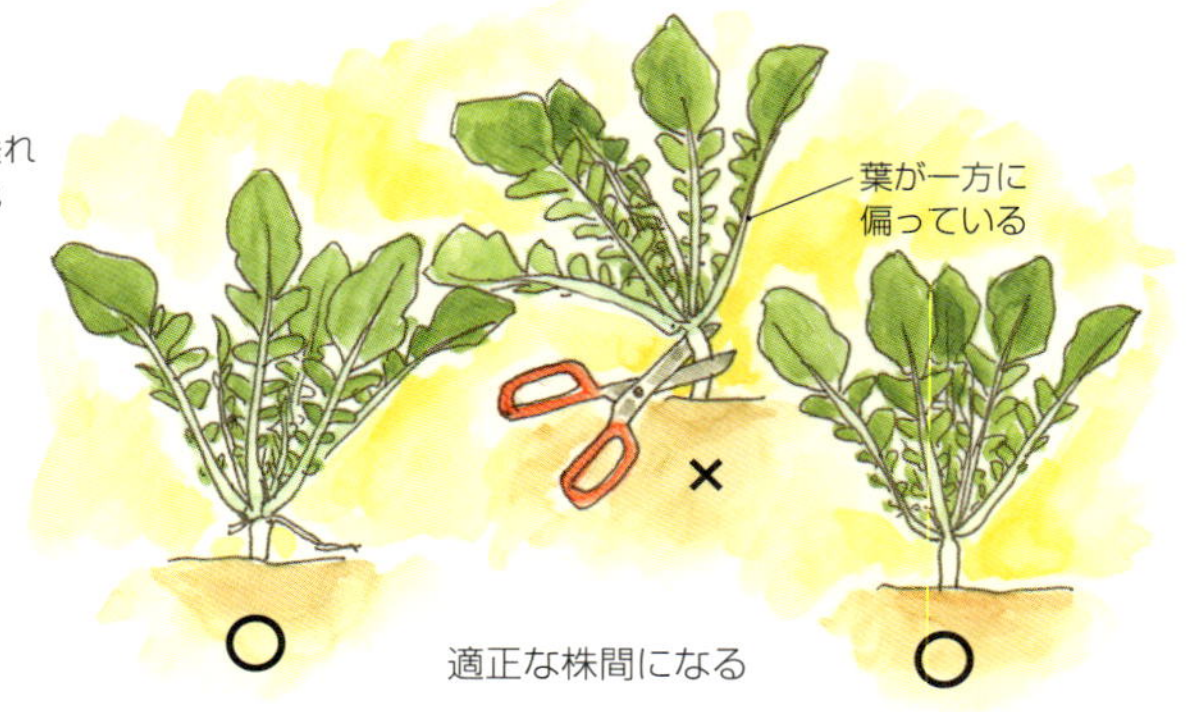

〈3回目の間引き（本葉5～6枚のころ〉

2回目、3回目の間引き

根元の皮が破れ（矢印）肥大し始めた5～6葉期のダイコン

葉が左右対称で葉脈も左右対称のものを残す

間引きは残した株の根を傷めぬようハサミで

間引き方は、残した株の根を傷めないように、双葉よりも下の茎（胚軸）をハサミで切るようにします。葉が触れ合うと、根もからみ合っているので、引き抜くと残したい株も持ち上がったり、根が切れてしまうからです。葉を残して切ると葉のわき芽が伸びてきますが、胚軸から切ると芽が再び伸びてくることはありません。

ただし根菜類は、間引いたダイコンやニンジン、カブを食べたいとき、上段左の写真のように株元を中指と人差し指ではさみ、手のひらで土を押さえて引き抜きます。

ニンジンの間引き

ニンジンの３～４葉期間引き。間引く株と隣の残す株の両方を指ではさんで押しつけて抜く

間引き葉ニンジンがおいしい

ダイコンの間引き

ダイコン５～６葉期

間引き後（株間 30㎝）

コマツナの間引き

コマツナの本葉３～４葉期

間引き後

ハクサイの間引き

ハクサイの本葉５～６葉期、ハサミで株元を切る

間引き後

6 育苗法

育苗方式の種類

育苗には、畑に設けた苗床にまき間引きして育てる「地床育苗」、10.5㎝ポットに数粒まき、発芽後鉢上げせずに1本に間引いて育てる「ポット育苗」、いくつもの小さな播種穴がついたプラスチックのセルトレイにまいて育てる「セルトレイ育苗」、育苗箱にまいて本葉の出始めに10.5㎝ポットに鉢上げする「苗箱育苗」などいろいろなやり方があります。

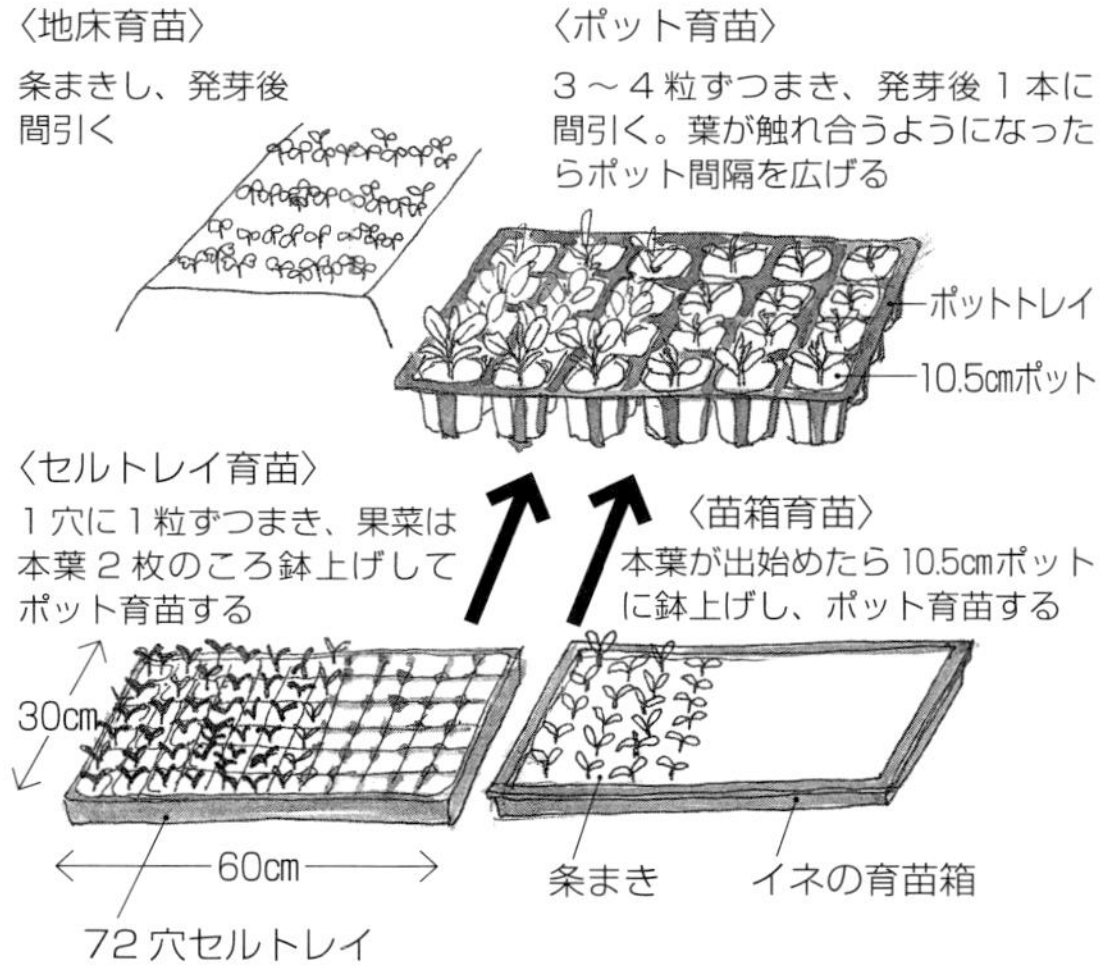
〈地床育苗〉
条まきし、発芽後
間引く
〈ポット育苗〉
3～4粒ずつまき、発芽後1本に
間引く。葉が触れ合うようになったらポット間隔を広げる
ポットトレイ
10.5㎝ポット
〈セルトレイ育苗〉
1穴に1粒ずつまき、果菜は
本葉2枚のころ鉢上げして
ポット育苗する
〈苗箱育苗〉
本葉が出始めたら10.5㎝ポット
に鉢上げし、ポット育苗する
30㎝
60㎝
72穴セルトレイ
条まき
イネの育苗箱
育苗方式の種類

「地床育苗」は、手軽にたくさんの苗を育てることができますが、苗を掘り上げて定植する際に根が傷みやすいので、キャベツ、レタス、タマネギ、ネギなど、根の再生力が強い葉菜向きです。葉菜でも根の再生力が弱いハクサイには向いていません。

「ポット育苗」は、保温しやすく、節水管理もしやすいので、夏の果菜向きです。鉢上げせず根鉢のまま植えるので、根が傷みません。果菜の苗数がそれほど必要ない家庭菜園では、ポット育苗がおすすめです。

「セルトレイ育苗」は、ポット育苗と地床育苗の長所を兼ね備えていますが、まき穴が小さいので育苗期間が長い果菜は鉢上げが必要で、適期に定植しないと根づまりして苗が老化しやすいです。

「苗箱育苗」は、苗が多い場合に向いています。鉢上げ後はポット育苗となるので、広い保温育苗場所が必要になります。

保温は「陽だまり育苗」がおすすめ

春まき夏野菜の発芽、生育には、日中20～25℃以上の温度が必要です。保温の方法には、「ビニールトンネル育苗」、「ハウス育苗」、電熱線で加温する「電熱育苗」、深さ50～100㎝の穴を掘りワラや落ち葉などに米ぬかを混ぜて埋めて踏み込み、その発酵熱で保温する「踏み込み温床育苗」、透明のケースを使ってベランダや窓辺で育苗する「陽だまり育苗」などがあります。

自然菜園では、夏野菜の種まきは最低気温が10℃以上になってから行ないます。苗数を多く必要としない家庭菜園では、ポットやセルトレイにまき、透明ないし半透明のプラスチックケースに入れて保温する「陽だまりポット育苗」がおすすめです。昼間はベランダや窓辺の陽だまりに置き、夜間は室内に入れて保温します。

苗数が多いときは、踏み込み温床育苗がおすすめです。温度変化が少なく、発酵床が光合成に必要な二酸化炭素を供給してくれます。秋には、直接、春使った温床床にまくことができ、翌年には温床の堆肥を再発酵させ、培養土の材料などにいろいろ活用できます。

〈地床育苗〉

●キャベツやネギ類、レタスの育苗に

種まきの半年前、遅くとも1ヵ月前に、1

地床育苗

地床育苗したキャベツ苗

地床育苗したネギ苗

㎡当たり完熟堆肥2～3ℓ、もみがらくん炭1ℓをまいて耕して苗床を作り、枯れ草などで覆っておきます。種まきは、枯れ草を除き、直まきのように条まきかばらまきをして、覆土したらしっかり鎮圧し、保温・保湿のために敷いておいた枯れ草を敷き戻します。直まきと同様に種まき時にはしっかり鎮圧して水やりはせずに発芽させます。

ネギ類など葉先のとがったものは敷いた枯れ草の間から上手に発芽してきますが、キャベツなどは、発芽し始めたら枯れ草を取り除いてよく光に当ててやります。寒いときはビニールトンネルをかけて保温したり、暑いときは黒寒冷紗をかけて防暑、防虫します。

発芽後、葉が触れ合うようになったら適度な間引き、本葉3.5枚時に最終株間にします。

〈陽だまりポット育苗〉

●ポット育苗に必要な用具

ポリポット　ポットの大きさはポットの直径を約3cmの寸で表わした号数で表わしています。果菜類の苗を鉢替えせずに定植まで育てるには、直径10.5cmポット（直径3.5寸の3.5号ポット）を選びます。市販の苗は9cmポット（3号ポット）苗が多いですが、根がトグロをまき老化した根づまり苗が少なくありません。また、大きいほど良いわけではありません。定植時にほどよく根がまわり、ポットから抜いても根鉢が崩れない程度になる大きさがいいのです。本葉4～5枚の若苗には、直径10.5cmの3.5号ポットが適しています。

ポットトレイ　10.5cmポットが入るケースです。市販もされていますが、園芸店やホームセンターなどでも譲ってもらえます。持ち運びに便利なだけでなく、底が浮くので水はけが良く、底穴から根が出にくくなります。

温度計と最低最高温度計　育苗では温度管理が大切です。ケース内の最高最低温度を測る最高最低温度計とポットの用土の地温を測る温度計が必要です。

透明容器　ポットトレイが入る縦40cm、横70cm、深さ30～40cm以上の透明～半透明のふた付き保温ケースです。衣装ケースでも良いですが、丈夫な用具ケースがおすすめです。これを育苗するポットの数に合わせて用意します。

ペットボトルと墨汁　ペットボトルに墨汁を薄めた水を入れて陽だまりにおくとお湯になります。これを夜間に透明容器の底に寝かせて入れてその上にポットトレイを置くと、湯たんぽのように夜間の保温になります。透明容器の底にすきまなく入れると効果的です。

陽だまりポット育苗の用具

丈夫なふた付き透明用具ケースと墨汁を薄めた水を入れたペットボトル

3.5号ポットトレイ

陽だまりポット育苗で育てた苗（温度計と最高最低温度計を設置）

●培養土には畑の土とくん炭を混ぜる

市販の育苗用培土は軽く、粒状ですきまが大きいため、根は張りやすいですが根性のある強い根になりません。そこで、市販の種まき培土とフルイでふるった畑の土、もみがらくん炭（レアくん炭）を、体積比で8：2：1に混ぜて使います。できるだけ種まきの1週間以上前に混ぜてなじませておきます。畑の土を混ぜると、土着菌がポット内で増え、育苗時から根と共生してくれます。くん炭には根肥といわれるカリが多く含まれているので、丈夫な根が伸びてきます。畑の土には草の種が混じっているので、育苗中に草も生えてきますが、生えた草はハサミで株元を切ってやれば、育苗時から草の根と競って根性がついてきます。

完全手作り培養土を作る場合は、完熟堆肥：畑の土：もみがらくん炭＝3：6：1の割合で配合して作ります。腐葉土は必ず完熟テストをしてから使います。私は、腐葉土の代わりに去年の踏み込み温床土を再発酵させてから使っています。

セルトレイ育苗の培養土は、穴が小さいので、粒が細かなセルトレイ育苗用の市販培養土が適しています。

培養土の混合

畑土を3～5㎜目のフルイにかけ、大きな土塊やごみを除く

容器に市販種まき培土8、畑土2、もみがらくん炭1の割合で入れる

よく混ぜ合わせて袋に入れてなじませておく

●高温性種子はポケット催芽を

ナス、ピーマン、シシトウ、トウガラシ、オクラ、スイカ、メロンなど、発芽適温が25～30℃と高い高温性野菜の種は、陽だまり育苗では発芽までに日数がかかりやすく、いっせいに揃って発芽しにくいです。そこで高温性野菜の種は、種を一晩水に漬け吸水させてから、湿らせたガーゼやキッチンペーパーで包み、それをジッパー袋などに入れ、ポケットに入れて体温で保温して発芽を促してからまくと、早く揃って出芽します。

3日目以降から、毎日袋の中を確認し湿り気を保ちます。1週間程度で種子の先からちょっとでも発根したら、すぐに種まきします。そのため、いつでも種まきができるように、前もってポットに土を詰めて、乾かないようにビニールでポットケースごとくるみ、ポットの土を日中温めておきます。

逆に発芽適温が15～20℃と低いレタスを高温の夏にまく場合は、同様に包んだ種を冷蔵庫に入れて根を少し出たところで、ポットにまき、涼しいところで育苗します。

ポケット催芽

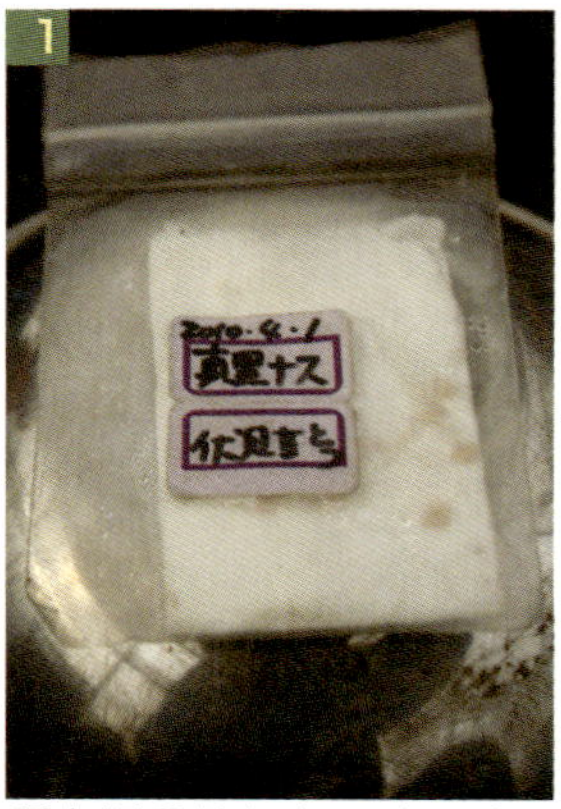
種を湿らせたキッチンペーパーで包み、ジッパー袋に入れる

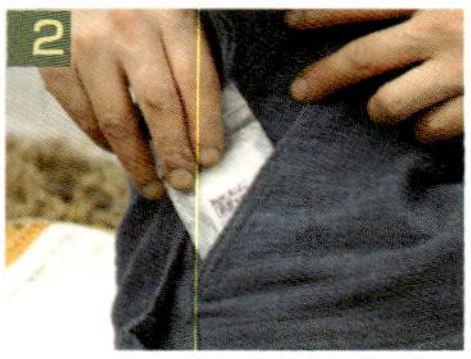
ポケットに入れて1日中保温

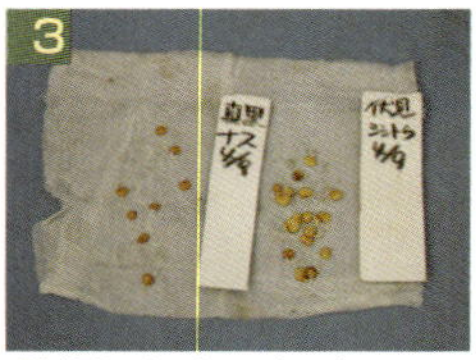
発根したナスとピーマンの種

●陽だまりポット育苗の種まきの手順

種まきの手順は左頁の通りです。根性のある根を張らせるポイントは、培養土は詰める前にムラなく湿らせ、固めに詰めること、種は2～4粒まき、たっぷり水をかけ、発芽するまでは乾燥しないよう新聞紙をかけて、水をかけないですむように保湿することです。

陽だまりポット育苗の種まきの手順

培養土に水を手で握っても水が垂れず、手を開いても崩れない程度（水分量 50 ～ 60%）にかけてかき混ぜる

ポットをポットトレイに入れる

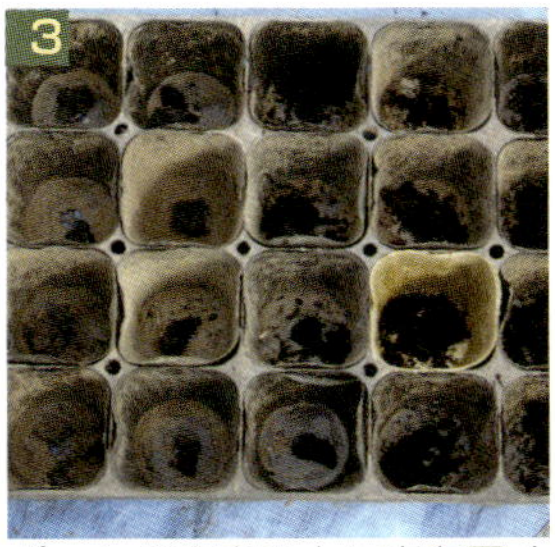

ポットの底穴の上に炭を置くか腐葉土を敷く

培養土をポットに詰め、板で平らにする

ポットトレイごとトントンし培養土を沈める

ポットごと周囲をしっかり指で押し、固めに詰める

中央部も押して固く詰める（畑の土の締まり具合程度）

種を２～３粒をまく

覆土する

手で押さえてよく鎮圧する

ジョウロで数回に分けて、まんべんなく底穴から水が出るまでかける

ポットトレイごとペットボトル湯たんぽを入れた保温ケースに入れ、温度計をポットに挿し、最高最低温度計を脇に立て、窓辺やベランダに置く（発芽するまで新聞紙をかける）

寒い日は換気孔を開けたふたをして保温し、夜間は室内に入れるか、古毛布をかけて保温する

暖かい日の日中は、ポットケースごと外に出し、湯たんぽペットボトルに陽を当てて水温を上げる

●日中は湯たんぽペットボトルを出して温め、夜間に入れて保温

夏野菜の育苗では温度管理がポイントです。最高最低温度計をポットのすぐ上に設置し、棒状温度計をポットに挿して鉢の地温も計ります。発芽するまでは、日中は25～28℃、夜間は15～18℃になるよう管理します。湯たんぽペットボトルは朝、取り出して陽だまりに置いて温め、夕方入れて保温します。

日中の最高温度と夜間の最低温度をチェックし、日中も温度が25℃以上にならないときはふたを閉め、暖かな晴天の日中はふたを開け具合を調節して30℃にならないように管理します。温度が高くなりすぎると、根よりも先に葉芽が伸びて徒長して根性がつきません。夜間の温度が15℃以下になるときは、保温ケースに古毛布などをかけて保温し、早朝、早く取って、日に当てるようにします。

●よく日に当て、徐々に温度を下げていく

野菜によって発芽までの日数は異なりますが、発芽適温が維持されれば、普通3～4日で発芽してきます。発芽後からはよく日に当てることが肝心です。日当たりを悪くすると、光を求めてひょろひょろと徒長し、根は養分不足で発達せず根性なしの苗になります。発芽し始めたら、暖かい日中は保温ケースから出してよく日に当てます。

発芽後は日中は20～25℃、夜間は12～15℃を目安に徐々に温度を下げていきます。野菜の最適生育温度すれすれのやや低温で育てることによって、生育はゆっくりになり、徒長せずがっちりとした根性ある苗に育ちます。

ただし、がっちり育てるには人と同じく「頭寒足熱」が良く、夜間の地温があまり下がらないよう、湯たんぽペットボトルで保温します。地上部が徒長しないよう、根優先で育てることが大切です。夜間の保温のためにかけた古毛布は、早朝、できるだけ早く取って日に当て、夕方寒いときは早めにかけてやります。

●水はひかえめに、かけるときはたっぷりと

発芽後からは、苗の生長に合わせて、土が乾かない程度に水やりを開始します。根性をつけるためには、日中にややしおれるようになるまで待ってから、たっぷりかけることがコツです。少しずつ毎日かけていると、根は甘えて伸びません。培養土がだんだん乾いてくると、根は水を求めて伸びてきます。

水やりの時間帯は、まだ朝露がついていて葉裏の気孔が閉じている早朝か夕方がベターです。朝露がついているうちは気孔が閉じていて光合成はあまりしていませんが、朝露が乾き光合成を開始してから水やりをして葉が濡れると、再び気孔が閉じて光合成をストップしてしまいます。植物は夜間のほうが伸びるため、夕方に水やりをすると徒長しやすいので、夕方の水はひかえめにします。気孔が閉じている早朝や夕方は葉に当たるようにかけ、日中にかけるときは葉に当たらないように、直接土に水をかけます。ただし、気温が低い冬や春の夕方の水やりは厳禁です。夜間凍ってしまうおそれがあるので、日中温かい日をねらって行ないます。

水は汲み置き水がおすすめです。汲み置き水の水温は気温と同等となり、根にショックを与えないからです。また、2～3日に1回、ストチュウ水で水やりし活力をつけます(60頁参照)。

●本葉が出始めたら1本に間引く

本葉が展開し始めたら、ハサミで間引きをし生育の良い1株にします。

発芽したポット育苗のトマト

また、畑の土を混合しているので草も生えてきます。草は抜かずに、ハサミで根元から切ります。根を残すことによって野菜の根も傷まず、適度な草との競争で苗の根はたくましくなります。

間引き後は徐々に温度を低くしていき、本葉4～5枚まで育てます。隣どうしの苗の葉が触れ合ってきたら、ポットトレイから出して鉢間隔を広げる「鉢ずらし」を行ないます。

〈セルトレイ育苗〉

●72穴トレイに数粒まいて発芽後間引き

セルトレイには一般に30×60cmの大きさに、72穴、128穴、200穴、288穴などのものがあります。小さな穴のセルトレイではすぐに根づまりしやすいので穴の口径が40×50mmの72穴トレイを選びます。キュウリなどのウリ類には、列ごとに取り外しができる80穴トレイがおすすめです。

セルトレイは薄いので、育苗培土を詰める前に、イネの育苗箱に入れて育苗すると持ち運びに便利です。育苗培土を全体に均一に端の穴にも十分に詰め、さらに指で各穴を押してやや固くして培土を補います。

その後に種子を数粒ずつ各穴にまき、覆土し、十分にかん水し新聞紙をかぶせておきます。自然菜園では、兄弟どうしで競い合わせて発芽させます。

温度管理や水管理は陽だまりポット育苗と同様ですが、穴が小さく乾きやすいので発芽後はしおれる前に水やりをします。

●発芽後1本に間引き、本葉2枚時に鉢上げ

発芽後早めにハサミで間引いて1株にし、本葉が2枚になると互いの根がからみだしてくるので、果菜類は10.5cmポットに鉢上げします。レタスなどの葉菜は鉢上げせずに定植します。

鉢上げは、曇りの日を選び、鉢上げ前日、ストチュウや雨水などをたっぷりあげ、しっかり吸水させておきます。陽だまりポット育苗と同様に混合培養土をやや固めに詰め、中央部に植え穴を開けておきます。セルトレイの底穴に、穴と同じくらいの太さの棒を軽く入れて根鉢を押し上げると、根鉢が抜けます。根鉢を崩さないようにポットに植えます。このとき、根鉢の上部が少し出るくらいに浅植えし、水を根鉢の外側部分だけにかけると、根に酸素が十分供給され、根性のある根が張ります。

鉢上げ後2～3日間は黒い寒冷紗をかけ養生します。それ以降の管理は陽だまりポット育苗と同様です。また、肥料は培養土に含まれているので、あえて必要なく、肥料が多いと根性がつかないのでひかえます。葉が黄色くなるほど不足した場合は、油かすを10倍の水で薄め、1年間発酵させ腐敗臭がなくなるまで熟成させた油かす液肥を、使用前に10倍に薄め、葉にかけないように施して吸わせると良いでしょう。

←列ごとに取り外しができる80穴トレイ

イネの育苗箱に入れた72穴セルトレイに2～3本ずつ芽生えたトマトの苗

発芽後1本を残してハサミで間引く。生えた草も地際から切っておく

右：セルトレイから培養土を崩さずに抜いたトマトの本葉2葉苗
左：浅植えで10.5cmポットに鉢上げしたトマトの苗

定植前の本葉4～5枚のポット苗

踏み込み温床で苗箱育苗したトマト

〈苗箱育苗〉

●本葉が見えたら鉢上げ

イネの育苗箱（30×60cm、深さ約3cm）などに培養土を深さ2cmくらい均一に詰め、条間5cm、株間3～4cmとって条まきします。覆土したら鎮圧後、たっぷり水やりをし新聞紙をかぶせておきます。

陽だまり育苗と同様に温度、水管理をして発芽させ、本葉が出始めたら、早めに10.5cmポットに鉢上げします。根を傷めないようにフォークなどで苗を取り、セルトレイ苗と同様に鉢上げします。トマトやカボチャ、キュウリなどは、双葉の下の胚軸から不定根が出やすいので、寝かせ植えをすると、根数が増え根性がつきます。鉢上げ後の管理は、セルトレイ苗の鉢上げ苗と同様です。

苗箱育苗したトマトの寝かせ植え鉢上げ

1 苗を苗箱からフォークなどで掘り上げる

2 根をポットの中央に置き、苗を寝かせる

3 根と胚軸の半分くらいまで覆土する

4 水を静かにかける。翌日には胚軸が立ってくる

〈踏み込み温床の作り方〉

●苗床の下を深さ50cm以上掘り、材料を発酵させてから踏み込む

たくさんの苗を育てたい場合や寒地、寒冷地では、踏み込み温床がおすすめです。踏み込み温床は、落ち葉や枯れ草、ワラ、もみがらなどが微生物によって発酵するときに出る熱を利用して育苗する方法です。秋に刈り草や落ち葉を大量に山積みしておきます。

20℃以上の熱を育苗期間の2～3ヵ月間、持続的に発熱させるには、温床溝を50～100cmを深く掘ります。発熱材料は、温床溝に踏み込む4～7日前に米ぬかを全体の体積の25%と多く混ぜ、あらかじめ発酵を開始させておきます。そして踏み込み後、上面に畑土を5cmくらい敷くことがポイントです。

①発酵材料（幅1m、長さ2m、深さ50cm、容積1m³分の温床分）
落ち葉、ワラ、枯れ草
1m³
もみがら
100ℓ（10%）
米ぬか
250ℓ（25%）
②材料を交互に積み，切り崩して混ぜる
もみがら
落ち葉など
米ぬか
③水をかけてよく混ぜる
水は手で握るとポタポタ落ちるくらい（水分60～70%）
④積み直し
ビニールをかける
4～7日後、発熱し50℃以上になったら温床に踏み込む
踏み込み温床の材料の準備

踏み込み温床を作る手順

温床溝を掘る

水はけの良い場所に、幅 100 ～ 120㎝、長さ５～ 20 ｍの温床溝を、温暖地は深さ 50㎝、寒冷地などでは１ｍほど掘る。深いほど長時間発熱温度が持続安定する。果菜の苗 50本分くらいなら８～ 10ｍ程度あれば十分

温床溝に踏み込む

あらかじめ積み込んだ発酵材料の発酵熱が40～50℃になったら、材料を３回に分けて温床溝の中に入れ、入れるつどよく足で踏み固める。水や米ぬかを補いながら踏み固めると中の空気が少なくなりゆっくり長期間発酵する

土を敷く

材料を踏み込んだら、畑土を５㎝ほど踏み込み温床の上に敷き詰め水平にならす。土を敷くと温度変化が少なくなり、発酵が持続する

もみがらくん炭を敷く

もみがらくん炭を２㎝程度敷く。くん炭を敷くと、ネズミよけになり、雑菌の繁殖も抑え、水はけも良くなる

くん炭の上にシートを敷く

育苗箱やポットから根が出ないよう、シート（除草シートなど）を敷く

種まきしたポットを並べる

地温が 20℃以上になったら、ピーマン、ナス、スイカ、メロン、トマトの順番で高温が必要な野菜から育苗する

ビニールトンネルをかける

温床の上に、トンネル用のアーチ支柱を挿し、ビニールを張る

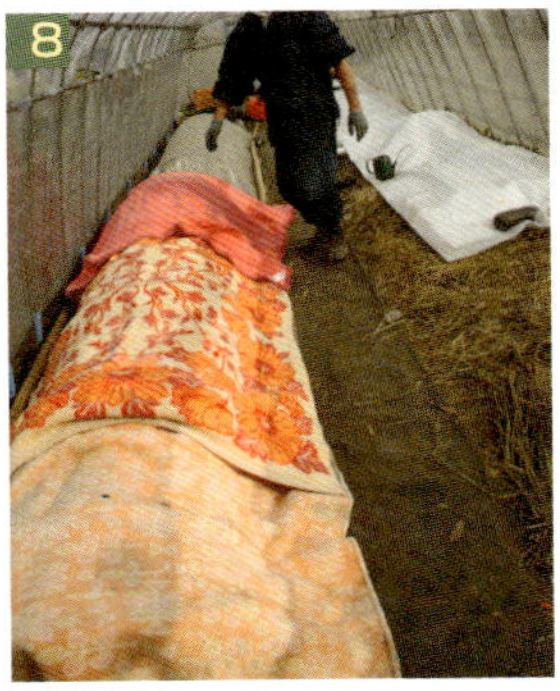

夜間は毛布をかぶせる

夜間は 10℃以下にならないようビニールの上に毛布などをかける。翌朝６～７時には取り除き、朝夕トンネルの開け閉めをして温度管理する

良い苗の見分け方

自然菜園に合った苗は、左上写真の苗のどちらでしょうか。正解は、小さな右のほうです。自然菜園では、一般栽培の苗よりも、本葉の少ない若い苗が適しています。若い苗ほど根に活力があり、根性のある根が張るからです。子葉が元気で、節間が短く茎が太くずんぐりしていて、根鉢を抜いて根を見ると、白い根が縦にあっさりと張っている苗が理想です。

徒長していたり、根がポットのまわりをぐるぐる巻き、根の色が茶褐色から灰色になった老化苗はさけましょう。

都合で定植が1週間以上遅れてしまいそうなときは、一回り大きな12㎝ポット（4号ポット）に植え替えて、根の老化を防ぐことが大切です。市販苗を選ぶ場合も、このような点をよく見て選びます。

左のピーマン苗は本葉８枚でいかにも元気がよさそうだが、根の根性が弱い老化苗
右の苗は草に負けずに育った本葉 5.5 枚の若苗

定植時の根鉢。この程度にあっさりと白い根が張り、側面までトグロを巻いていないものが良い

7 定植法

水と肥料に飢えさせ、根性のある新根を発根させる

根に根性をつけるには、とにかく若いころにある程度厳しい経験を積ませることが大切です。苗を植え付けると、根鉢から新しい根が発根して伸びてきます。この新しい根に根性をつけるのです。若苗のほうが新根の伸びる力が強いので、一般栽培よりも本葉が1、2枚少ない若苗のうちに植えます。

根性をつけるのに一番有効なのは、水を制限して水ストレスを与えてやることです。水がたっぷりあると、根はそれに甘えて伸びません。水が不足すると、根は水分が安定している深層に水を求めて伸びていきます。

肥料も同様です。生育初期は自立根圏に肥料分が少ないほうが、根は一生懸命に肥料を探して吸肥力の強い根が伸びていきます。自然菜園では、初年度以降は耕さず、全層に肥料を施すことがないため、根はいっそう根性がつきやすくなります。

土ステージが低い土にステージの高い野菜を栽培する場合でも、作付けの1ヵ月以上前に植える位置から離して完熟堆肥をクラッキやマチクラッキで施しておきます（30頁参照）。草マルチボカシもまだ野菜の根が伸びていない自立根圏の外周にまいて、根を呼び込むように根圏を広げていきます。

トマトやキュウリなどの支柱も、定植前にしっかり立てておきます。定植後の支柱立ては、伸びた新根を傷めやすく、前もって支柱を立てておけばネズミ・モグラ対策にもなります。ネズミ・モグラは一直線に潜って侵入する習性がありますが、苗の近くに支柱があると苗の下が通り道になりにくくなります。

定植の前日夕方にストチュウ水を底面吸水

まず、ハウスや室内で育苗した苗や市販の苗は外気温になれていないので、定植する3～7日前から、徐々に日中だけでなく夜間も外に置いて、外気にならしておきます。その間は、水を少なめに管理します。

水は定植時にも定植後も与えないことが原則です。苗を植えてから水をやると、根鉢のまわりも水分過多となって酸素不足となるため、新しい根は出にくく、せっかく出てきた根も酸素の多い浅い部分に集中し、根性なしに育ってしまいます。

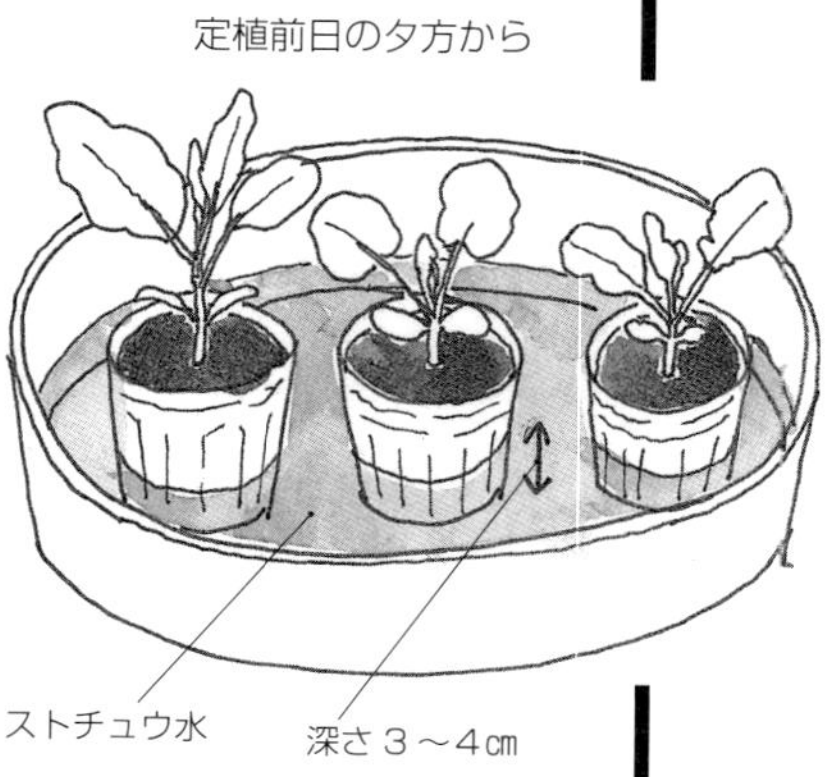

ストチュウ水の底面吸水

自然菜園の定植では、定植前日の夕方から、ストチュウ水を底面吸水でしっかりとポットの底穴からポット全体に吸水させます。これで1週間分の水分が根鉢と苗全体に蓄えられ、1週間は水をあげなくてもよい状態になります。

ストチュウ水とは、水に酢と焼酎を1000倍に薄めた液です。酢は醸造酢でもいいですが、私は自家製柿酢と木酢を使っています。7ℓのジョウロで作る場合は、7ℓの水に柿酢と木酢と焼酎をそれぞれペットボトルのふた1杯（7cc）混ぜます。

タライのような容器にポット苗を並べ、タライにストチュウ水を深さ3～4㎝くらいまで注ぎ、ポットの底穴から吸わせます。苗床の苗の場合、同様のストチュウ水をジョウロ

で前日の夕方たっぷり苗にあげておきます。ストチュウ水は雨水の代用で微量なミネラルやビタミン、アルコールが含まれているため、苗の活力が高まり、定植後の活着が大変良くなります。

根性のある根を張らせる植え付け法

定植には、前日に雨が降ったようなやや菜園全体が湿っていて、曇った日が向いています。極力直射日光を根に当てたくないからです。

まず根本根圏となる直径約20cmの部分の草を刈り、苗の根鉢がすっぽり入る大きさ、深さの植え穴を移植ゴテで掘ります。次に穴にポットごと入れ、根鉢の上面と地面が水平になっているか、穴の深さを確かめ、深植えにならないようにします。トマトやスイカなど乾燥を好む主根深根型の果菜苗は、根鉢の上部が外に出るくらいに浅植えしたほうが、根性のある根が深く張ります。

根を崩さないように苗をポットから出し、植え穴に苗の根鉢を一方に押しつけます。すきまにしっかり土を詰めて軽く覆土し、しっかりと押さえつけて、根鉢と植え穴を密着させることが、新根を早く伸ばすコツです。

そして自立根圏周囲の刈った草を自立根圏に敷いてマルチします。このとき高温を好むトマトやナス、ピーマン、オクラなどの株まわりの根本根圏は、日が当たり地温が上ががるようにあけておきます。米ぬかなどの有機質肥料を与える場合は、自立根圏より外にまいておきます。こうすると、水や肥料分を求めてすぐに根が伸びて活着し、根性のある根が深く広くまでたくましく張っていきます（植え付け手順は次頁写真参照）。

果菜類は支柱に誘引し、行燈《あんどん》保温を

植え付け後、苗が風で揺すられると伸び出した新根が傷み、植え傷みします。前もって立てておいた支柱に、ヒモで誘引して固定します。しばり方は、苗の茎が太くなってもヒモが食い込まないように、8の字型にヒモを回した後、支柱側でヒモが交差するように、支柱にふた巻きしてしばります。こうするとしばるときに茎のヒモの輪が小さくなることはありません。ヒモは稲束を結束するバインダー用麻縄がおすすめです。

また、寒さや風に弱いナス、キュウリ、スイカ、メロン、カボチャなどは、行燈保温が有効です。肥料袋や培養土のポリ袋などの底を切って筒状にし、株まわりに3ないし4本の棒を挿して行燈型に張ります。すその下から風が入らないように、すその四隅を少し切って、土をかぶせておくとより効果的です。

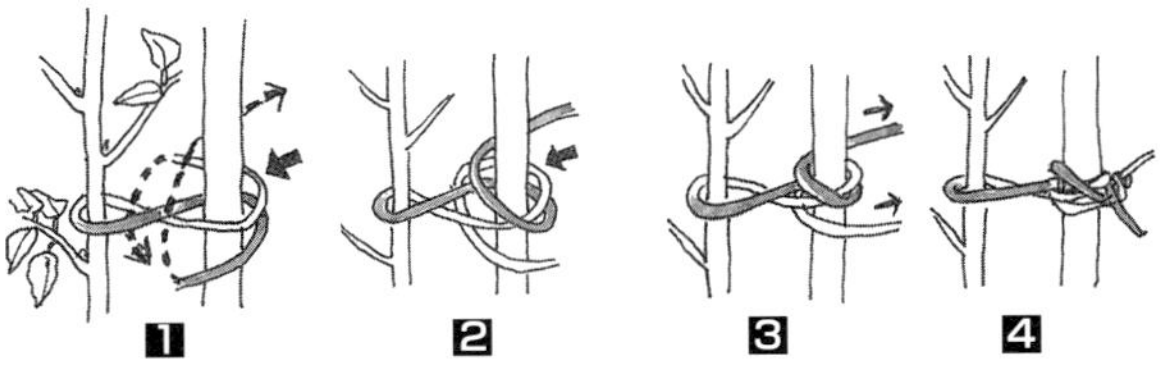
野菜にヒモを8の字にかけ、支柱に下側のヒモ(矢印)を上に、上側のヒモを下にして回す
上に回したヒモ(矢印)を8の字ヒモの下に回し、下に回したヒモを8の字ヒモの上に回す
ヒモを引くと野菜側の輪はそのままで、支柱にヒモが締めつけられる
結わえる

誘引結束

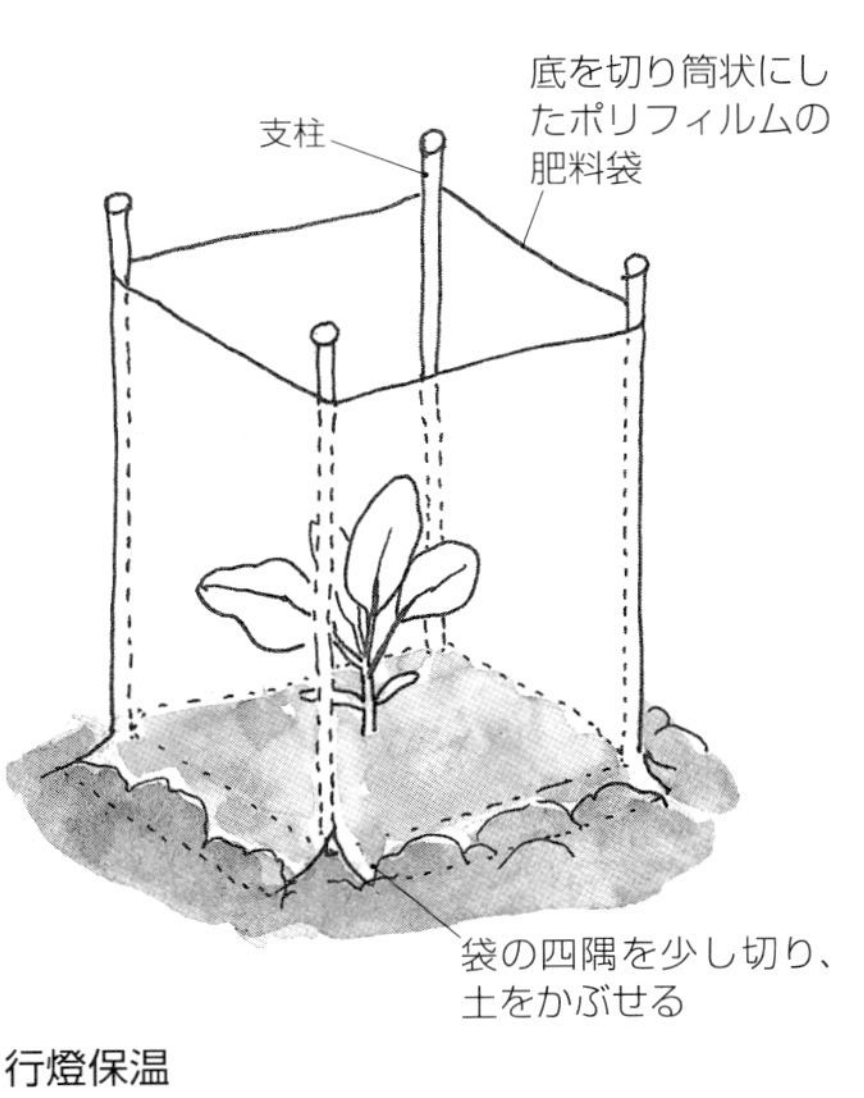

行燈保温

定植の手順

植え穴部分の直径 20㎝くらいの草を根ごと刈る

根鉢と同じくらいの直径、深さの植え穴を掘る

ポット苗を入れて、根鉢の上面と地面が同じ高さになるか確認

苗の茎を指にはさみ、ポットを逆さにして根鉢を抜く

根鉢を植え穴の一方に押しつけて密着させる

すきまに土を詰めて軽く覆土する

両手でしっかり押さえつけて鎮圧する

支柱に誘引する

根本根圏はあけて自立根圏に草を敷く

草マルチの上に米ぬかをぱらぱらとまく

ナスやキュウリ、スイカ、カボチャ、メロンなどには行燈保温

8 定植からの水と草の管理

定植後も水やらず、がまん活着を

定植後も少なくとも1週間は水やりはしません。定植後、根がダメージを受け、少なからずしおれます。日中はしおれて葉が垂れていても、夕方から日没になると葉が立ってきます。日中に葉がしおれる定植後1～3日間は、新たな根を出して畑に活着しようとしている大切な期間になります。新たな根が水を求め、地中深く張ろうと根性を出している真っ最中です。ここは我慢のしどころで、安易に水をあげると、いつまでも新根が伸びず自立できず、軟弱な根になってしまいます。しおれながら活着する「がまん活着」によって、根性のある新根が発根するのです。

そして、3～4日後にはしおれなくなり、生長点のある先端部の葉の色が薄くなり、先端が伸び始めます。こうなったら、新しい根が伸びて活着した証拠です。この新根の発根は若苗ほど早いので、しおれる期間は短くてすみます。

活着すれば、水やりは必要ありません。ただし、晴天が続き何日も乾燥し、夕方になってもしおれたままで枯れそうなときは根鉢部分だけに水をかけてやります。

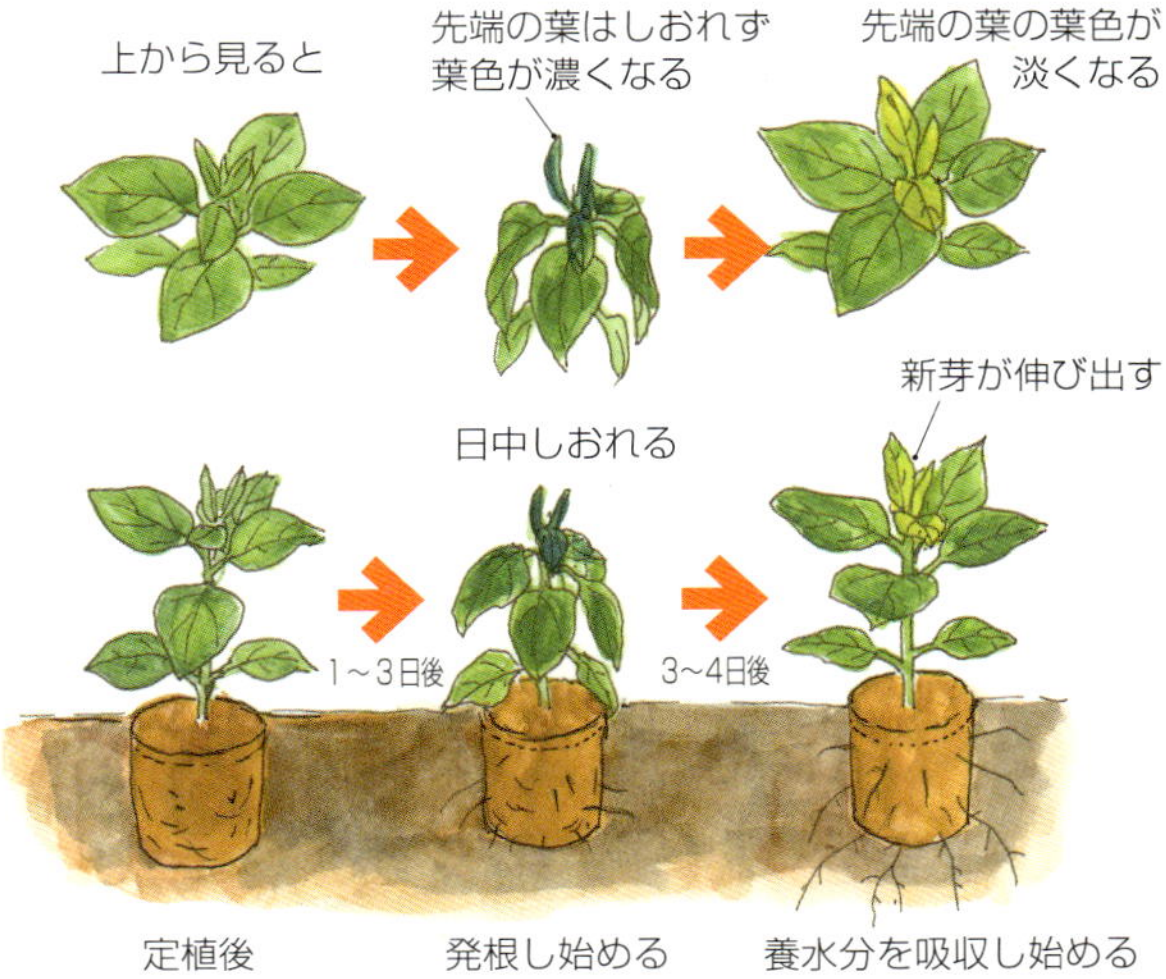
上から見ると
先端の葉はしおれず葉色が濃くなる
先端の葉の葉色が淡くなる
日中しおれる
新芽が伸び出す
1～3日後
3～4日後
定植後
発根し始める
養水分を吸収し始める
がまん活着の過程

結球野菜は5日後からストチュウ水で水やり

ただし、例外があります。ハクサイ、キャベツ、玉レタスの結球野菜御三家です。結球野菜は、結球前の下葉の生育が結球の大きさを決めます。結球野菜は本葉3～4枚の若苗を定植し、定植後も5日目からストチュウ水を5日おきにたっぷり3回（15日間）、葉っぱに当てるようにかけてあげます。

結球野菜は本葉5～6枚の苗のときから、葉の中心部では大きな外葉になる葉が伸びており、生長点部ではすでに結球する葉が何枚もできています。

結球野菜は生育初期に、植え傷みして根が張れなかったり、虫害が多いと結球できないことがあるからです。結球野菜は定植後もこのストチュウ水をかけてダメージをできるだけ少なくし、スムーズに活着させ、外葉を大きく育てることが大切です。ただし、結球が始まってからの水やりは、腐りやすくなるので禁物です。

ハクサイは定植後も水やりしてしおれ禁物

自立するまではせっせと草マルチ

苗が活着してから嬉しいのは、新芽が出てくるときです。新芽が順調に伸びていれば、新しい根も自立根圏の草の根と競いながら伸びています。

野菜の根が自分の自立根圏に十分に張って自立する期間は、およそ夏の果菜類は2ヵ月間、結球葉菜類は結球が始まる1.5ヵ月間、そのほかの野菜は1ヵ月間です。それまでは土の中で草の根とせめぎ合っています。そこで、野菜の根が草に負けないように、自立するまでの期間中は、週に1回のペースで株間の草を刈って自立根圏に積み重ねていきます

　5月上旬定植の果菜は、定植後1ヵ月あまりすると、梅雨入りし、草も旺盛に伸びてきます。この梅雨時期にしっかり草刈り&草マルチをして野菜の根をサポートすることが肝心です。梅雨明けまでに草マルチを重ねて厚くし、野菜の根が自立根圏にびっしり張りめぐれば、それ以後が草が生えてこなくなり、暑く乾燥しやすい夏もさほど水やりをしなくとも乗り越えることができます。

草マルチをウネ全体に厚く敷いた定植約 1.5 ヵ月後のトマト

こんなときには水やりを

　草マルチをして根穴構造、団粒構造が発達した自然菜園では、水もちが良いので、たいていの野菜は発芽後、自立後も水やりは必要ありません。「五風十雨」という言葉のように、5日ごとに風が吹き10日ごとに雨が降れば、世の中も野菜たちも平穏無事です。しかし晴天が1週間以上続くと、水を好むナスやキュウリ、サトイモ、ショウガ、エダマメや、根が深くまで張らないピーマンやハクサイなどには水やりが必要になります。特に8〜9月の暑い時期には必要です。レタス、ルッコラ、ミツバ、バジルなど軟弱に育てたほうがおいしい野菜にも水やりをしてやりましょう。

　秋野菜には基本的に草マルチのみで大丈夫ですが、越冬したタマネギは肥大する春先に雨が少ないと、玉の肥大が悪くなります。2～3月に雨が1週間以上降らないときは、よく晴れた日中に水をあげてください。

あげるなら1週間分たっぷりに

　水やりのポイントは、1週間分たっぷり水をあげることです。夕方や曇りの日をねらって夕立のように何回にも分けてたっぷりと水を葉っぱからかけます。ナスやキュウリのように水が必要な野菜の場合は、1株にバケツ1～2杯を間をおいてかけ、地中30㎝くらいまで湿らせます。ジョウロでさっと水を1回かけただけではすぐに乾いてしまうので、水やり回数が多くなるばかりか、根がより浅根型となって乾燥に弱くなってしまいます。

　また、水やりは夕立のように夕方が良く、日中にやると、水滴がレンズのようになって葉焼けしてしまいます。ただし、冬期は夕方に水をあげると夜間に野菜が風邪をひいたり、霜で凍りやすくなるので、晴れた暖かい日の10時前後にあげます。

こんな野菜には土寄せを

　土寄せが必要な野菜は、種イモの上に小イモができるジャガイモやサトイモ、ショウガ、それに土をかぶせて軟白化させて軟らかくし旨みをのせる根深ネギです。慣行栽培では、倒伏防止や根量を増やすために、トウモロコシやキャベツなどにも土寄せをしますが、自然菜園では根がしっかり張り草マルチをするので、前述の野菜以外は必要ありません。

　ジャガイモと根深ネギは同じウネに植えたり、ショウガとサトイモは混植すれば、土寄せをいっしょにすますことができます。これらは相性が良く、連作障害を抑えることができ、土寄せするとネズミの食害も減ります。

　土寄せの際は、まず周囲の草を幅広く根を残して刈り取り、耕してから土寄せをします。土寄せした上に必ず草マルチをし、乾燥を防ぎ、草を抑えます。こうすると2回目以降は、草マルチをどかし、柔らかく湿った土を楽に寄せることができます。

9 茎葉の生育観察でわかる根の根性

地上部の先端部の観察でわかる根の診断

地下部の根は目には見えませんが、地上部の茎葉を見ればだいたいわかります。地上部と地下部は、一定のバランスをもちながら双子の姉妹のように手を取り合って育っているからです。特に生長点のある先端部の若い茎葉の状態や変化は、そのときの健康状態や根の状態を表わしています。

茎・葉脈の太さ　茎が太く葉脈が太くはっきりしているほど根も太くよく張っています。また節の長さも重要です。節間が間延びしたように長い場合は、栄養や水分が急に豊富になり根がなまけているかもしれません。

葉色　葉の色は、野菜の養分状態をよく表わしてくれます。葉色が黄化したりまばらにモザイクがかかったりしたときは、根が弱り、養分が欠乏していたり、病気になっていることを示しています。新根が健全なときは、生長点部の新葉はさわやかな若草色で、その下の葉は淡い緑色になります。この葉色の差は早朝に大きく、夕方になると小さくなります。日中は光合成をするために蒸散作用で肥料養分を吸い上げ同化養分がたまるため、葉色は夕方になると濃くなります。夜間はそのためた養分をアミノ酸などに変えて転流し、新根や新葉を伸張させるので、早朝の葉色は薄くなります。この先端部の葉の色の1日の変化がはっきりしているほど、根も葉も健全に動いている証拠です。

ところが、肥料、特にチッソが多過ぎたり、曇雨天続きなどで光合成が十分できず同化養分が不足すると、吸い上げた肥料養分がたまったままになり、葉の色はどんどん濃くなり、早朝になっても新葉の色は濃く、伸張も鈍化します。アブラムシなど病害虫はこのような状態の葉を好むため、病気や害虫が発生しやすくなります。

わき芽　頂芽やわき芽の姿はこれから伸びる根の状態を表わしています。わき芽が多くなると根もその分増えます。しっかりした太いわき芽が勢い良く伸びているときは、根性のある太い根が伸びています。わき芽の勢いが弱かったり、伸びてこないときは、根もうまく張れていない可能性があります。また、肥料があり過ぎる場合も、根量が増えず根性も弱いため、わき芽に勢いがありすぎ、節間が伸びる傾向があります。

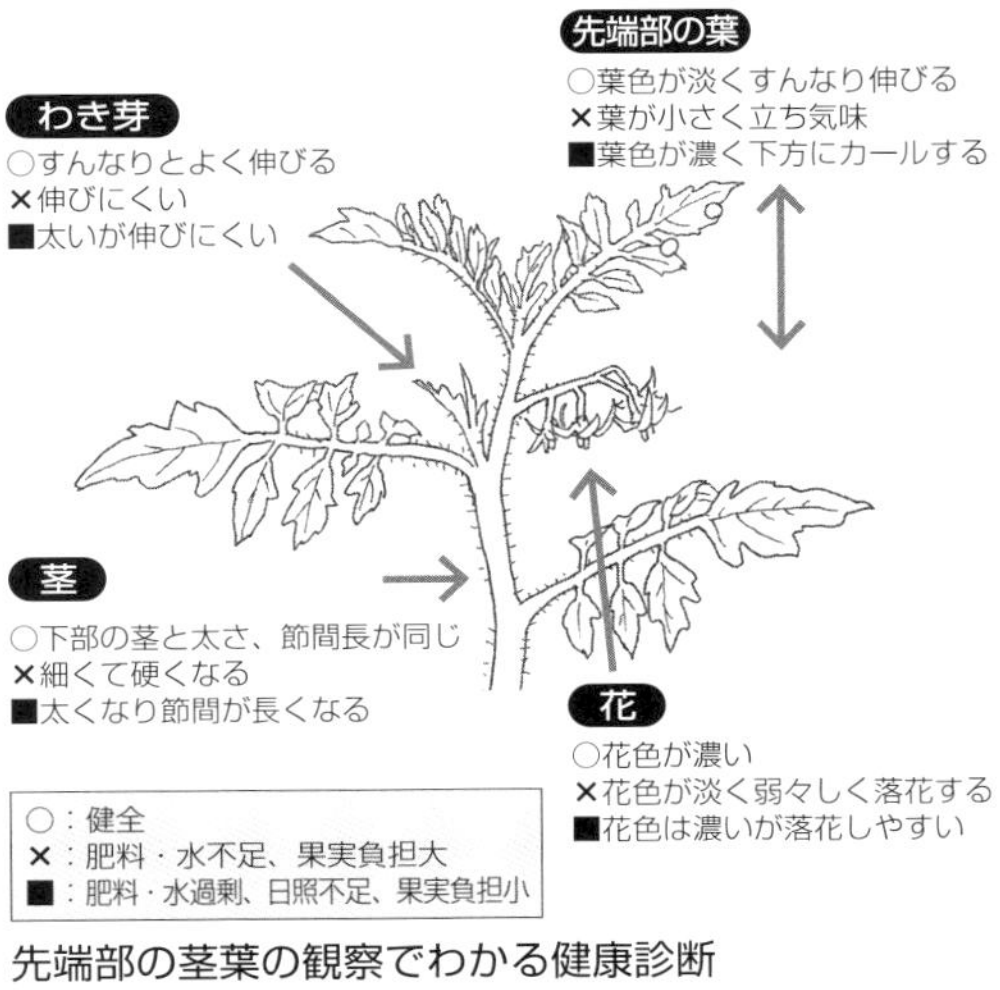
先端部の葉
○葉色が淡くすんなり伸びる
×葉が小さく立ち気味
■葉色が濃く下方にカールする
わき芽
○すんなりとよく伸びる
×伸びにくい
■太いが伸びにくい
茎
○下部の茎と太さ、節間長が同じ
×細くて硬くなる
■太くなり節間が長くなる
花
○花色が濃い
×花色が淡く弱々しく落花する
■花色は濃いが落花しやすい
○：健全
×：肥料・水不足、果実負担大
■：肥料・水過剰、日照不足、果実負担小
先端部の茎葉の観察でわかる健康診断

健全なトマトの先端部：茎が太すぎず細すぎず、葉が水平で葉色が濃く、わき芽が伸び、開花した花房の上に3枚の葉が展開

草勢が弱く根も弱っているトマトの先端部：茎が細くわき芽が伸びず、葉が直立気味で葉色が淡く、開花花房の上に1枚しか葉がない

10 根性をつける果菜類の整枝法

果菜は栄養生長と生殖生長のバランスが肝心

果菜類は、ごく早いうちから根と茎葉の生長＝「栄養生長」と、花を咲かせて受精し果実を肥大させる「生殖生長」とが同時に進んでいきます。茎葉で作られた同化養分を、根や茎葉だけでなく、実にも配分しなければなりません。果菜類は、根性をつけるとともに、この「栄養生長」と「生殖生長」のバランスをとることが大切です。

原産地で自生する野生種は、実も小さく少ないので、放任しても2つのバランスがうまくとれています。しかし、大きな実をたくさん収穫できるように改良された今の栽培種は、放任栽培ではこのバランスが崩れてしまいます。

生殖生長よりも栄養生長が強くなると草勢が強くなり、花に力がなくなり実がつかなくなる、いわゆる「樹ボケ」に、栄養生長よりも生殖生長が強くなると草勢は弱くなり、茎は細く葉は小さく、わき芽も伸びにくい「樹負け」生育となってしまい、さっさと数個実をつけて終わってしまいます。

わき芽は1番花の開花まで待ってかく

根に根性をつけるには、わき芽を伸ばして根数を増やすことが大切です。わき芽をかいたり茎葉を切ると、根も切られたと同様になり根性が弱まります。そこで果菜類は基本的に、1番花が開花するまではわき芽を伸ばし放題にして、根っこ優先の生育をさせます。果実負担が大きくなる前に根に根性をつけておきたいのです。

そして、1番花が咲き始めたときに伸びたわき芽の芽かきを行ない、樹と根にストレスを与え、実をつけ肥大させる生殖生長への転換スイッチを入れてやります。

実がしっかりついてからは果実の負担が急増するため、根の生長が止まり茎が細くなり、草勢が急に弱くなって「樹負け」生育になりがちです。そのため、1番花が咲いてからは、根が強く栄養生長が強いトマトなどを除き、わき芽は放任して伸ばし、根張りを促進します。

この栄養生長から生殖生長への転換力は果菜によって違うので、その後の整枝方法も果菜によって違います。

摘果・早期収穫で果実負担を軽減

ナスやキュウリ、ピーマンなど、未熟果を収穫する果菜類は、定植から1～2ヵ月間くらいは、実をあまり大きくせず、早どりして樹の負担を軽くし、根張りと草勢を維持するようにします。

また、30℃以上の熱帯夜が続く8月上中旬になると、樹がばてて根や茎葉の生長が止まってしまいます。そこで、ついている実をすべて取り去り（摘果）、増えすぎた細い枝や内側向きの枝を切って光が葉によく当たるようにしてあげます。こうして根や茎葉の勢いを回復させて秋に備えます。古い枝を切ると新しい葉や根も出やすくなるからです。

ナス科果菜類の整枝法

トマトは実よりも根や茎葉の生長、栄養生長を優先しがちです。ナスは実の生長、生殖生長を優先しがちです。ピーマン、シシトウ、トウガラシはその中間です。整枝法は詳しくはPART3で述べますが、ここではそのポイントを紹介します。

大玉トマト　1番花房の果実がつき肥大

し始めるまでは、栄養生長が優先して樹ボケしやすいので、1番花房にしっかり実をつけることが秘訣です。逆に3番花房がつくころからは急激に果実負担が大きくなって、樹負けしやすくなります。この栄養生長と生殖生長のバランスをとるのが大玉トマトは特にむずかしいので、大玉トマトを上手に育てることができるようになれば、菜園上級者です。

整枝のポイントは、1番花房が咲き始め、1番花房の直下の太いわき芽が5㎝くらいのころに、直下のわき芽は1枚葉を残して切り、それ以下はすべてかき取ります。それ以降も同様に、花房直下のわき芽が5㎝程度に伸びたら、直下のわき芽は1葉残して切り、それ以外のわき芽は全部かき取ります。残した1葉のわき芽が伸びてきたら、同様に1葉残して切り取ります。

中玉トマト・ミニトマト　生殖生長の力が強く樹ボケしにくいので、1番花房直下のわき芽を伸ばしV字型の2本仕立てにします。枝が2倍になるので根も2倍になり、根性が強くなります。それ以降は大玉トマトと同様です。

ナスやピーマン、シシトウ、トウガラシ　トマトよりも実をつける生殖生長の力が強いので、基本通り一番花が咲いたら、直下の太いわき芽は伸ばし、その下の小さなわき芽をすべてかき取ります。それ以降は、1番花より上のわき芽は基本的に放任して伸ばし、最初は摘果や早どりで果実負担を軽くして根張りを強化し、樹負けしないように育てます。

ウリ科果菜類の整枝法

ニガウリ・カボチャ・ズッキーニ・スイカ　これらは栄養生長も生殖生長も強いので、わき芽かきや整枝などしなくても自分自身で樹と実のバランスをとります。雌花と雄花が別々で、最初は雄花ばかりが咲き、自分自身でまず根張りをちゃんとさせてから、雌花が咲いて実をつけるからです。

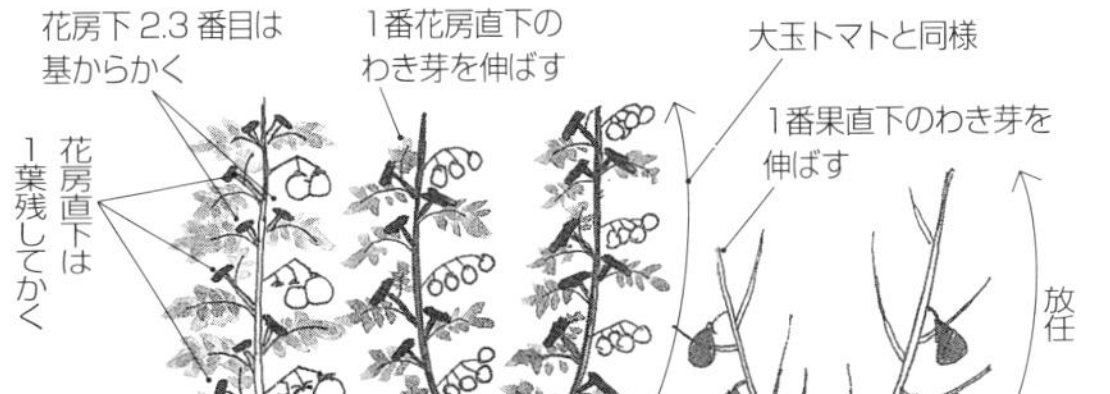

野菜の整枝法

スイカは整枝はせず、最初に成った実を親指大の小さいうちに摘果すると、2番果以降の実の成りが良くなりおいしい実がなります。

キュウリ　生殖生長が強く、早い段階から雌花を咲かせ実をつけてしまい、根も浅根型で根性がつきにくいので樹負けしやすいです。そこで、雌花の蕾が見えたら、双葉の上から5節までのわき芽と花をすべてかき取ります。そして6~8節から伸びるわき芽は、果実が一つ以上つかないように葉を1~2枚残して先端を切って摘芯し、それ以上の節のわき芽は放任します。梅雨が明けるまでは、60g以下の小さなうちに早どりします。

メロン・マクワウリ　親づる、子づるには実をつけず、孫づるに雌花が咲いて実をつける特性があります。そこで、親づるを5~6節で摘芯して子づるを早く伸ばし、その後は放任します。スイカ同様に最初の実は小さいうちに摘果し、その後着果したものも2~3個ほど残して摘果します。

アブラムシを食べるナナホシテントウムシ（左下）とハナグモ（右上）

ヒラタアブもアブラムシを食べに飛んでくる

草陰で休む赤トンボ

ネキリムシなどの小動物をねらうゴミムシ

トマトの上で虫をねらうニホンアマガエル

11 化学農薬を使わない防除法

だんだん減ってくる病気や害虫の被害

自然菜園では、多種多様の生きものが増えてきます。彼らの暮らしぶりを見ることも面白いものです。野菜よりも草を夢中で食べるウリバエ、カラスノエンドウに群がるアブラムシをねらってやってくるナナホシテントウムシ。草は、生きものにとってエサであり、隠れ家であり、住処にもなっています。

もちろん野菜の食害もありますが、被害は広がりません。害虫を食べる虫や生きもの、つまり益虫とか天敵といわれる生きものが多いからです。カエル、クモ、ゴミムシ、テントウムシなどです。それ以外に害虫でも益虫でもない「ただの虫」と呼ばれる虫も多くいます。ただの虫も虫たちにとってはエサになったり益虫の天敵になったり、ただの虫ではありません。さまざまな生きものがいてバランスがとれているため、害虫がのさばりにくいのです。このバランスはすぐにはできず、年を重ねるごとにできてきます。

病原菌もはびこりにくい自然菜園

自然菜園では害虫だけでなく、病気の発生も少なくなります。微生物もエサとする植物がそれぞれに違い、野菜や草の種類が多いといろいろな微生物が増え、病原菌がはびこりにくくなります。病原菌をエサとする天敵微生物もいます。

同じ野菜を連作すると、その野菜を好む害虫や微生物が増えて根が障害を受けるいわゆる連作障害が発生します。いろいろな草が生え、いろいろな野菜を混植する自然菜園では、土壌養分も微生物の種類もバランスが崩れにくいので連作障害が発生しにくいのです。

野菜を健康に育てることが第一

人も病気にかからないためには、食生活や生活習慣を正すことがなにより肝心なように、野菜も同じく、不健康な野菜や栄養不足の野菜から病気が発生します。健康な体に育てて、予防することが肝心です。野菜が不健康に育ち、病虫害の発生を招く主な原因には、以下のことがあげられます。

①栽培適期を逃す

種をまく適期を逃すと、生育適温からはずれたり、病害虫の発生ピークと重なったりして、生育が悪くなり病虫害に襲われやすくなります。

②肥料が多すぎる

人でも食べすぎれば、メタボリックになり生活習慣病にかかりやすくなるように、野菜も必要以上に肥料分があると、軟弱に育ち、病原菌や害虫にねらわれやすくなります。土ステージに見合った野菜を選び、堆肥や有機質肥料をむやみに施さないようにすることが一番大切です。

③未熟有機物・腐敗有機物のすき込み

未熟の有機物を酸素の少ない土中に入れると腐敗して、有害なガスや有機酸が発生し、根や葉に障害が出たり、有害な微生物が繁殖したりして生育不良となり、病虫害にやられやすくなります。生の有機物は、土の中に入れず、草マルチのように敷いておいて自然堆肥化することが原則です。

病虫害の一番の原因になりやすいのが、腐敗した有機物のすき込みです。その代表が、生ごみです。生ごみは水分や肥料分が多いため腐敗しやすいからです。生ごみは、ミミズコンポストで1年以上経って分解されミミズの糞土になってから投入するか、野菜の栽培していない場所に30㎝掘って埋めておき、土化してから使えば安心です。

④日当たりや風通しが悪い

日陰で湿気っていたり風通しが悪いと病弱に育ち、病虫害に侵されやすくなります。夏の草は、あっという間に伸び、梅雨時期にうっそうと茂るので要注意です。株間を十分にあけて草を定期的に刈って風通しを良くします。

⑤水はけが悪い

少しの雨でも水たまりができるような水はけが悪い畑では、根が酸欠で弱って生育不良となり、病害虫も発生しやすくなります。高ウネにしたり表面排水を図ったり、自然耕で団粒構造を早く発達させることが肝心です。

発生した害虫でわかる原因と対策

「虫の知らせ」ではありませんが、防除するよりもなぜ虫害が起こったのか、その原因そのものを打開するほうが被害がなくなります。主な害虫の発生原因と対策は下表のとおりです。

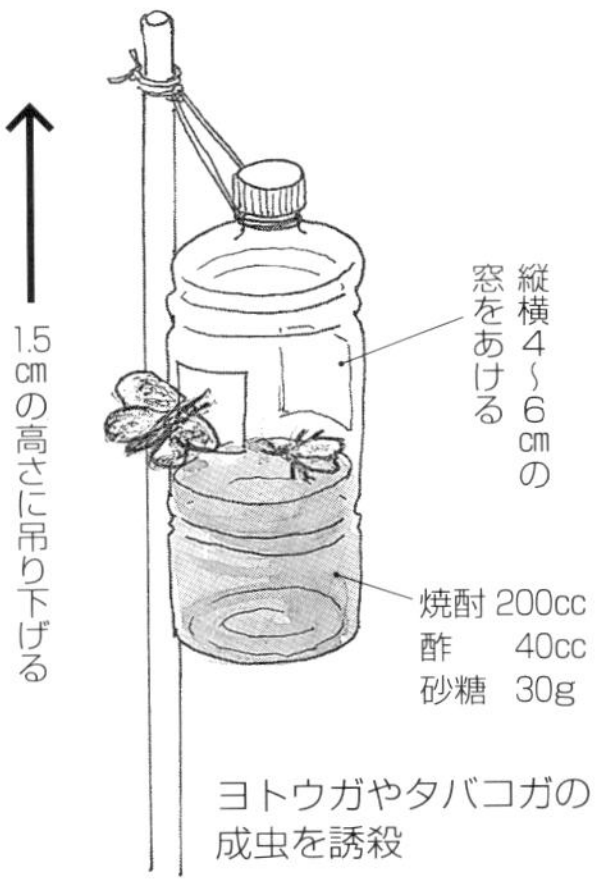

ストチュウトラップ

主な害虫の発生原因と対策

害　虫	原因と食害	対　策
アブラムシ カメムシ	弱った野菜や肥満体の野菜の樹液を吸う。家畜糞堆肥や鶏糞などチッソ分の多い肥料を多く施し、葉色が暗緑色になった野菜の汁が大好き。吸汁するだけでなく、ウイルス病も伝染させる	アブラムシは手でつぶさず、ウイルスを伝染させないよう、できるだけアブラムシに触れた手で野菜に触れないこと。朝露のあるときに草木灰を、晴れた日には「のり」を10倍程度に水で薄め、アブラムシのいる部分に2～3日連続して散布すると効果的。乾燥すると気門をふさがれ窒息死する。カメムシは臭いので箸でつまみ植物油に入れ殺す。草木灰はカメムシにも有効
ネキリムシ（タマナヤガやカブラヤガ、ヨトウガ、コガネムシの幼虫）	夜中に苗の根元や、茎や葉を食害し、夜明け前にまた株元の土にもぐる。ゴミムシなどの天敵が少ないと発生しやすい	夜半に懐中電灯を照らして見つけたり、食害された株の根元の土を指で掘って探してつぶす。草マルチの上などに米ぬかをふっておくと、米ぬかに夢中になり、被害が少なくなる。上図のようなストチュウトラップを仕掛けて親の蛾を捕殺する
アオムシ （モンシロチョウの幼虫）	春先、未熟な堆肥を施すと、モンシロチョウがそのアンモニア臭に寄ってきて卵を産みつける	赤いサニーレタスを前もって混植しておくと、モンシロチョウの忌避効果がある。寒冷紗などネットも有効で、下から入ってこないよう、裾を埋めるか鉄パイプなどで押さえておく
テントウムシダマシ （ニジュウヤホシ）	春先、未熟有機物の投入したジャガイモをよく食害する	朝露のあるうちに、草木灰を葉の表面にふって窒息死させる
ナメクジ	風通しが悪いと芽や葉、花などを食害する	葉の上に光ったナメクジの通った跡があったり食害されたときは、風通しを良くし、ナメクジの好物の飲み残しのビールを缶ごと土に埋めておくと、缶に落ちてに溺れ死ぬ
タバコガ	ナス科の連作などが原因。幼虫がナス科のみならずいろいろな野菜を食害する	小さなうちに手で取る。ストチュウトラップで蛾を捕殺する
ウリハムシ	ウリ科野菜を食害。未熟な有機物の投入や生育適期でない時期に発生しやすい	ウリ科の野菜の種をまくまわりにラディッシュを育てておくと、においで寄って来ないといわれている

12 自家採種のすすめ

自家採種で自然菜園に合った品種育成

「品種に勝る技術なし」と昔からよくいわれています。土作りや育て方も重要ですが、地域風土に合った品種を選ぶことが一番重要です。特に無農薬の自然菜園では、病気や害虫にも強い品種が適しています。

ところが現在の多くの品種は、化学肥料と農薬による防除を前提として育種されたものがほとんどです。自然菜園では、自然菜園でよく育った株を選び、自家採種し、自分の畑に合った品種を育成することが、もう一つの大切な野良仕事です。

自家採種を3～4年以上続けていくと、年々無農薬栽培に合った品種となり栽培しやすくなります。野菜自ら、その畑の土や地域の風土、自然菜園の栽培法に適した素質や遺伝子を組み替えるからでしょう。

できるだけ固定種を選びたい

自然菜園では、一代交配種（交配種、F1種）よりも固定種がおすすめです（44頁参照）。一代交配種は、その名のとおり、一代目の種子はすべて親の強い形質だけが現われ均一に育ちますが、その一代目から採った二代目の種子は、一代目とは異なるいろいろな形質が現われてしまうからです。自家採種しても次の年に同じ形質のものにはなりません。ただし、一代交配種も、何年かかけて選抜していけば、だんだん同じような形質に固定され、固定種にすることができます。

また、固定種でも、同じ日本人でも同じ顔の人がいないように、いろいろな形質が出てくるので、自分好みの形や味のものを採種株として選抜し自家採種します。

他家受精野菜は交雑を防ぎ、採種する

植物には、下の表に示したように、自らの花粉で受精しやすい自家受精のものと、ほかの株の花粉でないと受精しにくい他家受精のもの、その中間的なものとがあります。他家受精は、いろいろな遺伝子を取り込み、さまざまな環境に適応する子孫を残すための植物の戦略なのです。

自家受精しやすい作物は、自分の花粉で受精するので、何もしなくても毎年同じ形質の種子を容易に自家採種することができます。

ところが、他家受精する野菜は、近くに異なる品種があると、その花粉が訪花昆虫や風などで運ばれて交雑し、親とは異なる形質をもつ雑種となってしまいます。周囲に他の交雑する野菜がある場合は、人工授粉したり、寒冷紗などをかけたり、ハウスなどで育てて部分的に隔離することが大切です。また、同じ他家受精野菜でも開花時期が異なれば交雑の危険はなくなるので、花が咲く時期をずらすのも手です。

さらに、他家受精する野菜は、自分の花粉では受精しにくいので、採種株はなるべく多く、最低でも10株以上必要です。

自家受精しやすい作物、他家受精しやすい作物

自家受精する作物	ダイズ、インゲン、ラッカセイ、イネ、オオムギ、コムギ、トマト、レタス、シソ、ナス、ピーマン、オクラ、シソ
中間の作物	ゴボウ、ニンジン、ネギ、タマネギ、カラシナ、タカナ、カキナ、ソラマメ
他家受精する作物	ホウレンソウ、トウモロコシ、メロン、キュウリ、スイカ、カボチャ、ブロッコリー、ダイコン、カブ、キャベツ、ツケナ類、ライムギ、ソバ

採種株の選抜方法

自然菜園での採種株の選抜基準は、まず

病気にならなかった健康な株、暑さ寒さに強い株、収量が良かった株、そして最後に形や味も良いものを選びます。採種株の選抜でもう一つ大切なことは、最初の3年間くらいは、その年の一番良かった株だけではなく、多めに採種株を育てて、その中で条件にかなった株を上位3番目まで選び自家採種することです。こうすると多様な環境の変化に対応できる品種を育成できます。

3年以上育ててどの株も同じような形質となって固定されてきたら、種子の寿命（45頁参照）が切れる前に自家採種し更新します。たとえば、寿命が3～4年のトマトは2年おきに自家採種して更新します。

根菜類の選抜　根菜類は、収穫時に一度掘り起こして根の形や食味を吟味して選抜し、植え直します。まず、最低10本以上栽培し、いっせいに収穫後、中から異質のタイプと病虫害にやられているものを除きます。残った良質なものを小さい順に1列に並べ、ちょうど中央の大きさが揃ったあたりの10数本を採種株に選んで、斜めに葉をつけたまま植え直します。秋に植え直すと根に養分を蓄えているので、翌春に新たに細かい根が生え、とうが立ち、花を咲かせ種を結びます。花が咲いた最初の2本は抜き、残ったものから採種します。最初に咲いた株の種子は、とう立ちしやすい傾向があるからです。

葉菜類の選抜　コマツナ、ホウレンソウ、キャベツなど冬を越せる野菜は、秋に種をまき、春に寒さや病虫害により強いものを選びます。越冬できないシュンギク、レタスなどは、春にまいて初夏に花を咲かせて自家採種します。葉菜類もとう立ちが早いものは抜いてしまい、とう立ちしにくい系統を選ぶことが大切です。

果菜類の選抜　トマトやナス、ピーマン、オクラなど自家受精しやすいものは、違う品種が隣接してなければ交雑しにくいので、味見などもして条件に合った形質の株の果実を選び採種します。

他家受精しやすいトウモロコシ、メロン、キュウリ、スイカ、カボチャなどは、ハウスや寒冷紗などで隔離して訪花昆虫の飛来を防ぐか、開花する前に雌花に袋をかぶせておき、条件に合った株の雄しべの花粉を人工授粉します。

果菜類は開花後、種子が稔実するまでに40～55日以上は必要です。霜が降りる40日前までに採種果を選抜し、採種する果実2～3個の種子を充実させるために、ほかの実をすべて小さいうちに取ってしまいます。実をつけてから、樹が枯れるまでできるだけ長期間樹につけておいたほうが種子が充実します。霜が降りる前に収穫し、果実を暖かい部屋に置いて、さらに追熟して種子を充実させます。

種子が水に浮くカボチャ以外は水に沈んだ充実した種子を選び、よく洗い不純物を除いた後、脱水し、風通りの良い場所で2週間から1ヵ月ほどよく乾燥させます。

種子の保存方法

自家採種した種子は、乾燥剤を入れた密封容器に入れ、冷蔵庫保存が望ましいです。そうすることで、種の休眠が深くなり、発芽率の低下を防ぐことができます。

また、豆類や穀類は、保存する量が多く、コクゾウムシなど虫が発生しやすいので、よく乾燥させた後、一升ビンでの保存がおすすめです。一升ビンに9割ほど種子を詰め、2週間程度、口を半開きにしておきます。種子が呼吸して中の酸素が薄くなり、二酸化炭素で満たされてから密封すると、種子の呼吸による消耗が軽減され、虫の発生も抑えられます。

ただし、種子の寿命は野菜によっても違い、ダイズやニンジン、ネギ類は寿命が短く1～2年程度です。これらの種子は、2年目からの発芽はむずかしいので使い切りが原則です。寿命の長い野菜の種子も年を越すごとに発芽率が低下するので、発芽試験をし、それに応じた量を種まきします。

13 完熟堆肥・ボカシ肥・もみがらくん炭の作り方

完熟堆肥

●自家製完熟堆肥の作り方

堆肥は、植物繊維素材と微生物の栄養源となるチッソ素材を、体積比で8：2の割合で混ぜ、水を加えて発酵させて作ります。

植物繊維素材には、落ち葉、枯れ草、ワラ、もみがらなどがあります。落ち葉が最高ですが、イチョウの葉や杉の葉は野菜の生育を阻害する成分が含まれているので適しません。もみがらは固くすきまがあって空気を含み、混ぜると発酵しやすくなるので、必ず全体の1割くらい混ぜます。

チッソ素材には米ぬか、油かす、鶏糞、新鮮な生ごみ、オカラなどがあります。新鮮な生ごみやオカラは、水分を多く含み、空気が入りにくく腐敗発酵しやすいので、米ぬかと混ぜて水分を調整してから使います。

おすすめは、落ち葉（10％以上）ともみがら（10％）に米ぬか（10％以上）を加えることです。これらに、身近にある素材を加え、植物繊維素材とチッソ素材が8：2となるように組み合わせます。

量にもよりますが、まず水をかける前に植物繊維素材とチッソ素材を交互に積み重ね、その山を何回か切り返してよく混ぜます。

次に水をかけながら混ぜ、手で握ってみて水がにじみ出るくらい（水分量50～60％）に水を含ませます。混ぜ終わった堆肥を富士山型に積んで、古いじゅうたんなどで全体を覆っておきます。

3～4日後には発酵して熱が出てきます。70～80℃前後まで上がったら、水分を補いながら、外のものを内側に入れるように切り返しをして積み直します。切り返しをおよそ月に1度、3、4回すると、40℃くらいに落ち着いてきます。こうなったら、雨の当たらない場所で古じゅうたんで覆って保存し、1年以上熟成させます。使用前に完熟テスト（31頁参照）をして完熟したものを使います。

●市販堆肥を選ぶなら

市販の堆肥類には、牛糞堆肥、豚糞堆肥、発酵鶏糞などがあります。牛糞堆肥、豚糞堆肥は、それぞれの家畜糞にバーク（樹皮）やもみがら、オガクズなどを混ぜて発酵させたものです。発酵鶏糞にはこれらのものは入っていません。腐葉土は落ち葉を堆肥化したもので、家畜糞は使われていません。

肥料分、特にチッソ含量の多い順は、発酵鶏糞＞豚糞堆肥＞牛糞堆肥＞腐葉土の順です。自然菜園では堆肥は肥料としてよりも、育土をテコ入れする微生物のエサや団粒構造と腐植材料として施すので、おすすめはこの逆順ですが、牛糞堆肥や豚糞堆肥に腐葉土を2：1で混ぜて使うといいでしょう。発酵鶏糞は腐植がほとんどなく、即効があり、化学肥料に似ています。特にブロイラーの発酵鶏糞は、抗生物質が多く、病虫害が出やすいのでさけます。いずれも、前述した完熟テスト

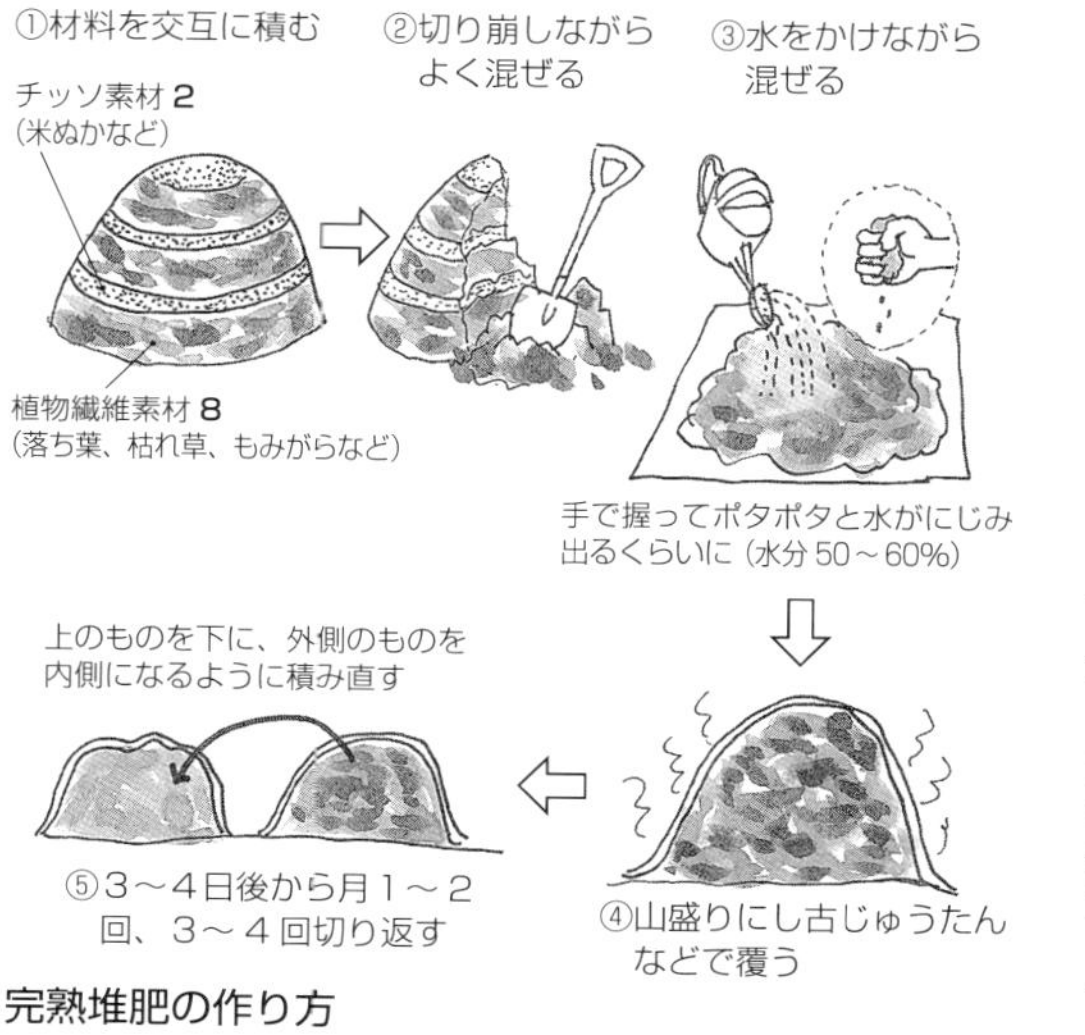

①材料を交互に積む
チッソ素材 2
（米ぬかなど）
植物繊維素材 8
（落ち葉、枯れ草、もみがらなど）
②切り崩しながら
よく混ぜる
③水をかけながら
混ぜる
手で握ってポタポタと水がにじみ
出るくらいに（水分 50～60%）
④山盛りにし古じゅうたん
などで覆う
上のものを下に、外側のものを
内側になるように積み直す
⑤3～4日後から月1～2
回、3～4回切り返す

完熟堆肥の作り方

をしてから使います。

ボカシ肥

●有機質肥料を発酵させた微生物肥料

ボカシ肥とは、有機質肥料を植物が吸収しやすいように、あらかじめ微生物によって分解、発酵させたものです。生の有機質肥料よりも早く効き、ガス障害などの心配も少なくなります。一般的には、有機質肥料に山土やもみがらなどを混ぜて水を加え、土や空気中にいる乳酸菌やこうじ菌、納豆菌、酵母菌などの土着菌によって発酵させて作ります。

自然菜園にはさまざまな土着菌がひしめきあっているので、草マルチの上に米ぬかなどをまけば、土着菌などによって自然に分解、発酵してボカシ肥になります。ところが、ステージ1の畑ではまだ土着菌の働きが弱く、有機質肥料が腐りやすくスムーズに発酵が進みません。そこで、前もって発酵させたボカシ肥を作っておいて、草マルチの上にかけ、さらに草マルチを重ねると、発酵がスムーズになり野菜によく吸収されます。

ここでは、味噌作りのように、密閉容器で嫌気発酵させて作るボカシ肥の作り方を紹介します。

●ボカシ肥の作り方

作る量にもよりますが、米ぬか8ℓ、油かす2ℓ、もみがら1ℓ、土ステージ3畑の土500g、大きめのタライ、バケツ、ふた付きの密閉容器を用意し、次の手順で作ります。

①さまざまな土着菌が含まれているハコベなどの下の土500gをバケツに入れ、2～3ℓの水を加え、ドロドロになるまでよくかき混ぜる（土の代わりに市販の菌を50～100cc加えても良い）。水道水を使う場合は、1日汲み置きしておく。

②大きめのタライに、もみがらを1ℓ入れ、①の泥水を500cc加える。

③②に米ぬか6ℓ、油かす2ℓを加え、素手でしっかりともみ込み、素手についている乳酸菌・酵母菌などを混ぜ込む。握ると水が出ずおにぎり状になり、指でつつくと壊れるくらい（水分量約50～60％）になるよう、残しておいた泥水と米ぬかで水分調整をする。

ボカシ肥の作り方

④密閉容器の底に米ぬかを3㎝敷く。その上に③の材料を何回かに分けて入れ、嫌気発酵させるために両手で空気を押し出しながらギュウギュウに詰め込む。

⑤9割ほど詰め込んだら、最後に米ぬかで中ぶたをしてから、容器にふたをする。

⑥20～30℃場所に夏場であれば約1ヵ月間、冬場であれば暖かいところに約3ヵ月間置いておく。米ぬかの中ぶたをどかしてみて、甘酸っぱい香りがして、表層に白いカビでびっしり生えていたら、完成。白以外のカビは、失敗なので取り除く。

⑦完成したら、中ぶたの米ぬかと表層の白いカビごと、全体をよく混ぜて冷暗所で保存。保存期間は約6ヵ月以内で、長期保存はせず、余ったものは畑全体にまいてしまう。

もみがらくん炭

●もみがらくん炭のさまざまな効用

もみがらを燻し焼きにして作ったもみがらくん炭は、いわばもみがらの炭です。カリやカルシウム、ケイ酸分が多く含まれていて、アルカリ性です。ステージの低い酸性の畑には、堆肥といっしょにまいて深く起こして混ぜると、酸性が矯正されます。

また、根肥とも呼ばれるカリ分が多く含まれているので、育苗培土に加えると根張りが良くなります。葉菜や豆類、イモ類の生育が悪い場合には、ひと握りのくん炭を補うと生育が良くなります。特にジャガイモなどのイモ類に施すと肥大が良くなります。

さらに、炭の組織にはミクロン単位の小さな気泡がたくさんあります。気泡は保湿性を高めるとともに、有害物質を浄化したり吸着したりしてくれるフィルターとなり、水や土壌を清浄にしてくれます。それだけでなく、土着の有用微生物の住処となり、有用微生物の繁殖を助けます。

●焼き方によって変わる効用と使い道

もみがらくん炭の焼き加減は、ステーキのように、生や生焼けのもみがらが混じったレア（生焼け）、真っ黒なミディアム（標準）、ほとんどが灰になるまで焼いたウェルダン（よく焼く）があり、用途が違います。

育苗培土には、ミディアムくん炭よりもレアくん炭のほうが根が絡みつき根張りが良いのです。育苗培土は、市販の育苗培土を8割、畑の土を2割、レアくん炭を1割混合します。育苗用レアくん炭は、たっぷりの水で洗い、アクを取って中性に近づけてから使います

ミディアムくん炭は、作りたてのうちは木酢のようなにおいがあるせいかネズミよけになるようなので、踏み込み温床や野菜の貯蔵などに使用しています。またポット苗の根が底穴から温床の中に伸びくん炭の付近に張るためか、育苗の後半になっても苗が疲れません。微生物が活性化するためか、発酵熱が長続きします。また、真っ黒なミディアムくん炭は融雪剤にもなります。

ウェルダンくん炭は、pH9以上とアルカリ性が強く、スギナなどが生えるレベル1の強酸性土壌にはもってこいです。畑の土壌改良のためにまきます。炭の粒がなんとなく残っているせいか石灰や草木灰より土が柔らかくなるようです。タマネギの苗床予定地にウェルダンくん炭を熊手で浅く混ぜておくと、とても生育が良く、しかも揃うようになりました。アブラナ科やホウレンソウをまく前にもウェルダンくん炭を土になじませておくと生育が良くなるように思えます。

●3種類のもみがらくん炭の焼き方

まず一般的なもみがらくん炭の焼き方で真黒なミディアムくん炭を作ります。それをそのまま火を消さず放置しておくとウェルダンくん炭になります。草木灰を作るよりも簡単に大量に灰を作ることができます。レアくん炭は、ミディアムくん炭の焼きあがりに生のもみがらを3割ほど追加して混ぜて、余熱で生焼けにします。

一度に3種類のもみがらくん炭を焼くこともできます。まずミディアムくん炭を焼き、必要なミディアムくん炭を取り除いて水をかけます。残した焼けているミディアムくん炭に、その半分以下の量の生のもみがらを加え、全体をスコップで混ぜ合わせ、黄色い部分がほぼなくなればレアくん炭の完成です。そこからレアくん炭の必要量を取り除き、残ったものを冷めないように山型に整形し、風で飛ばないように表面だけジョウロなどで水をかけて一晩おくと、翌日にはウェルダンくん炭が焼けています。

モミガラくん炭作り：小枝や薪に火をつけ、くん炭煙突を立て、火種ができたらもみがらを煙突のまわりに高さ１ｍくらいに山状に盛って焼く。

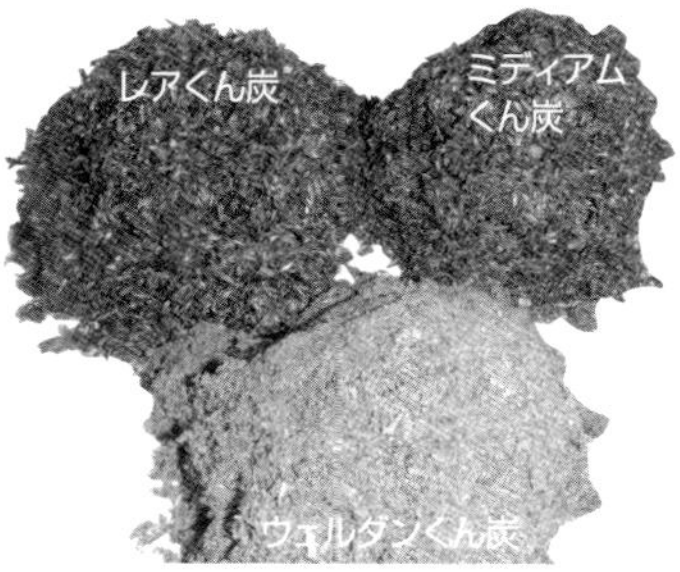

PART 3

自然菜園の野菜栽培の実際

これならできる！ 自然菜園

【凡 例】

栽培難易度

★：やさしい

★★：普通

★★★：むずかしい

栽培暦

関東以西の暖地の例。地域によって種まき時期は異なる。

1……ナス科の野菜

トマトの根（松原ら、1939）

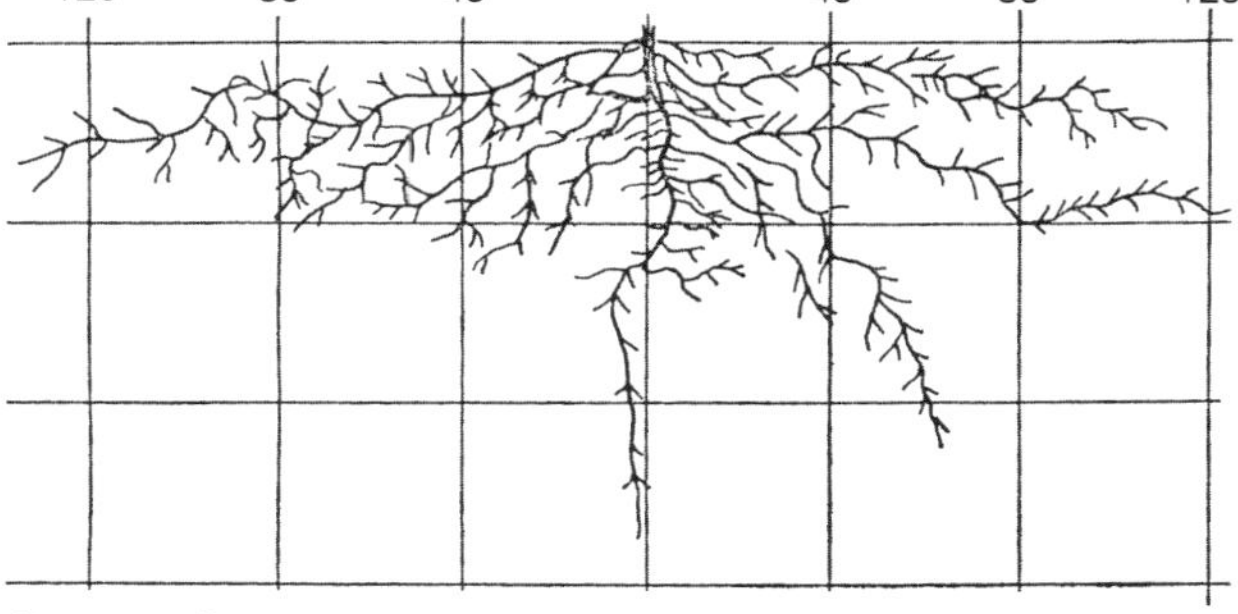

ナスの根（藤井、1950）

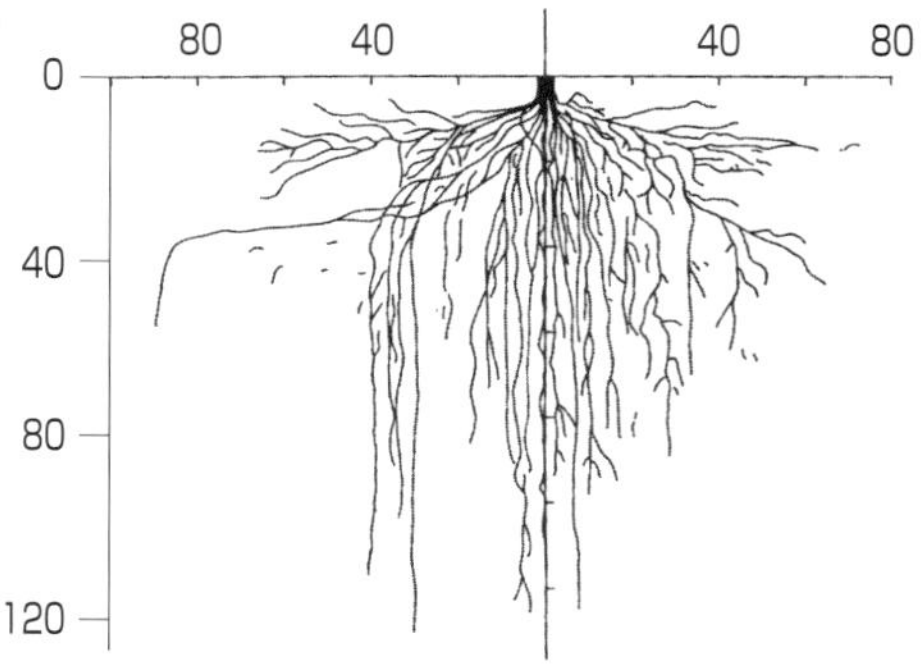

（根系図は『農業技術大系 野菜編』農文協より転載、以下同様）

●原産地からみた特性

ナス科の野菜には、ナスやトマト、ピーマン、シシトウ、トウガラシなどの果菜、それに根菜のジャガイモなどがあります。トマトとジャガイモは原産地が南米アンデス山脈の高地で、冷涼な気候を好み日本の夏の暑さは苦手です。乾燥ぎみで、日照量が多く、昼夜の温度差が大きい気候を好みます。ナスは湿潤なモンスーン気候のインド東部が原産で、高温性で暑さに強く、水分や肥料を好みます。ピーマン・シシトウ・トウガラシは熱帯のメキシコやペルーが原産地で、高温を好みます。

いずれも原産地では多年生ですが、日本では霜で枯れて露地では冬越しができません。日本では、保温して苗を育てて、遅霜が降りなくなってから定植し、初霜が降りる前まで収穫できます。

●根の形態と特性

根はジャガイモを除き、いずれも主根型ですが、アンデス高地の乾燥地帯に育ったトマトは深根型で深くまで張り、乾燥に強く、再生力や吸肥力も強いです。肥料分が多いと茎葉の勢いが強くなり樹ボケしてしまいます。原産地が同じジャガイモはひげ根浅根型ですが、同じような特性があります。湿潤な肥沃地で育ったナスの根はトマトと同じく主根深根型ですが、乾燥にも加湿にも比較的強く、多少肥料が多くてもトマトのように樹ボケすることはありません。ピーマン類は主根浅根型です。そのため、乾燥に弱く、やせ地では肥料不足になりやすいです。

注意したいことは、ナス科どうしは連作を嫌うことです。ナス科の野菜はできるだけ混植にし、連作障害にならないよう、3〜4年間はほかの科の野菜を作付けしましょう。

●着果の仕方

トマトは3葉おきに、ナスは2葉おきに、ピーマン類は各葉ごとに花芽がつき、茎葉の生長（栄養生長）と花や果実の生長（生殖生長）が同時に行なわれていくため、そのバランスが崩れると、樹ボケしたり成り疲れして樹負けしたりして生育が乱れてしまいます。

●コンパニオンプランツ

混作の相性が良いコンパニオンプランツは、ネギやニラなどのユリ科やエダマメなどのマメ科の野菜、それにパセリ、バジルです。

●自家採種

ナス科の野菜は主に自家受精ですが他家受精もするので、交雑を防ぐには開花前の蕾に袋をかけておき、自家受精させると確実です。ただし、10〜50mの範囲にほかの品種がなければ、その心配もないといわれています。

ナス科

トマト

栽培難易度　大玉トマト★★★　中玉トマト★★　ミニトマト★

●原産地と栽培適地

トマトは南米アンデス山脈の高地が故郷なので、乾燥ぎみで、強い日光を好み、昼夜の温度差が大きい気候を好みます。そのため、日差しが強く当たる場所が適地です。湿度の高い日本では高ウネなど水はけを良くし、しっかりと草マルチをし、地面の湿度を一定にしておくことが大切です。

ナス科は連作障害が出やすいので、去年ナス科野菜を植えていない場所を選びます。特にジャガイモとは相性が悪いものです。

●栽培適期

キュウリやナスなどより寒さに強いですが、霜には弱いため、コムギの出穂や藤の花が咲くのを待ってから定植します。

原産地	南米アンデス山脈高地
土ステージと適地	土ステージ2～3　pH 6.0～7.0 前後の弱酸性　水はけ・日当たりの良い土壌
根の形態―株間（自立根圏）	主根深根型―50～80㎝
生育適温と適期	昼間 25℃、夜間 15℃　低温には比較的強いが、夏の高温に弱い。小麦の出穂や藤の花が咲くころ定植
おすすめ品種	ミニトマト…シュガーランプ、ブラックチェリー、マッツワイルドチェリー 中玉トマト…ピンク中玉、サンマルツアーノ、グリーンゼブラ 大玉トマト…自然生え大玉（自然農法センター）、ベルナーロゼ、麗夏、サマーキット
コンパニオンプランツ	ニラ、バジル、エダマメ、ラッカセイ、シュンギク、イタリアンパセリ
競合作物	ナス科全般、ゴボウ、オクラ
種子	自家受精　寿命3～4年

トマト栽培暦

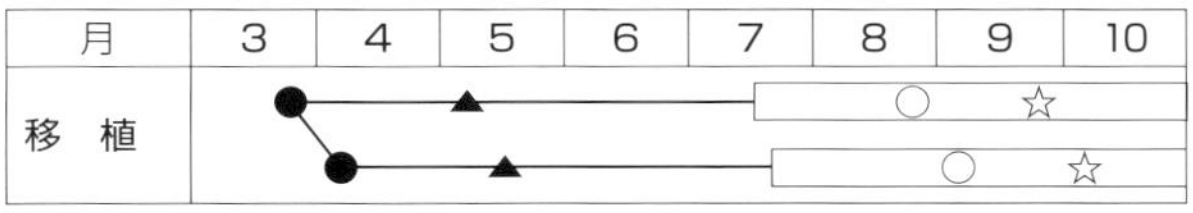

●：種まき　▲：定植　□：収穫　○：採種株と採種果実の選定　☆：採種

●コンパニオンプランツとの混植プラン

もっとも相性の良いものはニラやネギ。トマトの植え穴にいっしょに根をからむように植えると、連作障害を防ぐ効果があります。トマトの株間にはバジル、ラッカセイが相性が良く、水はけの悪い菜園では、極早生エダマメを混植すると余分な水分を吸水してくれます。株元は夏場でも半日陰になるので、キャベツやハクサイ、シュンギクがよく育ちます。トマトの後作の秋野菜は、ニンニク、キャベツなどが適しています。

逆に相性が悪いのは、ナス科野菜です。特にジャガイモとは、病虫害が共通です。必ず離して植えましょう。また、パセリを根元に植えるとパセリが腐って溶けることがあります。ただしイタリアンパセリはその心配はありません。

●おすすめ品種

トマトは果実の大きさから、ミニトマト、中玉トマト、大玉トマトとに分けられます。品種改良が進んだ大玉品種ほど育てにくく、ミニトマトがもっとも育てやすく、中玉トマトはその中間です。自然菜園では丈夫で作りやすいミニトマト、中玉トマトがおすすめですが、丈夫な品

コンパニオンプランツとの混植例

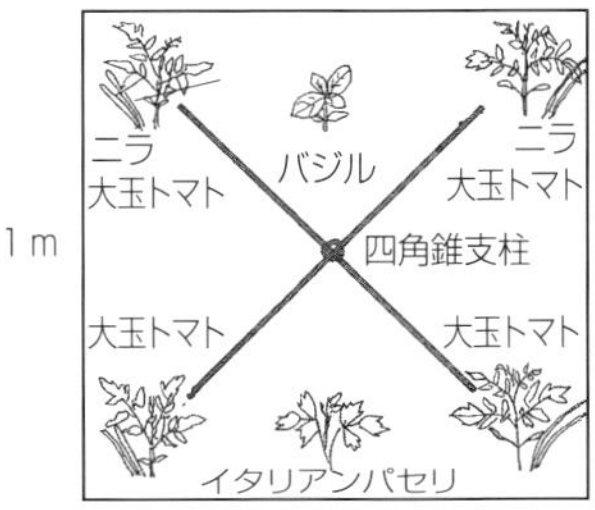

大玉・中玉トマト（1本仕立て）

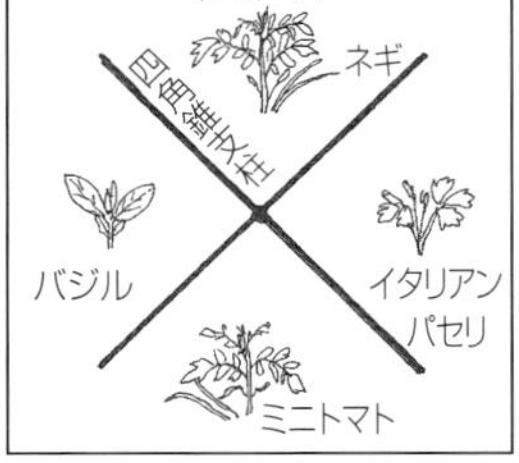

中玉・ミニトマト（2本仕立て）

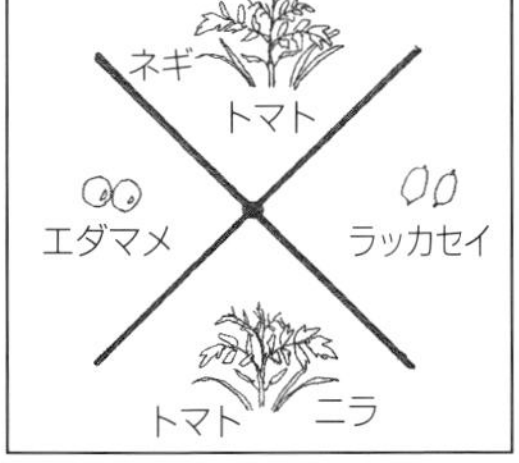

株間にエダマメ、ラッカセイをまく

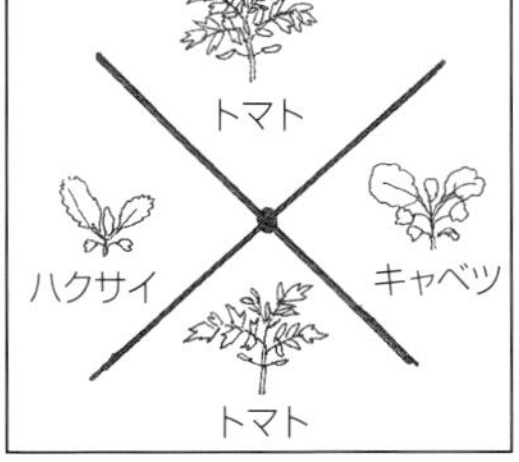

秋にハクサイやキャベツの苗を植える

種を選び、ポイントがわかれば大玉トマトも育てられます。

●栽培のポイント

①土ステージ2以下はクラツキを

トマトは肥沃地を好みますが、ナスとは違い、チッソ肥料が多いと樹ボケして実がつきにくくなります。土ステージ2以下の場合のみ、大玉トマト用にクラツキとして完熟堆肥を施します。樹ボケすると第1果房がつきにくくなり、第1果房がつかないとますます樹ボケしてしまいます。ミニトマト・中玉トマトには基本的にクラツキも必要ありません。ただし株間やウネの両側に施すマチクラツキは、第3花房が開花するころに効いてくるのでおすすめです。

②水はけを良くする

乾燥ぎみを好み過湿を嫌うので、ウネはできるだけ高くして、水はけを良くします。特に、元田んぼの畑では、高ウネにし、通路に緑肥作物をまき、株間にエダマメを混植して蒸散量を多くして過湿を防ぎます。大雨のときに速やかに排水できるよう、通路と排水口をつなげておくと良いです。雨の多い地方では雨よけをすると育てやすくなります。

③本葉5～6枚の若苗を植える

トマトは本葉8～9枚で開花し始めた苗を植えるとバランスが崩れにくいといわれていますが、自然菜園では根性のある根を張らせたいので、本葉5～6枚の、蕾が小さく見えるくらいの若苗がおすすめです。

④浅植えして乾燥ぎみにし深く根を張らせる

トマトの根は主根深根型で深く張ります。若苗は根鉢の上部を植え穴から1cmくらい出して浅く植え、土を寄せておきます。こうして株元を乾きぎみにすると、水を求めて根が深く、多く張ります。

⑤最初の花が咲くまで待って、大玉トマトは1本仕立て、中玉・ミニトマトは2本仕立てに

トマトは原産地では、無数に枝を出し、地を這うように自ら保湿しながら草を抑え生育してきました。地面に着いた節からは根を出し、1本1本のわき芽が独立して生長しました。加工用や調理用トマトには、原産地のトマトのように地這い・無整枝で育てる品種があります。枝数が多いほど根数も多くなります。

しかし、品種改良された生食用トマトは、地這い・無整枝だと風通しや日当たりが悪くなり、栄養生長と生殖生長のバランスも保てず健全な生育ができません。

そこで最初の第1花房が咲くまで、わき芽はかかずに伸ばしたままにしておき、第1花房の開花時に、実の小さなミニトマトや中玉トマトは第1花房真下の強いわき芽を1本残し2本仕立てにし、大玉トマトは第1花房真下のわき芽を1葉残して切り、その下のわき芽はすべてかき、1本仕立てにします。

⑥大玉トマトは米ぬかを追肥し成り疲れを防ぐ

大玉トマトでも第1花房が確実に着果すれば、樹ボケする心配はなくなります。果実に養分が多く運ばれるようになるからです。ところが逆に、第1果房が肥大し始め第3花房が開花するようになると、果実への養分転流が急増し、茎葉の勢いが急に衰え、先端部の茎が細くなりやすいのです。これを防ぐポイントは、定植時にマチクラツキ、第2花房の開花ころに草マルチ+米ぬかの追肥をして成り疲れを防ぐことです。

ただし、育てやすいミニトマトはこのような気苦労はいらず、芽かきと支柱への誘引だけですみます。

●畑の準備

土ステージが2以下の場合は、定植の1ヵ月前に株間50cm以上とって、大玉トマトは1穴に完熟堆肥ひと握りをクラツキとマチクラツキで、中玉・ミニトマトはマチクラツキで施しておきます。このとき支柱も前もって立てておきます。支柱は一般的には合掌式支柱ですが、自然菜園では、左上図のように4本1組の組み方をおすすめします。実が大きくなっても倒れない支柱が必要だからです。

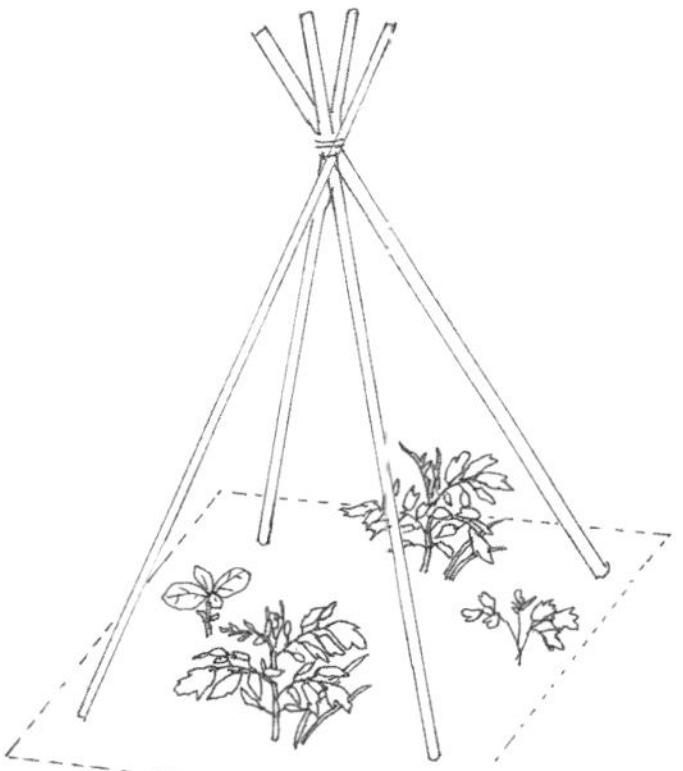
長さ２mの支柱を1m四方のウネ角から４本立てる

先端を各支柱の間にヒモを通してしっかり結束する

●育苗

ナスやピーマンは25～30℃で発芽させますが、トマトは冷涼なアンデス高地が原産なので、25℃以上だと徒長してしまいます。15～20℃で発芽させ、水をひかえめにすると根がよく張ったガッチリ苗に仕上がります。10.5㎝ポットに3～4粒まいて、発芽後1本に間引き、本葉5～6枚の若苗で定植します。

●定植

霜が降りる心配がなくなり十分地温が温まったころ、ポット苗を前日から底面吸水させておき、前述のように浅く植え、土寄せして定植します。このとき、蕾の向きを日当たりの良い通路側に向けて植えると、すべての実が通路側につくので収穫

10.5㎝ポットにまき踏み込み温床で低温育苗した本葉5～6枚の若苗

大玉トマトの定植

植え位置の根本根圏の草の根を切り穴を掘る

ポット苗の上部が1㎝くらい出るくらいに深さを調整、確認（仮植え）

植え穴にニラを2本入れる

株元を人差し指と薬指ではさみ、ポットを逆さにして根鉢を抜く

根鉢を支柱側に押しつけて周囲に土を埋める

両手でしっかり鎮圧する

支柱に8の字結びで誘引する

株元をあけて草マルチをし、米ぬかをひと握りまく（残りの3本の支柱の下にも同様に植える）

2辺の株間にラッカセイをまく

4本支柱の真ん中に完熟堆肥をひと握り埋め、マチクラツキとする

2辺の株間にバジルを植える

草マルチをして終了

がしやすく、肥大も良くなります。2本仕立ての場合は、2本の支柱の真ん中に植えます。

　花が咲いた大苗を購入した場合は、花の下の葉を3～4枚残し、残りは切り取り、苗を横に倒して寝かせた茎を埋めて植えます。こうすると埋まった茎から不定根が発根し、根張りが良くなります。

　風が強い地域では風上にライムギをまいて風よけすると良いでしょう。いずれも定植時も定植後も水やりをせず、根を深く張らせます。定植後しばらくはしおれますが我慢します。

●整枝

わき芽かきは最初の第1花房が開花するまで待って行ない、それまでは根の発根・伸張を促すためにわき芽を伸ばしておきます。花が咲くと同時にわき芽を切ることによって、養水分を花房に集中させることができます。整枝は晴れた日にきれいなハサミで行ないます。

　1本仕立ての大玉トマトは、第1花房のすぐ下のわき芽だけは1葉残して、その下のわき芽はすべて元からハサミで切り落とします。2本仕立ての中玉・ミニトマトは、第1花房のすぐ下の勢いが強いわき芽を残して伸ばし、その下はすべて摘み2本仕立てにします。2本仕立てにすると根の本数も倍になり、樹の勢いと実の勢いのバランスが良くなります。

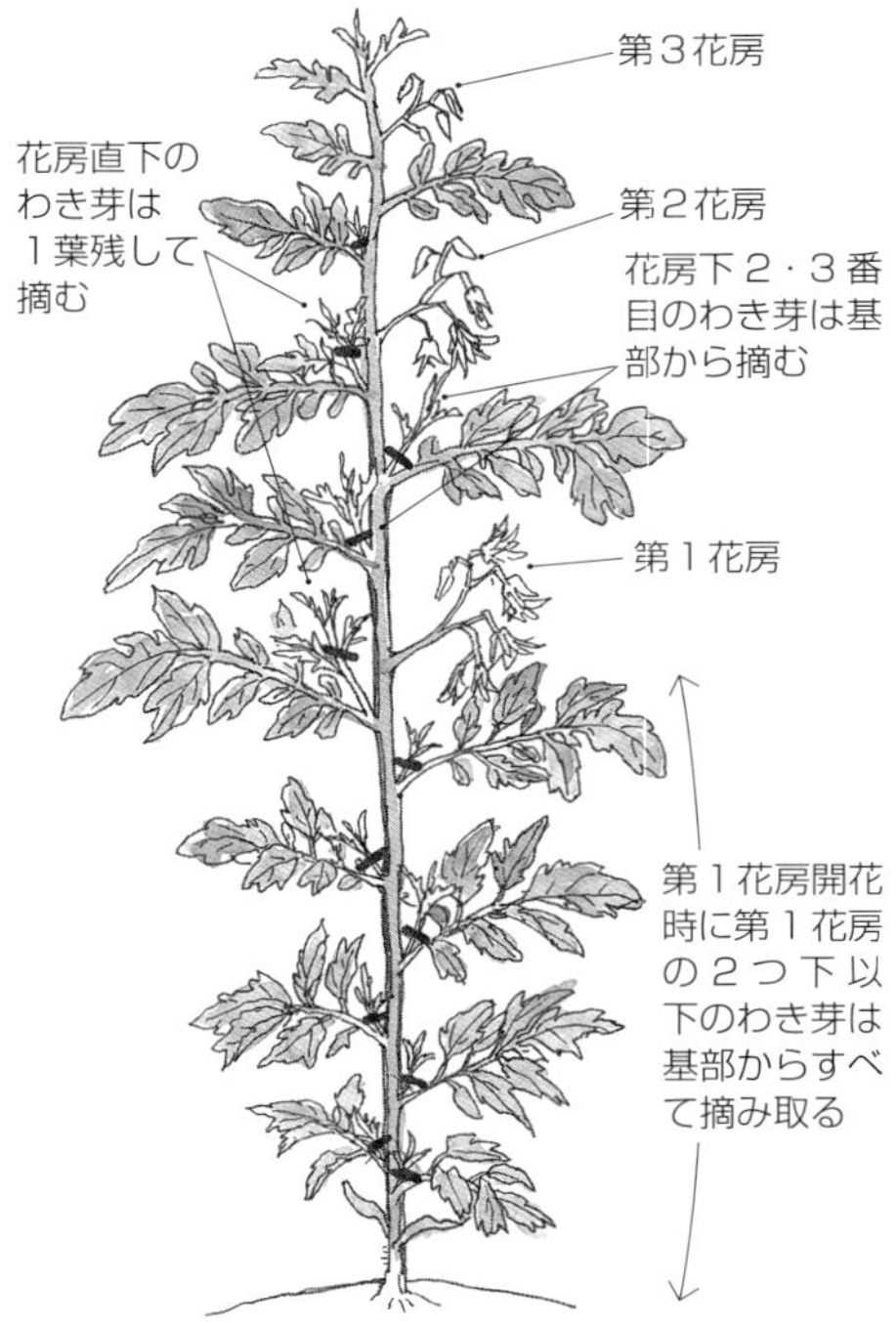
第３花房
花房直下の
わき芽は
１葉残して
摘む
第２花房
花房下２・３番
目のわき芽は基
部から摘む
第１花房
第１花房開花
時に第１花房
の２つ下以
下のわき芽は
基部からすべ
て摘み取る

大玉・中玉トマトの１本仕立て

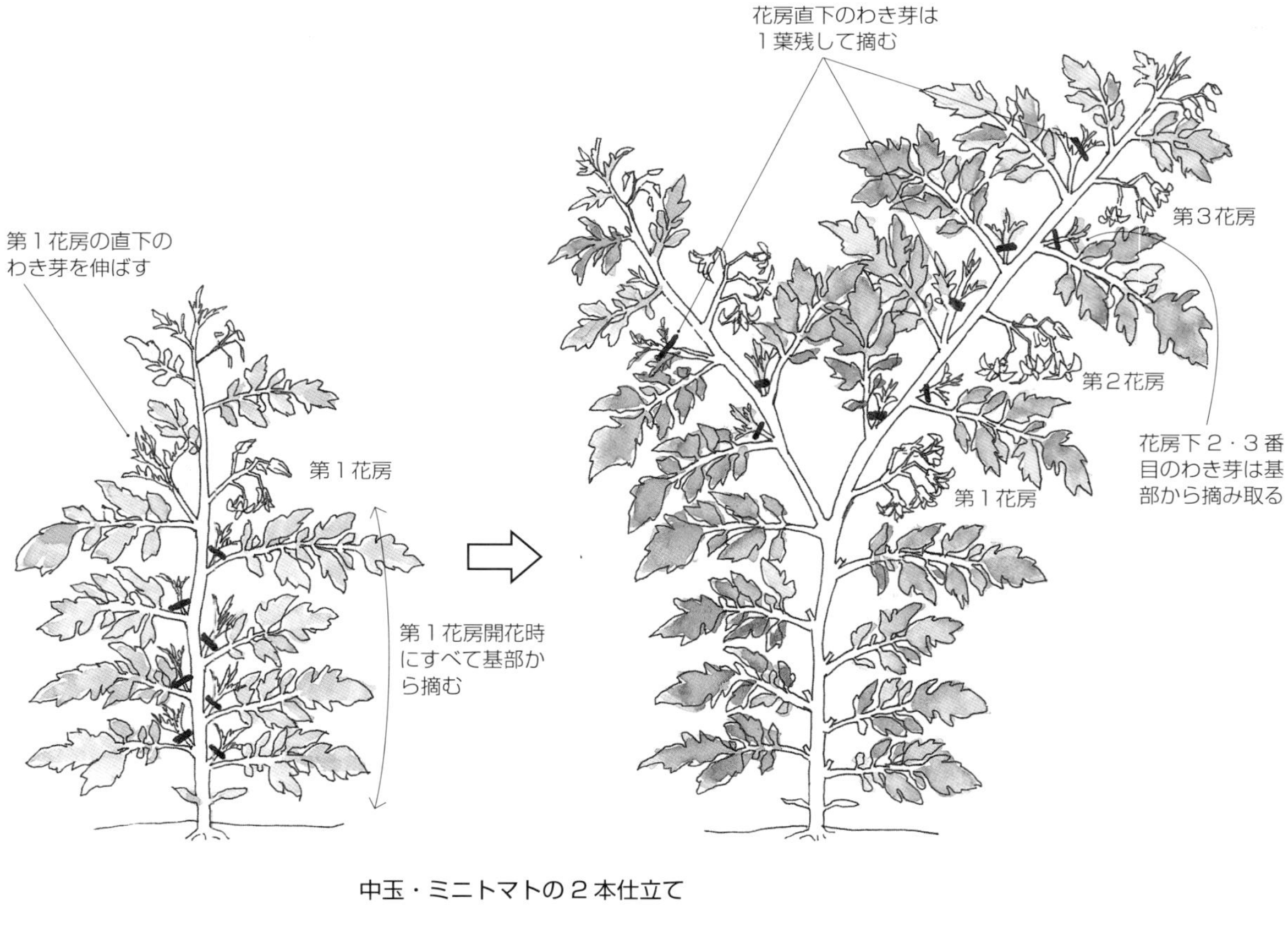
第１花房の直下の
わき芽を伸ばす
第１花房
第１花房開花時
にすべて基部か
ら摘む
花房直下のわき芽は
１葉残して摘む
第３花房
第２花房
花房下２・３番
目のわき芽は基
部から摘み取る
第１花房

中玉・ミニトマトの２本仕立て

トマトは第1花房の上からは葉3枚ごとに花房がつき、花房のすぐ下の葉のわき芽が一番勢いよく伸びてきます。花房の上の2つのわき芽は元から切り、花房下の強いわき芽（3番目のわき芽）は5cm程度になったら、わき芽の葉を1枚残して切ります。2本仕立ても同様に整枝していきます。支柱の最上部まで先端が達したら、先端を2芽残して摘芯し、以降はわき芽を取らずに無整枝にします。

花房直下のわき芽の「1芽残し」整枝

花房のすぐ下のわき芽（矢印）の「1葉残し」
（この花房は先端が葉になっている）

「1葉残し」のわき芽

●草管理

トマトは草マルチがポイントです。乾燥ぎみを好むトマトは、過湿になると根が弱り、病気も発生しやすくなります。定植後は株元を乾かして地温を上げたいので薄く草マルチしますが、梅雨入り前には株元から自立根圏まで草マルチをしっかり厚く重ね、土の水分を一定にし、雨の跳ね返りを防ぎ病気や実割れを防ぎます。

8月に入りトマトの実が赤くなり始めのころから、株下の草があまり伸びてこないようになってきたら、草マルチがうまくいき、トマトの根が優先的に張った証拠です。少々草が伸びてもそのままにしておくと、水はけも良くなり実割れが少なくなります。

草マルチをたっぷり敷いた夏のトマトと
混植したバジル（矢印）

●大玉トマトへの追肥・水やり

大玉トマトへは、第2果花房の開花時（6月上旬）と、第4花房の開花のころ（7月上旬）に、草マルチにひと握りの米ぬかを補ってあげます。また、夏場、樹が弱ってくるとカルシウムの吸収不足で尻腐れが多くなりやすいので、予防として株元にカキガラ石灰をひと握りふってから草マルチしておきます。

8〜9月のうち10日以上雨が降らない日が続くと、熟したトマトは、水をあげると割れてしまうので、赤いトマトを取ってしまってから、葉に水を当てないように草マルチの上から1株につきバケツ1杯水をあげます。9月に入ると若干涼しくなって日夜の温度較差が大きくなるので、育てやすくなり一段とおいしくなってきます。

●健康診断と対策

トマトの樹は、あまり勢いが強いと実をつけません。茎の太さが1

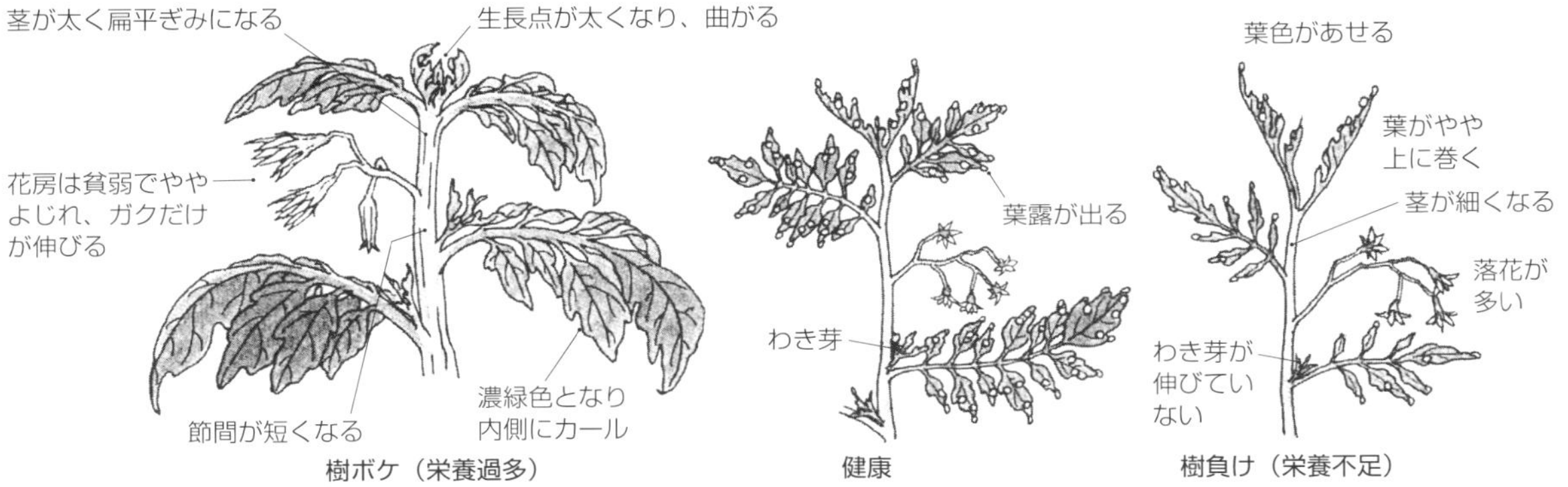

茎が太く扁平ぎみになる
生長点が太くなり、曲がる
花房は貧弱でややよじれ、ガクだけが伸びる
節間が短くなる
濃緑色となり内側にカール
樹ボケ（栄養過多）
葉露が出る
わき芽
健康
葉色があせる
葉がやや上に巻く
茎が細くなる
落花が多い
わき芽が伸びていない
樹負け（栄養不足）

トマトの健康診断

cm以内が標準で、１cm以上太くなった場合は、追肥はひかえ、わき芽をある程度大きくしてから切り取ると良いでしょう。肥料分がありすぎてトマトの樹が暴れているときは、葉色が濃くなり葉の先端がカールします。そのようなときは、カールした葉を半分くらい切ってしまいます。

逆に、葉がバンサイしているように立ち、茎が細くなってしまったときは、寒くて風邪をひいたか、栄養不足です。草マルチ＋米ぬかを補い、ストチュウ水をあげましょう。

実の尻が黒く腐ってしまうのは、尻腐れ病です。カルシウム不足が原因ですが、カルシウムなどがちゃんと吸えるように、草マルチの上からたっぷり水をあげると改善します。

また、トマトの害虫で難敵は果実に穴を開けて食害するオオタバコガの幼虫です。これは葉や実に糞を発見したら、見つけしだい除去します。

●収穫

トマトの実はある程度熟してくると、収穫してから常温でおいておけば赤くなります。しかし、せっかくの自家製トマトであれば、樹で完熟させてから収穫しましょう。逆関節を決めるように折り曲げると手でも簡単に収穫できます。尻に星マークが出たら完熟の印です。

食べる2時間前まで常温に置いておき、食べる直前に冷やすととてもおいしく食べられます。

●保存法

完熟したものを、火で煮てから消毒したビンに詰め脱気すれば長期間ビン詰保存ができます。もしくは、ペーストやトマトそのものを冷凍庫で凍らせておけば、使いたいときに解凍し使うことができ便利です。

ミニトマトを半分に切ったものを鉄板に広げ、塩をふり、２～５日で真夏の暑い車内に置いておくか、オーブンの低温で焼くとセミドライトマトができます。できたトマトは、オリーブオイルなどに入れて半年保存できます。

●自家採種

トマトの自家採種は、意外と簡単です。完熟した実をさらに常温で３～５日置いて追熟させ、実をさらに軟らかくします。

実を包丁で切り、中の種を包んだゼリーをかき出します。残った実の果肉はトマトソースにします。

ゼリーと種子を２～３日間くらい常温に置いておくと、発酵してカエルの卵のようなゼリーと種子が分離するので、種子を目の細かい茶こしや網袋などに入れ手水を流しながら洗います。初日のみ天日で乾燥させ、種子をもみほぐした後、ネットやだしパックに入れて洗濯バサミで風通しの良い日陰で2週間以上乾燥させます。よく乾燥した種子を乾燥剤を入れた容器に入れて保存しておくと、３～４年ほど使うことができます。

トマトの自家採種

1

トマトを横に輪切り、スプーンで種をゼリーごとかき出す

2

かき出したものをビニール袋に入れ３日間発酵させる

3

発酵したら網袋に入れて水を流しながら、もむようにして洗う

4

布で水分をとり、日陰で２週間以上乾燥させる

ナス科

ナス

栽培難易度★★

●原産地と栽培適地

ナスの原産地は熱帯モンスーン気候インドと推定されています。蒸し暑い日本の気候に合っているため、奈良時代に中国から伝来し、全国各地に在来品種が数多くあります。

インドのなかでも河川の氾濫した肥沃な土地で育ってきたので、元田んぼの畑など湿潤でもよく育ち、肥沃な土ステージ3の畑が向いています。土ステージ1～2の場合は、完熟堆肥のクラッキが必要です。

ナスの根はトマトと同じく主根深根型です。根元から数多くの太い側根がまず横に伸び、その後、地中深くにまっすぐ下に何本も伸びていきます（76頁の図参照）。側根が主根のような役割もしているので根性が強いです。

原産地	インド東部
土ステージと適地	土ステージ3。pH6.5 前後の微酸性、温暖で、風通しが良く、日当たりが良く、水持ちの良い肥沃な土壌を好む
根の形態―株間（自立根圏）	主根深根型―100㎝
生育適温と適期	原産地が熱帯モンスーン気候なので、高温性（生育適温 28 ～ 30℃）で、高温多湿を好む。霜に弱い
おすすめ品種	早生真黒ナス、在来青ナス、小布施丸ナス、千両2号、ローサビアンカ、各地在来種
コンパニオンプランツ	ニラ、ネギ、エダマメ、ラッカセイ、パセリ、バジル
競合作物	ナス科全般、ゴボウ、オクラ
種子	自家受精　寿命３～４年

ナス栽培暦

月	3	4	5	6	7	8	9	10
移　植	●	―	▲	―	（収穫）	○（収穫）	（収穫）	☆（収穫）

●：種まき　▲：定植　□：収穫　○：採種株・採種果実の選定　☆：採種

●栽培適期

ナスの生育適温は、28～30℃と高温です。そこで、藤の花が咲き完全に霜が降りなくなり、十分地温が温まってから植えると植え傷みが少なくなります。平均気温が16℃以上になってから植えます。

●コンパニオンプランツとの混植プラン

ナスの根は、地中深く張るので、根が深く入る野菜が前後作や隣接していると根が競合して生育が悪くなります。直根性のゴボウやオクラとは相性が悪いです。また日陰を嫌うので、日陰を作るトウモロコシもさけます。

チッソを固定し土を豊かにしてくれるエダマメやラッカセイなどのマメ科と相性が良く、土ステージが1～2の低いやせた畑では、積極的に取り入れたいものです。またユリ科とも相性が良く、ニラを同じ植え穴にいっしょに植えると連作障害が予防できます。ネギやタマネギの後作や間作もおすすめです。ナスの跡地では、ホウレンソウなどが良く育ちます。ナスは、根元の乾燥を嫌うので、株間にパセリやバジルなど混植すると良いでしょう。

●栽培のポイント

①株間を広くし、クラッキ、マチクラッキを

肥沃なレベル3以上の土を好み、栽培が長期間となるので、肥料不足にならないよう前もってクラッキ、マチクラッキをしておきます。

また、ナスは生育初期に広く根が

コンパニオンプランツとの混植例

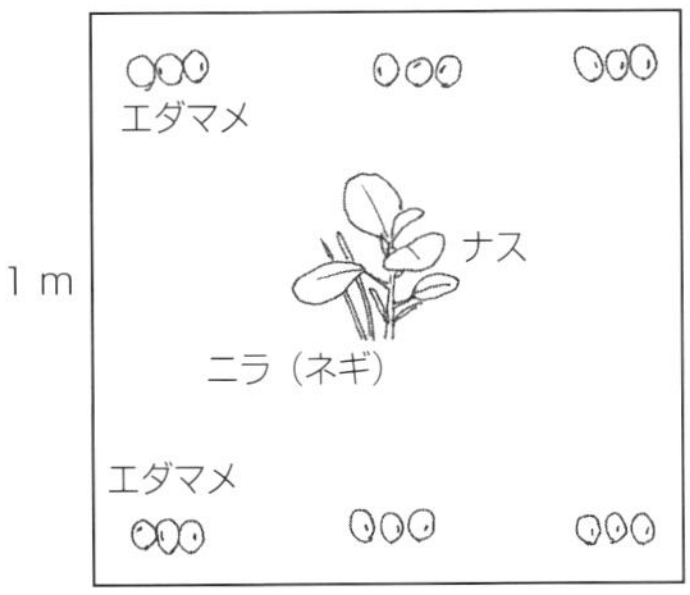

定植時にエダマメをまく

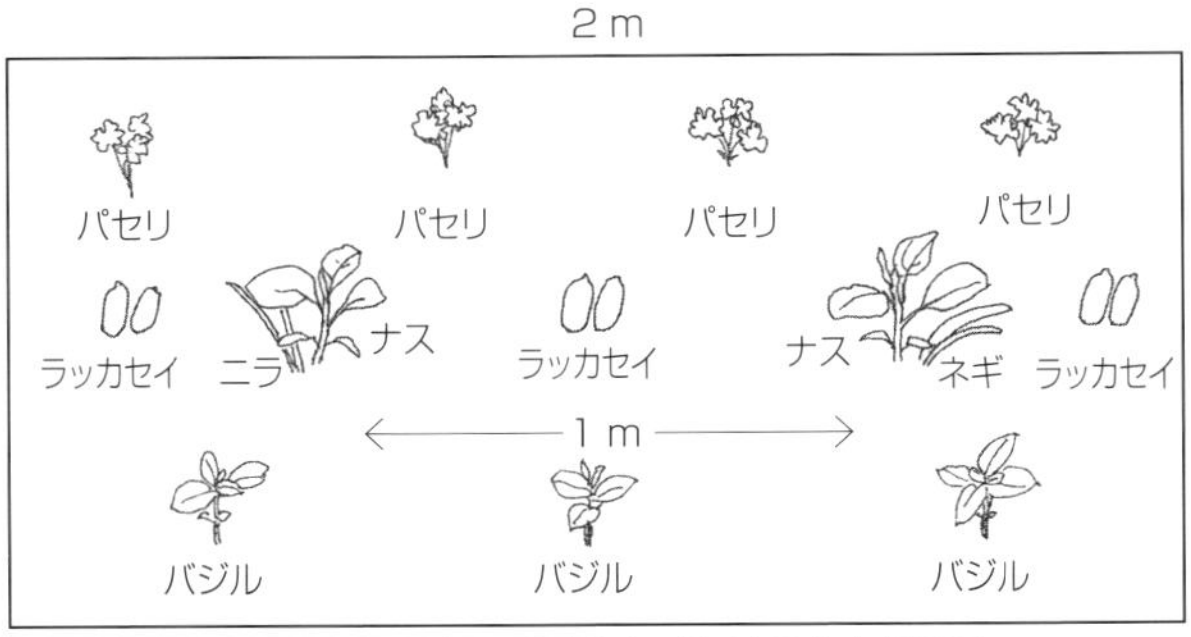

定植時にラッカセイをまき、バジルとパセリの苗を植える

張って広い自立根圏を確保するので、株間は1m以上と広くとります。

②生育初期は株元をあけて草マルチ

高温性なので早植えはさけ、初期は地温を上げるために、株元をあけて草マルチをします。

③1番花のすぐ下のわき芽から無整枝で

わき芽かきは1番花が咲くまで待って、1番花のすぐ下のわき芽より下のわき芽はすべて元から切り取ります。1番花から上は無整枝で、そのまま伸ばして根張りを良くします。

④若どりしてまず樹を育てる

ナスは2葉おきに花がつき、次つぎと成ります。「親の意見とナスビの花は無駄がない」といわれますが、成り疲れると実がつかず落下する無駄花が多くなります。実は若どりして樹に負担をかけないことが肝心です。初期の実は大きくせず、特に最初の実は親指大で収穫し、根や樹の生長を優先させます。奇形の実や取り残しの大きな実は、見つけしだい摘果して除きます。

⑤梅雨明け後から全面に草マルチ、草マルチボカシ

ナスは梅雨明け前後から根が真下に深く伸び、夏から秋に備えます。梅雨明け後からは株元全体に草マルチを厚く敷き、乾燥を防ぎます。そして、8～9月は、草マルチの上に米ぬかを1週間1度のペースでまき10月まで働くたくましい根を育成し、秋ナスに備えます。

⑥晴天が続く夏にはかん水、ストチュウ水

ナスはモンスーン気候出身なので、水が切れると弱り、病虫害が出やすくなります。

夏、雨が降らないときは1週間に1回は、夕方に夕立のように全身にストチュウ水をかけてあげると回復します。30℃を超える猛暑の日には、草マルチを重ね、1株に5～10ℓバケツ1杯の水をたっぷり根元にかけてください。

⑦8月中旬は樹を養生

8月中旬の一番暑い時期は、1週間、花や実をすべてかき取り、樹の勢いを回復させてやったほうが良い秋ナスが期待できます。また、枝が混んでくると日当たりが悪くなったり、枝の勢いが低下して花が小さくなり実が硬くなりやすいので、混み合った枝や株の内側向きの細い枝を剪定してやります。

暖地の場合は、このころに古い枝を1～2芽残してすべてバッサリ切り詰めて、新しい枝に更新してやると、良い秋ナスが収穫できます。寒冷地では秋が早いので、深い切り込みはさけます。

●畑の準備

ナスは土ステージ3なので、2以下の場合は、定植の1ヵ月前にウネの中央に株間1mとって完熟堆肥をクラッキで施しておきます。また、伸びてきた根が吸えるよう株間にもマチクラッキをしておくと生育が良くなります。

ナスは葉が丸いため風にあおられやすく、ナスビが傷つきやすいので、支柱をしっかり、前もって立てておきます。風の通り道の場合、畑の風上に風よけにトウモロコシや雑穀を植えておくと、きれいな実が収穫できます。

●育苗

ナスは高温性で最適発芽温度23～35℃、生育適温28～30℃と高いので、ポケット発芽で芽出ししたあと、踏み込み温床などで最低温度を15℃以下にならないように管理します。

トマトに比べ生育もゆっくりで、定植する本葉5～6枚の苗になるまで60～75日かかります。本葉10数枚で大きな蕾をもった苗が一般的ですが、自然菜園では10.5cmポットで本葉5～6枚の若苗を定植します。

本葉5枚のナスの若苗

●定植

霜にとても弱いので、晩霜の心配がなくなるまで待って定植します。ポット苗を前日から底面吸水（水を浅く入れた容器にポットを入れ、底穴から吸水させる）させておきます。ナスは乾燥を嫌うので、根鉢の上面を床面に合わせて植えます。風に弱いので幹を支柱に誘引し、行燈支柱を立てておきます。

定植時には水をやらないで、新根の発根を促します。株下に日光があたるように、ある程度あけておき、そのまわりに草マルチを重ねて広げていきます。

●整枝

1番果の開花時に、1番花のすぐ下のわき芽は残して伸ばし、その下のわき芽はすべてかきます。1番果より上の葉から伸びるわき芽は整

枝せず放任します。ただし、枝が混み合うようになったら、混み合った部分の枝を切り詰めたり間引いて、日当たり、風通しを良くします。

１番果の直下と上部のわき芽は伸ばす
１番果は親指大で収穫
下のわき芽は１番果収穫時にすべて摘み取る

ナスの整枝

●誘引

枝は直立ぎみのほうが勢いが強く、垂れるほど弱くなります。主な枝を垂れないよう支柱を立てて垂らさないことが大切です。

株数が数株の場合は、株の中央に1.5mくらいの支柱を1株に1本立て、3～4本の主な枝の先端部にヒモを結び、支柱に引き上げ傘のように誘引します。株数が多い場合は、下図左のように株ごとに1.5mくらいの支柱を3本立て、交差部を結束します。そして左右の支柱に40～50cm間隔で横ヒモを張ります。こうすると伸びてきた枝がこの斜め支柱や横ヒモに引っ掛かって垂れ下がらず、誘引する手間が省けます。

●草管理

根は、定植から初夏までは地温が高い表面近くに広く張り、夏になって暑くなってくると水を求めて深くにゆっくり張ります。そのためナスは、根を張るスピードが草よりもかなり遅くなり、初期に草負けしやすいです。根元の地温を上げるためにも生育初期は株元をあけて日に当て、その外周の草はよく刈って草マルチすることが大切です。また、霜が降りるまで収穫するためには、草マルチを厚くして夏場の乾燥から身を守ってあげることが大切です。また、品種改良が進んだ現代のナスは、肥料分を多く欲しがるので、草マルチの上から米ぬかを補ってあげます。

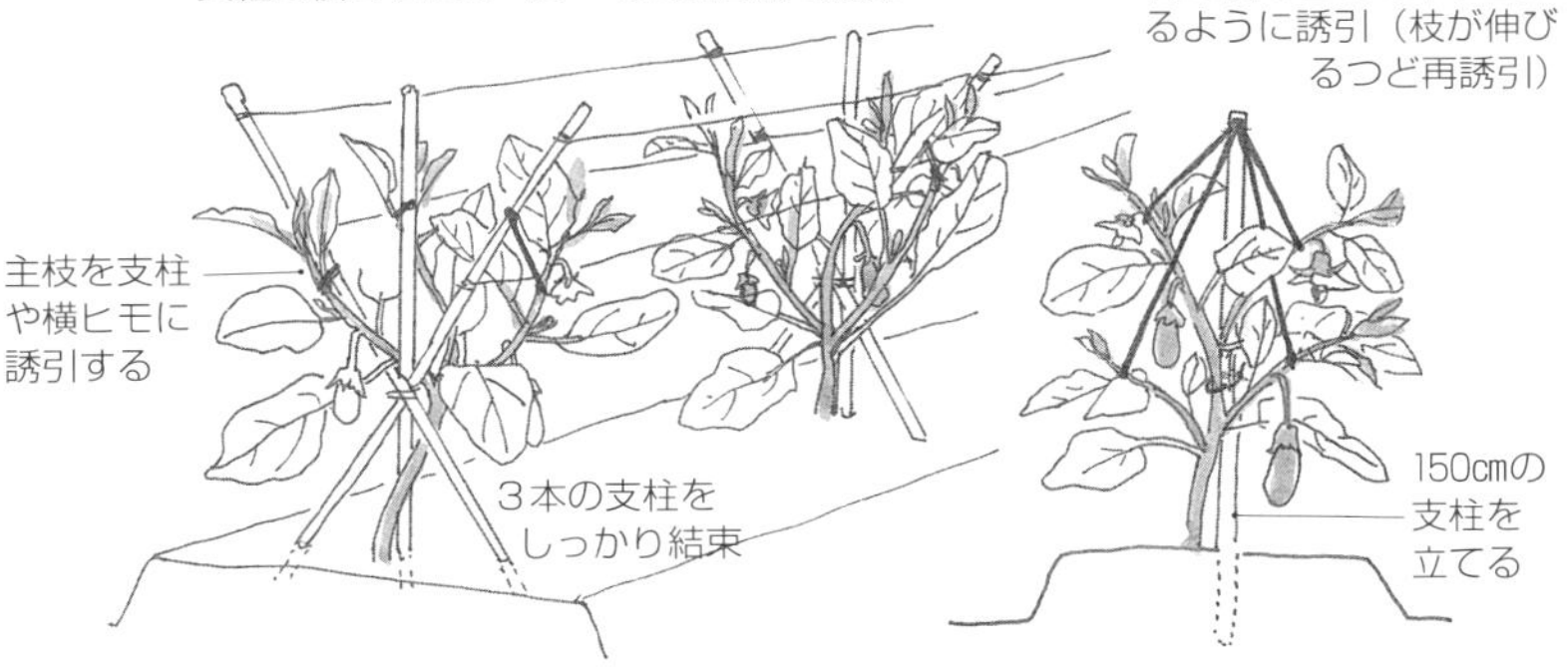
支柱に横ヒモにを40～50cm間隔で張る
各主枝をヒモで吊り上げるように誘引（枝が伸びるつど再誘引）

支柱立てと誘引

夏前に麦ワラや刈り草を厚くマルチして乾燥防止

ナスの定植の手順

ウネ中央に株間１mとって支柱を立て、株間に完熟堆肥ひと握りをマチクラツキにする

根鉢の深さの穴を掘りニラを入れてからナス苗を支柱側に押しつけて植える

ウネのサイドにイタリアンパセリを植える

ウネのサイドにエダマメをまく

株元をあけて草マルチをする

●健康診断と対策

ナスの健康のバロメーターは、花です。ナスは自家受精植物で、自分の花粉が自分の柱頭につくことによって実がつきます。草勢が強いときは花が下を向き、柱頭の先端が葯よりも長く突き出て、花粉がこぼれ葯につきます。しかし、養水分不足や成り疲れしてくると、草勢が弱まり、葯より柱頭が短く引っ込んでしまうので、花粉が落ちても柱頭につきにくくなり受精せず、落下してしまいます。草勢が弱くなると先端部の茎は細く葉は垂れ下がり、果実は小さいまま硬くなってしまいます。

このように草勢が弱ったときは、まず、着いているすべての実を収穫した後、夕方に草マルチをしっかり重ねてからストチュウ水をたっぷり葉っぱや根元にかけてあげます。水分があれば、養分が吸収できるようになり回復します。また、若どりをして樹の負担を軽くしてあげます。

●収穫

ナスの収穫は、朝露のある早朝に限ります。みずみずしい朝どりのナスは、とてもジューシーで、浅漬けや焼きナスにすると最高です。ナスの健康状態の観察も朝が最適です。

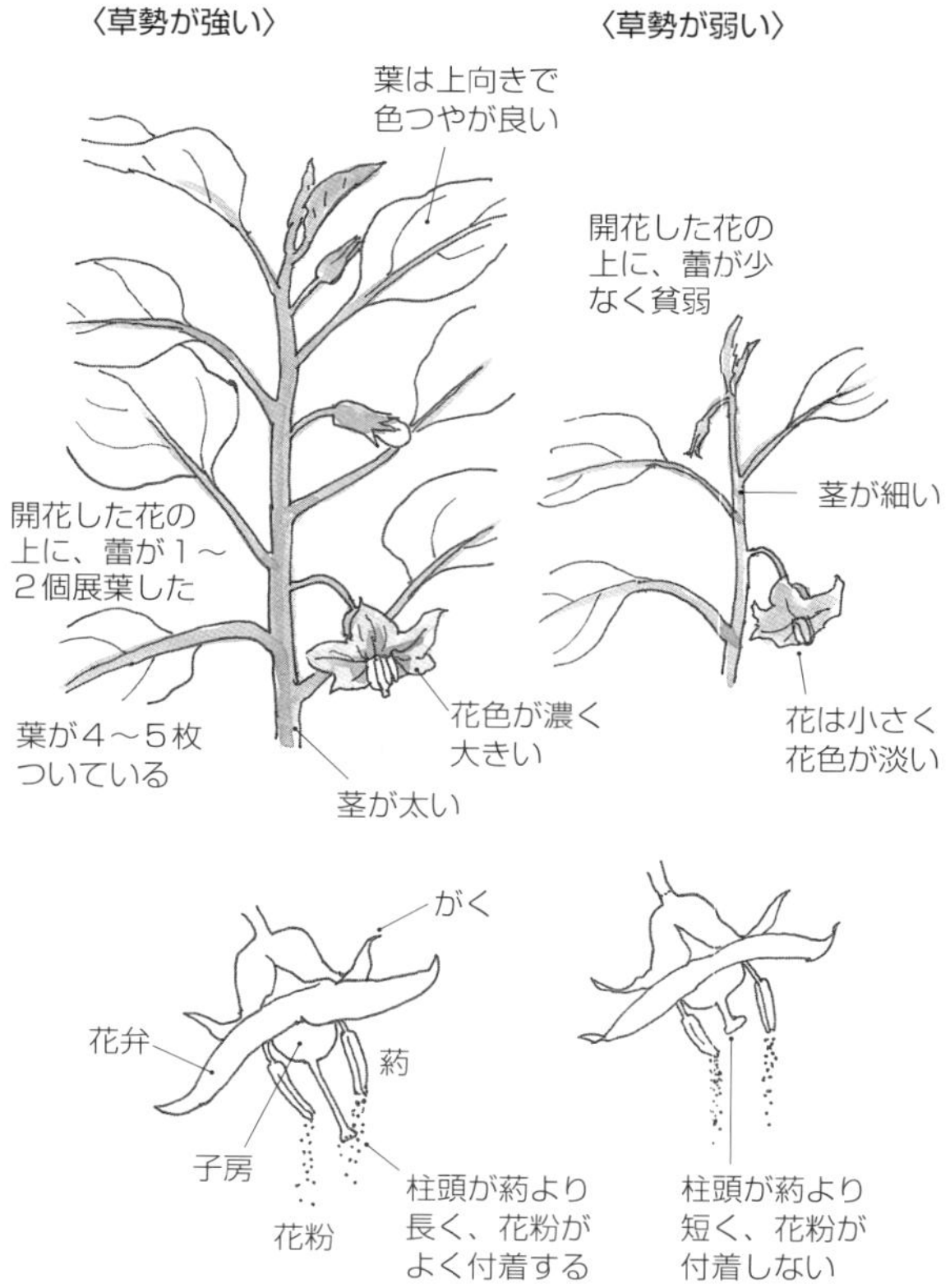
〈草勢が強い〉
〈草勢が弱い〉
葉は上向きで色つやが良い
開花した花の上に、蕾が少なく貧弱
茎が細い
開花した花の上に、蕾が1～2個展葉した
花色が濃く大きい
花は小さく花色が淡い
葉が4～5枚ついている
茎が太い
がく
花弁
葯
子房
花粉
柱頭が葯より長く、花粉がよく付着する
柱頭が葯より短く、花粉が付着しない

ナスの生育診断

採種の手順

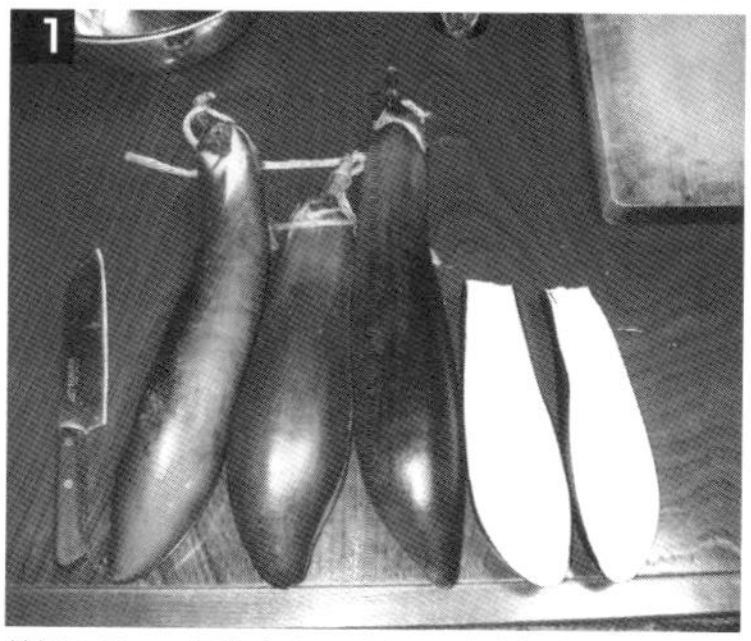
1
樹に2ヵ月以上つけて完熟させて採り、さらに室内で1週間追熟させてから2つに縦に切る

2
種子のついているところを指でほぐすように採り、ボールに入れる

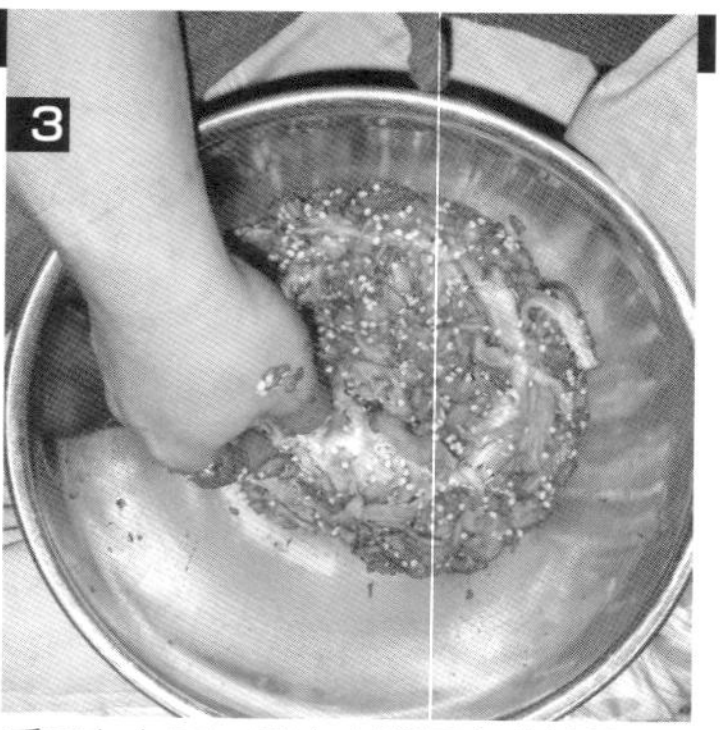
3
手でもんで、果肉と種子を分ける

4
ボールに水を入れ、さらにもんで果肉を浮かせる

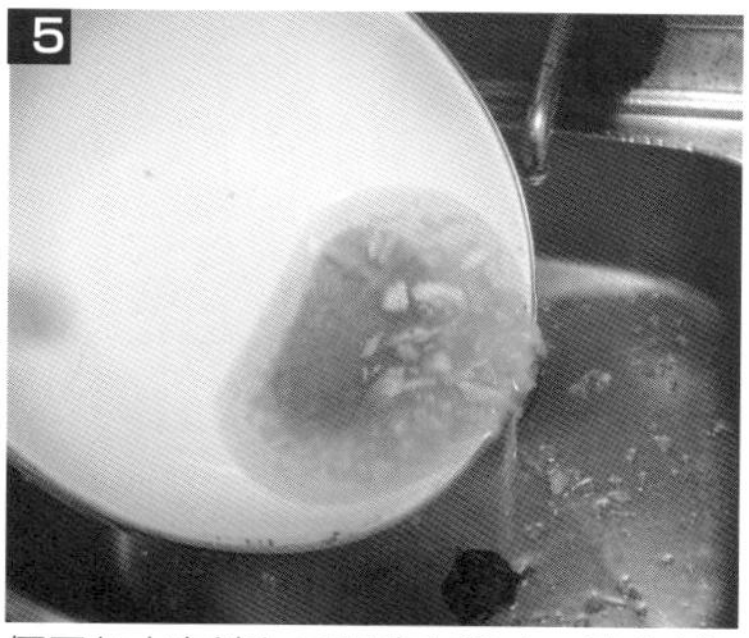
5
何回か水を流して果肉を除き、沈んだ種子を採る

6
ネットに入れてよく乾燥させて保存する

ナスを大きくせず、毎日、頻繁に収穫することが、樹の勢いを保つコツです。

ナスは収穫したらすぐに食べないと、水分が抜けてしまいおいしくなくなります。短期間保存する場合は、ビニール袋などに入れ、乾燥しないように常温で保存します。5℃以下にすると風邪をひいてしまうので、冷蔵庫には入れません。長期間保存するには、乾燥ナスか、焼きナスにしてから皮を除き、中身をペーストにして冷凍庫で保存します。

●自家採種

ナスの自家採種はとても簡単ですが、熟すのに時間がかかります。花が咲いてから2ヵ月以上成らせておき、ボケナス以上になり、果皮が黄色に変わってくるまで樹につけておかないと種子に命が宿りません。

そのため、8月上旬に実をつけ始めておく必要があります。実に養分を集中させたいので、ほかの実は小さいうちに収穫しておくと良いでしょう。

霜が来る直前に収穫し、さらに1週間ほど暖かい部屋で追熟させると実が軟らかくなります。実が軟らかくなってから、種をかき出し、よく洗い沈んだものをよく乾燥させ、保存します。

ナス科

ピーマン類
(ピーマン・シシトウ・トウガラシ・パプリカ)

栽培難易度★

●原産地と栽培適地

ピーマン、トウガラシ、シシトウは、熱帯中央アメリカ原産の、もともと同じ植物から育成されてきた野菜です。辛いものをトウガラシ、辛くないもののシシトウ（小）、ピーマン（中）、パプリカ（大）と呼んでいます。ピーマンとシシトウはまだ緑の幼果を収穫しますが、トウガラシとパプリカは完熟し赤や黄色になってから収穫します。ピーマンもシシトウも完熟すると、黄色か赤色になります。完熟すると甘みが増します。

ナス科ですので、連作をさけます。いずれも高温性で、降水量の多いところで育ったピーマン類は、肥沃で湿潤を好むナスと乾燥ぎみを好むトマトの中間的な場所が適しています。

しかし、根が主根浅根型で深く張らず、しかも、各葉ごとに花が咲き実をつけるので、乾燥・多湿、肥料過多・肥料不足などをさけて、ウネの環境があまり変化しないように草マルチをたっぷりします。

●栽培適期

ナス同様25～30℃が最適生育温度なので、早植えはさけ、藤の花が咲いてから植えます。

原産地	中央アメリカ・南アメリカの熱帯
土ステージと適地	土ステージ2～3。pH6.5前後の微酸性。ナス科の中で最も通気性の良い土壌を好む。加湿に弱い
根の形態―株間（自立根圏）	主根浅根型―50㎝
生育適温と適期	熱帯原産（生育適温25～30℃）で大きくなると寒さに強い。霜に弱い
おすすめ品種	バナナピーマン、紫トウガラシ、伏見甘長とう、伊勢ピーマン、タカノツメ、万願寺甘トウ
コンパニオンプランツ	ツルナシインゲン、ニラ、ネギ、エダマメ、パセリ、バジル
種子	自家受精　寿命3～4年

●コンパニオンプランツとの混植プラン

ナスやトマトに準じます。つるなしインゲンとも相性が良いので、株間に種をまいておきます。またトウガラシはハクサイと相性が良いので、トウガラシの株下に秋にハクサイの苗を植えます。

●畑の準備

土ステージが2以上であれば、クラッキは必要ありません。ステージ1以下の場合は、クラッキをしておくと良いでしょう。

ピーマン類栽培暦

月	3	4	5	6	7	8	9	10
移植	●	―	▲		収穫	○		☆

●：種まき　▲：定植　□：収穫　○：採種株・採種果実の選定　☆：採種

コンパニオンプランツとの混植例

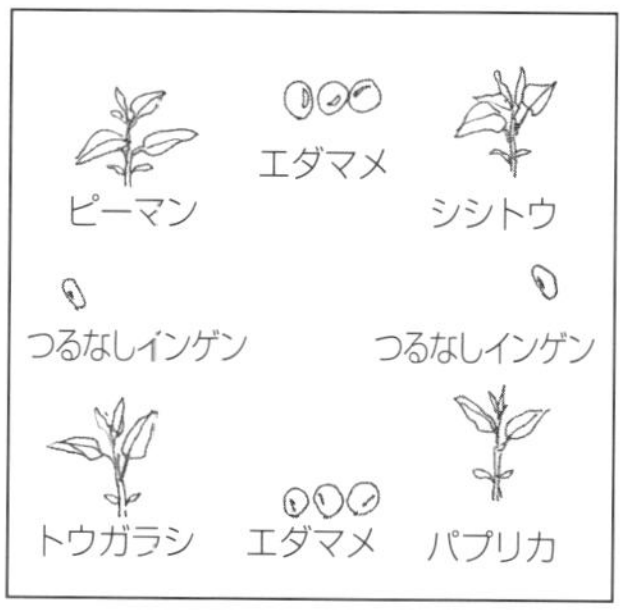

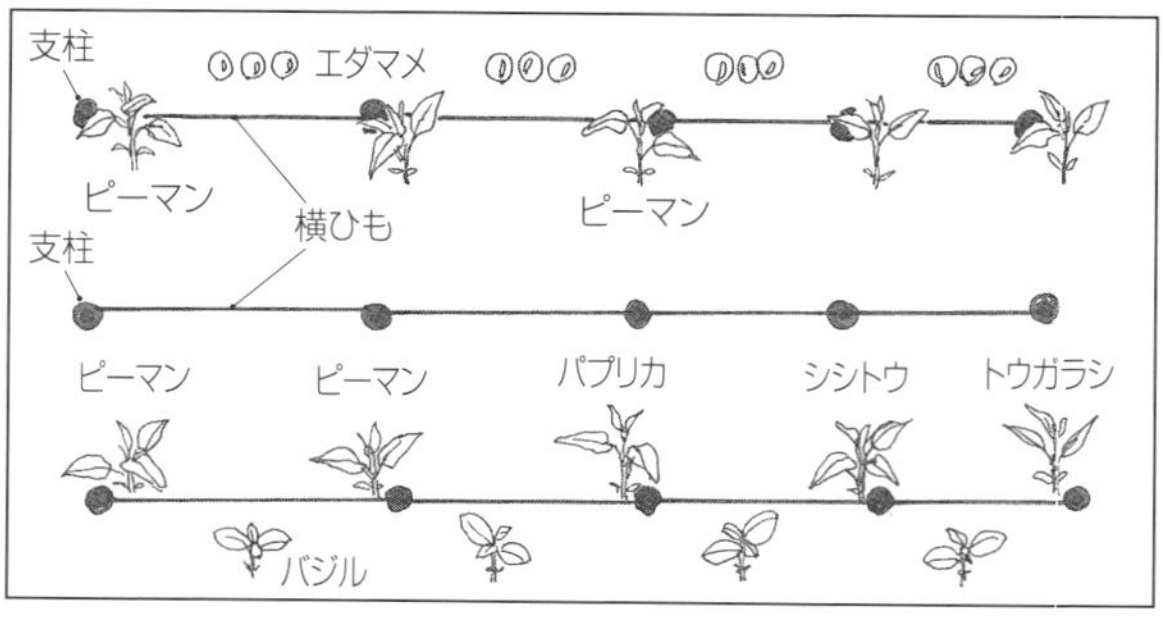

ピーマンの定植の手順

ウネの中央に50㎝間隔に支柱を立て、株間にマチクラツキを施す

ピーマンの若苗をニラといっしょに植える

ウネのサイドにエダマメ（矢印）をまき、草マルチをする

●定植

高温性で霜に弱く、低温障害にあいやすいので、ナスと同様に十分地温が上がってから植えます。ウネに株間50㎝とって2条に植えます。

辛いトウガラシは、乾燥ぎみにしたほうが辛さが増すのでトマト同様、浅く植えて土を寄せます。甘いピーマン類は、ナスと同じく床面と同じ高さにして植えます。

●整枝

トマトは葉3枚ごと、ナスは2枚ごとに花（果房）がつきますが、ピーマン類は葉ごとに花がつき、その節から2本ないし3本の枝が伸びてきます。そのため、枝数もネズミ算式に増えていきます。

そこで、ピーマン、シシトウは最初の1番花の直下のわき芽を残し、その下のわき芽はすべてかき取ります。その後に伸びるわき芽は伸ばしておき、枝が4～5本になったら、実を収穫する際にその実の節から伸

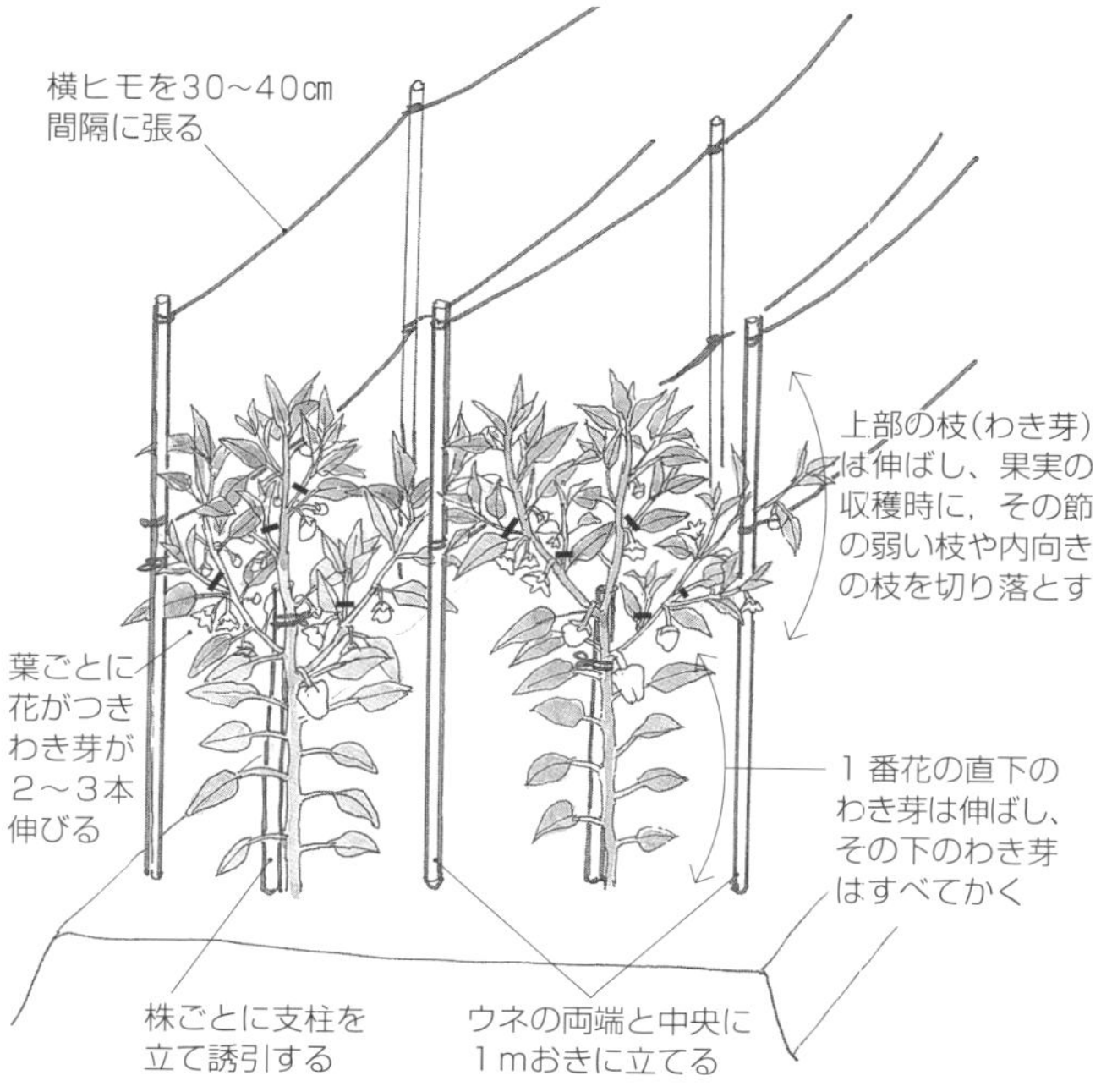

支柱立てと整枝

びた枝のうち細いほうを切って落とします。そうしないとすぐに混み合って日当たりが悪くなり、草勢が弱ってきます。株の内側（中心部）に向いた枝を切り、株内の日当たりを良くすることがコツです。

●支柱立て・誘引

ピーマン類は枝が垂れて節から折れやすいので、主幹を支柱にしっかり誘引し、両脇に横ヒモを張って伸びた枝をひっかけて垂れないように支えます。枝がさらに伸びてきたら、混み合った枝を間引き、もう一段上に張ってやります。

●草管理と水やり

ナスやトマトよりも根張りが悪く、乾燥に弱いので、ナスと同様に草マルチをたっぷり敷き、晴天が続き乾燥したときは水やりが必要です。特にパプリカは、1週間雨が降らなければ、夕方たっぷり水をあげましょう。ただし、トウガラシをより辛くするポイントは、完熟期に乾燥させることなので、トウガラシを辛くしたい場合は、草マルチを8月以降厚くする必要はありません。

厚く草・ワラマルチした７月のピーマン

●健康診断と対策

健康診断はナス同様です。ピーマン類は病虫害には強いですが、タバコガだけにはお手上げです。早期に発見し除去しましょう。

●収穫

1番果は親指大で収穫し、その後も樹を大きくするまでは若どりに徹します。生育初期にあまりにも着果数が多いときは摘果して、根や茎葉に養分がいくようにしないと大きくなりません。

青い実は、そのままにしておくと完熟して着色しとても甘くおいしくなりますが、樹の負担が大きくなるので、完熟ピーマンの収穫は9月以降に楽しみます。パプリカとトウガラシは完熟させてから収穫します。

トマト同様、手でも簡単に取れますが、枝が折れやすいので、ハサミが無難です。トウガラシは、赤くなったものから収穫するか、霜が降りる前に、枝ごと切って収穫します。葉トウガラシは、葉が硬くなる前に軟らかい葉っぱを収穫します。

●保存法

トウガラシは、枝のまま雨の当たらないところに干しておけば、1年間保存が利きます。甘いピーマン類は、密閉せずに袋に入れて常温に置いておけば1週間くらいは持ちます。長期間保存するときは、ピクルスなどに加工しましょう。

トウガラシは、お酢やオイルや醤油に入れておくとオリジナル調味液になり料理に活用できます。また、焼酎などにニンニクといっしょに漬けておき、ストチュウ水として使うと虫よけになります。

●自家採種

ピーマン類は、赤色か、黄色に完熟させます。熟した実を採り、さらに温かい部屋で1週間追熟します。種子をかき出して水で洗い沈んだ種子を選び、カビが生えやすいのでタオルなどで水を吸い取り、できるだけ早く乾かして保存します。慣れないうちはそのままかき出したものを乾燥剤を入れて冷暗所に保存します。トウガラシなど辛いピーマン類の採種は要注意です。辛み成分のカ

ピーマンの採種の手順

1週間追熟し、しなびたピーマンから種子を採る

水でよく洗い沈んだ種子を選ぶ

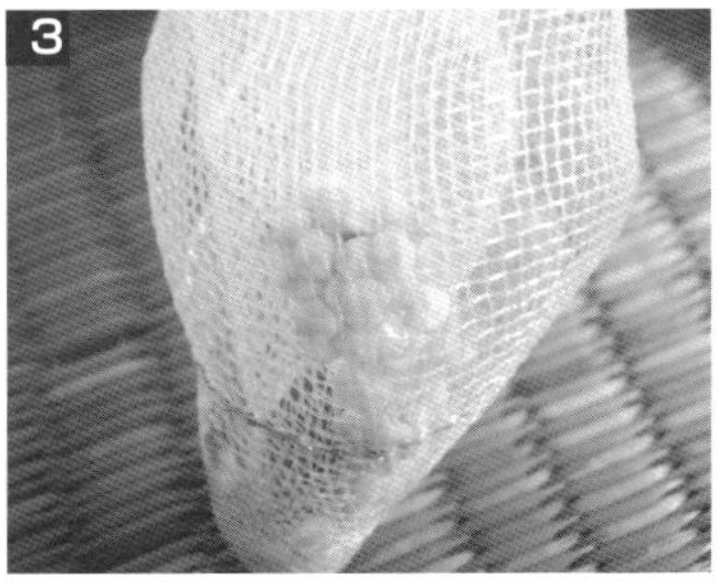

ネット袋に入れてよく乾かす

プサイシンは、種子に多く含まれているので、素手で採り、その手で目をこすったりすると大変なことになります。ゴム手袋やピンセットなどを使い直接種子に触れないようにします。

ナス科

ジャガイモ

栽培難易度★

●原産地と栽培適地

原産地はアンデス山脈高地で土ステージは1～2、やせた酸性の畑でも育てやすく、植え付けから3ヵ月ほどで収穫できます。初春に植え付けて有機肥料が本格的に効く前に収穫してしまうので、前作から土作りをし、無肥料栽培を基本にします。

肥料が多いと茎葉ばかりが繁茂しイモの肥大が悪くなります。開花以降は地上部の生育がとまるくらいがちょうどよいです。pHが高くなると、そうか病が発生しやすくなるので、石灰類は無用です。堆肥は、土ステージ1の畑や前年育たなかった場合のみ、1㎡当たり完熟堆肥300gとくん炭100gをひと握りずつ、マチクラツキとして種イモの間に埋めておきます。

ジャガイモは種ではなく、小イモを種イモにして育てます。右図のように種イモからは、根と茎が伸び、茎からはストロンと呼ぶ地下茎が伸び、その先が肥大して新イモになります。

原産地	南米アンデス山脈高地
土ステージと適地	ニステージ1～2。pH5.0～6.0の酸性で、やせて乾燥した土壌も好む。土壌酸性度への適応も広い
根の形態—株間（自立根圏）	ひげ根浅根型—30㎝
生育適温と適期	高山が原産地で雨が少なく冷涼な気候（生育適温15～24℃）を好み、高温になると枯れる。春と秋の2毛作が可能。霜に弱い
おすすめ品種	アンデスレッド、キタアカリ、ハナシベツ
コンパニオンプランツ	九条葉ネギ（ユリ科）、根深ネギ、極早生エダマメ（マメ科）
競合作物	ナス科どうしは相性が悪い。特にトマトの後地や隣に植えると病虫害を共有する
種イモ	寿命冷暗所で半年～1年

ジャガイモ栽培暦

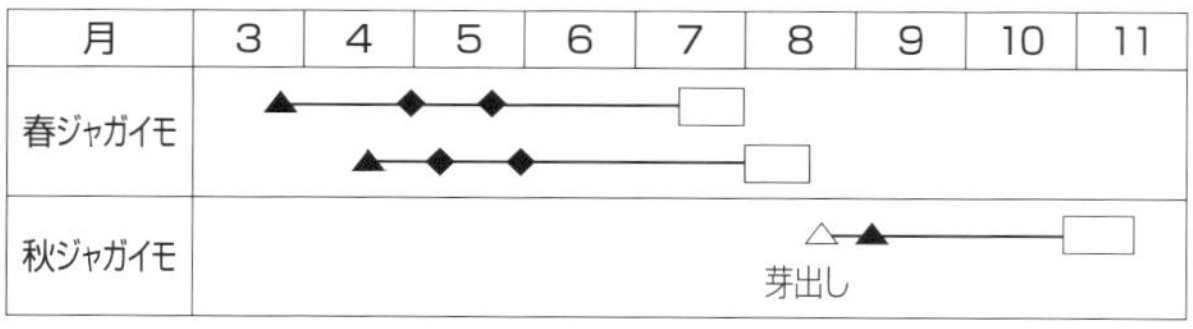

▲：植え付け　△：仮植え・芽出し　◆：土寄せ　□：収穫

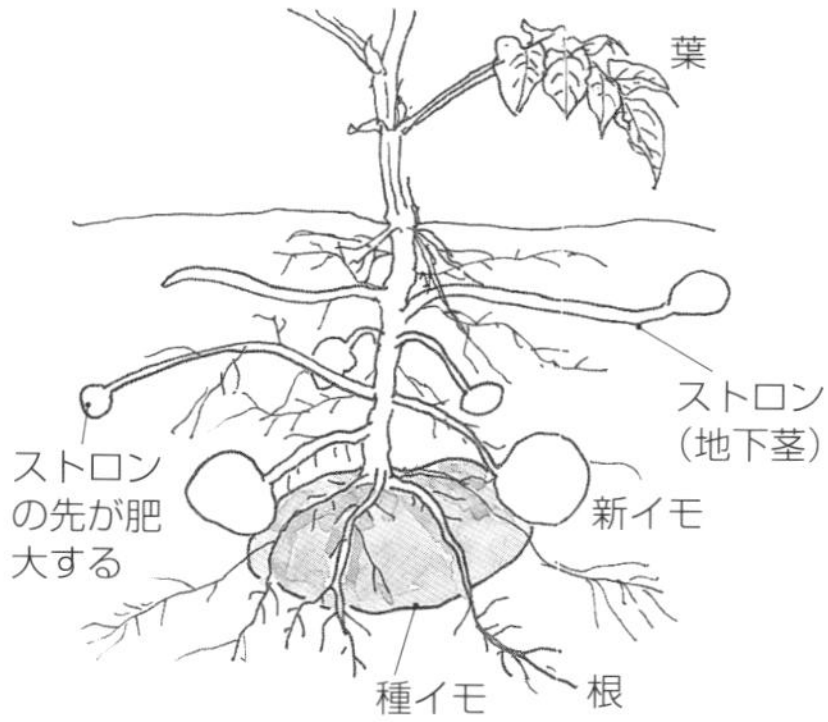

ジャガイモの地下部

●栽培適期

冷涼な気候を好み夏の高温期には枯れてしまうので、春ジャガイモは、春の彼岸過ぎの菜の花が咲くころに種イモを植え付けます。

暑さには弱いので、生育・肥大期間を確保するには、植え遅れないように注意します。しかし、あまり早植えすると出た芽が霜害にあいます。

また、秋ジャガイモは夏の猛暑をさけて、苗箱に仮植えして涼しいところで芽出しをし、8月下旬～9月上旬に植えます。

●コンパニオンプランツとの混植プラン

ネギ類やマメ類と相性が良いですが、茎葉が全面に繁茂するので、混植ができるものは極早生のエダマメくらいです。また、ジャガイモは収穫の際に土を掘り上げるので、後作には土寄せが必要な根深ネギの植え付けがおすすめです。

根深ネギを植える前に完熟堆肥とくん炭をまいてから、溝を切って植え、数回土寄せをします。

連作障害の出やすいジャガイモでもネギの後作なら連作（リレー栽培）できます。根深ネギの収穫が終わる春先に再びジャガイモを植え付けると、ジャガイモの土寄せも楽にできるようになります。根深ネギの後作ジャガイモは無肥料でもよくでき、ネズミの食害も少なくなります。

ジャガイモとネギのリレー栽培例

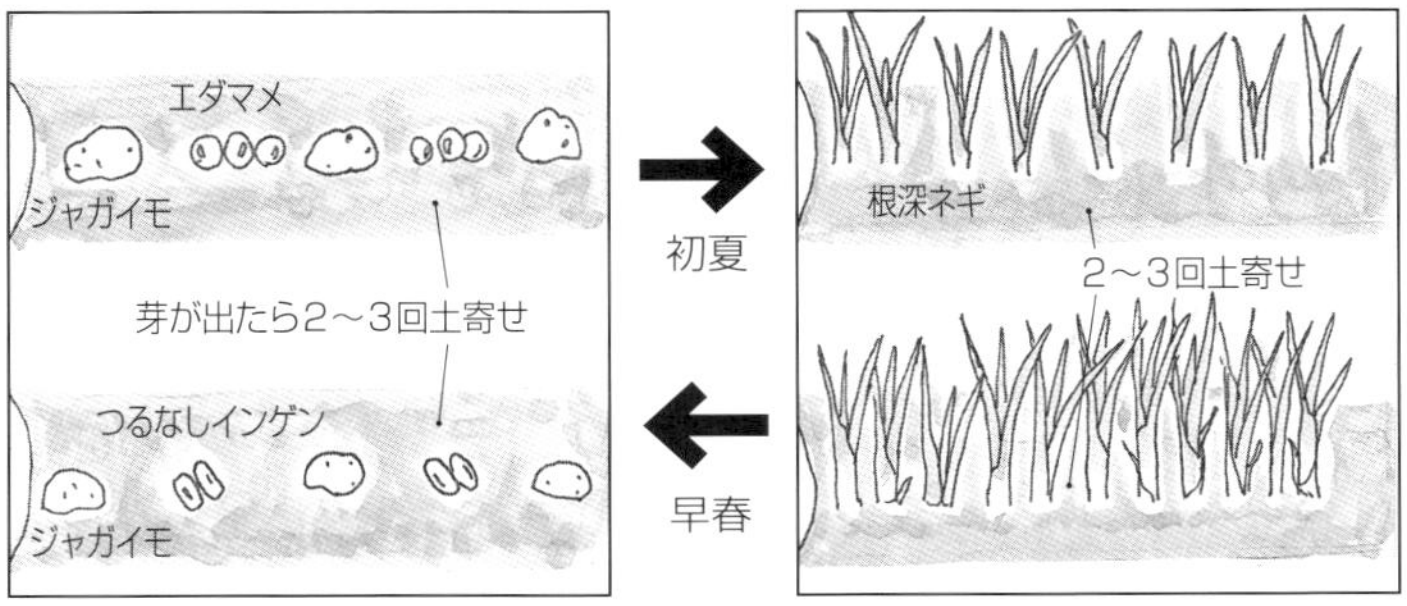

早春、根深ネギ収穫跡に溝を切って植える

ジャガイモの収穫後、7月にネギを溝を切って植える

●畑と種イモの準備

春の冬草はそのまま生やしておき、特別な準備は必要ありません。

種イモは1個50～80gあれば十分です。イモは地下茎の先端部が肥大したもので、イモの先端（頂部）ほど、細い芽がたくさんついています。そのまま植えると芽数が多すぎたり揃いが悪くなるので、種イモは、芽がたくさんついている「頂部」を切り落とします。

50～80gのものはそのまま植え、100g以上のイモは、芽がたくさんついている「頂部」を切り取った後、縦に芽を2～3残して30～50gになるよう切り分けます。そして切り口を2～3日よく乾かしておきます。灰は塗りません。

秋口に植える秋ジャガイモの種イモは、切らずにまるごと苗箱などで芽出ししておきます。切ると芽が出る前に土中で腐敗してしまいます。

種イモの切り方
50～80gのもの（左）は頂部を切り落とし、100g以上のもの（右の2つ）は頂部を切り落とし縦に半切りする

●植え付け

適期は3月下旬から4月上旬の菜の花が咲き始めるころです。芽が霜で枯れるのを防ぐために十分暖かくなり霜が降りなくなってから植えます。しかし、発芽後に霜や最低気温3℃以下の予報が出たときは、出てきた芽に土や、枯れ草などをかぶせれば被害を防ぎます。

よく乾いた切り口を下にし、深さ15cm程度の穴や溝に30cm間隔に深植えします。新イモは種イモより上にできるので、耕して何度も土寄せができる場合は浅く植えてもかまいませんが、耕さない自然菜園では、深く植え付けて土寄せを無用にします。移植スコップで深く15cm以上の植え穴を掘るか、シャベルを深く差し入れ、柄を前方に押してできた割れ目に種イモを入れて植えます。

ジャガイモの後作の根深ネギは、深さ約10cmの溝を掘って比較的浅植えにし、新葉が伸びてきてから土寄せをします。

●芽かき・土寄せ

出てきた芽を1～2本残すと大きなイモに、3～4本残すと中ぐらいのイモ、5本以上にすると小さなイモばかりになります。そこで5本

植え付けの手順

1 ウネの中央に深さ15cmの溝を切る

2 種イモを30cmおきに、半切りしたものは切り口を下にして植える

3 覆土しさらに土寄せをしてウネ中央を盛り上げる（ネギ跡の場合）

以上芽が伸びたときは、太いものを3～4本残し、それ以外を右図のようにして引き抜きます。ただし、種イモの頂部を切って植えると、芽の育ちが揃い自然と3～4本になるので芽かきが不要になります。

草マルチを厚く敷いてあれば、不耕起の自然菜園では、新イモが地上部に出てきにくいので、土寄せはあえて必要ありません。ただし、根深ネギの後作など、耕したウネでは、新イモが地表から出て緑化し食用に適さなくなってしまいます。芽が出てきたら早めに、花が咲くまで2～3回土寄せを行ないます。

イモが浮き上がるので，芽かきは残すものを押さえて、弱小茎を根元から取る

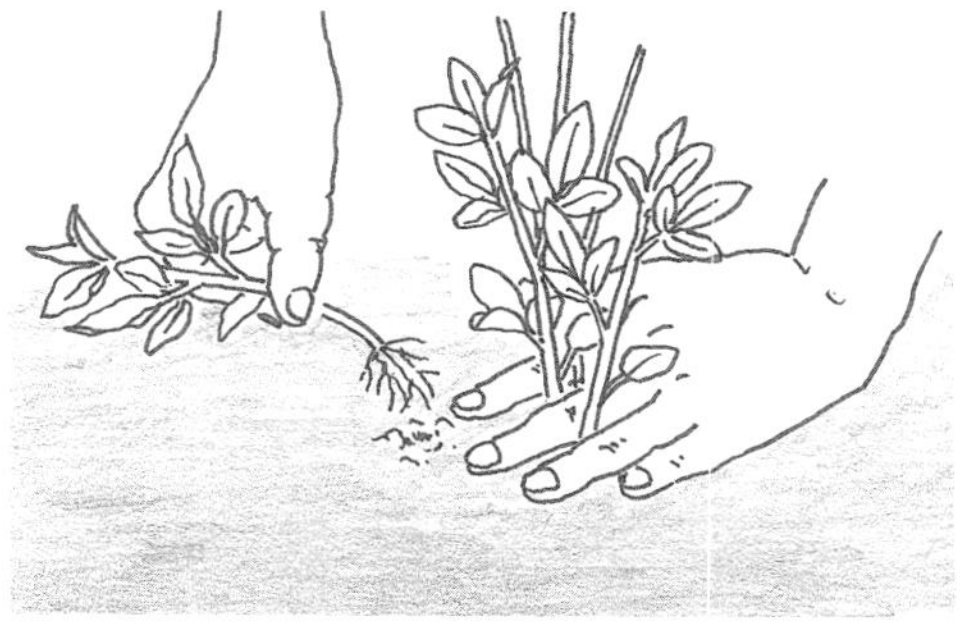

芽かき法

●草管理

花が咲くまではまわりに生える草をジャガイモの草丈よりも大きくならないように刈り、草マルチに心がけます。ただし、一面にハコベなどの冬草が生えている場合は夏草が抑えられるので、刈って草マルチをする必要はありません。

根深ネギの後作など、耕して植えた場合は、草が3cm以内の小さいうちに数回に分けて中耕除草しながら土寄せをします。花が咲いてからは、草を刈って敷きます。25℃を超す暑さになったら、収穫まで草を生やして日陰を確保します。

●病虫害対策

肥料のやり過ぎや未熟な有機物が多い畑では、テントウムシダマシやアブラムシが発生しやすく、ほかの野菜、特にナス科の野菜に被害が広がるので注意が必要です。その際は、朝露のまだある朝早くに、ジャガイモの葉の両面に草木灰をかけると、虫が呼吸できなくなります。アブラムシが発生しウイルス病にかかった株は、見つけしだい除去します。

●収穫・保存法と食べ方

地上の葉や茎が黄色く枯れてきたら収穫のタイミングです。雨の後など土が湿っているときに収穫すると腐りやすくなるので晴天が2～3日続いた後に掘り上げます。また、夏の日中の高温下では、すぐに涼しい日陰に運ばないと蒸れて腐ってしまうので注意してください。

長期保存用のイモや種イモは、完全に葉や茎が枯れイモが完熟してから収穫します。収穫後、洗わずにイモの表面の土を軽く払い、畑で日光に長くても30分間干した後、風通しの良い涼しい15℃程度の暗所で保存します。保存中に日光に当たると皮が緑色になり、えぐみが発生するので、必ず暗所で保存します。

収穫したての新ジャガは、皮をむかずに蒸したりしていただきます。収穫後は、新聞紙で包み冷蔵庫など低温で保存するとジャガイモが甘くなります。

ジャガイモを油に入れてから、火をつけ、低温で揚げると、甘くなり、皮ごとおいしくいただけます。

●自家採種

種イモにする株は、必ず無肥料栽培で育てます。ウイルス病などの病虫害にあわなかった肌のきれいな完熟イモを来年の種イモにします。

土寄せの手順

1 ネギ跡などでは芽が出てきたら早めに土寄せ

土寄せ後、ウネサイドにエダマメをまく

2

3 繁茂して収穫間近なジャガイモとエダマメ

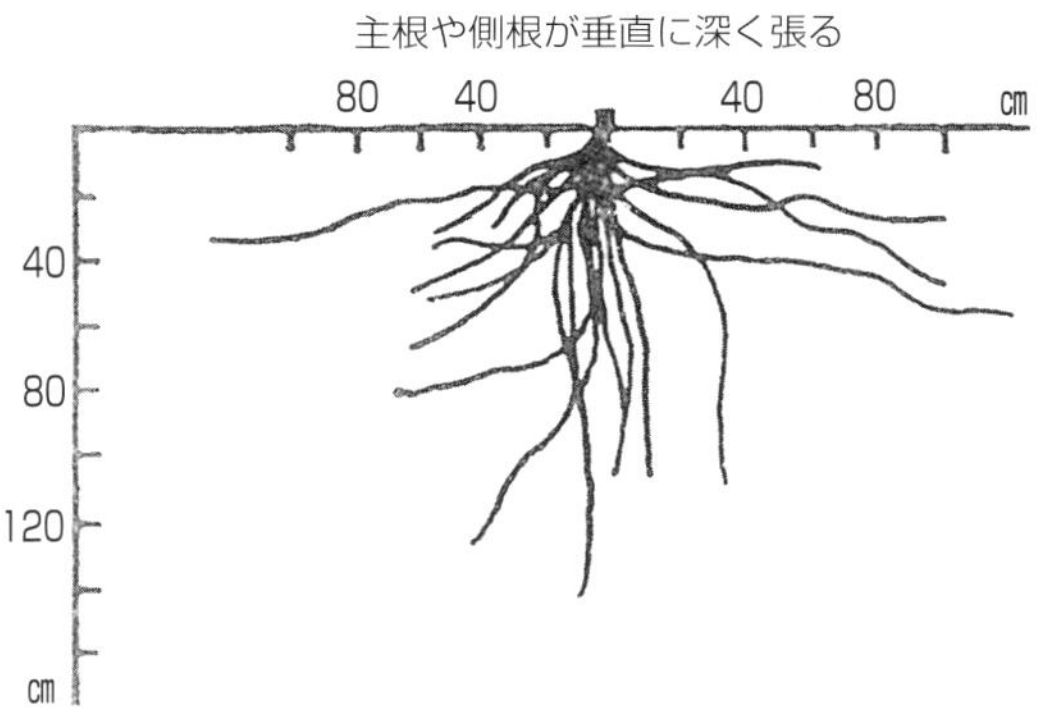
主根や側根が垂直に深く張る
80 40 40 80 cm
40
80
120
cm
スイカの根 （品種富民　秋谷ら）

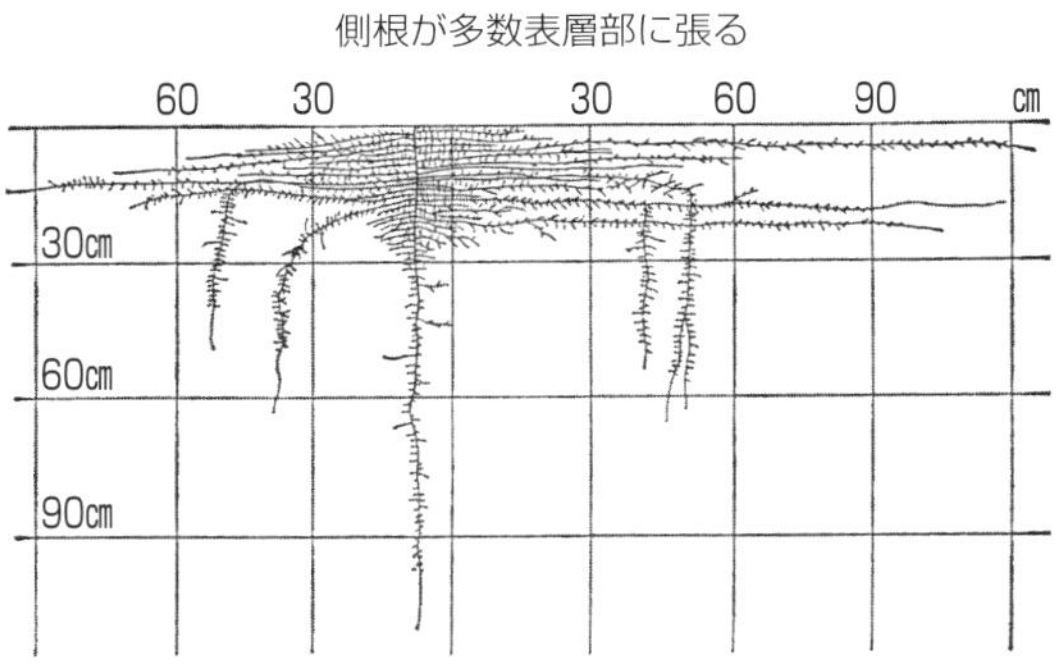
側根が多数表層部に張る
60 30 30 60 90 cm
30cm
60cm
90cm
キュウリの根（播種後６週間）　（ウェーバーら）

●原産地からみた特性

ウリ科の野菜には、キュウリ、カボチャ、ニガウリ、スイカ、メロンなどがあり、いずれもつるを伸ばし、這うように生育します。同じウリ科でも原産地が異なっているため、肥料や水分などの好みが違います。

スイカ・メロン…熱帯アフリカ原産で乾燥に耐えられるように主根が地中深くまで入ります。特にスイカは深根型で、地下1m以上深く張ります。この主根を深く張らせることがポイントです。多湿な日本では、水はけの良いところを選び、浅く植えて根元を乾燥ぎみにしてあげると効果的です。

ニガウリ・日本カボチャ…ニガウリは高温多湿の熱帯アジア、日本カボチャも熱帯の中央アメリカが原産で高温性です。水を好み、暑さには強いですが寒さに弱いです。

キュウリ・西洋カボチャ・ズッキーニ…インド北西部・ヒマラヤ山麓が原産のキュウリやアメリカ大陸原産の西洋カボチャは、冷涼な気候を好み暑さに弱く、水を好みます。

●根の形態と特性

スイカ以外は主根浅根型で、つると同様に浅い層を這うように、側根を縦横に広範囲に伸ばします。砂漠出身のスイカは主根も深く伸びる主根深根型です。いずれも、草マルチをつるが伸びる範囲に敷いて土の乾燥を防ぐことが重要です。

●着果の仕方

ウリ科の花は、雌花と雄花が別々の雌雄異花（スイカとメロンには両性花もある）で、最初は雄花ばかりがつきます。また自分の花の花粉では受精しにくい他家受精植物なので、必ず2株以上並べて植えます。

雌花がつきやすいつるがそれぞれ違い、親づるにつきやすいもの、子づるにつきやすいもの、孫づるにつきやすいものなどがあり、それによって仕立て方も違ってきます。

●コンパニオンプランツ

ウリ科野菜に共通して相性の良いコンパニオンプランツはネギです。同じ穴にいっしょに植えると、つる割れ病などウリ科固有の病虫害が防げ、連作障害もでにくくなります。また、エダマメやダイズとも相性が良く、隣の列に混植すると効果があります。キュウリやニガウリには株間につるありインゲンをまいて、同じ支柱に這わせることもできます。ただし、センチュウの多い畑ではインゲンはセンチュウ害を増やすのでさけ、ラッカセイをまきます。

●自家採種

ウリ類は他家受精が主体で、ハチなどの訪花昆虫が花粉を運んできて受精します。ほかの品種の花粉が受粉して交雑するのを防ぐには、開花前に雌花に袋をかけておき、人工授粉します。

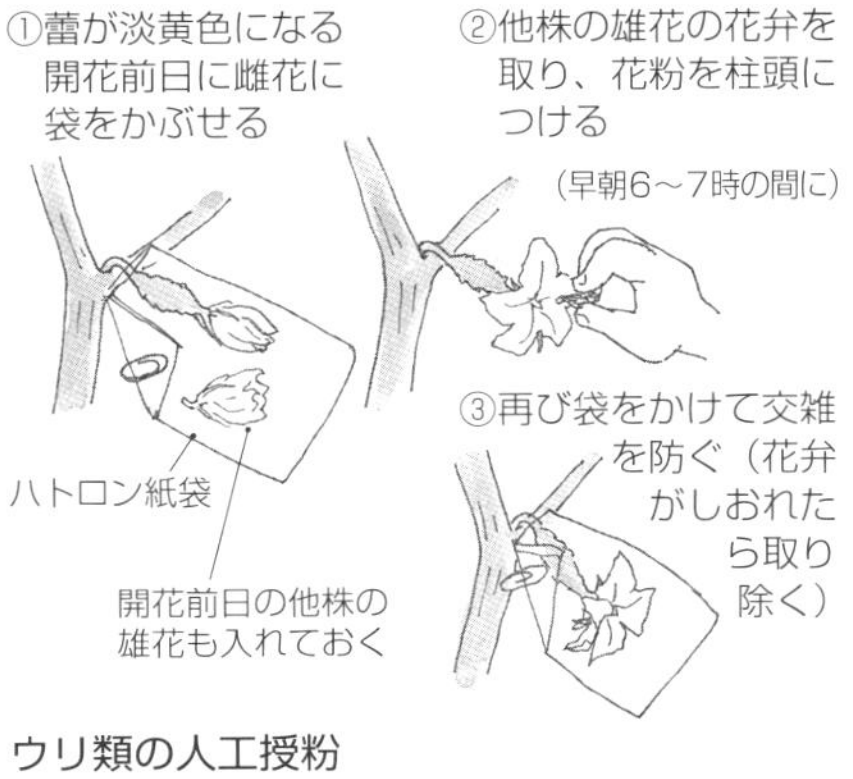
①蕾が淡黄色になる開花前日に雌花に袋をかぶせる
②他株の雄花の花弁を取り、花粉を柱頭につける
（早朝6～7時の間に）
③再び袋をかけて交雑を防ぐ（花弁がしおれたら取り除く）
ハトロン紙袋
開花前日の他株の雄花も入れておく
ウリ類の人工授粉

ウリ科

キュウリ

栽培難易度★★

●原産地と栽培適地

原産地は、冷涼な気候のインド北西部、ヒマラヤ山麓地帯で、生育適温は、18～25℃です。漢字では「胡瓜」と書き、日本では平安時代以前から盛んに栽培されています。胡瓜の「胡」は中国の西方という意味で、古代にシルクロードを経由して伝来した胡の瓜です。

水が大好きで、乾燥が苦手です。土もステージ2～3の肥沃地を好み、根は主根浅根型で浅く広範囲に張るので、草マルチは必須です。冷涼な気候を好み日本の夏に弱いですが、栽培はウリ科の中でも、カボチャに次いで簡単です。

●栽培適期

冷涼な気候を好みますが霜に当たると枯れるので、苗の定植は藤の花が咲いてから、直まきでは、オオムギの穂が出始めてからまくとちょうど良いです。温暖地では7月に2度目の種をまくと夏越しが容易で、秋遅くまで収穫できます。

果菜の中では種まきから収穫開始までが50～60日と短いですが、最初は果実よりも根優先で育て、遅くまで収穫できるようにします。

●コンパニオンプランツとの混植プラン

ネギ類（病気予防）やマメ類（養分補給）と相性が良く、苗移植の場合は、定植時にネギと夫婦型混植をしたり、エダマメを株間にまいて友人型混植したり、ネコブセンチュウの被害のない畑では、株間にマメ科のつるありインゲンをまいて同じ支柱にからませることもできます。

直まきでは、キュウリをまくウネの中央にあらかじめハツカダイコンをまいておくとウリバエよけとなり、キュウリの種まきと同時に、株間にネギや日陰を好むミツバやショウガを植え付けておくと根元の乾燥を防いでくれます。さらに収穫が終わり初霜が降りるころにエンドウをまくと、支柱をそのまま利用できます。キュウリ、エンドウを順に栽培すると、連作障害がほとんど出ない

原産地	インド北西部・ヒマラヤ山麓
土ステージと適地	土ステージ2～3。pH 6.0～6.5の微酸性、水分の要求性が高い半面、加湿や水害に弱く、風あたりに弱い。日当たりが良く肥沃なところを好む
根の形態─株間（自立根圏）	主根浅根型─100㎝
生育適温と適期	冷涼な気候を好み、比較的温暖で、昼夜の温度差が10～15℃（生育適温18～25℃）あるところを好む。霜に弱い
おすすめ品種	バテシラズ2号・3号、四葉キュウリ
コンパニオンプランツ	ネギ、つるありインゲン、ラッカセイ、ミツバ、ハツカダイコン
競合作物	後作のニンジンは生育不良
種子	他家受精　寿命3～4年

キュウリ栽培暦

月	3	4	5	6	7	8	9	10
移植		●──	▲──	□	○	□…	☆	
直まき					●──	□	□	□

●：種まき　▲：定植　□：収穫　○：採種株と採種果実の選定　☆：採種

コンパニオンプランツとの混植例

移植

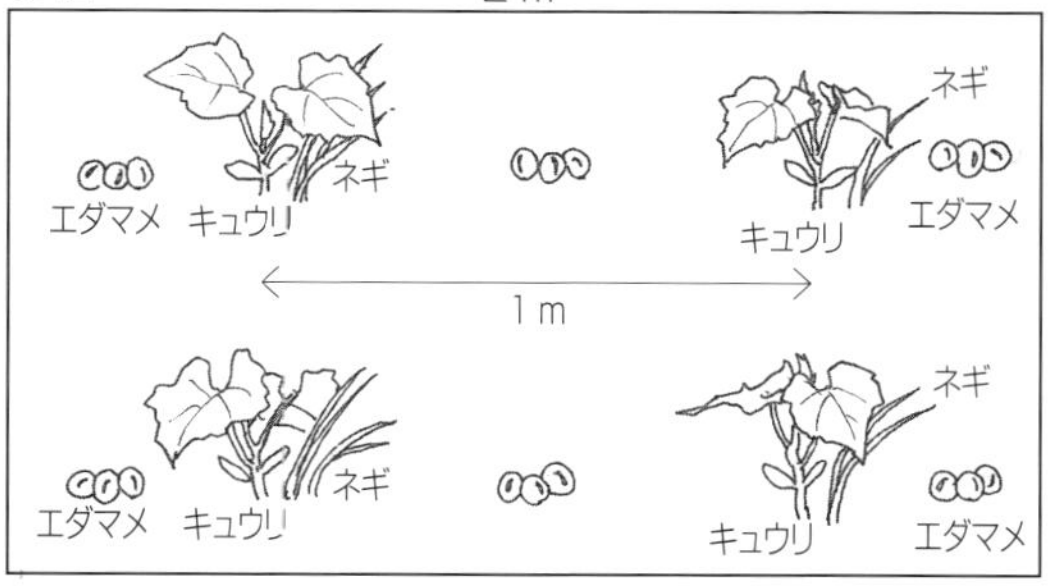

キュウリの定植時にエダマメをまく

直まき（5月）

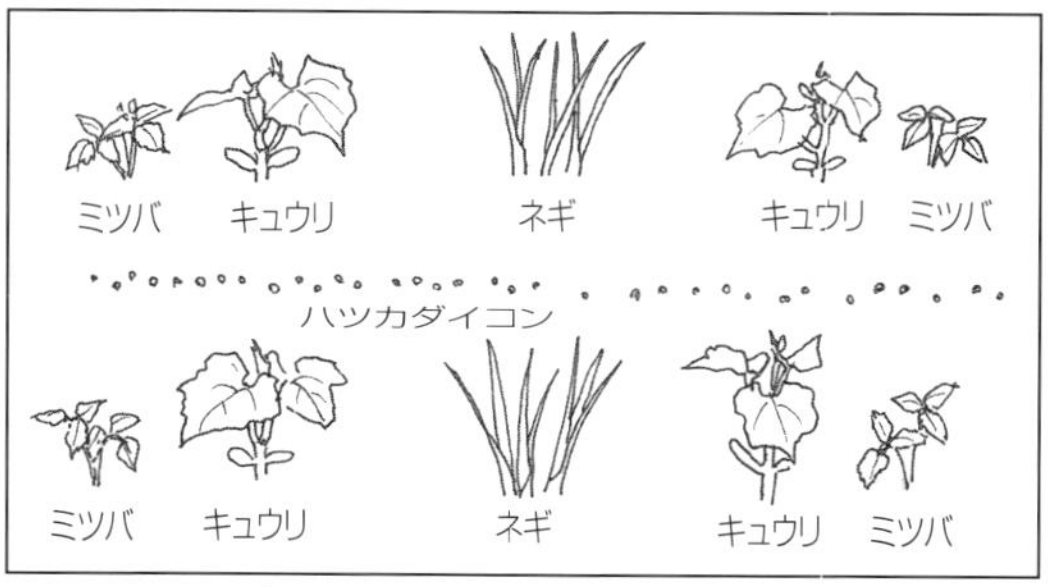

4月にハツカダイコンをまいておく
ミツバ、ネギは苗を植える

から不思議です。

●おすすめ品種

キュウリは、品種によって育てやすさがずいぶん異なるので、根張りが良く草勢が強い、自然菜園に向いた品種を選ぶことが一番大切です。品種には、あまり側枝が出ない主枝型（節成り型）と側枝がよく出る側枝型（飛び節成り型）とがあります。

主枝型は、親づるの各節ごとに雌花がつき早期に収穫できますが、暑さには弱く夏越しは困難です。短期決戦のハウス栽培に向いています。自然菜園では、根張りが強く、親づるに雌花と雄花が交互に着き、子づるがよく伸び、子づるにもよく着果し、上手に育てれば霜が降りるまで収穫できる側枝型か、主枝型と側枝型の中間型の品種が向いています。

おすすめ品種としては、バテシラズ3号と、バテシラズ2号（自然農法センター）、固定種の四葉キュウリがあります。週1回しか収穫作業ができない方は、実がつきにくく、大きくなってからも食べられる各地の在来種がおすすめです。

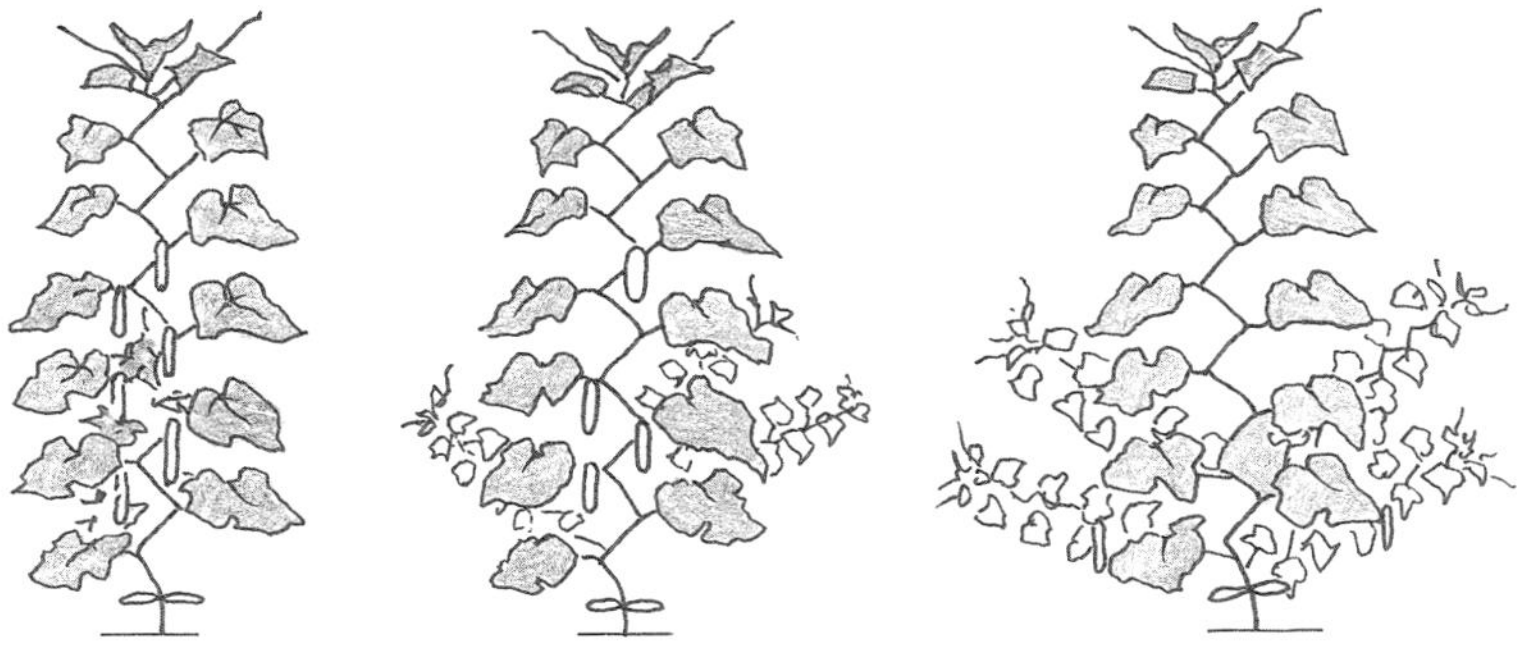

キュウリの成り方のタイプ

●栽培のポイント

キュウリは、根が浅く張り、暑さや乾燥に弱く、しかも発芽から収穫開始までが約50〜60日と短いので、根性がつかないうちに果実の負担が大きくなり、夏バテや成り疲れしやすいです。収穫開始のころから草勢が弱り病気も発生するなど、ほかの果菜と比べても寿命が短くなりがちです。

キュウリの寿命は、生育初期の根張りに比例し、実をつける前に根を深く十分に張らせ根性をつけることが決め手です。

収穫開始からは、できるだけ樹に実の負担がかからないように、果実が100g以上になる前に、できるだけ朝夕収穫しましょう。

そのほかの栽培ポイントは以下のとおりです。

①定植後に5節までのわき芽・花芽はかき取る

生育初期に親づるの草勢を強くし根を深く張らせるために、定植後、開花し始めたら巻きづるは残して5節までのわき芽・花芽はかき取り、生育初期の果実負担をなくします。老化苗や徒長苗など弱い苗の場合は8節までかき取って、根を十分に張らせます。実が成り始めて2週間は、市販キュウリよりも小さいうちに収穫し、樹を育てます。小さいキュウリは、ピクルスや浅漬け、モロキュウがおすすめです。

②6〜10節の子づるは1果つけて摘芯し、後は放任

6〜10節の子づるは、最初についた果実の節の葉を残して摘芯し、その子づるから伸びる孫づるや11節以上の子づるは放任します。孫づるが伸び枝が増えると、根もよく伸び光合成生産物も増えるので、バテにくくなります。孫づるが伸びてこないときは疲れている証拠です。

③早めにネットを張り、つるをからませる

キュウリは、風で茎葉が揺すられると根が傷みやすいので、巻きづるは風から守る大切な手です。定植前に、巻きづるがつかみやすいようにネットなどを張り、しっかりつかませてあげます。

④栽培初期からたっぷりと草マルチ

根が浅く乾燥や高温に弱いので、栽培初期からたっぷりと草マルチを

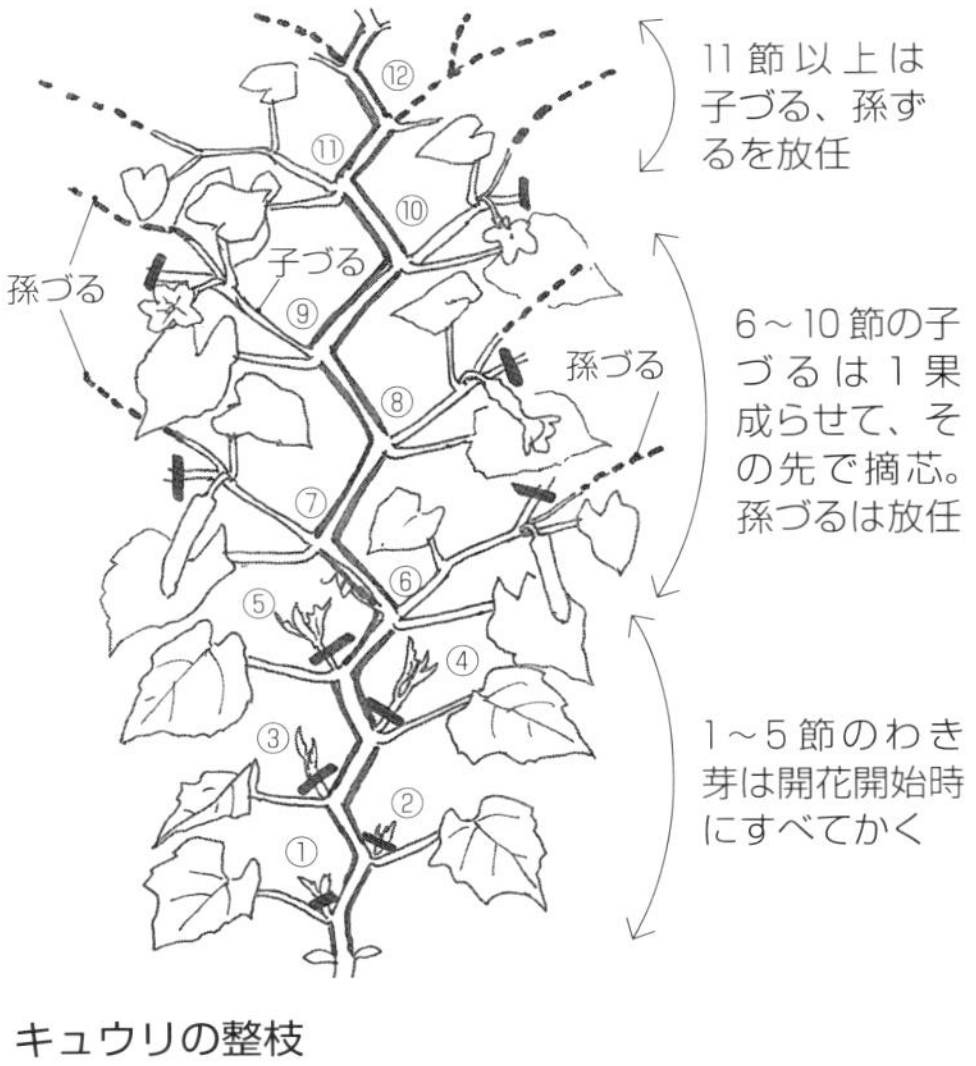

キュウリの整枝

していきます。厚く草マルチができない場合は、株下や通路に段ボールなどを敷くと、根が踏圧で傷みにくく、保湿効果も高まります。栽培の後半はまた、枯れかけた下葉もすべてかき取り、草マルチといっしょに重ねていきます。

⑤毎日収穫し樹の負担を軽減

キュウリは生長が早く、開花から7～10日で100g前後になり収穫適期になります。毎日収穫しないとヘチマのような大きなキュウリになってしまい、樹の負担が大きくなって寿命が短くなります。基本は毎日収穫、できたら朝夕2回収穫して樹の負担を軽減し、長期間収穫をめざします。

⑥1週間以上雨がない場合はたっぷり水やり

キュウリは乾燥に弱いので、1週間以上雨がないときは、夕方葉っぱにたっぷりと水をあげます。特に、実のつき始めにやや乾燥ぎみで日照不足になると、うどんこ病が発生しやすいので、夕方葉っぱにストチュウ水をたっぷりかけてあげると良いでしょう。

⑦梅雨時期にはべと病に注意

梅雨時期の高温多湿の環境では、べと病やかっぱん病が出やすいので、風通しを良くし、たっぷりと草マルチをして泥の跳ね返りを防いで予防します。

⑧曲がった幼果や変形果は早くかき取る

開花前後に実がCの字に曲がったものは、大きくなってもまっすぐにならないので、3cm以内ですべてかき取ります。また取り残して食用に不向きになったものも見つけしだい切って、樹の負担を軽減します。

⑨真夏はすべて摘み取り樹を養生

30℃以上の熱帯夜が続く8月上中旬の7～10日間は肥大も進まず樹は弱り、花が落ちたり曲がり果、変形果が多くなります。この間は、今ついている実と花をすべてかき取り夏休みとし、夕方たっぷり水やりをし、草マルチを厚くして養生します。

●畑の準備

幅1mのウネに、株間100cmとり2条植えします。異なる株の花粉で受精する他家受精なので、2本以上を隣り合わせで植えます。

土ステージ2～3の土が適しているので、土ステージが1～2の畑では、定植・直まきの1ヵ月前に、植え付け位置に必ず完熟堆肥ひと握りをクラツキで施し、さらに、植え穴から50cm離れた場所にも同様に穴や溝を掘って、完熟堆肥ひと握りを埋めておくマチクラツキも効果的です。

本葉2.5枚のがっちりした若苗

●定植と直まき

苗は根づまりした老化苗や節間が間延びした徒長苗はさけます。本葉5枚以下の若苗を植えると、側根がよく発達します。乾燥を嫌うのでナス同様、ウネの高さと根鉢表面が同じ高さになるように植え、小さいうちから草マルチで根元が乾燥しないように保湿します。

直まきでは、大麦が穂を出すころ以降に、クラツキした盛り土の上に、種を5～6粒、向きを揃えてまきます。発芽後から本葉3～4枚ころまでに間引いて1本にします。

定植・直まき後、肥料袋などで行燈支柱を立てて、晩霜対策や防風、保温して、活着、発芽を促します。

●支柱立て

直まきや定植前に支柱を立てておきます。合掌式支柱でもいいので

U字支柱仕立て

友人型混植したエダマメ（矢印）

ネギと夫婦型混植したキュウリ

すが、キュウリネットを張ったU字支柱（キュウリ支柱）のほうが誘引の必要もなく、1.5倍収穫できます。支柱は30㎝以上しっかり埋めて固定します。

●整枝

定植後、活着すると下位節からわき芽が伸びてきます。前述のように下から5節目までのわき芽は、初期の果実負担をなくすために、早めにすべてかき取ります。6～10節までのわき芽は、果実がついた節の1葉残しで芽かきをし、それより上の節のわき芽は、放任します。わき芽を伸ばすことによって、根量が増加し根の張りが良くなり、収穫が長期間できるようになります。

8～9月に草マルチの上から米ぬかをまき追肥する

●草管理

キュウリは本来、草を抑えながら、草の上に伸びて這っていくつる植物です。地這えキュウリがその名残りです。しかし、品種改良が進み、収穫量が多くなるにしたがって草に負けやすくなってしまいました。そのため、特に初期生育時には、株下の草をしっかり刈り草マルチを重ねていきます。高温乾燥の夏場は、ワラがあれば草マルチの上から敷きワラし、さらに草マルチを重ねていきます。通路に段ボール紙を敷くのも効果があります。

梅雨明け以降は1週間に一度、米ぬかひと握りを草マルチにふりかけ草マルチを重ねていきます。

●水やり

水を欲しがるキュウリですが、しっかり根を張らせ、厚く草マルチをすれば、あえて水やりは必要ありません。しかし1週間以上、まとまった雨がない場合は、夕方か早朝に、葉に水を当てて、1株に5～10ℓバケツ1杯くらい1週間分の水をたっぷりあげると効果的です。

キュウリは葉からも水をよく吸い、乾燥すると葉にうどんこ病が発生しやすいので、葉に水をかけ洗い流すことがコツです。

●健康診断と対策

キュウリの健康は、主枝の先端部の葉の形と厚み、そして実のつき方をみればわかります。先端部の葉の色が若草色でピンと上に向かって張っていて、葉が厚く先端が尖っていて、ごわごわと表面に毛を感じる状態であれば健康です。肥料が多すぎたり、水分不足や日照不足になると葉の色は黒ずみ、葉の先が丸みを帯びて葉が垂れてきます。その場合は、夕方に葉っぱに水をたっぷりかけます。

逆に養分不足や果実負担で樹が弱ってくると、葉が薄く葉色が淡黄色になり、主枝の先端が細く短くなってカンザシのように節間が短くなります。病気も発生して葉に斑点が入ってきます。

この場合は、病気の葉をかき取り、畑から持ち出します。実をほとんど取って風通しを良くし、夕方、ストチュウ水を霧吹きでたっぷり葉面散布してください。

果実負担増、水分不足、肥料切れ、強風乾燥、樹の老化などでは曲がり果が増え、さらに日照不足で夜温が

キュウリの健康診断

高くなると尻太果になりやすく、さらに高温乾燥、成り疲れが進むと尻細果が多くなる傾向があります。つまり、このように実が変形してきたら、大きな実を収穫し、変形果は小さいうちに摘み取って樹の負担を軽くします。成り疲れてきたら、一度すべての実と花を摘み取り、夕方、葉っぱにストチュウ水をたっぷりしたたるほどかけて、5～7日間樹勢の回復を図ります。

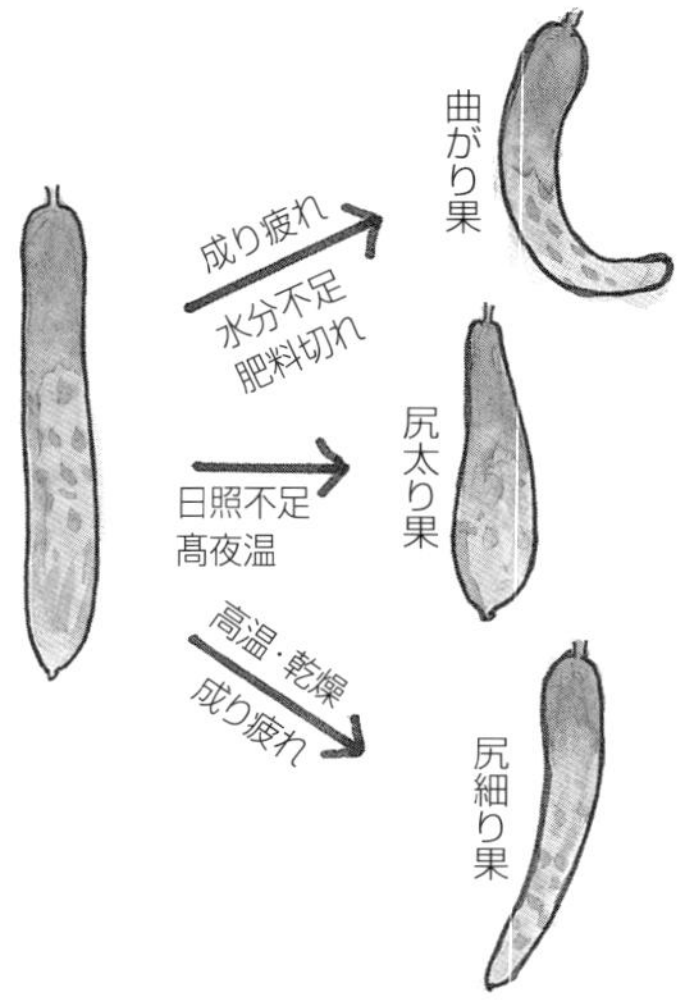

キュウリの変形果とその主な原因

●収穫

10～20㎝の若いキュウリのつけ根からハサミなどで切り取ります。みずみずしいキュウリの収穫は、早朝に限ります。甘く身が詰まったキュウリは夕方に収穫します。私は、畑で水の代わりに1日5～6本は最低食べています。大きくなったキュウリは、皮をむいて漬けものにするか、炒めて食べるととてもおいしいです。

●保存法

キュウリは、あまり日持ちしないので、すぐに浅漬けやピクルスにすると重宝します。大量にキュウリが採れた場合は、塩とおからを1対1で混ぜたおから塩でキュウリと交互に樽に塩漬けしていくと長期間保存できます。

食べるときは、塩抜きした後、炒めても、タレに浸してもおいしく、ほかの保存漬け野菜といっしょに福神漬けにするとよいでしょう。

●自家採種

ウリ類は、ハチなど訪花昆虫による他家受精なので、近くに違った品種のキュウリがある場合は、開花前に花弁を取って人工授粉して袋掛けをしておき、交雑を防ぐ必要があります。採種する果実は、最低40日間以上、どんどん大きくさせて、黄色くなっても樹につけておきます。その間、ほかの果実は小さいうちに収穫しましょう。1㎏ほどにも生長した採種果を収穫後、日陰で1週間ほど追熟させます。

追熟したら果実を縦に半分に切り、中のゼリーのついた種子をかき出し、1日ほどゼリーを発酵させます。その後、種を水で何回もよく洗い、しっかりと乾燥させて、乾燥剤を入れて冷暗所に保存します。

キュウリの採種手順

40日以上つけておき黄色く完熟させ、さらに1週間追熟

縦に半分に切り、種子をゼリーごとかき出す

ビニール袋に入れて1日ほど発酵させる

発酵させたものをよく洗い、ネット袋に入れて乾燥させる

ウリ科

ニガウリ

栽培難易度★

原産地	熱帯アジア
土ステージと適地	土ステージ2～3。pH 6前後の弱酸性　水はけ・良い日当たりの良い土壌を好む
根の形態―株間（自立根圏）	主根浅根型―50～100㎝
生育適温と適期	熱帯アジア原産で（生育適温25～30℃）、寒さには弱く、暑さに強い。霜に弱い
おすすめ品種	アバシゴーヤー
コンパニオンプランツ	ネギ、ヘチマ、つるありインゲン
種子	他家受精　寿命3～4年

ニガウリ栽培暦

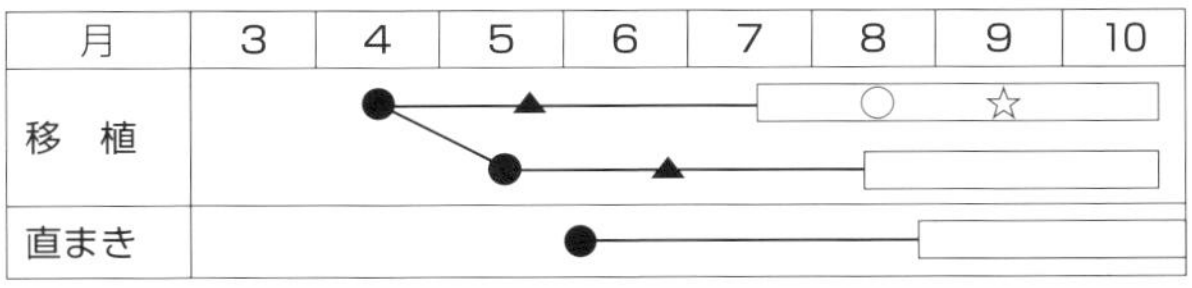

●：種まき　▲：定植　□：収穫　○：採種株・採種果実の選定・人工授粉　☆：採種

●原産地と栽培適地

果肉に苦みがあるので苦瓜と呼ばれていますが、ゴーヤーは沖縄での呼び名で、正式の和名はツルレイシといいます。東インドを中心とした高温多湿の熱帯アジアが原産なので、病虫害に非常に強く、水さえあれば日本の30℃以上の猛暑でも元気に育つ野菜のひとつです。乾燥にも比較的耐え、土ステージ2～3の肥沃地を好みます。

●栽培適期

生育適温が25～30℃と高く、霜にとても弱いので、藤の花が咲いた後、最低気温が18℃以上になってから植えます。苗の種まきは早まきはさけ、植え付け適期の約1ヵ月前にまき、本葉2～3枚の若苗を植えます。直まきする場合も最低気温が18℃以上になってからまき、ホットキャップなどで保温して育てます。

●コンパニオンプランツとの混植プラン

下図のように、株間50㎝とって2条にネギといっしょに植えたり、つるありインゲンやヘチマを株間に植えてからませると、同じ支柱で共存できます。最初はインゲンやヘチマの勢いが良いですが、夏本番になるとニガウリが強くなり、インゲンやヘチマのつるにからまりながら伸びていきます。

苦みが少なく果肉が軟らかい沖縄のゴーヤー

●おすすめ品種

品種には、太くて苦みの少ない沖縄のゴーヤー系統と、細長く果肉が硬めの鹿児島のレイシ系統があります。苦みが苦手な方は沖縄の太ゴーヤーのアバシゴーヤーなどがおすすめです。

●育苗

発芽適温も25～30℃と高く、種皮が硬いので、発芽まで時間がかかります。10.5㎝ポットにまいてたっぷりと水をあげ、夜温を15℃以上に保って育苗します。

コンパニオンプランツとの混植例

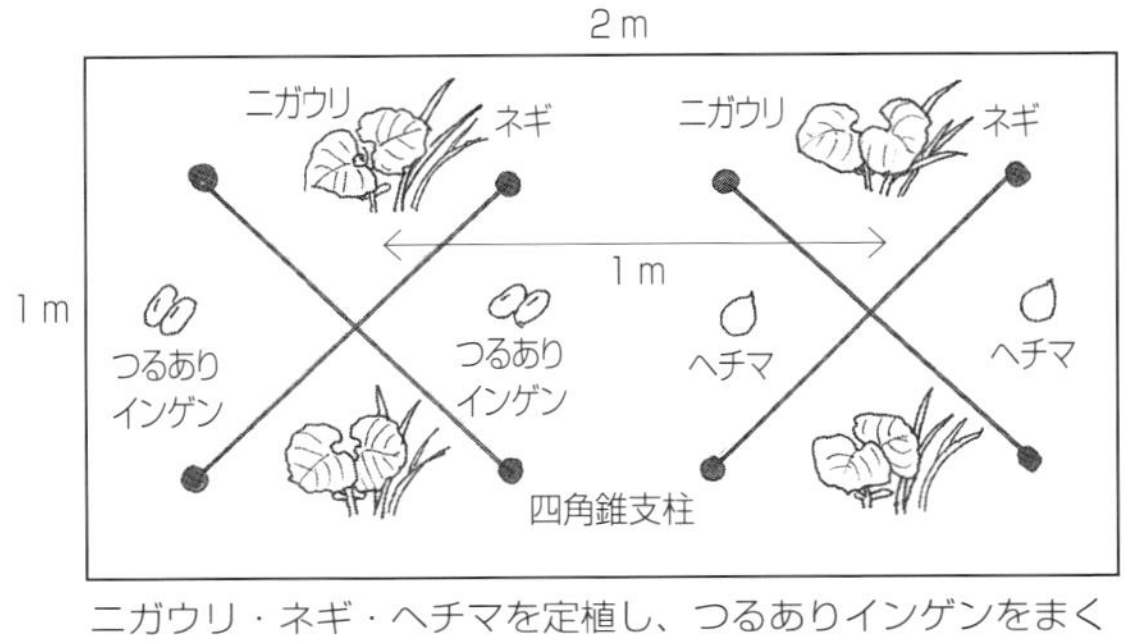

ニガウリ・ネギ・ヘチマを定植し、つるありインゲンをまく

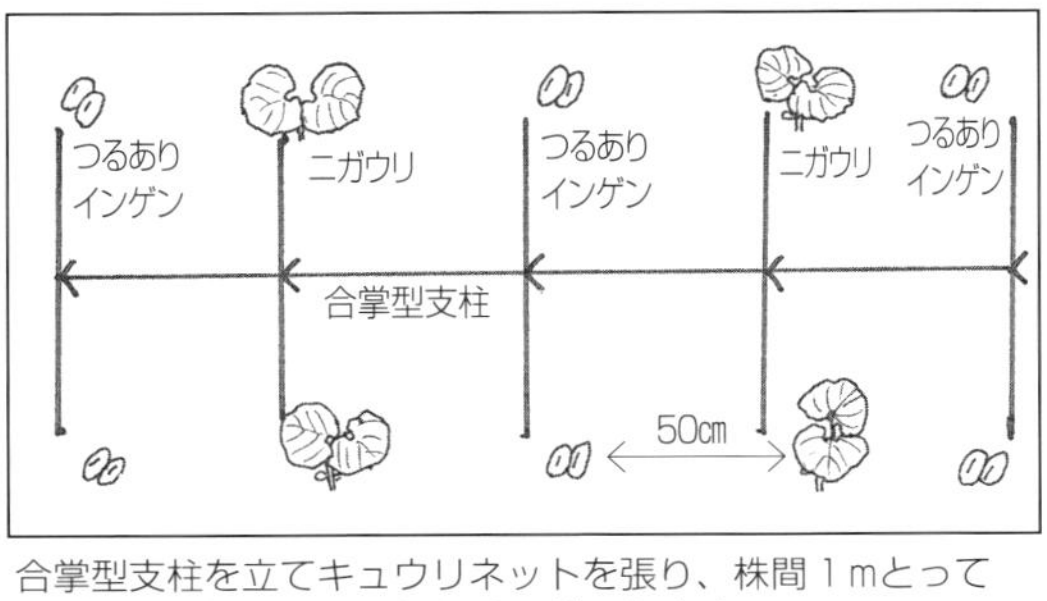

合掌型支柱を立てキュウリネットを張り、株間1ｍとって
ニガウリの株間につるありインゲンをまく

ニガウリの定植の手順

ネギ２本と夫婦型 混植で植え付ける

植え付け位置から20㎝ほど離して、穴を掘り堆肥を入れてマチクラツキを施す

30㎝ほど離れた株間にラッカセイを２粒まく

草マルチをする

ポットに2〜3粒まき、本葉が出るころに1本に間引き、本葉2〜3枚の若苗を植えます。

●畑の準備

適した土ステージは2〜3ですが、生育が旺盛で収穫期間が長いので、肥料不足にならないようにします。土ステージが1以下の場合は、キュウリと同様に堆肥のクラツキが必要です。マチクラツキもしておきましょう。

●定植

定植直後は水をひかえて根を深く張らせます。沖縄では台風などの影響から支柱を使わず地這えで育てていますが、キュウリのネット支柱栽培のほうが、日当たりが良く収穫作業も楽で無難です。つるがつかまりやすくなるように、地面ギリギリまでネットを張ります。

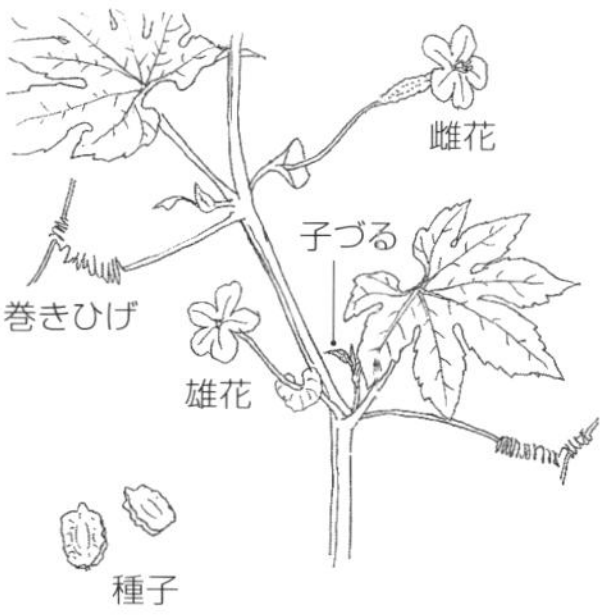

子づるや孫づるが旺盛に伸びますが、葉が小さいので混み合っても大丈夫なので、株間は50㎝とキュウリの半分でかまいません。

●整枝・かん水

最初から無整枝、放任して、根を発達させて育てます。植え付け後の初期生育は緩慢で心配になりますが、梅雨入りころから旺盛に生育します。子づる、孫づるに雌花がついて次つぎに成ります。病害虫にも強く、唯一、乾燥時にうどんこ病になりやすいので、乾燥時期には夕方にたっぷりと葉に水をあげます。

●草マルチ・追肥

根が浅く乾燥を嫌うので、草マルチをたっぷりとし、肥料が不足して葉の色が薄くなってきたら、米ぬかを草マルチの上から補ってあげます。

実が小さいうちにすぐにオレンジ色になってしまうときは、樹が弱ってきている可能性があります。今ついている実をすべて収穫し、根元にたっぷり水をあげ、草マルチに米ぬかをまいて追肥します。

●収穫・保存法

気温が高いほど肥大速度が速く、収穫が遅れると数日でオレンジ色に変化して軟らかくなってしまうので早めに若い実の収穫を心がけます。

新鮮なうちに実を縦半分に切り、種子をかき出したものを、ビニールでくるみ冷蔵庫で保存すると数日保存できます。長期保存する場合は、スライスして、塩もみし、袋に入れ空気を抜いてから冷凍庫で保存します。使うときは水に漬けて塩抜きしてから調理します。また、薄くスライスしたものを天日乾燥させ、フライパンで炒ったゴーヤー茶も長期保存が効きます。フライパンで炒った種子は、皮ごとパリパリおつまみもいけます。

●自家採種

自家採種は簡単です。オレンジ色になった実をそのまま樹で熟させておくと、ぱっくり割れて中に真っ赤な甘い果肉に包まれた硬い種子があります。赤い実のまま収穫し、天日で数日よく乾燥させます。その後、赤い実をはずし、ネットで2週間風通しの良いところで吊るし、さらに乾燥させます。

赤い果肉は甘くおいしいので、乾燥させずに食べてもかまいません。乾燥後、種子の中身が空っぽのものは除きます。

ウリ科

カボチャ類（カボチャ、ズッキーニ）

栽培難易度★

原産地	西洋カボチャ：中米アンデス山脈高地 日本カボチャ：中米熱帯 ズッキーニ：北米乾燥地
土ステージと適地	土ステージ2～3。pH６前後の弱酸性。水はけの良い乾いた土壌を好む。連作可能
根の形態—株間（自立根圏）	主根浅根型—100㎝
生育適温と適期	西洋カボチャは果菜類ではもっとも低温に強く（生育適温17～20℃）、夜温も10℃以上あれば生育する。熱帯原産の日本カボチャは高温を好む。ズッキーニはその中間。霜に弱い
おすすめ品種	西洋カボチャ種…在来種、スクナ南瓜、かちわり、ケイセブン、坊っちゃん 日本カボチャ種…小菊南瓜、日向南瓜、バターナッツ ズッキーニ…コスタータロマネスカ
コンパニオンプランツ	ネギ、エダマメ、トウモロコシ、ハツカダイコン
種子	他家受精　寿命３～４年

カボチャ栽培暦

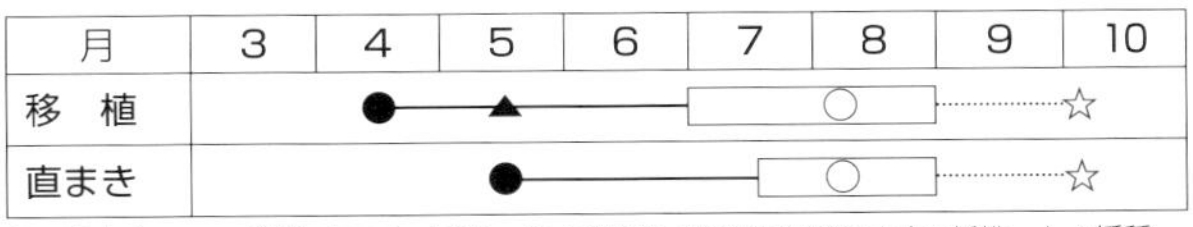

●：種まき　▲：定植　□：収穫　○：採種株・採種果実の選定と人工授粉　☆：採種

●原産地と栽培適地

カボチャは原産地や育った場所の違いから、ホクホクとした西洋カボチャ種（冬至南瓜）、小ぶりでねっとりとした日本カボチャ種、ズッキーニやソウメンカボチャなどのペポ種の3種類に分けられます。

西洋カボチャは、アメリカ大陸のうちでも冷涼な気候のアンデス山脈が原産地なので、寒さに強く冷涼な気候を好みます。

日本カボチャ種は、メキシコなど熱帯地方で栽培化されたもので、高温を好み寒さに弱いです。

ペポ種は、北アメリカ南部の乾燥地帯で栽培化されたものです。

いずれも連作障害が出にくく、多湿だと疫病が発生しやすいので、土手カボチャに代表されるように水はけ・風通しの良い場所で育てます。土ステージは2～3の肥沃地を好むので、クラッキをするとぐんと生育が良くなります。

●栽培適期

種まきや定植の時期は、キュウリに準じます。カボチャの中でも西洋カボチャは、果菜類の中でももっとも低温に強く、10℃以上あれば生育できるので、直まきがおすすめです。

日本カボチャは、熱帯原産なので、十分温かくなってから種まきや定植をします。

●コンパニオンプランツとの混植プラン

トウモロコシがもっとも相性が良く、アメリカ大陸のインディオは、カボチャとトウモロコシを混植していました。トウモロコシを日の当たる東側に植えると、トウモロコシの中にカボチャが入っていき、収穫がしやすくなります。

下図のように、ウネの中央に株間1mとってカボチャをネギといっしょに植え、ウネの両サイドに株間30cmとってトウモロコシをまいておきます。

やせたレベル1～2の畑では、クラッキを行ないます。また、ウネサイドにエダマメを株間30cmとってま

コンパニオンプランツとの混植例

苗定植

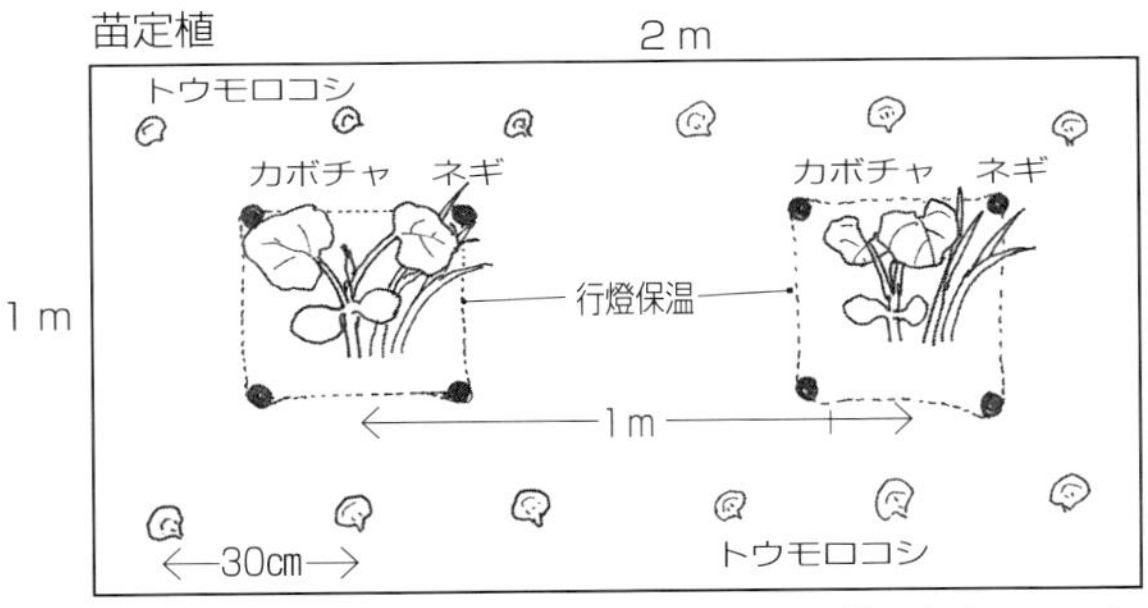

カボチャをネギといっしょに植え、ウネサイドにトウモロコシをまく

直まき

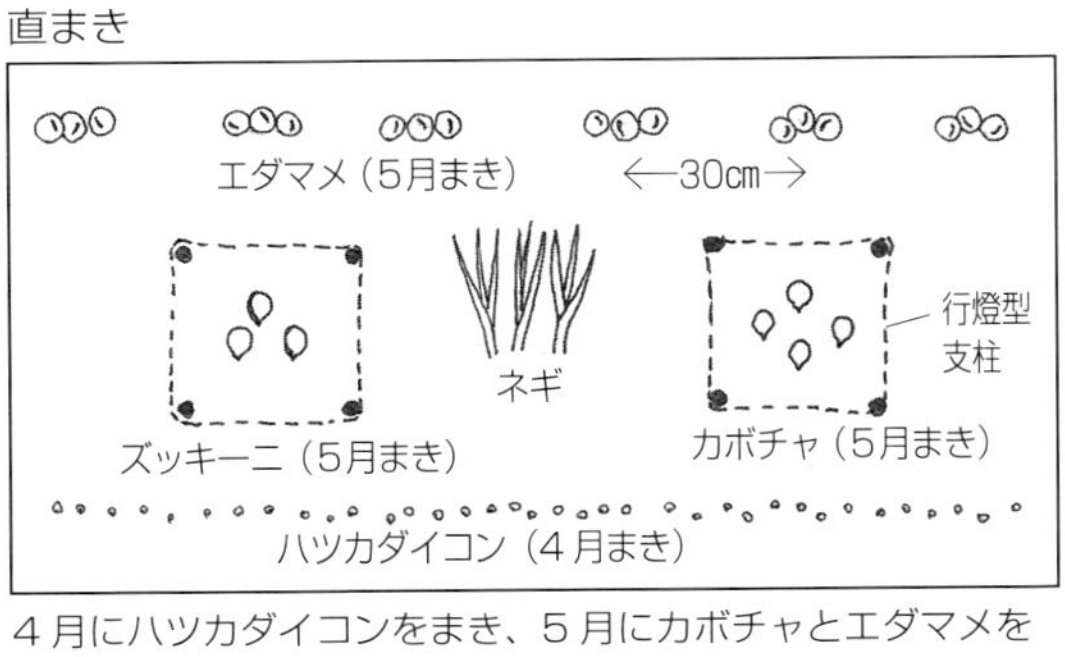

４月にハツカダイコンをまき、５月にカボチャとエダマメをまく

いたり、あらかじめウリバエ（ウリハムシ）よけにハツカダイコンをまいておきます。

●栽培のポイント

①クラツキで丈夫な根を張らせる

カボチャの実は大きく栄養分に富んでいます。自然生えは、果肉が腐って肥えた土から生え、初期生育が促されます。カボチャはこの初期生育がうまくいかないと、育ちが悪いので、堆肥のクラツキで初期生育を促してやります。

しかし、あまり肥料分が多いと、つるや葉ばかり大きくなってつるボケしてしまい雌花が落ち、実つきが悪くなります。肥えた土ステージ3ではクラツキは必要ありません。

また、西洋カボチャやズッキーニは、比較的低温でも発芽しやすいので、土ステージ2〜3の畑では、直まきして行燈保温をして育てたほうが、根が深く張って丈夫に育ちます。

②株間を広くし敷きワラや草マルチで浅根を守る

カボチャ類は、つるが伸びる範囲に根を浅く広く張ります。大きな葉を広げて地面を覆い、この広い自立根圏に草が生えることを自ら防いでいます。

この広い自立根圏を確保するために株間を1mはあけ、浅根は乾燥や多湿に弱いので、厚めの草マルチやワラマルチなどして、夏場の乾燥、高温から守ってあげます。

③無整枝で根を縦横に張り巡らせる

つると根は相対的な関係なので、摘芯や芽かきをせず放任栽培でつるの数を増やしたほうが、根性のある根が一面に張ります。また、つるの各節からも根が発根して養水分を吸収します。つるをはがして、その根を切って移動させることは、厳禁です。

④人工授粉も必要なし

自然菜園ではチョウやハチなどが多いので、人工授粉の必要はありません。ただし、他家受精なので、必ず2株以上近くに植えます。

⑤生育中期からの草はあえて生やしておく

生育初期は草を抑え根を十分に張らせるためにも草マルチが必要ですが、実をつけ始めると、実に養分がまわり草勢が弱くなり、草が再び生えてきます。その草は、地表面の温度を下げ、実の日焼けを防ぎ、鳥などから実を隠してくれるので、そのままにしておきます。

⑥生育中期のうどんこ病に注意

実をつけ始めると、草勢が落ちてきて、晴天が続くと、葉の表面に粉がふいてきます。いわゆるうどんこ病です。10日以上雨が降らない場合は、夕方葉っぱにストチュウ水をかけて洗い流してあげます。

●畑の準備

種まき・定植の1ヵ月前に株間1mとって堆肥をクラツキで施します。

ウネ幅は固定され限られていますが、つるは3〜4m伸びるので、隣のウネには相性が良くつるが侵入してもよいトウモロコシやオクラなど背の高いものを植えます。

●直まき・定植

クラツキした盛り土の上に、種を3〜4粒向きを揃えてまきます。植え付けの場合は、キュウリ同様、根鉢の上面を床面に合わせて植えます。まだ晩霜が心配なときは、行燈支柱を立てたり、不織布をべたがけしておきます。株間にエダマメやラッカセイをまいておきます。

初期生育が大切なので、小さなうちからしっかり株下の草を刈り草マルチをしていきます。草がなかなかない市民農園などの場合、早春に両側の通路にエンバクなど麦類の種子をまいておき、これを刈って敷きワラにすると便利です。

隣のトウモロコシのウネの中に伸びるカボチャ

クラツキした上に種子の方向を揃えて直まき

基本的に支柱なしで、芽かきなしでつるを放任して地に這わせますが、ミニカボチャなどは、キュウリ支柱などで育てることもできます。

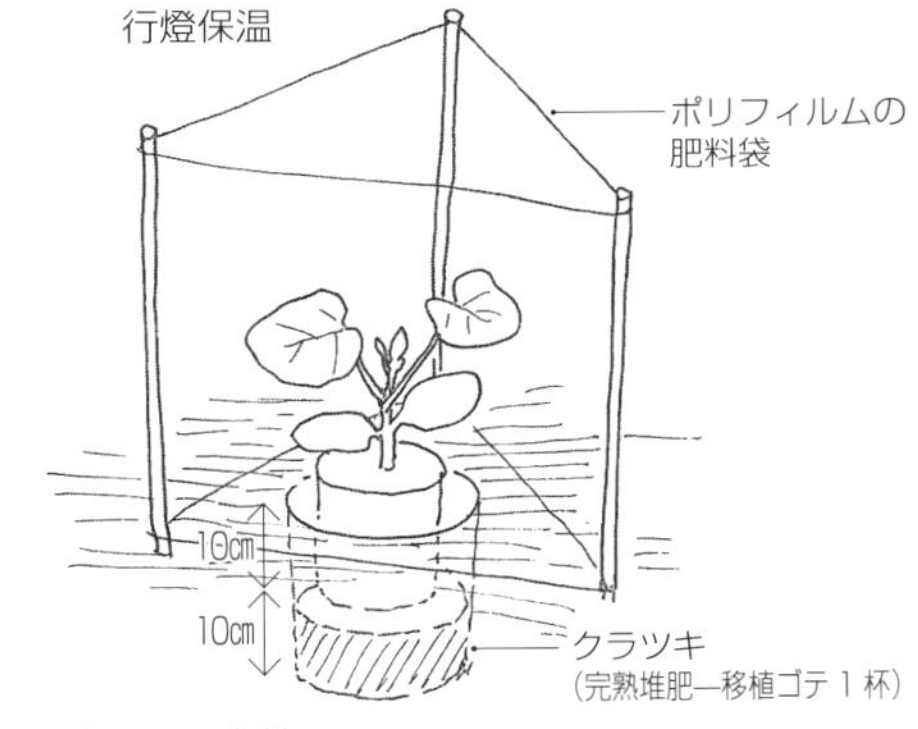

カボチャの定植

●草管理

つるが伸び出す前の生育初期は、まわりの草を刈りながら草マルチを重ねていきます。つるが伸び出すころまでに、株のまわりの1m四方を刈り草やワラでしっかりマルチします。実をつけ始めてからは、草を放任して草むらの中で肥大させ、果実の日焼けを防ぎます。つるなしのズッキーニは、風通しが悪くなると病気がちになるので、定期的に草を刈って草マルチしてあげます。

●健康診断と対策

生育初期に葉っぱが黄色くなってしまったり、生育が悪いときは、完熟堆肥を草マルチの下に敷き詰め水をあげると、回復してきます。

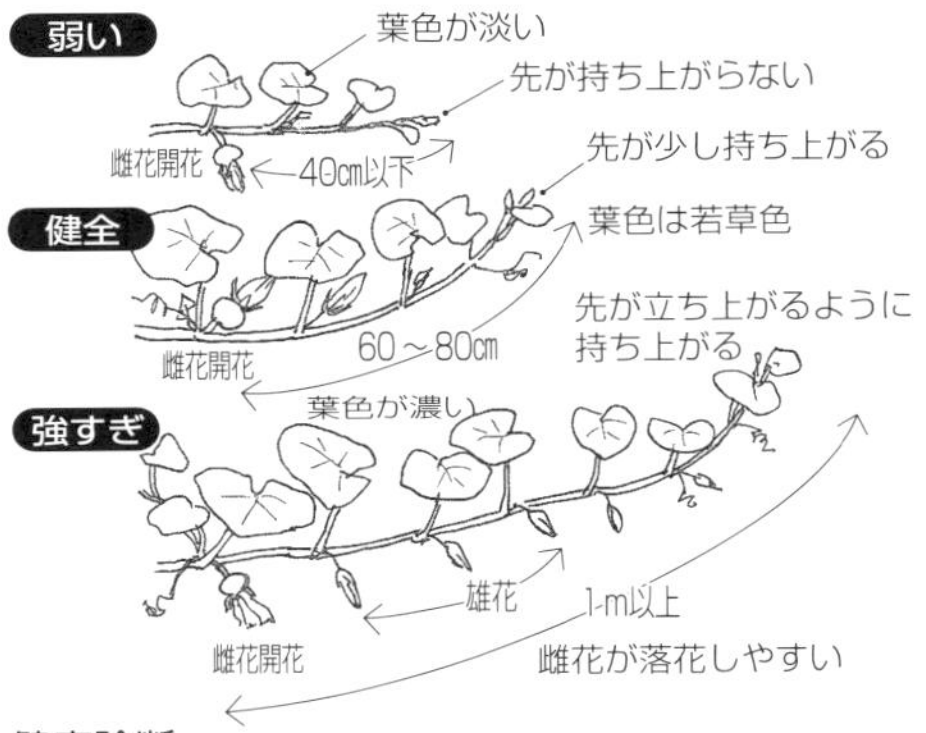

健康診断

雌花が咲き始めたら、つるの先端部を観察して、葉の色や大きさと、雌花と生長点との距離と向きで草勢を判断します。つる先が上向きで、雌花から生長点までが60～80cmで葉が若草色であれば、樹も雌花も元気な証拠です。つる先が水平で雌花から生長点までが40cm以下で葉の色が薄い場合は、草勢が弱っている証拠です。草マルチの上から米ぬかなどを補なってあげます。

逆に、雌花の先が1m以上伸びて、葉がどす黒くなっている場合は、養分過多です。つるの勢いが強すぎて雌花は落ちて着果しにくくなります。こんなときは、元気な子づるを3本だけ伸ばし、他の子づるや孫づるなどは摘み取ってしまいます。

●収穫

カボチャは種類によって収穫期と保存期間が異なるので注意が必要です。西洋カボチャは、品種にもよりますが、開花後45～50日経つと、ヘタがコルク状に縦にひびが入り、表面のつやがなくなったときが収穫適期です。収穫後すぐに食べずに冷暗所に1ヵ月くらい置いておくと甘みが増しておいしくなります。冬至南瓜は、12月の冬至のころまで保存が効きます。

日本カボチャは、開花後30～35日程度でやや実の色があせ、白い粉がふいてきたら収穫適期です。あまり保存が効かず、また置いておいてもそれほど食味が良くなりません。

ペポ種のズッキーニは、開花の4～7日後、まだ花弁がついているうちがもっともおいしく、大きくしすぎると樹に負担がかかり収穫数が減ってしまいます。高温乾燥で弱る8月中旬は、キュウリ同様、一度花や実をすべてかき取り、1週間ほど休ませて回復させます。

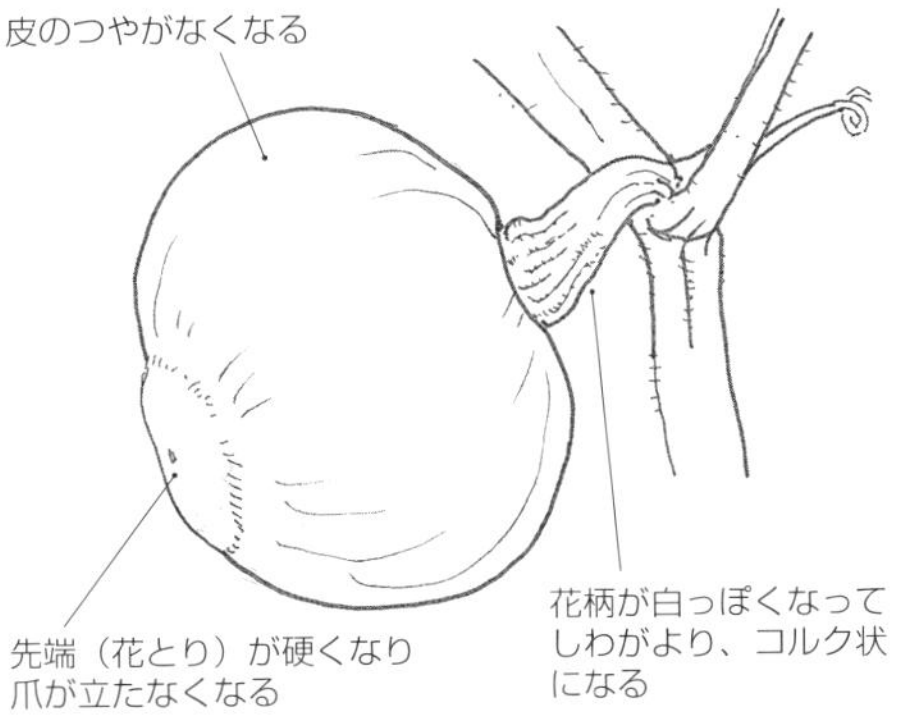

西洋カボチャの収穫適期の目安

●保存法

西洋カボチャやバターナッツであれば、正月くらいまでそのまま保存ができます。長期保存用の品種を低肥料で育てると春先まで保存が効くので助かります。ゆでたカボチャをペースト状にして冷凍しておけば、一年中使え便利です。

●自家採種

ウリ科の中でカボチャがもっとも自家採種が簡単です。交雑をさけ、食べておいしかったものから採種します。西洋カボチャは収穫後2週間ほど熟成させ、食べるときに種をかき出し、ネットなどに入れてよくもみ洗いし、ワタと種子が分離するまで何回も水を替えて洗います。カボチャの種子は浮くので、水に浮いたものを選びます。よく乾燥させてから、中身がないものを除き、乾燥剤を入れて冷暗所で保存します。

日本カボチャやズッキーニなど

カボチャの採種手順

2週間追熟させてから種子をかき取る

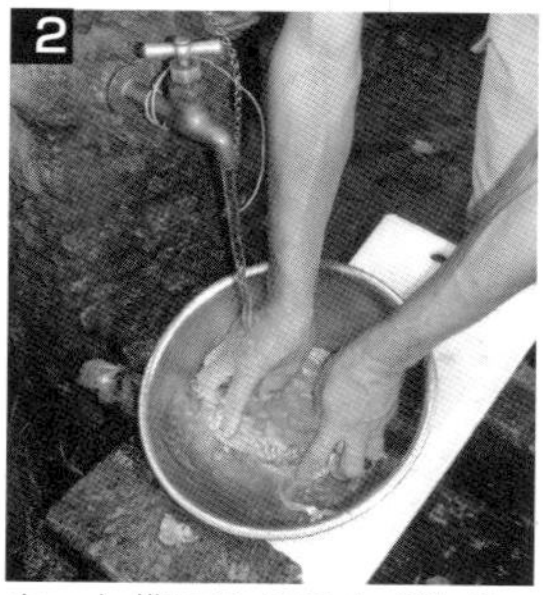

ネット袋に入れてよく洗う

水に入れ、浮いた種子を選ぶ

日陰でよく乾かして保存する

は、色が変わってくるまで1ヵ月以上、完熟するまでそのまま樹につけておきます。その後、1ヵ月追熟させてから、西洋カボチャ同様に種をもみ洗いしますが、品種によっては浮かないものもあります。

ウリ科

スイカ・メロン

栽培難易度 スイカ・メロン ★★★
マクワウリ ★

●原産地と栽培適地

スイカもメロンも熱帯アフリカのサバンナや砂漠地帯が原産地で、雨期に発芽し、乾期に結実し種子を残します。そのため、果菜の中でも高温性で生育適温は28～30℃、寒さには弱く、地温が安定するまでは行燈保温などで保温・風よけが有効です。スイカは、砂漠のような雨の少なく排水の良い砂地で育ってきたので、ウリ科の中では特有で、太い直根をもち側根も深く張り、地下深くから水分を吸収することができます。メロンはスイカに比べて浅根ですが、水はけの良い乾燥地を好み、多湿、多雨の日本では、砂地や水はけの良い日の当たる畑を選び、ビニールトンネルやハウスで保温と雨よけをして栽培しています。土ステージでは2～3の肥沃地が適しています。

スイカやメロンは日本の風土では露地栽培がむずかしい野菜です。その点、雨が多いインドで育ったメロンの一種のマクワウリ（真桑瓜）は育てやすく、遺跡から種が見つかるほど古くから日本でも栽培されています。マクワウリとの交配種のプリンスメロンも比較的容易です。

原産地	スイカ…熱帯アフリカ メロン…東アフリカ・中近東 マクワウリ…インド
土ステージと適地	土ステージ2～3。酸性を好み、スイカはpH 6.5以下が、メロンは6.5以上の中性が育ちやすい スイカとメロンは砂漠原産で、日当たりが良く水はけの良い乾いた砂質の土壌を好む
根の形態—株間（自立根圏）	スイカ・主根深根型—100㎝ メロン、マクワウリ・主根浅根型—100㎝
生育適温と適期	野菜の中ではもっとも高温性（生育適温25～30℃、夜間18～20℃、15℃以下では生育不良）で、乾燥した気候を好む。霜に弱い
おすすめ品種	スイカ…黒小玉、夢枕 メロン…プリンスメロン マクワウリ…南部マクワウリ、ニューメロン
コンパニオンプランツ	ネギ、エダマメ、陸稲、エンバク、ライムギ
種子	他家受精　寿命3～5年

スイカ・メロン・マクワウリ栽培暦

月	3	4	5	6	7	8	9	10
移　植		●	●▲	▲	○		☆（収穫）	

●：種まき　▲：定植　□：収穫　○：採種株・採種果実の選定と人工授粉　☆：採種

●栽培適期

高温性なので、保温して育苗し、コムギが穂を出し藤の花が咲き、十分に地温が温まってから定植します。最初のうちは、草マルチをあまりせず、株元の土に直接太陽光を当てて温めます。

●おすすめ品種

スイカやメロンは根の強いカボチャやユウガオの台木に接ぎ木した苗がよく売られていますが、丈夫な根をもち自根でも育ち育てやすい小玉の品種やマクワウリ

コンパニオンプランツとの混植例

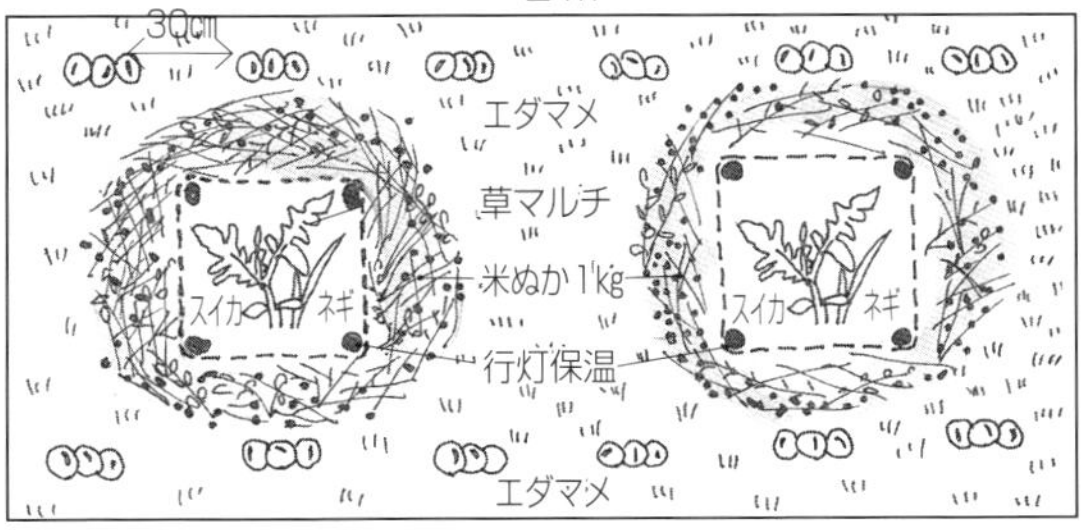

エダマメを両側にまき、草マルチの上に米ぬか 1kgをまいておく

行燈保温

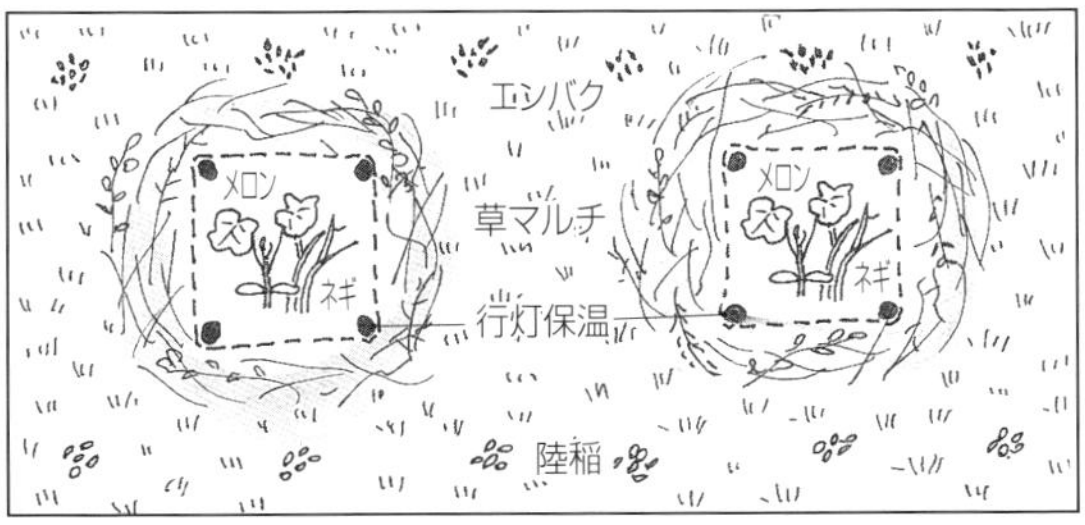

つるボケ、うどんこ病予防にエンバクか陸稲を 1 ヵ所に5〜10 粒くらいまく

がおすすめです。スイカなら、夢枕（自然農法センター）や黒小玉スイカ、メロンならプリンスメロン、マクワウリでは甜掉牙（自然農法センター）やニューメロン、南部マクワウリがおすすめです。

●コンパニオンプランツとの混植プラン

ネギ類の跡地、特に長ネギ、タマネギのよく育った場所が向いています。スイカもメロンもつる割れ病が発生しやすいので、必ずネギを夫婦型混植で根をからめながら定植します。

上図のように、土ステージ1〜2のやせていたり水はけの悪い畑では、クラツキをしてウネの両サイドにエダマメを30cm間隔に2〜3粒ずつまき、草マルチの上に米ぬかを1株当たり1kgまいておきます。土ステージ3の畑では、エンバクか陸稲を同様に30cm間隔に10粒くらいずつまいておくと、草マルチの材料にもなり、つるボケやうどんこ病を防ぐ効果があります。

●畑の準備

スイカもメロンも、土ステージ3の肥沃地が適していますが、スイカは酸性土壌が大好きで、メロンは中性を好み、酸性土壌が苦手です。スイカは土ステージ2以下の酸性土壌でも酸性改良する必要はありませんが、メロンはくん炭を前面にまいて酸性を改良しておきます。スイカもメロンも土ステージ2以下のときは、定植1ヵ月前にクラツキにスコップ1杯、たっぷりと完熟堆肥を施しておきます。

水はけが悪い畑では、植える場所だけクラツキのように高く盛って排水を良くします。また、ウネのサイドに直根性のエダマメや根が深く張るエンバクを育てると水はけが良くなります。

●定植

前述したようにコムギの穂が出るころまで待って、地温が18℃以上になるころ、本葉4〜5枚の若苗を、ウネ中央に株間1mとって定植します。定植後は乾きぎみにして根を深く張らせることがポイントです。そのために、スイカもメロンも、とても浅く植えます。根鉢の半分くらいが外に出るくらいの浅い植え穴を掘り、植え付け後に外に出た根鉢を包むように土を寄せて盛りつけます。こうすると根鉢のまわりの地温も上がり、乾きやすくなるので、根が水を求めて深く張ります。

株元は草マルチをせず日に当てて地温を上げて乾くようにし、5月いっぱいは行燈保温をしておきます。定植後に土ステージ1〜2の場合は、草マルチの上に1株に1kgの米ぬかをまいておきます。

●整枝

スイカは雌花が親づるや子づるに5〜7節おきにつきますが、メロンとマクワウリは親づるにはつかず子づると孫づるにつきます。そのため、スイカは芽かきをせず放任無整枝で育てますが、メロンやマクワウリは親づるを5〜6節目（本葉5〜6枚目）で摘芯し、子づるを伸ばして子づるや孫づるに着果させます。

●敷きワラ

5月いっぱいは、株下の草を刈って敷く程度で、草マルチは厚くせず地温を高めます。6月中旬、梅雨時期に入ると草もつるも旺盛に伸びてくるので、スイカの株間に草マルチをたっぷり厚く敷き、さらにワラが手に入ればワラマルチをしっかりします。ワラが手に入らない場合は、エンバクやライムギを春にまいておくと、ちょうどこのころにワラマルチにも使え便利です。梅雨に入るとメロン類はうどんこ病が出やすいのですが、ワラマルチをすると発生しにくくなります。うどんこ病がひどいときは、夕方ストチュウ水を霧吹きで葉にかけておきます。実が大きくなり始めたらやめ、そのままにしておきます。

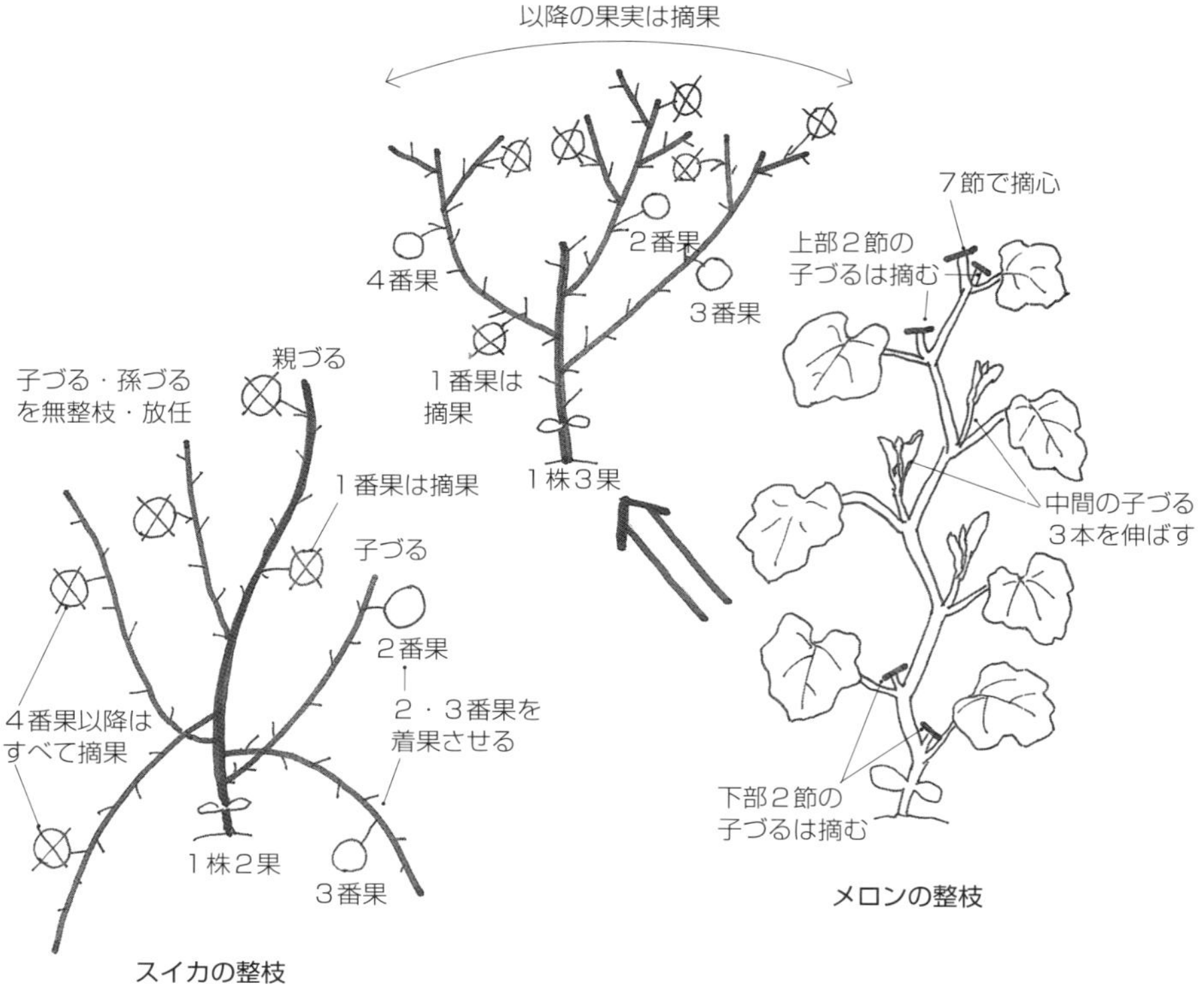

整枝と摘果

●受粉と摘果

自然菜園ではハチなどの訪花昆虫が多いので、あえて人工授粉の必要はありません。スイカもメロンも最初の1番果（草勢が弱いときは2番果も）は小さいうちに摘果し、スイカは次の1～2果、メロンは次の2～3果の着果を確認したら、以降の果実は摘果し、残した果実に養分を集中させます。

●実の保護

実がつき肥大し始めたら、ワラやお肉のトレーを逆さまにして座布団に敷いておきます。日が実全体に当たるように時々回転させます。

カラスの被害が心配なときは、実が小さいうちにストッキングをかぶせたり、防鳥ネットをかけておくと安心です。

●収穫

スイカもメロンも収穫のタイミングが大切です。スイカは、収穫した後に追熟はあまりしません。品種によっても異なりますが、花が咲いてから35～40日ほどで、実のつけ根の巻きづるが枯れてきたら収穫時期です。完熟の印が出たら、雨の当たる前に収穫します。

メロン類は甘い香りがし、ヘタのつけ根に離層ができたり、お尻が硬くなってきたら収穫時です。メロン類は追熟させると甘くなるので、収穫後1週間ほど追熟させます。

スイカは井戸水などで冷やしてから食べるとおいしいです。冷蔵庫では冷えすぎてしまうので、食べる1時間前に冷やします。逆にメロンの甘みは主に果糖なので、冷やすことで甘みが増します。メロンは果肉をカットしてから凍らせておき、アイスにして食べてもおいしいです。

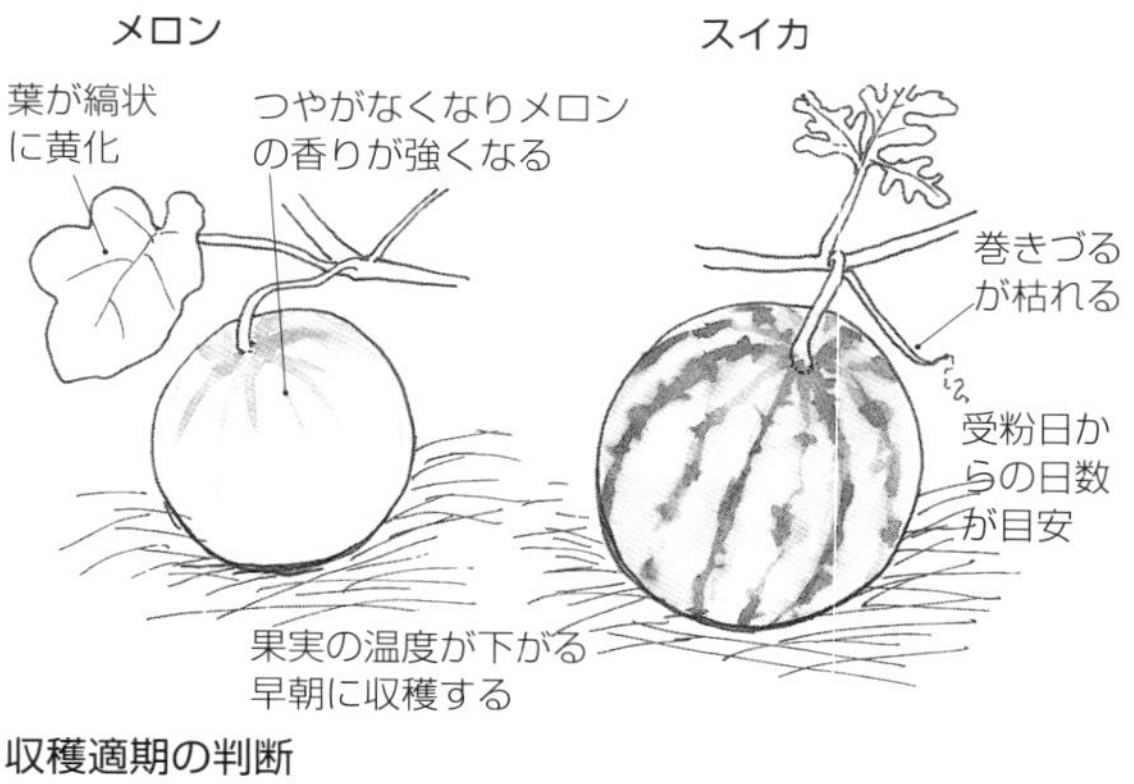

収穫適期の判断

●自家採種

スイカやメロンは、食べておいしかったものから種子をかき出して、ネットに入れて20～30℃くらいのぬるま湯でよく洗いぬめりを取ります。洗った後は、沈んだ種子をよく乾燥させてから保存します。寿命は、3～5年です。

スイカの定植とトウモロコシの種まきの手順

スイカの定植位置の草を根から刈る

ポットの半分が出るくらいの浅い穴を掘る

ネギを２本入れ根鉢を押しつけて植える

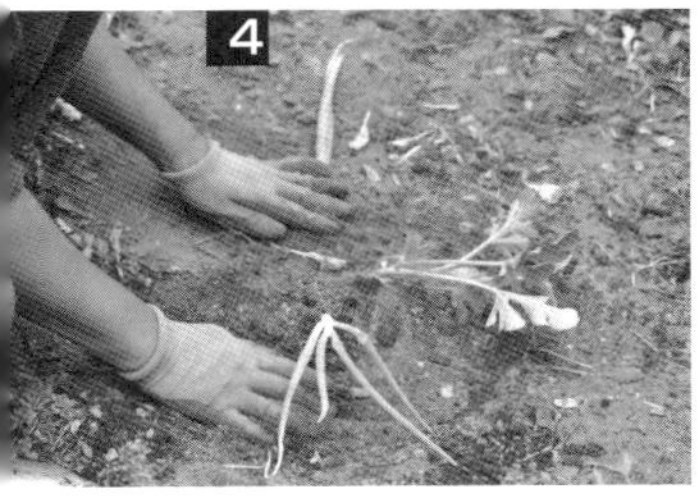

露出した根鉢の上部に土を寄せて鎮圧する

30㎝ほど離してマチクラツキをする

中央をあけて草マルチをする

米ぬか 1kgを草マルチの上にまく

長さ３mのウネの草を刈り、中央に寄せ、両サイドのトウモロコシのまき床を根切りをし整地する

まき溝を作る

25㎝間隔に３粒ずつ、トウモロコシの種子をまく

覆土する

足で踏み鎮圧する

鳥害防止に、トウモロコシをまいた位置の10㎝上に糸を張る

トウモロコシをまいた上に草マルチをする

トウモロコシウネにつるが伸びて成る

3……マメ科の野菜

●原産地からみた特性

マメ科野菜には、ダイズの未熟果であるエダマメ、インゲン、エンドウ、ソラマメ、ラッカセイなどがあります。それぞれ原産地が異なり、特性も違います。

エダマメ…ダイズは中国が原産地で、古代から貴重なタンパク源として栽培され、味噌や醤油、豆腐、納豆などにも加工されてきました。エダマメは、江戸時代に入ってから、ゆでて野菜として食べ始め、今では食味が良く早晩性の異なるエダマメ専用種がいくつも育成されています。

インゲン…原産地はメキシコなどの中米で、日本には江戸時代に、明から来日した隠元禅師がもたらしたことからその名がついています。つるありインゲンとつるなしインゲンとがありますが、冷涼な気候を好み、多湿に弱いです。

ラッカセイ…南アメリカ・アンデス山脈の東麓が原産といわれています。高温性で乾燥に強く日当たりを好み、多湿には弱いです。

エンドウ…原産地は中央アジア中近東地方とされ、古代オリエント地方や地中海地方で麦作農耕の発祥とともに栽培されるようになり、5世紀ころ中国に伝わり、9世紀以降になって日本へ伝来しました。寒さに強く冷涼な気候を好み、酸性土壌を嫌います。

ソラマメ…原産地は西南アジアから北アフリカとされ、古代より世界各地で栽培され日本へは8世紀ころ伝来したとされています。幼苗期は寒さに強いですが、大きくなると弱くなります。

●根の形態と栽培ポイント

いずれも主根浅根型ですが、主根はあまり発達せず、側根が上層によく伸び、根粒菌と共生します。根粒菌は空気中のチッソを吸収しやすいアンモニアの形に固定し、野菜にも供給してくれます。自然菜園の代表的コンパニオンプランツです。ユリ科の野菜、特に長ネギ類以外は、どの野菜とも相性が良く、混植すると野菜の生育も良くなります。

そのため、エダマメやラッカセイはやせ地でもよく育ち、肥えていると樹ボケして花がつかなかったり、実が入らなかったりしやすいです。しかし、エンドウやソラマメ、インゲンは酸性を嫌い、やや肥沃地が適しています。

また草に負けやすく、風通しが悪くなると、病虫害が出始めます。草が背丈よりも小さいうちに刈って草マルチして、風通しを良くしてあげます。マメ科は丸葉で水分をよく吸収します。特に開花時期が、もっとも水分が必要で、1週間以上乾燥が続くようであれば、根元にしっかり水をあげます。

マメ科は連作を嫌う性質がありますが、混植を基本にすれば、あまり気にする必要はありません。

ダイズの根：太い主根から側根が伸び、根粒菌がたくさんつく

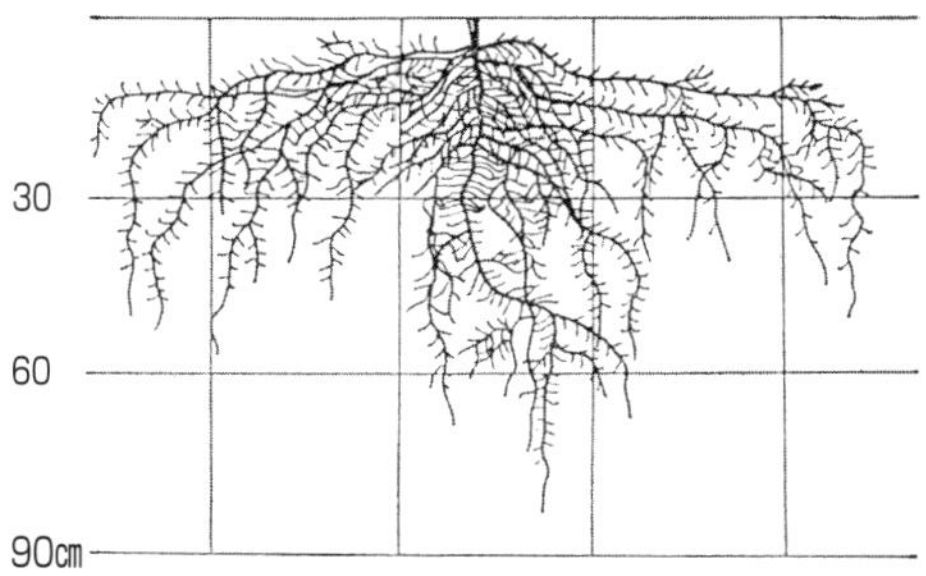

インゲンの根：側根が上層によく張る
（播種後２ヵ月　ウェーバー・ブルーナー　1927）

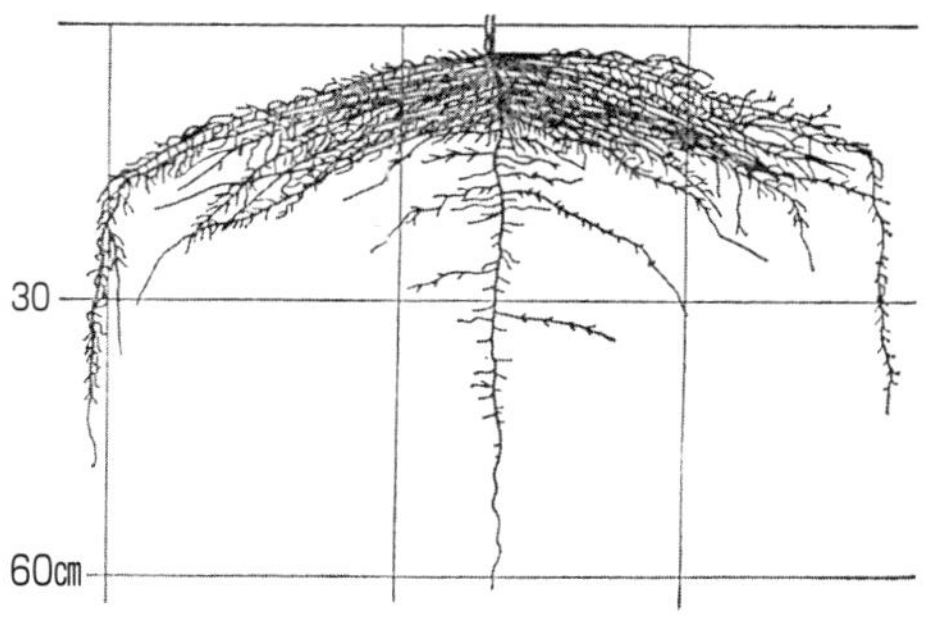

エンドウの根：上層に側根が密集
（播種後６週間　ウェーバー・ブルーナー　1927）

●**発芽の形態**

マメ科は、双子葉植物で種子が2つに割れて双葉となります。エダマメ、インゲンは双葉が地上部に出てきますが、ラッカセイ、エンドウ、ソラマメは双葉が地中にとどまって、本葉だけが地上部に出てきます。

●**自家採種**

マメ類はほとんど他家受精せず自家受精するので、ほかのマメと交雑する心配がありません。自家採種が容易です。エダマメやインゲン、エンドウは未熟果を収穫しますが、収穫し遅れて硬くなったものを、そのまま完熟させて実を収穫したり、種子とすることができます。

エダマメの根粒菌

マメ科

エダマメ・ダイズ

栽培難易度★

●**原産地と栽培適地**

ムギ類やサツマイモと同様に、土ステージ0~1の酸性でやせた土壌を好みます。それは、根に根粒菌がつき、空気中のチッソをアンモニアに変えて供給してくれるからです。肥えた畑で栽培すると、茎葉ばかりが茂って実がつきにくくなります。エダマメは、基本的に無肥料で栽培できます。

また、ダイズは田んぼの畦でアゼマメとして育てられることが多かったことからもわかるように、水を多く吸収します。特に開花するころから水を多く求めます。根は主根浅根型で、あまり深く張りません。保水性がある元田んぼのような畑で育てるとよく育ちます。また、日当たりを大変好みます。

原産地	中国
土ステージと適地	土ステージ0～1。pH6前後の弱酸性で、やせた土壌でも育ち、やや湿気の多い土を好む
根の形態—株間（自立根圏）	主根浅根型—25～40㎝ （株間は品種によって異なる）
生育適温と適期	やや高温（生育適温25～30℃）で日当たりと多湿を好む。地域、品種によって播種適期が異なる。早生は霜が降りなくなってから7月まで、晩生は6月がまきどき。霜に弱い
おすすめ品種	コンパニオンプランツには極早生～早生系、一般栽培では、奥原早生、茶豆系エダマメ、黒豆系エダマメなど
コンパニオンプランツ	ネギなどユリ科以外のほとんどの野菜
競合作物	ネギなどのユリ科野菜、草に弱い
種子	自家受精　寿命1～2年

エダマメ栽培暦

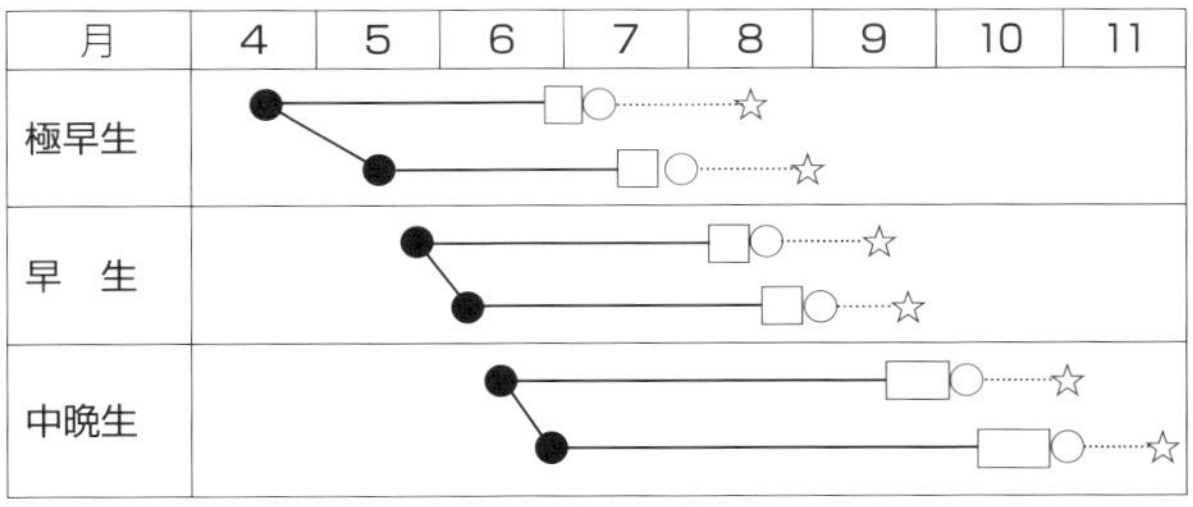

●：種まき　□：収穫　○：採種株の選定　☆：採種

●**栽培適期**

ダイズには日長が短くなると花芽ができる短日性の秋ダイズと、日長にあまり影響されない夏ダイズとがあり、エダマメは夏ダイズ型です。しかし、エダマメでも晩生品種を早まきすると発芽から花芽ができるまでの期間が長くなり樹ボケします。極早生・早生品種なら、4月中旬から7月上旬までまくことができます。品種によって、また地域によって播種適期が異なるので注意してください。

マメ類の大きな問題は発芽後、本葉が出るまでの間のカラスやハトの食害です。発芽したばかりの養分たっぷりの双葉を一網打尽に食べられてしまいます。特に虫が少ない4月下旬から5月上旬は危険です。1

やせた土が適するサツマイモの中で育つエダマメ

コンパニオンプランツとの混植例

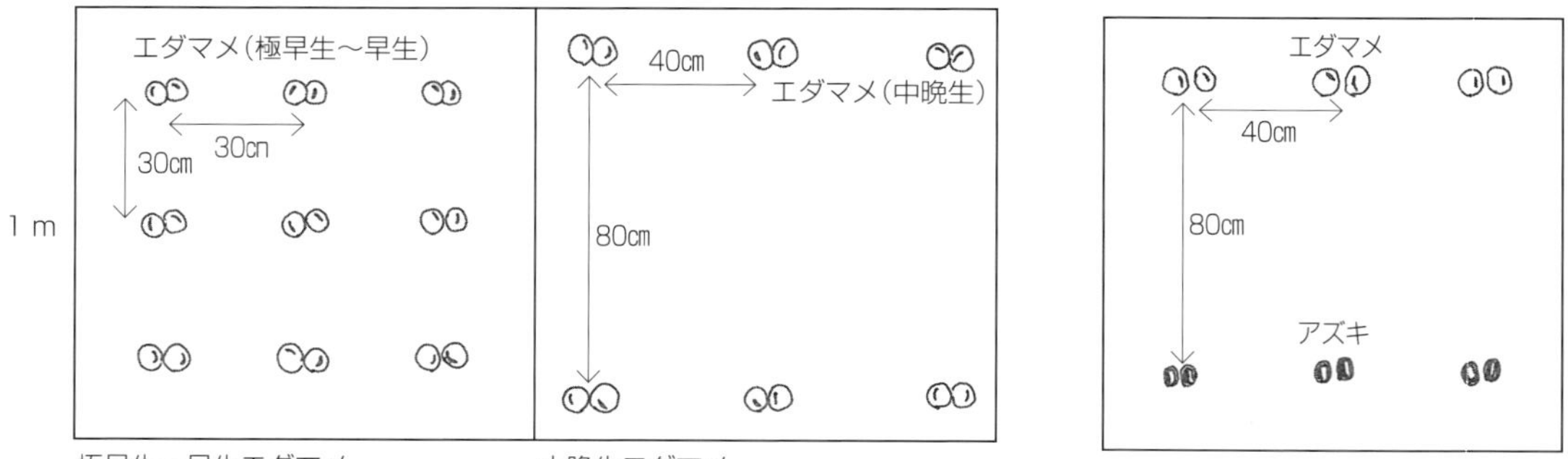

極早生〜早生エダマメ　中晩生エダマメ

週間遅いか早いかでずいぶん被害が違ってきます。早まきはさけ、5月末以降がおすすめです。

夏のビールのつまみに早く収穫したいときは、本葉が出るまで防鳥ネットをかけるか、本葉が数枚伸びた苗を移植します。

●コンパニオンプランツとの混植プラン

マメ科野菜はコンパニオンプランツの代表です。マメ科はネギなどユリ科以外のほとんどの野菜と相性が良く、チッソの補給などの効果があります。

特にナス科やウリ科の果菜類との混植はおすすめです。マメ科は連作を嫌いますが、コンパニオンプランツとして混植すれば、連作を気にすることはありません。混植する場合は、極早生〜早生品種を選びます。極早生〜早生系品種なら、果菜の定植と同時にまけ、草丈も低く、株間は25〜30cmでよく、播種後70日くらいで収穫できます（早生種は70〜80日、中生種は80〜90日、晩生種は90日以上）。また、エダマメの後作は、ハクサイやダイコン、ホウレンソウなどが適しています。

またナス科野菜と異なり、マメ科はマメ科どうしの混植もできます。

●種まき

株間は、品種によって草丈や根圏が異なり、早生種ほど根圏が狭いので密植できます。極早生〜早生種は30cm、中生種〜晩生種は35〜40cmが目安です。少しずつ品種を変えてまくと、夏から秋まで楽しめます。

エダマメは、大雑把なまき方のほうが良く、1穴に2〜3粒をまとめてまきます。まとめてまくと、水を吸って大きくなった種子が土を協力しながら持ち上げるため、発芽がしやすいのです。発芽後、生長が良かった2本を残して、残りは根を残して根元から切って間引きます。2本で育てたほうが、根がよく伸び株下が保湿されやすいからです。

種まき後、鳥から見つかりにくいように、周囲の刈った草をかぶせて、その草マルチの間から発芽させます。もちろん水やりは必要ありません。

鳥害が心配なときは、防鳥ネットを張るか、種子を一直線にまき、その真上10cmのところに釣り糸を2本張ると、ハトは手も足も出せません。

さらに鳥の食害が多い地域では、10.5cmポットなどに粗めの土を詰め、本葉が1.5数まで育ててから定植すると鳥害の心配はなくなります。

エダマメの自然生え。サヤに入っていた2、3粒が協力して育つ

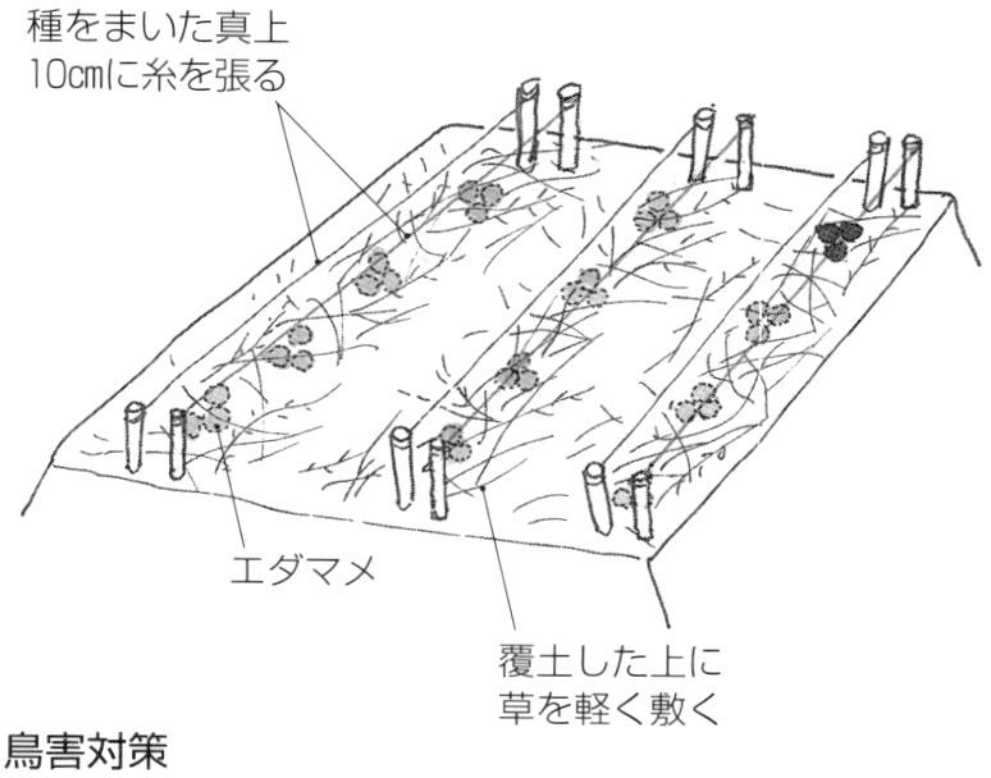

鳥害対策

●草管理と水やり

エダマメは、主根浅根型で根が浅く、発芽後1ヵ月間くらいは草に負けやすいので、草をこまめに刈って草マルチをします。花が咲くころからもっとも水分を欲するので、そ

れまでに草マルチを厚く敷き、土が乾かないようにします。開花後、雨が1週間降らないようなら、ひしゃくで株下にたっぷり水をあげると効果的です。

また、エダマメは、風通しが悪くなるとマメコガネやカメムシなどの虫害が出やすいので、風通しが良くなるように周囲の草を刈って根元に草マルチをしましょう。

●収穫

エダマメの収穫の目安は、サヤに実が8割ほど詰まったころ。早すぎると味が薄く、遅いと硬くなり、さらに遅くなると黄化してダイズになってしまいます。収穫適期は3日間ほどと短いので、家庭菜園では食べごろのサヤのみを少しずつ収穫します。収穫後は時間とともに味が劣化するので、半日以内に調理しましょう。

完熟させてダイズにしたエダマメの採種株

●自家採種と保存法

自家採種は、病虫害の少なかった実りの良い株を残しておき、サヤが枯れて乾燥してから種子を採ります。種子に紫色など伝染病があるものや虫食いやカビのあるものは除き、よく乾燥した充実した大きな実を自家採種します。

よく乾燥させた種子を一升ビンやペットボトルに8割詰め、ふたを半開きにし、1ヵ月程度暗所に置き、1ヵ月後にふたを閉めます。すると容器の中で種子が酸素を使い呼吸して重い二酸化炭素がたまり、種子が深い休眠に入ります。一般にマメ科の種子の寿命は1〜2年ですが、このようにビンで保存すると、虫もわかずに2〜3年間、種子としても食用としても保存できます。

マメ科

エンドウ

栽培難易度★★

●原産地と栽培適地

中央アジアから中近東が原産地とされていますが、古くは焼き畑で作られてきた野菜のためか、6.5〜7.0の弱酸〜中性土壌に適し酸性に弱いです。ステージ1の畑では、種まき2週間前に堆肥ともみがらくん炭（1㎡当たり1ℓ）施せば栽培できます。

根は主根浅根型ですが、主根は発達せず細く短い側根が上層に多く張ります（108頁参照）。そのため、大雨や多湿に弱く、水はけの良い畑が適します。寒さには強いですが、どちらかというと乾燥した、北風な

原産地	中央アジア〜中近東
土ステージと適地	土ステージ2〜3。pH6.5以上の弱酸〜中性土壌が適し酸性土壌に弱い。水はけの良い日当たりの良い土壌を好む
根の形態ー株間（自立根圏）	主根浅根型ーつるなし20㎝、つるあり30㎝
生育適温と適期	低温性（生育適温15〜20℃）で寒さに強く暑さに弱い。一般地は秋まき、寒地・寒冷地は春まき。25℃以上では生育不可
おすすめ品種	オランダエンドウ（キヌサヤ）、ツタンカーメンエンドウ（実）、スナップエンドウ
コンパニオンプランツ	ムギ（混播）、ルッコラ、レタス
競合作物	ジャガイモの跡地は育ちが悪い
種子	自家受精　寿命2〜3年

エンドウ（サヤ利用）栽培暦

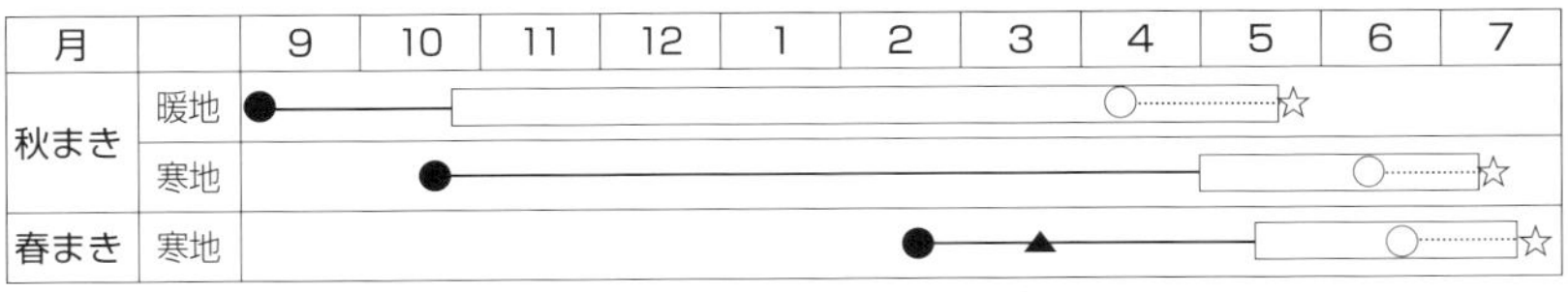

●：種まき　▲：定植　□：収穫　○：採種株・採種サヤの選定　☆：採種

ど冷たい突風が吹きつけないところが向いています。北側に風よけにムギなど作ると良いでしょう。

　また、エンドウは野菜の中でもっとも連作を嫌い、一般に5年は最低あけなければならないといわれていますが、後作に同じ支柱を利用して夏まきのインゲンやキュウリを育てると不思議とエンドウを連作することができるようになります。

　エンドウには若いサヤを味わうキヌサヤ（サヤエンドウ）、丸まると太った実（豆）を食べるグリーンピース（実エンドウ）、そしてサヤも実も両方食べることができるスナップエンドウなど、いろいろなタイプがあります。つるが50cmくらいしか伸びないつるなしエンドウもあります。

●栽培適期

　生育適温は15～20℃と低温性で、寒さに強く暑さに弱いです。幼苗期は特に寒さに強く、氷点下にも耐えます。そのため、晩秋にまいて幼苗で冬越しし、春に収穫する栽培が一般的です。

　冬越えに適した苗の大きさは、本葉が3～4枚、草丈5～6cm程度の大きさがもっとも寒さに強く、その大きさで冬が越せるように、種まき適期を決めます。

　越冬がむずかしい寒地・寒冷地では、春にまき、比較的涼しい夏に収穫します。また、暖地では、秋まきのほかに夏まきもできます。幼苗期は暑さにも強いので、夏にまいて秋から翌春まで収穫します。

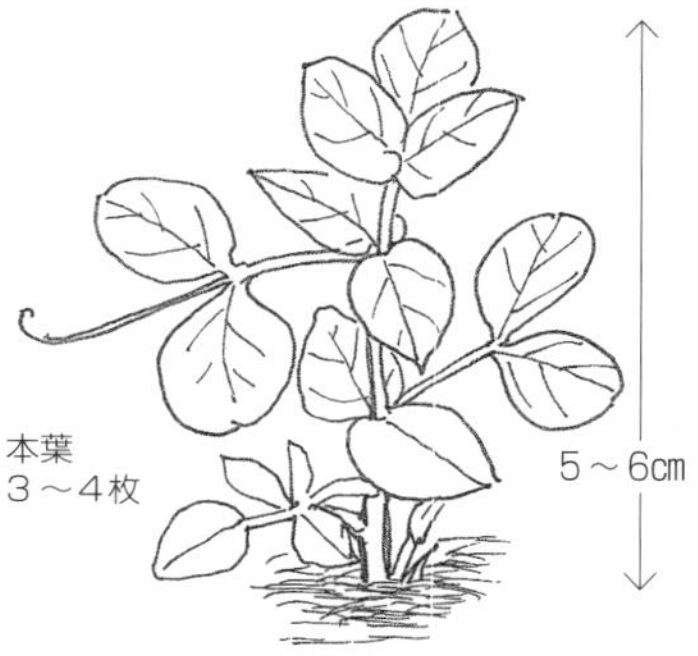

初霜時の理想姿

●コンパニオンプランツとの混植プラン

　相性の良い野菜は、レタスやルッコラです。秋にエンドウのウネの両脇に寒さに強く越冬するルッコラを条まきしておくと、風よけや乾燥防止になります。また、エンドウとムギの種子をいっしょに点まきすると、防風・防寒効果で初期の生育が良くなり、アブラムシやうどんこ病などが抑えられます。ただし、ムギの収穫は期待できません。

●種まき

　サヤの中には5～6粒の種子が入っていることから、「巣まき」といって1ヵ所に5～6粒まくと、発芽後お互いがつかまりながら生育していき、寒さにも強くなります。根圏は狭いので、株間は30cmとし、株ごとに支柱を立てます。ムギと混播するときは、1ヵ所にムギの種子を5～6粒混ぜてまきます。

株間30cmとって、エンドウ5～6粒、エンバク5～6粒をいっしょに点まき

枯れたインゲンの支柱ウネにエンドウをまく

コンパニオンプランツとの混植例

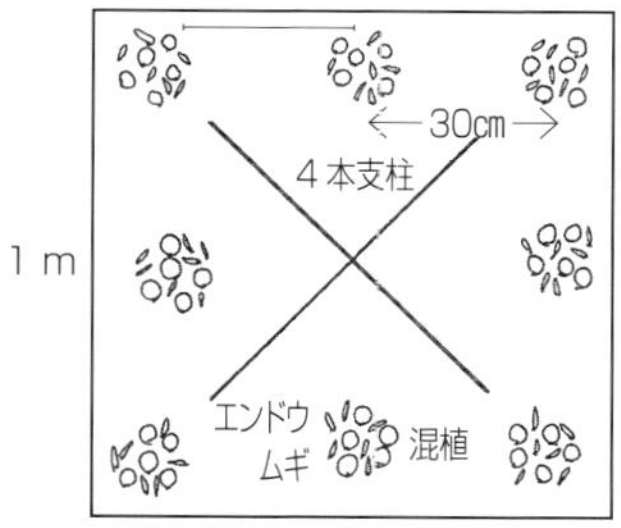

つるありインゲンの後作にエンドウ5～6粒とムギ5～6粒をいっしょに点まき

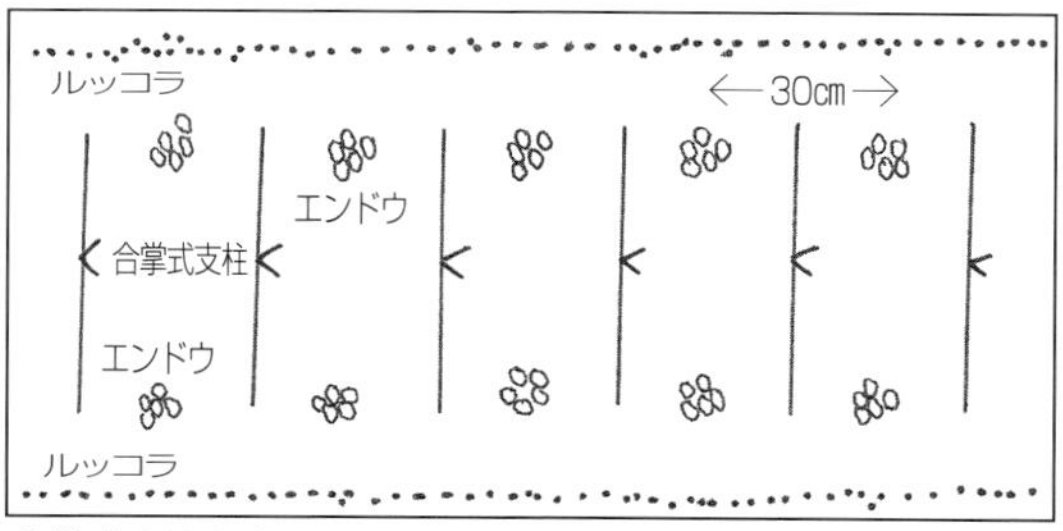

合掌式支柱を立て、ウネサイドにルッコラをまく

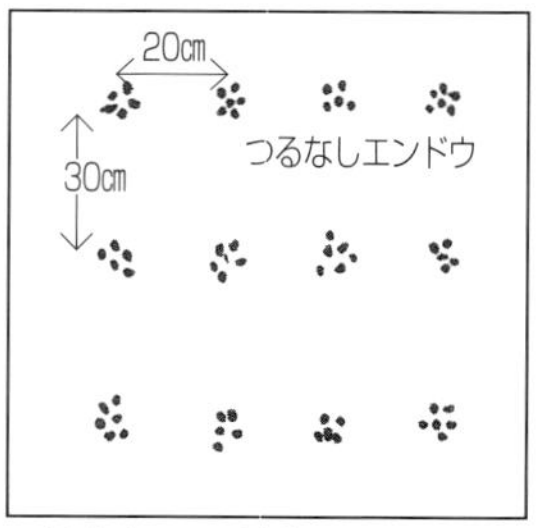

つるなしエンドウ

春まきでエダマメと同様に鳥害が多い場合は、ポットに5粒ずつまき、本葉が3枚出たら若苗で定植します。間引きはせず、そのまま育てます。

●霜対策と支柱立て

幼苗は寒さに強く特に根は0℃でも伸張しますが、霜で浮き上がったりすると枯死してしまうので、北風など寒風が直接当たらないように、ササやムギで防風してあげると良いでしょう。またワラやもみがらなどがあれば、株下にたっぷり敷いて保温してあげるとより良く育ちます。

種まき後早めに支柱を立てます。エンドウは、まっすぐ垂直に伸びる傾向があるので、できるだけ支柱も垂直に立てます。

ワラで防寒したエンドウ

●草管理

秋まきではあまり草は伸びないので、春に生えてきたら適度に草を刈って敷きます。冬の草が生えていない場合は、越冬する苗のまわりにハコベを移植するととてもよく育つようになります。

●収穫

サヤが軟らかいうちに収穫するサヤエンドウは、開花から12~15日後、サヤも実も収穫できるスナップエンドウは約20日後、実を利用するグリーンピースは約1ヵ月後が収穫適期です。いずれも収穫が遅くなると硬くなりやすいので、若いうちにハサミで切って収穫します。

●自家採種

梅雨の終わりに収穫が終わりサヤも枯れて、樹が枯れます。晴れた日をねらって収穫し、風通しの良いところで、サヤごと乾燥させます。サヤを割り、ウイルス病などに感染していない充実した実を選びます。

保存法はエダマメと同じくビンに入れて保存します。

マメ科

インゲン

栽培難易度★

●原産地と栽培適地

品種には未熟なサヤごと収穫するサヤ用品種と、完熟させてむいた実を収穫する種実用品種とがあります。いずれにも「つるあり」と「つるなし」があります。種実用は比較的暑さに弱いため、寒地・寒冷地に向いています。サヤ用種はどこでも栽培でき、完熟させて種実も収穫できるものもあります。

土ステージは1~3で、極度の酸性でなければ、どこでも育ちます。エダマメやエンドウよりもやや肥えている土を好みますが、土ステージ0~1の畑では、種まき2週間前に1㎡当たり堆肥3kgとくん炭を3ℓ

春にエンバクといっしょに10.5㎝ポットに5粒ずつまいたエンドウ

春、エンバクといっしょに伸びるエンドウ

春にたっぷり草マルチ

自家採種した無農薬種子（左）と市販種子（右）

原産地	アメリカ大陸（中南米）
土ステージと適地	土ステージ1～3。pH 6～6.5の弱酸性を好み酸性を嫌う。水はけの良い乾いた土壌を好む
根の形態―株間（自立根圏）	主根浅根型―つるなし20～30㎝、つるあり30～40㎝
生育適温と適期	生育適温15～25℃で寒さに強く、暑さに弱い。ササゲは暑さに強い。春から夏に2～3度まきできる。霜に弱い
おすすめ品種	穂高インゲン、島村インゲン、モロッコインゲン
コンパニオンプランツ	キュウリ（同じ支柱で育てる）
競合作物	ジャガイモの跡地は育ちが悪い
種子	自家受精　寿命2～3年

インゲン（つるありインゲン）栽培暦

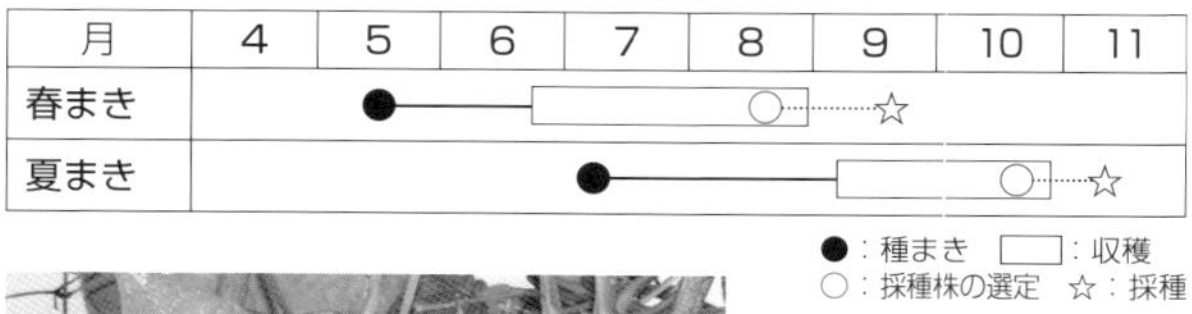

モロッコインゲン

施せば栽培できます。土ステージ2以上では施す必要はありません。

注意したいことは、エダマメと同じく開花期から水をよく吸収しますが、エダマメと違い過湿、湛水に大変弱いです。また、インゲンはセンチュウ害にあいやすいので、センチュウ害の発生した畑では栽培をひかえます。

●栽培適期

生育適温は20℃前後で冷涼な気候を好みます。夏の30℃以上の高温下では花が落ちたりサヤが小さくなったりなど、生育不良になります。春まきと夏まきとがあります。

サヤ用種は栽培期間が短いため、暖かい地域では、年3回収穫できることから、関西地方ではサンドマメ（三度豆）とも呼ばれます。

●コンパニオンプランツとの混植プラン

エンドウやキュウリなどといっしょにまき、同じ支柱を利用して栽培することができます。ただしインゲンを作ると害虫のセンチュウが増えやすいので、センチュウが多い場合はキュウリとの混植はさけます。

●種まき

エンドウと同様に、ウネの両サイドに株間30～40cmとって、1ヵ所に4～5粒まとめてまきます。種まき後、鳥に拾われないように刈った草を敷き、枯れた草の間から芽を出すようにします。発芽後、生育の良いものを2本残して根を残して切り取ります。

つるあり品種は、草丈が2～3mとよく伸びるので、前もって2mくらいの支柱で倒れないように合掌式支柱などにしっかりつるを這わせます。鳥害が心配なときは、10.5cmポットに4粒ずつまき、生育の良いもの2本を残し、本葉が出たら大きくならないうちに若苗で植えます。

●草管理

花が咲くまでは草に負けやすいので、初期の株間の草マルチは大切です。

●アブラムシ対策

多肥料栽培ではアブラムシが発生しやすく、アブラムシが媒介するウイルス病の感染が多くなります。生長点にアブラムシが集中している場合は、初期に手でつぶし、ウイル

コンパニオンプランツとの混植例

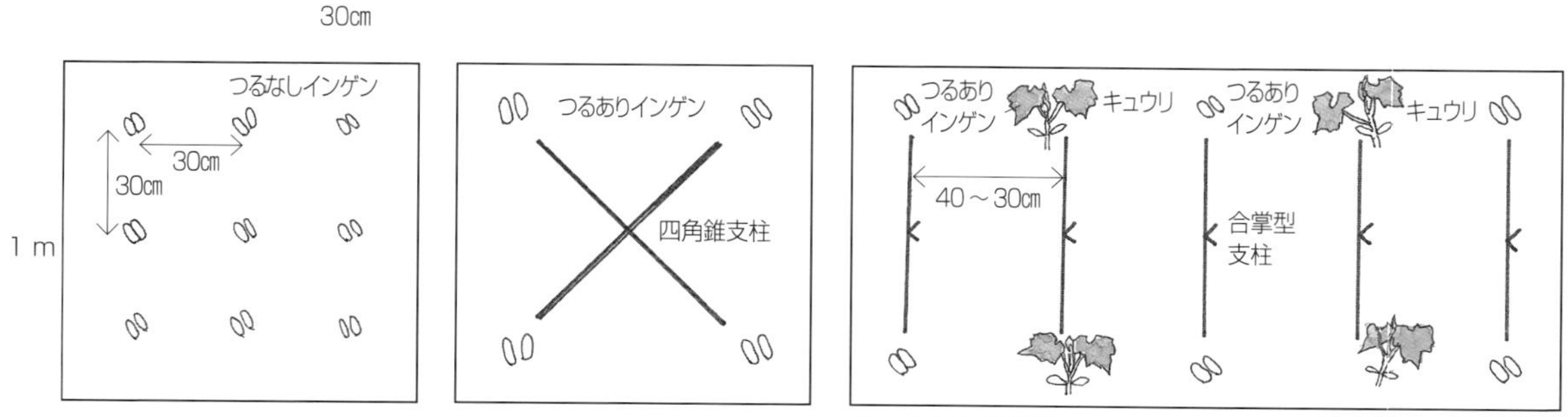

キュウリとの混植

スが広がらないよう、その手でほかの枝を触らないようにします。風通しを良くし、土が良くなってくると、被害がなくなってきます。フノリを10倍に薄めて散布して窒息死させる方法も有効です。

●収穫

サヤの中に、ゼリー状の種子ができるかできないかくらいの若いうちに収穫すると、とても軟らかく、次から次と収穫がたくさんできるようになります。特につるなし品種は、栽培期間が60～70日と短く、収穫も2週間程度と短いので、硬くならないように注意して一気に収穫します。後半、種子ができてしまった硬いサヤは、品種によってはそのまま完熟させれば、煮豆などに利用できます。

●自家採種

病気にかかっていない完熟した種子を選びます。雨などでサヤの中の種子がとてもカビやすいので、天気が良い日に収穫し、その後も1週間ほど風通しの良いところで乾燥させます。

ウイルスなどに感染していない、マメの充実したものを、エダマメと同様にビンに入れて保存しておきます。種子の寿命は2～3年ほどです。

マメ科

ソラマメ

栽培難易度 ★★★

●原産地と栽培適地

エンドウと適地は似ています。しかし、マメ科の中でもっとも大きな実をつけ、もっとも品種改良が進んでいるため、土ステージ3の、中性に近い弱酸性の肥えた畑が向いています。ただ、むやみに肥料などで急速に肥やすと、つるボケしたり、アブラムシの被害が出やすくなるので、トマトやキュウリなどの夏野菜などが育った跡地で無肥料で育てると無農薬で育てやすいです。

●栽培適期

ソラマメは冷涼な気候好み、生育適温は15～20℃で、20℃を超えると生育が鈍り、種子を残すためにサヤが黒く枯れてしまいます。

5℃以下になると生育しませんが、小さいうちであればマイナス5℃まで耐えるといわれています。寒さにもっとも強い大きさは、本葉が4～5枚で背丈10㎝くらいのときです。それ以上大きくなると寒さに弱くなるので、あまり早くも遅くもまけません。寒さ暑さにデリケートな野菜です。

暖地・温暖地では秋にエンドウと同様にまき、寒さに適した大きさで越冬させ、春に収穫します。

東北や北海道、高冷地などの寒地・寒冷地でも春まきなら栽培できますが、ソラマメは寒さにあわないと花芽ができないので、春まきする場合は、芽出しした種子を2～5℃の冷蔵庫に入れて低温処理してからまきます。この低温処理が必要ない「駒栄」（サカタ）という品種もあります。

●コンパニオンプランツとの混植プラン

秋まきの場合、キャベツやタマネギとの混植がおすすめです。

次頁の図のようにキャベツをウネ中央に植え、ソラマメを両サイドに

原産地	西南アジア、北アフリカ
土ステージと適地	土ステージ3。pH 6弱酸以上。酸性土壌に弱いので、くん炭を。風通しが良く、水はけの良い乾いた土壌を好む
根の形態―株間（自立根圏）	主根浅根型―30㎝
生育適温と適期	低温性で（生育適温 15 ～ 20℃）、寒さにやや強く、暑さに弱い。暖地・温暖地は秋まき、寒地・寒冷地は春まき
おすすめ品種	秋まき…房州早生 春まき…駒栄（サカタ）
コンパニオンプランツ	キャベツ、タマネギ
競合作物	共通の害虫（アブラムシ）に食害されやすい野菜は離して育てる
種子	自家受精　寿命2～3年

ソラマメ栽培暦

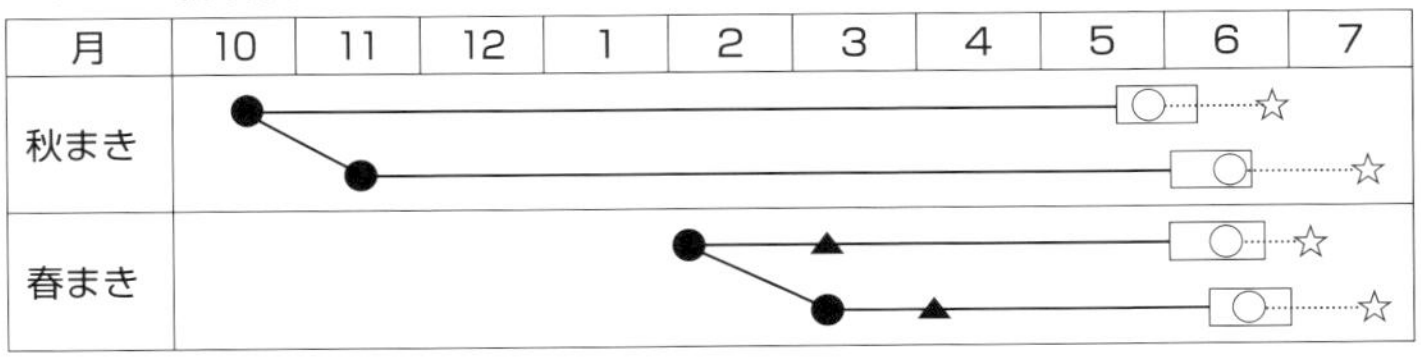

●：種まき　▭：収穫　○：採種株の選定　☆：採種

コンパニオンプランツとの混植例

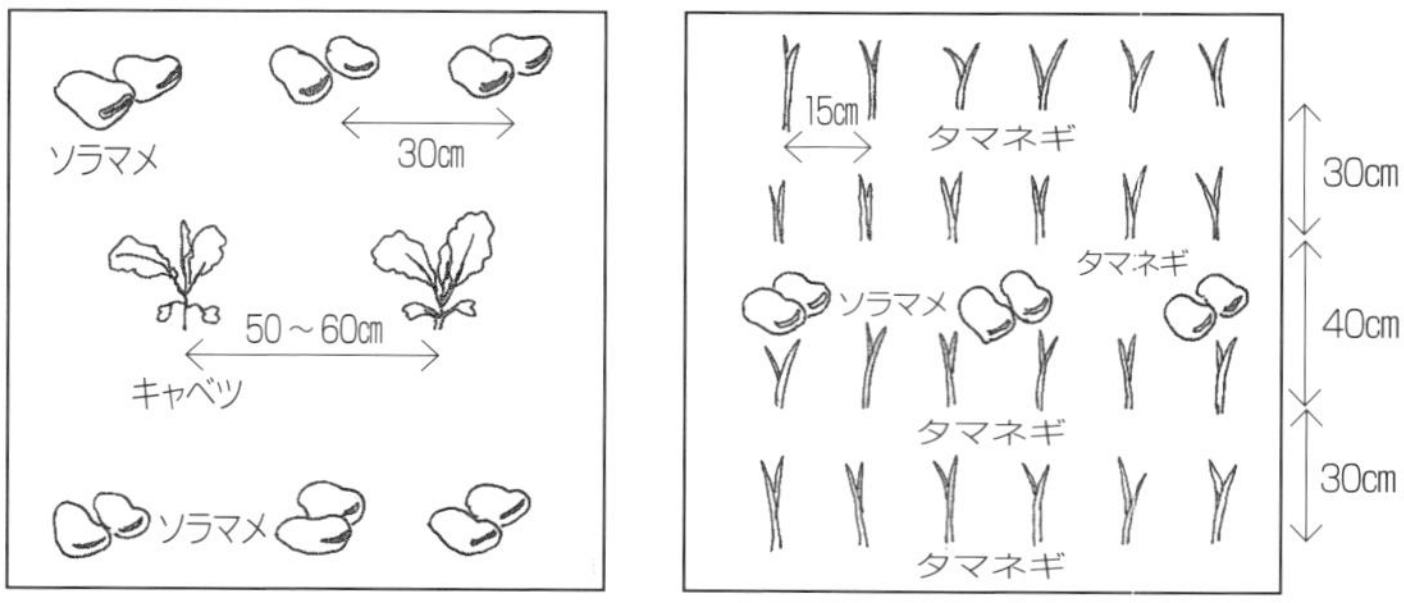

ソラマメ株間 30cm
タマネギ株間 15cm

株間30cmおきにまきます。タマネギのウネには、ウネの中央にソラマメをまきます。

●畑の準備

品種改良の進んだソラマメは、エダマメよりも肥料を欲しがりますが、肥料を多く与えると、アブラムシが大発生しやすい野菜です。そこで、夏野菜跡地など、半年間草マルチによって肥えたステージ3のウネが向いています。

ステージ0～2の場合、冬場は種まきの1ヵ月前、夏場は2週間前までに、くん炭・完熟堆肥を施して十分土になじませておくことが大切です。未熟な有機物や腐敗した有機物の投入は、アブラムシの発生につながるのでさけます。使用量の目安は1㎡当たり、完熟堆肥2～3kg、くん炭5ℓ程度です。

●種まき

根が主根浅根型なので、根をよく張らせるためにも秋まきの場合はできるだけ直まきします。1条植え、株間を30cmとって、サヤに入っていたときのように、方向を揃えて並べ1カ所2粒ずつまきます。特におはぐろを下にする必要はありません。

春まきではポット育苗して早く大きくしたほうが無難です。春は気温の上昇が早いので、収穫開始が遅くなるとすぐにサヤが黒くなってしまうからです。春まき専用品種でない場合は花芽分化させるために、芽出しした種子を20～30日間冷蔵庫に入れるか、梅の蕾が開く前に室内で発芽させてから、外気に当て低温処理します。種子を土に全部埋めると種子が腐りやすいので、種子を一晩水に浸してから、割れて発根してくる通称おはぐろを下に向けて、10.5cmポットに2～3粒ずつ、半分くらいまで土に挿してまきます。その後は、乾燥しないように、蒸れないように、ふたを軽くかけた容器に1週間くらいおいて発根させます。

本葉が展開してきたら、間引かず外に出して寒さに当てながら（低温処理）、本葉2～3枚まで育てて定植します。

ポット苗は、日中温かいときをねらって植えます。その後、草マルチやワラで根元を保温します。

●支柱立てと土寄せ

秋まきではエンドウと同じく、ササやワラなどで防風、保温して霜害対策をしてやります。春になると地際のわき芽が何本も伸びてきます。一般にはその枝を間引いています

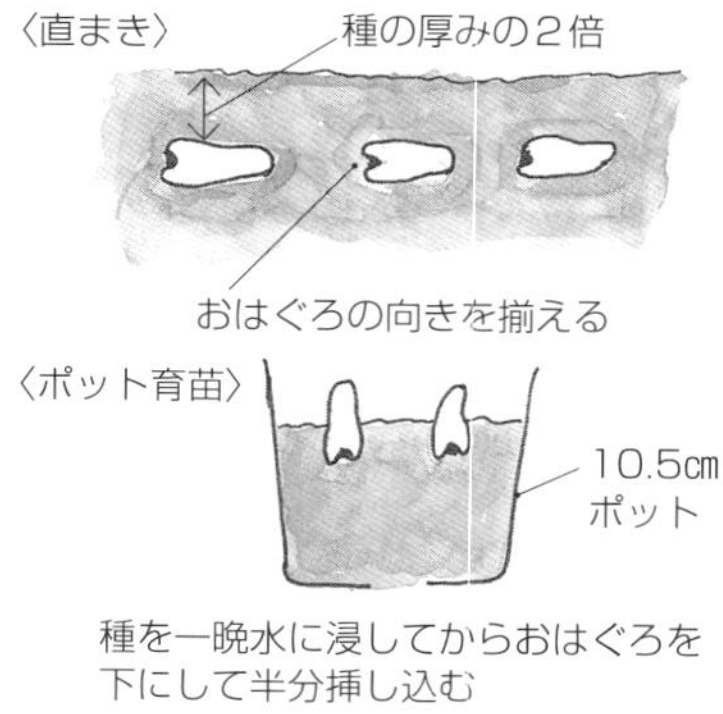

種まき

発芽し本葉が伸びてきたら外に出して寒さに当てて本葉2～3枚まで育てる

10.5cmポットに2～3粒ずつ、発根するおはぐろ部分を下にして挿す

ソラマメの発根部
おはぐろ

が、自然菜園では枝の本数が多い分、根張りも良くなるので間引きません。
また、ソラマメはつる性ではありませんが、大きくなると倒伏しやすいので、春にまだ小さなうちに土寄せをしたり、まわりに支柱を立て麻ヒモなどで囲い株が倒れないように工夫します。

土寄せ後に、ウネの両サイドにキャベツを直まき

5月に倒伏防止の土寄せ

●アブラムシ対策

草管理は冬越しのエンドウと同様です。自然菜園の日が浅いと先端部の新芽などにアブラムシが大発生するときがあります。その場合、先端部の枝をアブラムシごと刈り取って処分します。

●収穫

上を向いていた実が下を向き始め、サヤの背の部分が黒褐色になってきたら収穫適期です。ソラマメはエダマメ同様、「おいしいのは3日だけ」といわれるくらい鮮度が大切な豆です。黒く枯れてくるとゆでてもおいしくなくなります。黒くなって完熟した硬い実は、イカリマメのように油で揚げていただきます。収穫し、干しておくと来年の種子になります。

上を向いていたサヤが下に向き始めたら収穫適期
収穫適期になるとサヤの背筋が黒褐色になる
収穫適期

●自家採種

サヤが黒くなり始めたら、そろそろ自家採種の適期です。できるだけ樹で乾燥させますが、この時期は梅雨の終わりのころでサヤがカビやすいので、収穫後、サヤから種子を外し、風通しの良いところでさらに乾燥させます。種子が大きいので、広口のビンなどで、エダマメ同様の手順で保存します。種子の寿命は2～3年です。

マメ科

ラッカセイ

栽培難易度★

●原産地と栽培適地

ラッカセイは、高温で排水の良い南アメリカのアンデス山脈の東麓で生まれました。土ステージは1～2で、肥料がたまっていない水はけが良い畑を選びます。チッソが多いと樹ボケしてしまいます。水はけが悪い畑では、高ウネにします。

原産地	アンデス山脈の東麓
土ステージと適地	土ステージ1～2。pH 6前後の弱酸性で、水はけの良い乾いた土壌を好む。加湿に弱い
根の形態―株間（自立根圏）	主根浅根型タイプ―30～45㎝
生育適温と適期	発芽・生育適温は20～30℃と高め。暑さに強い。霜に弱い
おすすめ品種	千葉半立、ジャワ系
コンパニオンプランツ	トマト、ナス、ピーマン類、キュウリ、サツマイモ
種子	自家受精　寿命1～2年（サヤを取ると半年）

ラッカセイ栽培暦

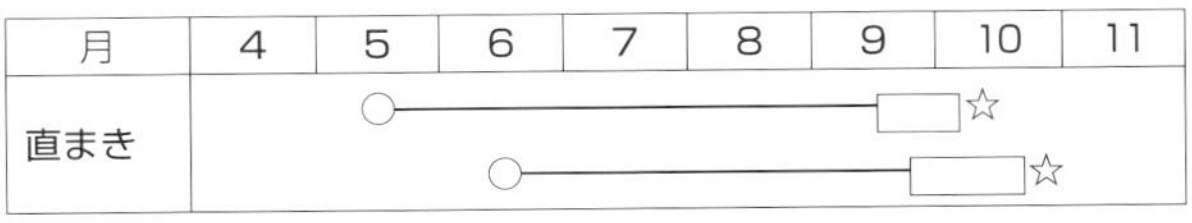
月
4
5
6
7
8
9
10
11
直まき
●：種まき　□：収穫　○：採種株の選定　☆：採種

●栽培適期

高温性作物で発芽・生育適温が20～30℃と高いので、コムギの開花(5月末～6月上旬)を待って、遅霜が終わり地温が十分高まってから播種します。夏の高温・乾燥には強く、晩秋に初霜が降りるまで生育します。10.5cmポットにまいて育苗して植えると、ネズミ

コンパニオンプランツとの混植例

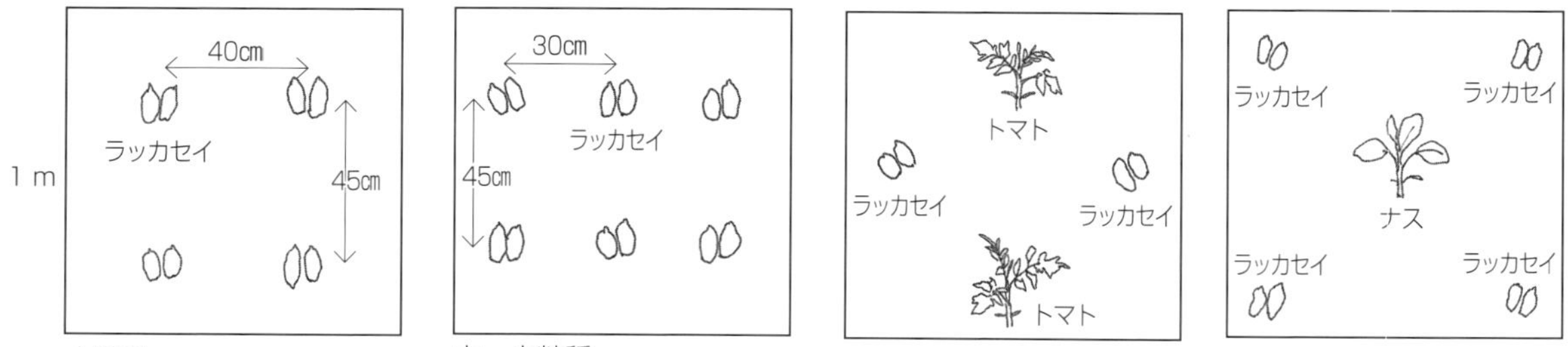
40cm
45cm
30cm
1ｍ
ラッカセイ
トマト
ナス
大粒種　中～小粒種

やハトなどの害も防ぐことができ、生育も早まり生育期間が長くなります。

ナスのわきで育つラッカセイ

●コンパニオンプランツとの混植プラン

ラッカセイは多くの野菜のコンパニオンプランツです。特にトマトやナスなどの果菜の株間にまいておくと、枝が這ってウネを覆い、夏の防暑、保湿にも一役買ってくれます。また、根粒菌のチッソ固定で土が豊かになります。さらに、ラッカセイはマリーゴールドと同じく、悪いセンチュウを抑制してくれます。

●種まき

株間を大粒種は40cm、小～中粒種は30cmとり、1ヵ所に2粒を種2つ分の深さにまきます。ラッカセイはおっとりさんで、発芽するまで時間がかかります。子葉は地表部で開き、本葉が伸びてきます。ネズミや鳥が大好物で、発芽するまでに食害されやすいのでポリ袋に種子を入れ、木酢液を数滴たらしよく撹拌し、種子ににおいをつけてまくと、食害を防げます。鳥の被害が多い地域では、ポットにまいて発芽させて本葉が出たら、すぐに植え付けると安心です。

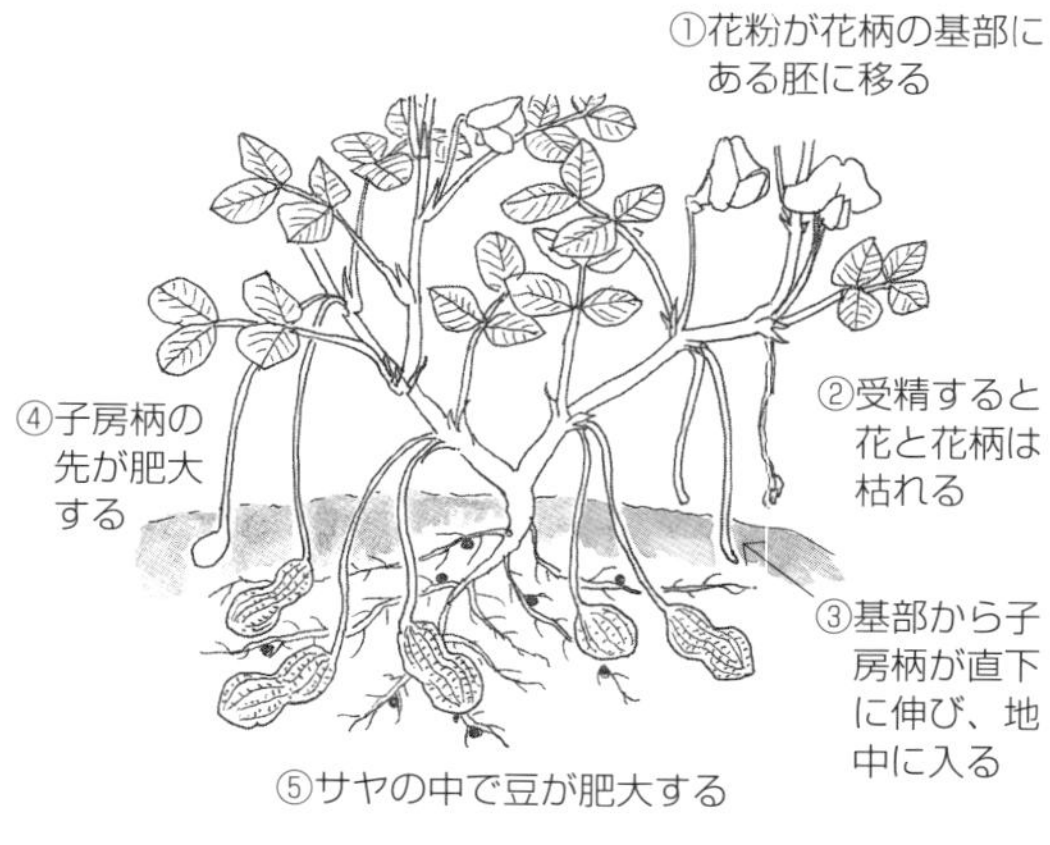
①花粉が花柄の基部にある胚に移る
②受精すると花と花柄は枯れる
③基部から子房柄が直下に伸び、地中に入る
④子房柄の先が肥大する
⑤サヤの中で豆が肥大する
ラッカセイの成り方

●草管理

花が咲いて受精すると、子房柄が伸びて地中に潜ります。開花し始めるころまでに、株下の草を根を残して刈って草マルチを完成させておくことがポイントです。それ以降は葉が地表を覆い、草マルチの中に子房柄を次つぎに挿し込み、その先に実をつけていきます。

●収穫

品種によって収穫期は異なりますが、霜が降りる前に1～2株試し掘りし、サヤに網目模様がしっかり入ってほど良い大きさになっていたら、いっせいに株を引き抜いて収穫します。収穫が遅れると子房柄が枯れて切れてしまったり、ネズミの食害が多くなるので要注意です。

収穫したての実は、エダマメ同様塩ゆでにするととてもおいしく、干して乾燥した実は、炒ってピーナッツとしていただきます。

●自家採種

晴れ間が続いた日を選び、乾燥した菜園で十分に生育した実の土を落とし、雨に当たらないように、株を逆さにして風通しの良いところで2週間程度よく乾燥させます。乾燥したらサヤを取って保存し、翌年の種まきまでサヤを外さないこと。サヤを外すと種子の寿命が半年でなくなってしまうからです。

4……アブラナ科の野菜

●原産地と伝来

アブラナ科野菜は古くから栽培され、根菜のカブやダイコン、葉菜の小松菜、広島菜、水菜、女池菜、野沢菜などのツケナ類、結球するハクサイやキャベツ、花蕾を食用にするブロッコリーやカリフラワーなど、いろいろな種類があります。原産地は、中央アジアから地中海沿岸、ヨーロッパの大西洋沿岸といわれています。カブやダイコンは『日本書紀』にも登場するほど古くから栽培され、日本各地でさまざまな地方品種が生まれました。春の七草「スズナ」はカブ、「スズシロ」はダイコンです。ツケナ類とは、アブラナ科の結球しない葉菜類の総称で、多くが漬物に用いるのでこの名がついています。奈良時代以前から栽培され、東京都の旧小松鵜川村で育てられたコマツナなど、ツケナ類は日本各地でさまざまな地方種が発達しました。寒さに強い品種が多く、霜にあてるほど味が良いといわれています。これらは日本の風土に適応しているので、自然菜園でも作りやすい野菜です。

結球野菜のキャベツはヨーロッパで、ハクサイは中国で人の手によって育成された野菜です。自然界には葉が結球するものはありません。日本で野菜として栽培できるようになったのは、明治から大正時代です。また、ブロッコリーとカリフラワーも、ヨーロッパで育成された花蕾野菜で、日本で本格的に作られるようになったのは戦後からです。

これらはいずれも人の手によって作られた野菜なので、栽培はややむずかしい部類に入ります。

●根の形態と特性

カブとダイコンの根は主根深根型で、主根や胚軸が肥大したものです。根が深く張って吸肥力が強いので、酸性のやせ地でも育てやすく、特にダイコンは酸性に強いです。それに対して、葉菜類は主根浅根型で浅根タイプのため、いずれもナズナが生えるような土ステージ3の弱酸性から中性の肥沃地を好みます。果菜類など草マルチをたっぷりした肥沃な跡地が育てやすいです。

しかし、肥料が多すぎると病害虫が多発します。アブラナ科は、根絶がむずかしい根こぶ病やネコブセンチュウなどによる連作障害が起きやすいです。さらに茎葉に発生する害虫も、アオムシ、ヨトウムシ、アブラムシ、コナガなど多いことが特徴です。これらの害虫がつきやすいアブラナ科野菜どうしをいっしょに植えないようにしましょう。

また、単独で植えるよりも、においのきついセリ科（ニンジンなど）やキク科（レタスやシュンギクなど）の野菜と混植、間作したり、天敵を呼ぶバンカープランツとして、エンバク、ソルゴーなどイネ科の緑肥を風上に植えると被害を軽減できます。マメ科、特に極早生のエダマメと混植すると、根粒菌や菌根菌の働きにより、生育が良くなります。

●栽培適期

アブラナ科は、冷涼な気候を好み寒さに強く、一定の寒さにあうと花

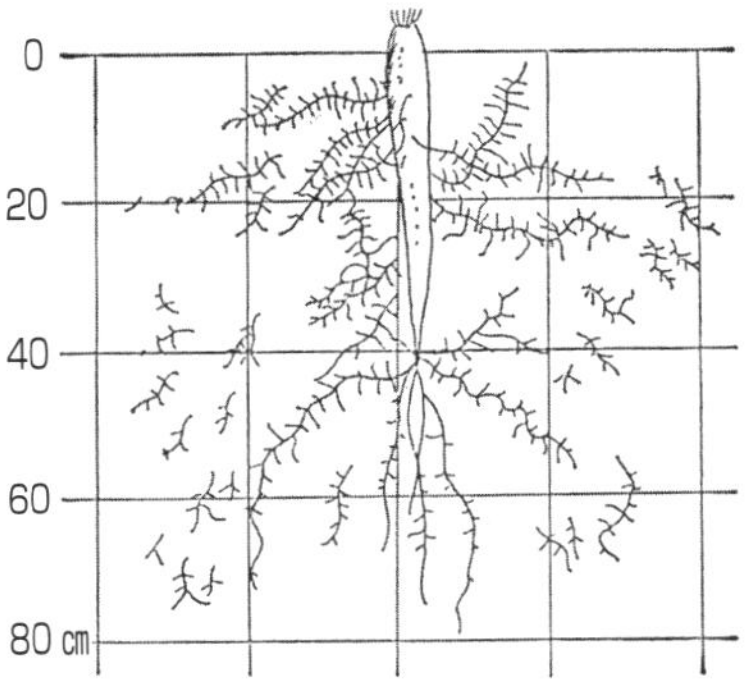

ダイコンの根　（松原ら、1938）

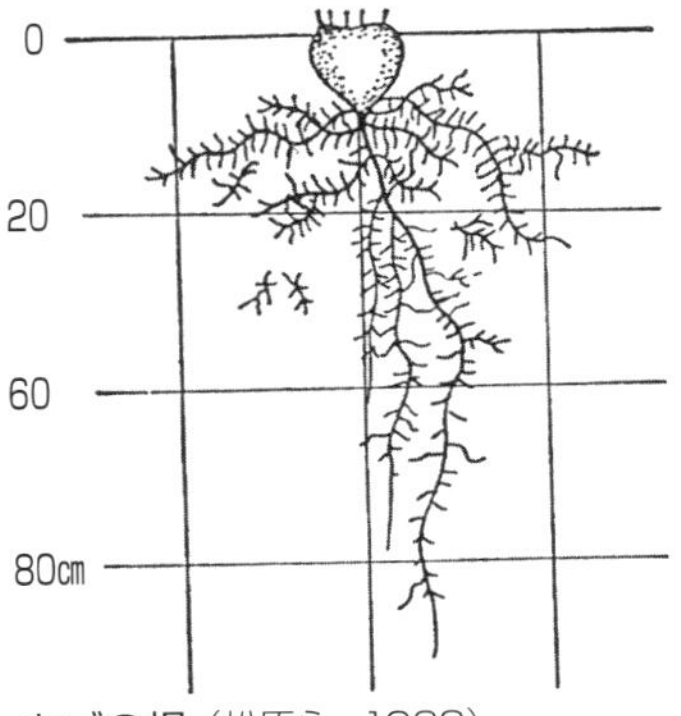

カブの根（松原ら、1938）

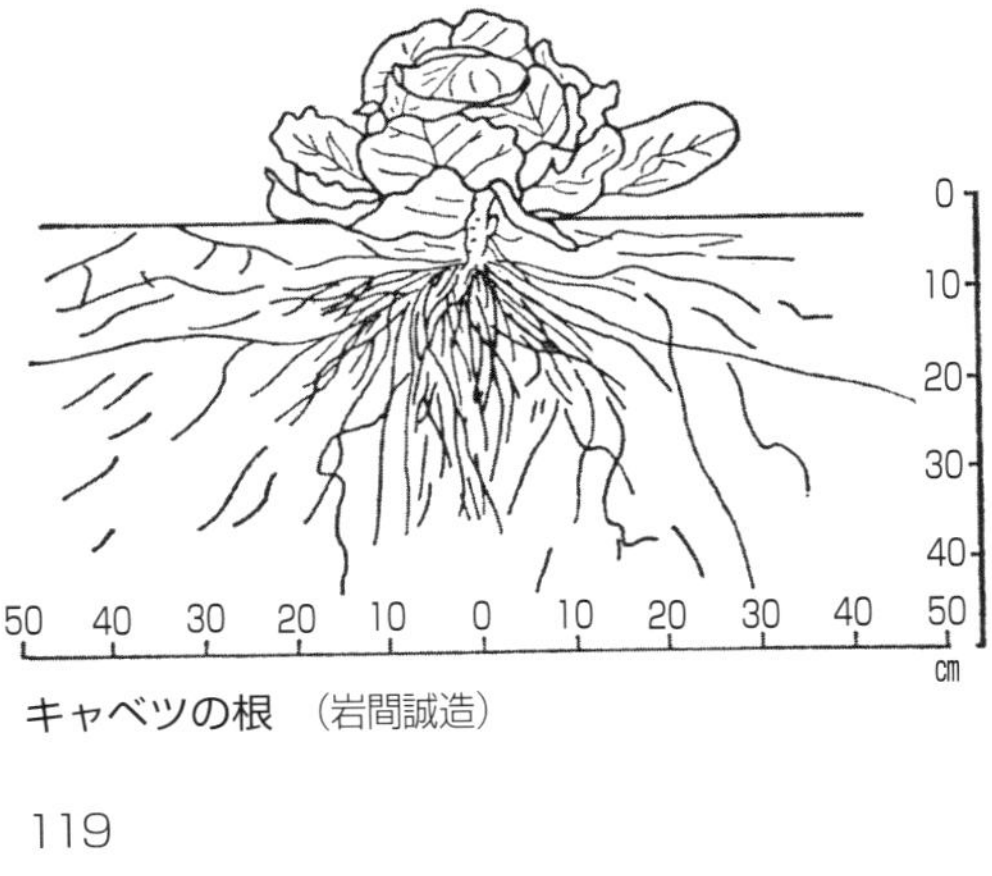

キャベツの根　（岩間誠造）

芽ができ、春にとう立ちして開花します。コマツナなどの生育期間が短いものはいつでも栽培できますが、多くは、秋まきがもっとも適しています。特に結球するハクサイやキャベツは、種まき・定植時期が外れると結球しません。

●自家採種

アブラナ科は、同じ株の花粉では受精しにくい他家受精なので、採種株は10株以上必要です。また、左表に示したようにアブラナ科どうしでも、交雑しやすいグループと交雑しにくいグループとがあります。たとえば、同じツケナ系のコマツナとカブを近くに植えておくとすぐに雑種化してしまいます。距離を離すか、訪花昆虫が侵入しないよう防虫ネットで隔離して自家採種します。

カラシナとダイコンとキャベツどうしはグループが違うので、近くにあっても交雑しません。

交雑するグループ	交雑する野菜
カラシナ系	タカナ、カラシナ
ダイコン系	ダイコン、ハツカダイコン
ツケナ系	コマツナ、カブ、ハクサイ、ミズナ
ケール系	キャベツ、カリフラワー、メキャベツ、ケール

アブラナ科

キャベツ

栽培難易度 ★★

●原産地と栽培適地

西ヨーロッパ原産で、人が結球するよう改良した結球野菜の代表です。そのため、土ステージは2～3で、日当たりが良く、水はけが良く、肥えた中性の土を好みます。根は主根浅根型ですが、比較的深く伸び乾燥に強く、側根が多く肥料を多く欲しがります。側根が多いので移植に強く、本来は多年草なので、生育が良ければ収穫後もわき芽が結球して2～3回収穫できます。夏野菜の後作にも向いています。

原産地	地中海沿岸・大西洋沿岸
土ステージと適地	土ステージ2～3。pH6.5以上、中性土壌を好む。水はけの良い乾いた肥沃な土壌を好む
根の形態―株間（自立根圏）	主根浅根型―50～60㎝
生育適温と適期	低温性（生育適温15～20℃）で寒さにはやや強く（幼苗期は－8℃まで耐えられる）、暑さに弱い（25℃以上では生育が抑制）。春～秋にかけてまけるが、本葉の枚数が増えてから一定の寒さにあうと花芽ができ結球しなくなる
おすすめ品種	極早生品種、富士早生、おきな
コンパニオンプランツ	レタス、ソラマメ、シュンギク
種子	他家受精　好光性種子　寿命2～3年

キャベツ栽培暦

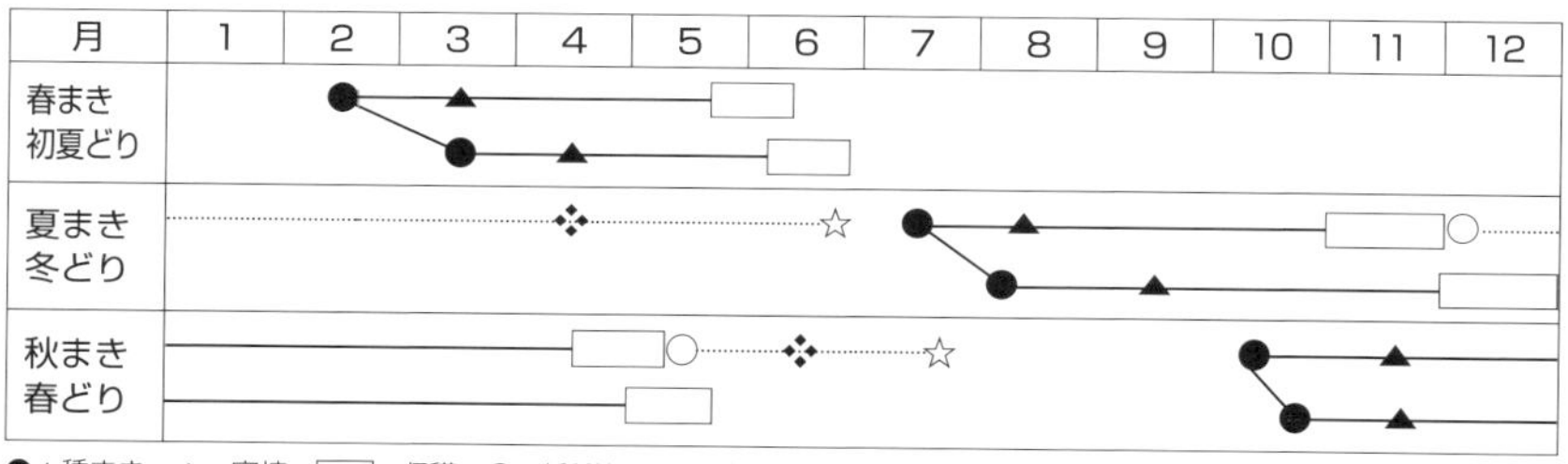

●：種まき　▲：定植　□：収穫　○：採種株の選定　❖：開花　☆：採種

●栽培適期

本来、冷涼な気候を好み寒さに強い野菜なので、家庭菜園では、夏（7～8月）に種をまいて秋に収穫する夏まきと、秋（9～10月）にまいて翌春に収穫する秋まきが作りやすいです。

春まき（2～3月）もありますが、病害虫が発生しやすく、またとう立ちもしやすいです。

キャベツなどアブラナ科野菜は一定の大きさになって一定の低温にあたると葉芽でなく花芽ができます。品種によって花芽が分化する寒さや苗の大きさが違い、それぞれ適した栽培時期があるので、季節に応じた品種を選ぶことが大切です。

育てやすさからは、早く結球しやすい早生種がおすすめです。アオムシなどの害虫のつきやすい野菜なので、春から夏は寒冷紗などで寄せつけないようにすると良いでしょう。

●コンパニオンプランツとの混植プラン

キク科のレタス類やシュンギク、マメ科のソラマメ、セリ科のニンジンやパセリなどと相性が良いので次頁の図のように株間や条間に混植できます。

コンパニオンプランツとの混植例

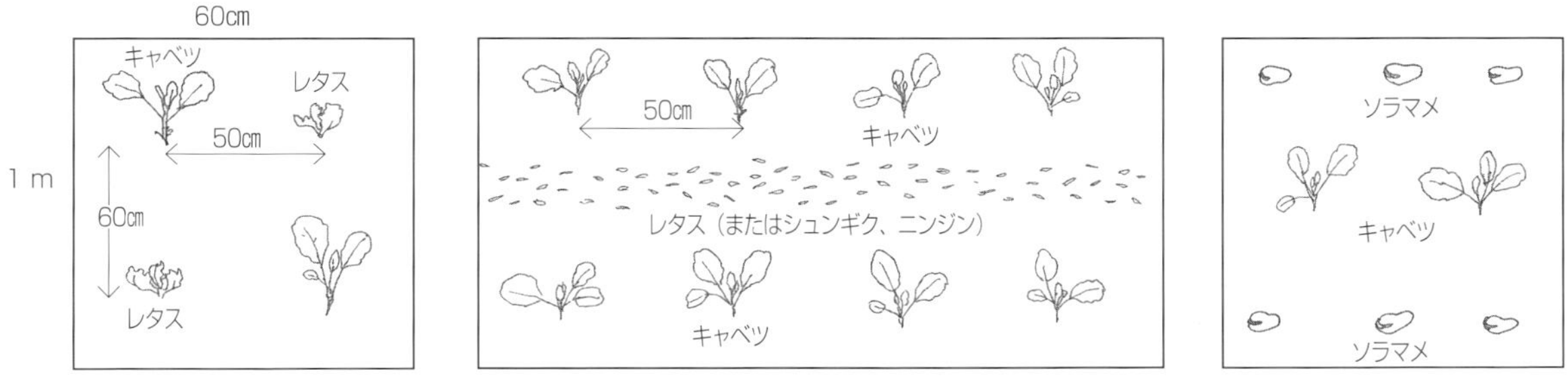

秋・春に苗定植

秋に条間にレタスやシュンギクを直まきするか、苗を定植（ニンジンやパセリも可）

秋にソラマメをまく

セルトレイにまいたキャベツ苗の間引き

キャベツウネの中央で育つキク科のサニーレタス

●育苗法

根は主根浅根型ですが、再生力があり植え傷みしにくいので、直まきするよりは苗を育てて植えたほうが栽培が簡単になります。

苗床や10.5cmポットに種を2～3粒まいて、本葉が出たらハサミで切って1本に間引き、本葉3～4枚の若苗で定植します。

定植の手順

1 植え付け1ヵ月前までに定植位置に深さ15～20㎝の穴を掘り、完熟堆肥をひと握り入れる

2 穴を埋め戻しクラツキをしておく

3 若苗を前日から底面吸水させておく

4 苗を片方に押しつけて、すきまをなくして植え付ける

5 周囲に草マルチを敷き、米ぬか・油かす混合を草マルチの上にひと握りまく

●畑の準備と定植

土ステージ1～2の場合は、植え付け1ヵ月前に1㎡当たり完熟堆肥3kg、もみがらくん炭5ℓをまいて浅く耕してなじませておきます。数株の場合は、完熟堆肥を植え穴に移植ゴテ1杯を入れクラツキにしてもかまいません。

1m幅のウネに2条、50cm間隔で

植え付けます。この直径50㎝の円内が自立根圏となるので、この範囲の草をこまめに刈って草マルチに敷いておきます。

●追肥と結球

キャベツは、本葉10枚まではしだいに大きな葉になって横に広がり外葉となります。それ以降の11枚目からは葉が立って結球し始めます。ある程度大きな外葉が展開しないと結球が困難になるため、定植後に、ネキリムシ対策を兼ねて、米ぬかをひと握り株まわりの草マルチの上にまいておきます。

外葉が草を抑え、結球したキャベツ

また、定植後、葉色が薄かったり下葉が黄化して落ちたりなど、生育が悪いようであれば追肥が必要です。追肥はすぐに吸収されるボカシ肥を草マルチの上から、1株当たりひと握りふりかけ、さらに草マルチを重ねておきます。追肥は遅くとも結球が始まる本葉10枚のころまでとします。以降の追肥は効果もなく害虫を呼び込むので禁物です。

キャベツは本来は乾燥には強いですが、結球するまでは水分が必要です。結球してからは湿害に弱いので、周囲の草は常に刈って草マルチしておきます。

●病害虫対策

種まきのタイミングが悪かったり、養分不足、肥料過多の場合は病害虫が発生しやすく、味もえぐく葉肉も硬くおいしくありません。アオムシなどに外葉を食害されると結球は困難となるので、苗のうちからストチュウ水で鍛え、アオムシは見つけしだい取り除きます。

●収穫・保存

球が肥大して、結球部を上から押してみて硬くしまっていたら、外葉を残して切り取って収穫します。

収穫後、残った株のわき芽が伸びてきて、小さなキャベツがいくつもできます。早めに大きいもの1つを残しかき取ると、ひと回り小さなキャベツがまた収穫できます。

おいしいキャベツは生でいただくのが一番ですが、鉄のフライパンなどで塊のまま焼くと甘みが強くなります。えぐく苦いキャベツは、ゆでてから調理するとよいでしょう。

一度に食べきれないときは、キャベツの芯を底からくり抜き、新聞紙に包み冷蔵庫に保存しておきます。多年生植物なので、芯（生長点）を除かないと、呼吸して鮮度が早く失なわれます。

●自家採種

結球したキャベツはそのままでは、とうが結球葉を突き抜けて立ち上がることができません。結球を割ってやるとよいですが、それよりも、秋に収穫した株を残しておき、再生してきた小さなキャベツを間引かずに放置しておくと、初夏にそれぞれにとうが立ち花を咲かせ、種をつけます。

倒れやすいので支柱を立て誘引し、サヤが黄色くなってきたら、花茎を元から切り取って乾燥させ、叩いて採種します。

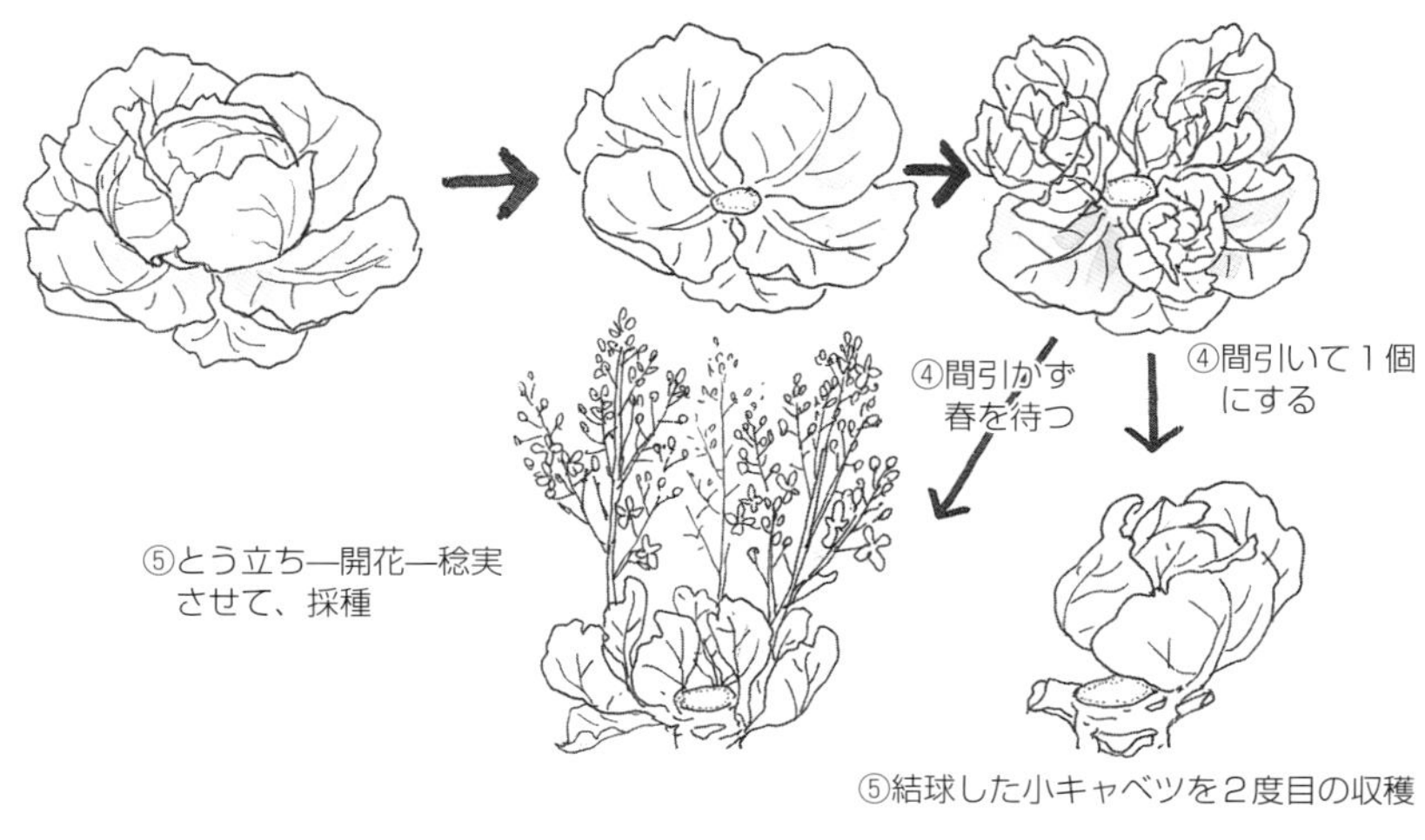
①下葉を５～６枚残して収穫
②収穫後
③下葉のわき芽が伸びる

キャベツの二度収穫と採種

アブラナ科

ハクサイ

栽培難易度★★★

とう立ちし稔実したキャベツ

茎ごと切り乾燥させて採種

●原産地と栽培適地

　ハクサイは7世紀ころに中国の華中、揚州付近でカブとツケナ（チンゲンサイなどの仲間）の交雑によって生まれた不結球ハクサイがその原型とされています。その後、人の手によって半結球型や葉が硬く締まる結球型のハクサイが育成されました。ハクサイは青物が少なくなる冬の鍋料理や、キムチなどの漬物には欠かせません。味は淡白でクセがなく、煮物や炒め物などさまざまな料理に利用できます。

　通常のハクサイ（結球するタイプ）は、土ステージ3の肥沃なほぼ中性の畑が適しており、栽培もむずかしいランクに入ります。しかし、半結球型や不結球型ハクサイは、とても育てやすいので、ステージ2でもよく育ちます。

　ハクサイの根はキャベツに比べ、育苗して移植すると植え傷みが激しいので、直まきします。本葉5〜6枚までには1株に間引きを終了し、大きく育てます。

●栽培適期

　暑さに弱く、冷涼な気候を好む結球野菜です。家庭菜園では夏まき・初冬どり栽培が一般的です。春まきもできますが、結球しにくいのです。ハクサイは、とてもデリケートな野菜です。栽培時期が合わないと結球しません。春まきはとう立ちしやすいので、春専用品種の半結球型の山東白菜やタケノコハクサイ、非結球ハクサイのターサイやチンゲンサイなどがおすすめです。

　夏まきも種まきの適期幅が狭く、種まきが遅れると結球しないまま冬を迎えてしまったり、早すぎると暑さで病害虫の被害を受けやすくなります。適期幅は地域によって違いますが、8月下旬から9月上旬です。適期内ならできるだけ遅まきが理想です。

●コンパニオンプランツとの混植プラン

　直まきの場合、両サイドに株間50〜60㎝とって点まきし、ウネ中央にレタスやシュンギクの苗を植え、ハクサイが大きくなる前に収穫します。非結球ハクサイ（ターサイやチンゲンサイ）や半結球ハクサイ（山

原産地	西アジア・地中海沿岸、育成地中国
土ステージと適地	土ステージ2〜3。pH6.5以上の微酸性から中性土壌を好む。水はけの良い乾いた肥沃な土壌を好む
根の形態―株間（自立根圏）	主根浅根型―50〜60㎝
生育適温と適期	低温性（生育適温15〜21℃）で寒さにはやや強く、暑さに弱い。23℃以上になると病気の発生が多くなり、4℃以下で生育が停止する。結球適温は15〜17℃。春〜秋にかけてまけるが、結球ハクサイは、結球が始まるまでが約50〜70日、結球するまでが約20日かかるので、逆算して種まきする
おすすめ品種	結球系…愛知白菜、野崎白菜、松島純二号白菜 半結球系…山東白菜、タケノコハクサイ、花芯白菜 非結球系…チンゲンサイ、ターサイ
コンパニオンプランツ	シュンギク、サニーレタス
競合作物	共通の害虫（ヨトウムシ・コナガ）に食害されやすい野菜
種子	他家受精　寿命2〜3年

ハクサイ栽培暦

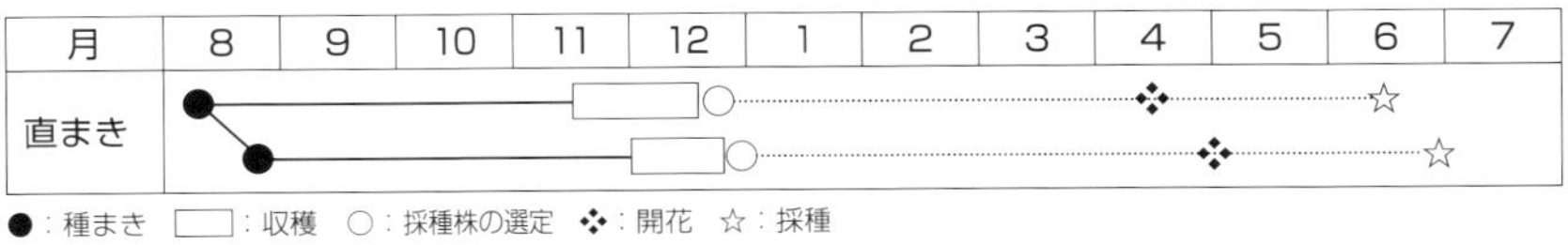

●：種まき　□：収穫　○：採種株の選定　❖：開花　☆：採種

東白菜、タケノコハクサイ）の種まき時にウネの中央にシュンギクをまいておくのもおすすめです。

コンパニオンプランツとの混植例

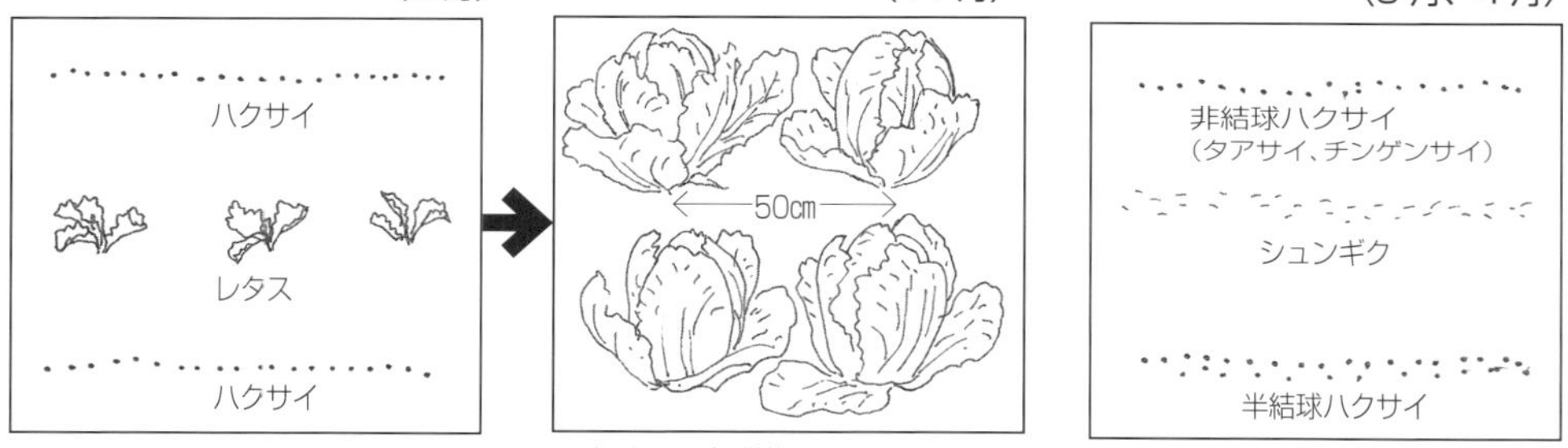

ハクサイを条まきし、レタス苗を植える　ハクサイの収穫期　秋または春に直まき

●**畑の準備**

8月に直まきするので、エダマメ、キュウリやジャガイモの跡地が向いています。土ステージ2以下の場合は、1ヵ月前、1㎡当たり堆肥を3kg、くん炭を5ℓ施すか、クラッキでもかまいません。

●**種まき**

夏まきの結球タイプのハクサイは、どんな早晩性の品種でも栽培できますが、極早生（60日タイプ）や早生（70日）タイプが結球が早く、育てやすいです。

直まきでは、1m幅のウネに2条、条間50cmで条まきし、よく鎮圧します。夏まきハクサイをまく時期は、芽生えた苗をコオロギなどに食害されやすい時期です。草マルチはコオロギの温床になるので、まわりの草を刈って株から少し離して草マルチをします。心配なときは、10.5cmポットにまいて、3～4葉まで育てて定植するとよいでしょう。

ハクサイは、種まきから3日で発芽し、大きくなると毎日1枚以上の葉を生長させます。葉が触れ合うようになったら間引き、本葉5～6枚ころまでに株間50～60cmとって1本にします。

左からカラシナ、シュンギク、山東白菜の混植ウネ

育苗

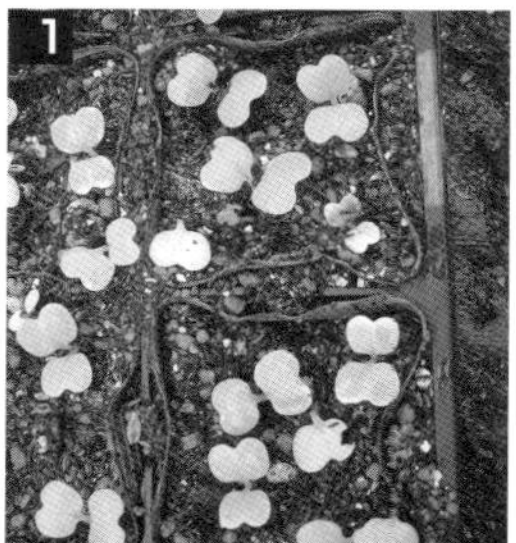
1 10.5cmポットに4～5粒まき、早めに1本に間引く

2 本葉3～4枚の定植適期苗

3 根崩れしないように植え水やりをし、株まわりは草マルチし、米ぬかをまいてコオロギの食害を防ぐ

●**追肥**

本葉が5～6枚で1本に間引いた後、草マルチの上から米ぬかを1株にひと握りふりかけます。生育が悪い場合は、すぐに効くボカシ肥など

直まきハクサイの間引き

1 条まきして葉が触れ合ってきたら、双葉が歪なものや双葉に種子がついているものなどをハサミで切って間引く（集団で草抑制）

2 本葉5～6枚の最終間引きで株間50～60cmにしたハクサイ。このころに米ぬかひと握りを草マルチの上にまく

で追肥します。結球野菜は外葉の大きさによって結球の大きさが決まります。生育前半に外葉を大きく育てておかないと大きな結球は望めません。肥料切れになると、小球になるばかりか、結球しない株も多くなります。ただし、外葉が20枚くらいになり中心の葉が立って内側に巻き結球し始めたら追肥はやめます。また、本葉5～6枚から結球するまでの期間、5日おきにストチュウ水をたっぷりあげると、病害虫に強くなり、結球しやすくなります。

肥料を効かせ大きな外葉にしたい本葉10数枚のハクサイ

結球を開始したハクサイ。追肥は以降中止

　結球し始めると巻いた葉の中で、次つぎと60～80枚の結球葉が伸びて球が肥大してきます。

　結球開始後に肥料過多になると、白い葉柄にゴマのような黒い粒が点々と生じます。食べても害はありませんが、おいしくなく、腐りやすくなって長期保存ができません。

●草管理

　ハクサイは、しだいに大きな葉を横に広げて地面を覆い自ら草を抑えながら自立根圏を拡大していきます。そのため、周囲の草をこまめに刈って草マルチをし、スムーズに根圏が広がるよう手助けすることが大切です。ハクサイは元々、根性が弱いので草負けしやすいのです。また葉の中心部の日当たりが悪くなると結球しにくくなります。

●収穫・保存法

　収穫は結球部を手で押さえてみて硬く締まっていたら、根元から切り取ります。早生種で播種後65～70日程度、中晩生種で80～100日程度です。食べる分だけ収穫して、残りを畑に残しておくこともできます。霜が降りるようになったら、外葉で球を包んでしばっておくと、寒さで傷まず1月ころまで収穫ができます。しかし、寒地・寒冷地では、畑で越冬保存できないので、よく晴れた日の午後に収穫し、1個ずつ新聞紙で包み、段ボール箱などに立てて冷暗所に入れて保存します。

　また、種まきが遅れて結球しない株は、翌春、とう立ちして伸びた花茎・花蕾が菜花（ナバナ）のように収穫できるので、そのまま育てておきます。採種株にも利用できます。

●自家採種

　結球した株は、寒地・寒冷地では寒さに弱くなり春に腐りやすいため越冬できません。自家採種する場合は、採種用の株は播種適期よりも10日ほど遅くまき、結球させないようにします。暖地・温暖地では越冬しますが、花茎が球から出やすいように球の上半分を事前に切っておきます。また、収穫した後にわき芽を育てて、そのとう立ちを咲かせて採種する方法もあります。

　春先に、寒暖の差が激しくなると枯死してしまうことがあるので、春になってから寒冷紗などで保温します。

　初夏に花を咲かせ種をつけますが、倒れやすいので支柱を立て誘引します。サヤが黄色くなってきたら、根元から切り取り、さらに乾燥させ、叩いて採種します。

アブラナ科

ダイコン

栽培難易度★

●原産地と栽培適地

　ダイコンの原産地は地中海沿岸や中近東、中央アジアといわれていますが、日本でも古くから栽培され、日本各地に特徴のある地方品種が数多くあります。現在、栽培の主流となっているのは円筒形をした首部が青い青首大根ですが、根が1m以上にもなる守口大根や、20kgほどにもなる桜島大根などの地方品種も多く、形もバラエティです。

　土ステージは1～3で、どんな土でも育ちますが、根は直根の主根深根型で根性が強く、弱酸性でやせ気味の土壌のほうが適しています。肥えた土だと葉ばかりが茂り根部が太らなかったり、太ってもスが入ったり中心に黒いしみが出たりします。

原産地	地中海沿岸、中近東、中央アジア
土ステージと適地	土ステージ1～3。pH5.5～6.5で、水はけの良い土壌を好む。小石や有機物があると股根になりやすい
根の形態―株間（自立根圏）	主根深根型―30㎝
生育適温と適期	冷涼な気候を好み、高温に弱い（生育適温17～21℃）。春～秋にまけるが、秋まきのほうが育てやすい
おすすめ品種	地大根、打木源助大根、聖護院大根
コンパニオンプランツ	エダマメ、レタス、シュンギク、ニンジン
種子	他家受精　寿命2～3年

作土層が深く、水はけが良い畑が適しています。直根が深く伸びるため、未熟な有機物や石や固い土の塊などがあると、ダイコンが曲がったり股根になってしまいます。

湿害に弱く、少しの雨で水がたまる畑などでは、高ウネにし、周囲の草をよく刈り風通しを良くし、元水田など水はけが悪い畑では、前作にライムギやエンバクなどイネ科を栽培して水はけを良くして、草マルチしながら栽培すると良いでしょう。

自然菜園では耕しませんが、青首大根でも立派にできます。丸い聖護院大根も育てやすく、地元の風土に合った在来種を選べば間違いがありません。

ダイコン栽培暦

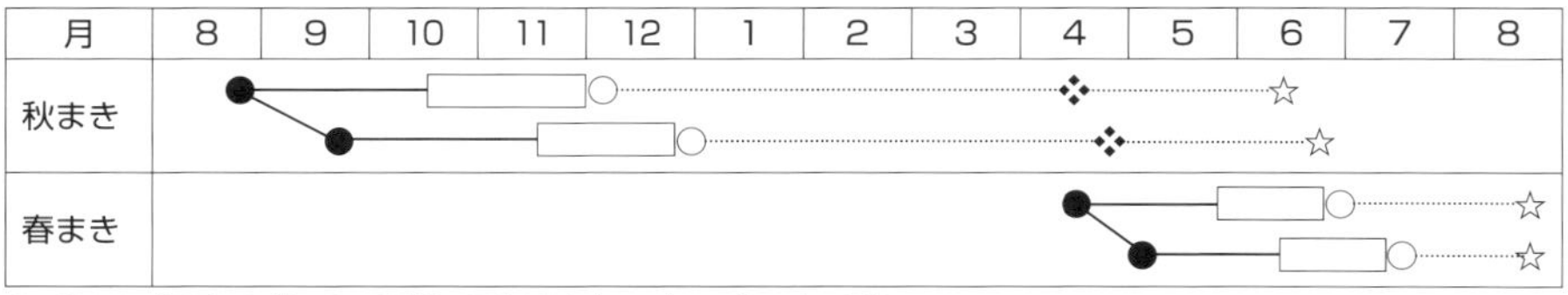

●：種まき　□：収穫　○：採種株の選定と植え直し　❖：開花　☆：採種

●栽培適期

冷涼な気候を好み、生育適温は17～21℃で、夏の高温には弱いです。春まきと秋まきができますが、家庭菜園では秋まきのほうが作りやすいです。寒さにあうと花芽ができてとう立ちしやすいので、春まきはとう立ちにくい品種を選びます。種まきは、春は桜の満開を待ってから、秋はススキの開花を目安に直まきします。

●コンパニオンプランツとの混植プラン

ダイコンを2条に条間40cmくらいとって株間30cmで点まきし、その条間に極早生のエダマメを株間30cmとって点まきしたり、ダイコンをウネ両サイドにまいて、ウネ中央にセリ科のニンジンやキク科のレタス、シュンギクをまいて混植します。

左からダイコン、シュンギク、カラシナの混植ウネ

コンパニオンプランツとの混植例

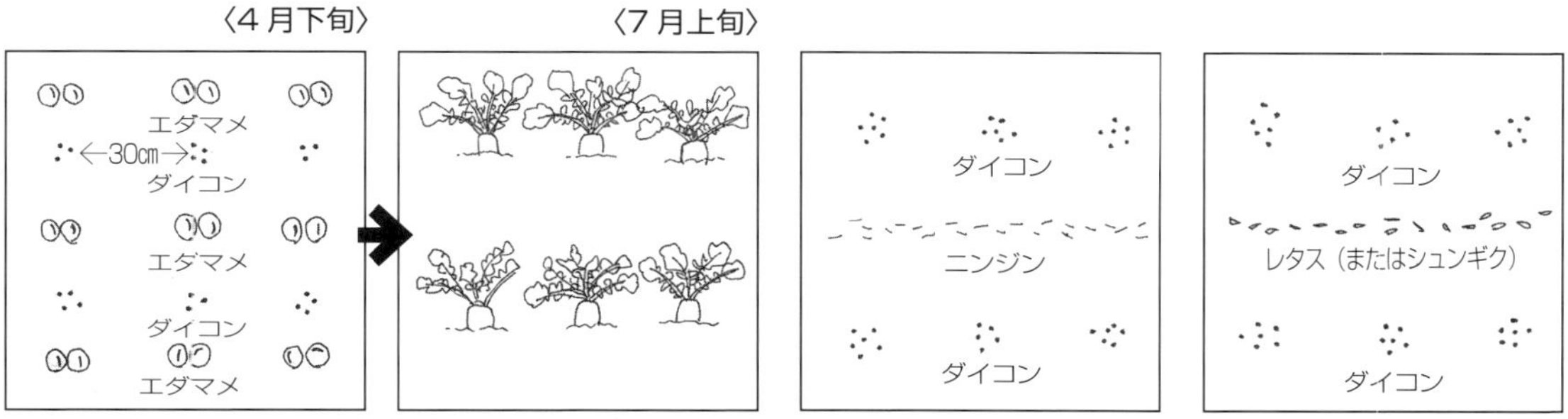

春まき（エダマメは苗を植える）　秋まき・春まき　秋まき・春まき

●種まき

株間・条間は品種にもよりますが、25～30cmとって、3～4粒ずつ点まきするか、3cm間隔で条まきします。カイワレ大根、葉大根と少しずつ間引いて、株間を25～30cmに広げていくと、長く収穫が楽しめます。

点まきした源助大根の発芽

●間引き

発芽後本葉が出てきたとき、本葉が3～4枚になり葉が重なりあったとき、本葉5～6枚のときと3回に分けて間引き、株間を30cmに広げます。本葉5～6枚からは直根の基部の皮（初生皮層）が敗れて肥大を開始するからです。

発芽後の間引きは、双葉の形が悪いものや、双葉がウネ方向に向いているものを間引きます。ダイコンの栄養吸収根（側枝）は、双葉と同じの向きの位置から左右2列に伸びるので、双葉の方向がウネの向きと同じのものは、吸収根がウネ方向に伸びて隣のダイコンの根と競合してしまうからです。

本葉3～4枚時や5～6枚時の間引きでは、葉がどちらかに偏っていたり、葉の色がどす黒く、開張ぎみなものは、二股や養分過多で歪なダイコンになる可能性が高いので間引きます。根がまっすぐに素直に伸びたものは、葉の色が淡く若草色で、葉が左右、四方に対称的に伸びています。

本葉5～6枚時の間引き

間引き前

間引き後

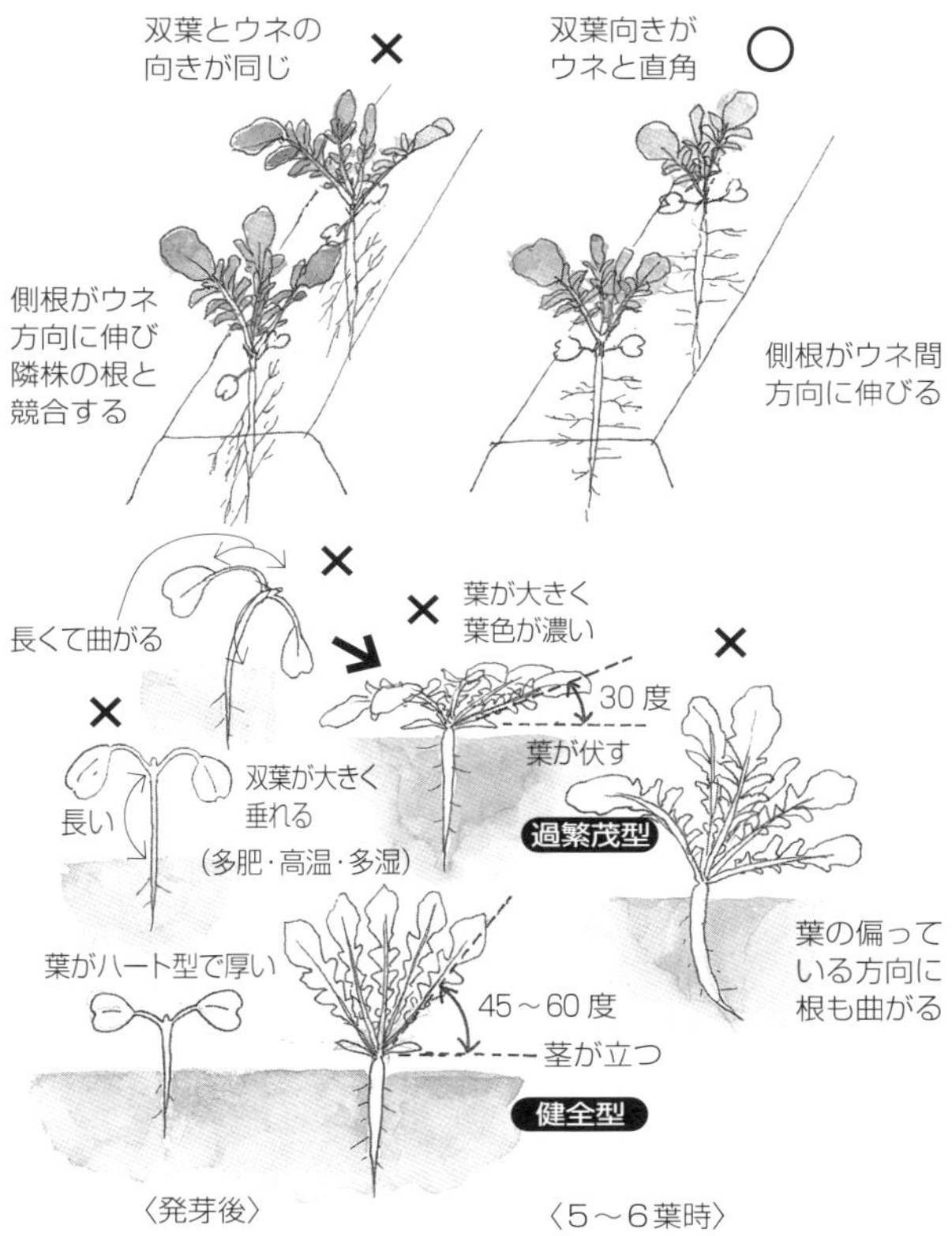

間引く株の見分け方

葉の形、葉脈が左右対称で、葉色が若草色のものを残す

基部から初生皮層が破れた本葉5～6枚の間引きダイコン

●収穫

青首大根の場合、外側の葉が垂れるようになって根の直径が6～7cmになったら、引き抜いて収穫します。

早生種で播種後55～60日、晩生種で90～100日程度です。収穫が遅れると、根にスが入り、食味が低下するので、適期になったら早めに収穫します。葉柄の元部を切ってみて、断面に空洞があれば、ダイコンにもスが入っている可能性があります。

抜いたダイコンの側根が左右に一直線上に出ていて、その間隔が等間隔になっていたら、自然耕で畑の土が耕され膨軟になってきた証拠です。また、葉と根っこの重さが等しいくらいが、自然に育ったといえます。葉が多く茂っていたら、チッソ養分が多すぎたか、収穫が早かったかです。

収穫したダイコンは、すぐに葉を落とします。葉をつけたままでは、鮮度が失われやすいからです。保存するときは、葉を落としたダイコンを逆さまに土の中に埋めると、鮮度が保てます。

ダイコンは先端に辛みが多く、首部は甘いので、首部部分はサラダに、中ほどは煮物やおでん、先端部は下ろしダイコンしていただくとおいしいものです。

●自家採種

秋に収穫したダイコンを大きさ順に並べ、大きさが揃った中ぐらいの物を10本以上選び、すぐ、溝を掘って斜めに株間15cm程度に植え直します。凍結を防ぐため、イナワラなどでマルチしておきます。春先にとう立ってきたら、支柱を立て倒伏防止と鳥よけに釣り糸を張ります。ネズミの食害が多い畑では、親株とする

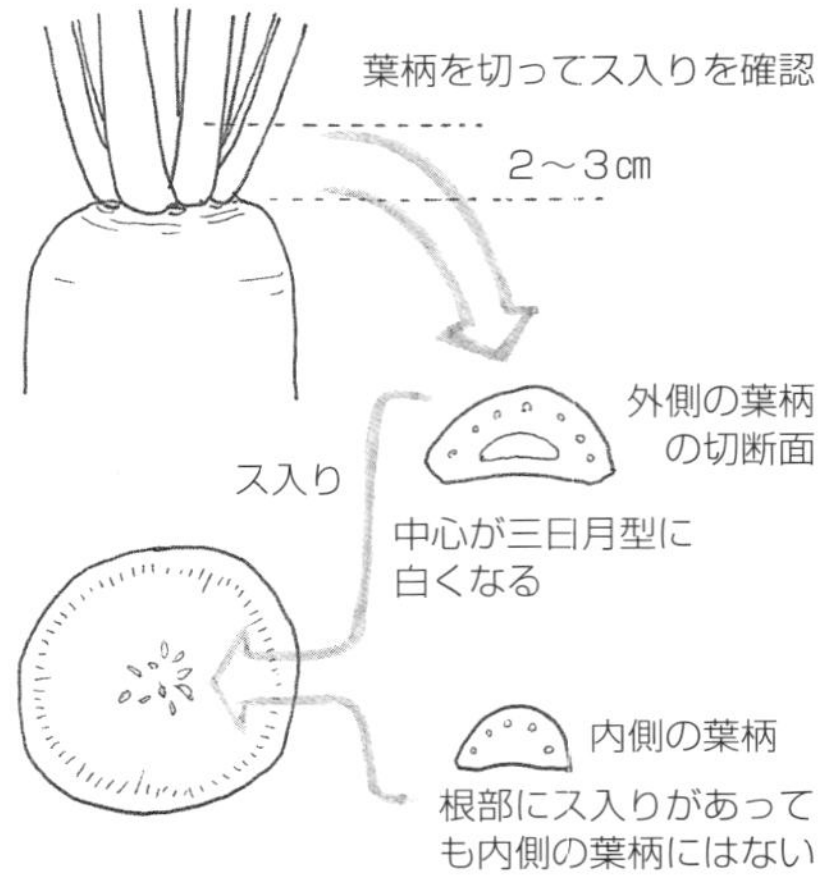

ス入りダイコンの見分け方

ダイコンの保存　葉を落としたダイコンを逆さまに土の中に埋める

採種株の選定と採種法

大きさ順に並べ大きさが揃った中ぐらいの物を 10 本以上選ぶ

溝を掘って斜めに株間 15cm程度に植え直す

凍結を防ぐため、イナワラなどでマルチする

春のとう立ち、開花（寒冷紗をかけて交雑を防ぐ）

サヤが黄色くなってきたら根ごと抜き取り、さらに乾燥

叩いて採種する

ダイコンを冬期保存して春に植え直し、周囲に溝を掘り、支柱を挿しておくと良いです。ネズミはまっすぐに穴を掘り進む習性があるので、支柱が邪魔をして食害が減ります。

ダイコンは他家受精で周囲にほかのダイコンやハツカダイコンの花があると交雑しやすいので、開花前にチョウやハチなどの訪花昆虫が侵入しないよう寒冷紗や防虫ネットなどで囲み隔離します。サヤが黄色くなってきたら根ごと抜き取り、さらに乾燥させ、叩いて採種します。根ごと抜き取って干すと根に残っている養分で種子が追熟し充実します。

ダイコンの種子の休眠は採種後1～3ヵ月程度です。春に採った種を秋にまく場合は、2～3日冷蔵庫に入れると休眠が打破されて早く発芽しやすくなります。よく保存された種子は古いもののほうが発芽が揃いやすいです。

アブラナ科

カブ

栽培難易度★

●原産地と栽培適地

原産地は中央アジアや地中海沿岸とされていますが、日本では『日本書紀』にも記されているほど古くから栽培されています。そのため、在来の地方品種も多く、色、形、大きさ、食べ方などさまざまです。東海地方以北の東日本の品種は寒さに強くとう立ちしにくいヨーロッパ系が多く、西日本には寒さに弱いが中～大球になる東洋系の品種が多いです。球径4～8cmを小カブ、13cm以上を大カブ、その中間を中カブと呼んでいますが、家庭菜園では根径5cmほどの小カブが育てやすいです。

土ステージは1～3で、あまり土を選びません。根は深根型ですが側根は表層部に多く乾燥に弱いので、草マルチをしっかり敷いて表土は乾かないように育てます。

また肥料分が多すぎると肥大不足や裂球になりやすいです。また、未熟な有機物が多いと肌荒れや病虫害が発生しやすいので、夏野菜や葉菜類の跡地が適地です。

●栽培適期

カブは冷涼な気候を好み、暑さや乾燥に弱いです。生育適温・発芽適温は15～20℃で、30℃を超えると生育が鈍ります。寒さには強くマイナス5℃まで耐えます。種まきは桜が咲く3～4月ころの春まきと9～10月ころの秋まきとがありますが、秋まきがおすすめです。春まきはとう立ちしにくい品種を選ばないと、十分に肥大しないうちにとう立ちする心配があります。

●コンパニオンプランツとの混植プラン

秋または春に、アブラナ科と相性の良いキク科のレタスやシュンギク、ゴボウを同じウネに友人型混植します。カブを条間40～50cmくらいとって2条に条まきし、条間にキク科のサニーレタスの苗を株間20cmくらいにして植えたり、シュンギクを条まきします。また、キク科のゴボウ、セリ科のニンジンとの組み合わせもおすすめです。

原産地	中央アジア、地中海沿岸
土ステージと適地	土ステージ1～3。pH6前後の弱酸性。酸性土壌にはくん炭を。水はけの良い適度に湿った土壌を好む
根の形態―株間（自立根圏）	主根深根型―小カブ10cm、中カブ15～20cm、大カブ30cm
生育適温と適期	低温性（生育適温15～20℃）で寒さにはやや強く、暑さに弱い。小カブは春まきと秋まきができる。大カブは秋まきが育てやすい
おすすめ品種	スワン、みやま小カブ、聖護院大カブ
コンパニオンプランツ	シュンギク、サニーレタス
競合作物	サツマイモの跡地では生育不良
種子	他家受精　寿命2～3年

小カブ栽培暦

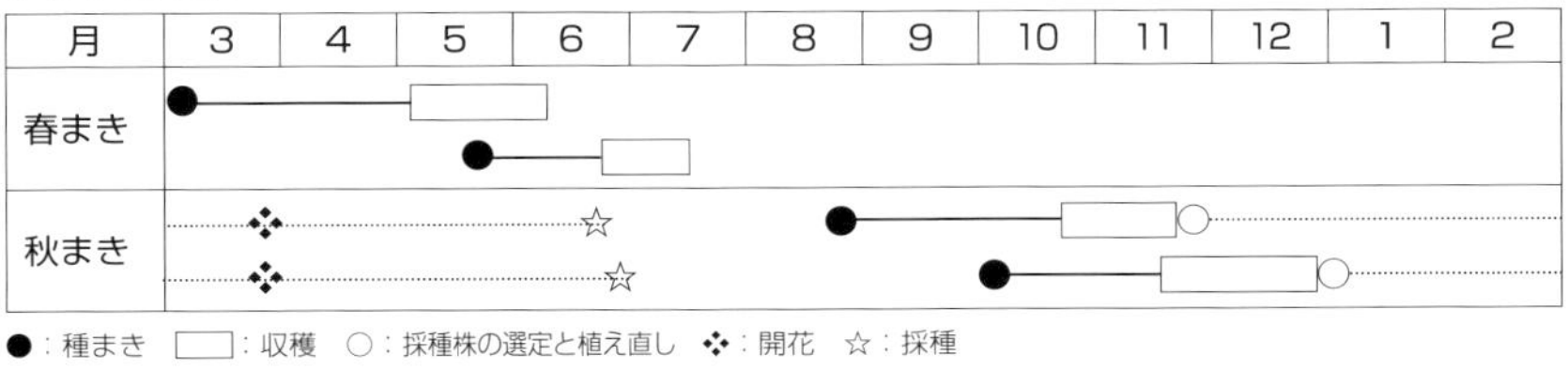

コンパニオンプランツとの混植例

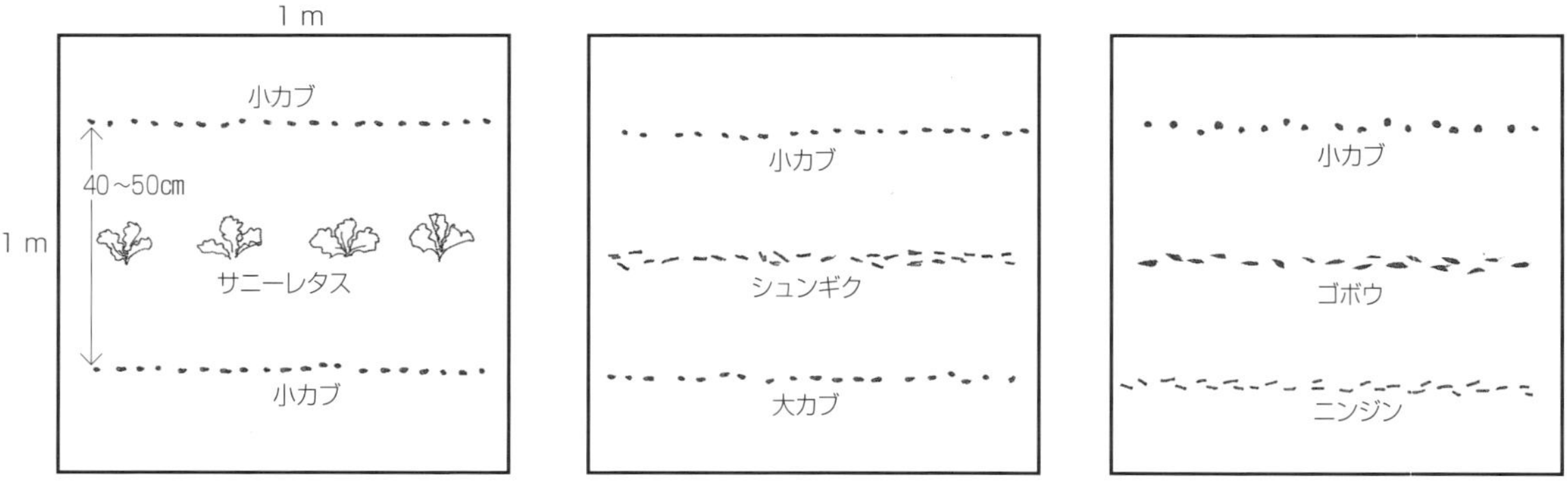

収穫した小カブ

間引き葉カブ

カブ、シュンギク、チンゲンサイの混植ウネ

●種まき

条間を小カブは10～12cm、中カブは15～20cm、大カブは30cmをとって、3cm間隔で条まきをします。本葉が出て葉が触れ合うようになったら間引き始め、本葉3～4枚時に、株間を小カブ10cm、中・大カブ15～20cmに広げます。本葉5～6枚のころから、肥大し始めます。

丸葉の大カブは、これ以降も葉が触れ合うつど間引き収穫して、最終株間まで広げます。

●草管理

カブは根菜類の中でも生長が早く、小カブの場合、秋まきは40～70日、春まきは40～60日で、大カブでも秋まきは80～100日で収穫できます。そのため、本葉5～6枚までの生育初期に草負けして日当たりが悪くなると、取り返しがつきません。生育初期にしっかり周囲の草を刈り、株元まで草マルチすれば、草負けすることはありません。草マルチをして保湿し、乾燥・過湿を防ぐことがコツです。

●収穫

カブは地際の根の一部と胚軸が肥大したもので、球はほとんど地上で肥大します。小カブの場合、根の直

採種株の選定と採種

晩秋に収穫したカブを5株以上選別して植え替える（聖護院カブ）

翌春、開花前に防虫ネットで覆い、交雑しないよう放花昆虫の侵入のを防ぐ

6月末にサヤが褐変してきたら採種

径が5～6㎝になったら引き抜いて収穫します。収穫が遅れると裂根したり、硬くなるので注意してください。

カブはダイコン同様、収穫後、すぐに葉を切り落とし、カブはビニール袋に入れて乾燥を防ぎ冷蔵庫で保存し、葉はすぐに調理します。葉も栄養価が高く、若どりすれば軟らかで、汁の実はもちろん、サラダやさっとゆでても非常においしいです。

●自家採種

ダイコンと同様です。

アブラナ科

ツケナ類

栽培難易度 ★★

●原産地と栽培適地

ツケナは、ミズナ、タカナ、コマツナ、野沢菜、サラダナ、タカナなど、アブラナ科で結球せず葉を食用とする野菜の総称です。原産地はハクサイやダイコンと同様ですが、古くから栽培され、地方ごとに風土に適応した、野沢菜や広島菜など地方種が数多くあります。

土ステージ2～3がよく育ち、根は主根浅根型です。そのためダイコンよりもやや高いpH6の弱酸性以上で、水はけが良く乾きぎみの、やや肥沃な土を好みます。やせた酸性が強い畑では前もって1ヵ月前に、1㎡当たり完熟堆肥を3㎏、くん炭5ℓをまいて耕しておきます。

実は無農薬栽培で一番むずかしいのがツケナ類です。やせたステージ0～1の土では生育不良、かといって肥料を多く施したり未熟な堆肥を入れると、病虫害が発生し葉が食害されやすいからです。

無農薬・無肥料でツケナ類が自然に育つようになったら、土ステージ3のとても良い菜園になった印です。

●栽培適期

ツケナ類は一般に冷涼な気候を好み、生育適温は15～20℃で寒さにはやや強く、暑さに弱いです。春から秋にかけてまけますが、春はとう立ちしやすく、秋まきが一番育てやすいです。品種改良が進んだコマツナは比較的、暑さや寒さにも強いので、品種を選べば、真冬を除いて周年栽培が可能です。収穫までの期間が短いので、種をまく時期をずらせば途切れることなく収穫ができるのも魅力です。また寒さに強いので、秋まきして冬越ししたものは、春に新葉が伸びてとう立ちし、菜花として楽しめます。

原産地	地中海沿岸、中近東、中央アジアなど
土ステージと適地	土ステージ2～3。pH 6の弱酸性以上で、水はけの良い乾いた肥沃な土壌を好む
根の形態―株間（自立根圏）	主根浅根型―5～15㎝
生育適温と適期	低温性（生育適温 15～20℃）で寒さにはやや強く、暑さに弱い。半日陰でも育つ。春～秋にかけて継続してまけるが、秋まきが一番育てやすい
おすすめ品種	新戒青菜、のらぼう菜、野沢菜、サラダナ、ミズナ、在来ツケナ
コンパニオンプランツ	シュンギク、カラシナ、レタス
種子	他家受精　寿命2～3年

●コンパニオンプランツとの混植プラン

コマツナとカラシナとキク科のシュンギクを、同じウネに条間30㎝くらいとって、3条に条まきします。シュンギクの代わりにレタス苗を植えてもいいでしょう。

ツケナ類（コマツナ、サラダ菜、ミズナ）栽培暦

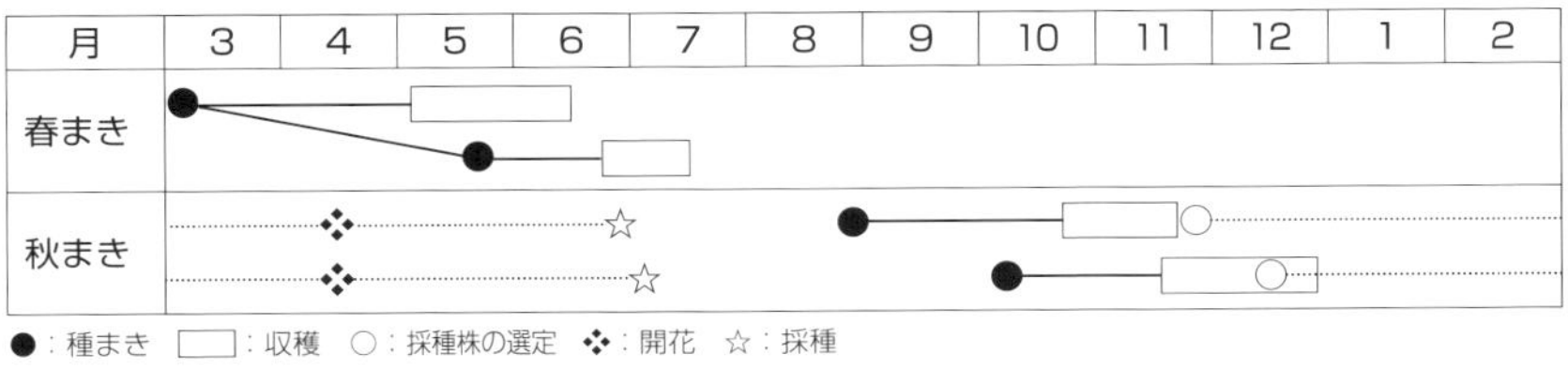

●種まきと間引き

株間や条間はツケナ類の種類によって5～15㎝と、大きくなるものほど株間を広くします。点まきもできますが、自然菜園では、条まきして数回間引き収穫をしながら最終株間にする方法がおすすめです。そのほうが草も抑えられ、根性もつく

コンパニオンプランツとの混植例

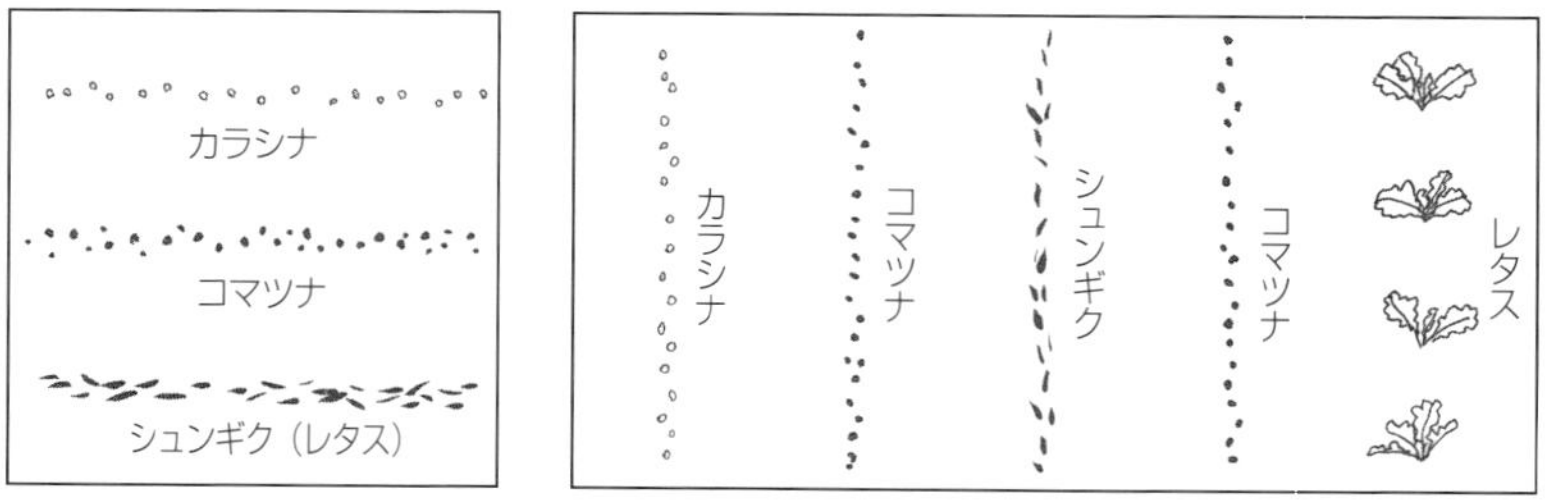

からです。

発芽後、双葉が出たら間引き始め、本葉4～5枚で最終の株間とします。間引きが遅れると競合して大きくなれません。

春まきでは、ハコベやナズナなどの冬草は、まき床は根を切って除草しますが、あとはそのままにして、急な霜や乾燥から根を守ります。

秋まきでは、あまり早まきはせずに、まき床の1.5倍のまわりの夏草を刈って草マルチをします。

コマツナ・シュンギク・ハツカダイコンの混植ウネ（左は通路にまいた緑肥のエンバク）

●病害虫防除

ツケナ類の最大の悩みは虫害です。アオムシやヨトウムシは見つけて捕殺しますが、あまりにひどい場合や害虫発生期は、成虫が飛来して産卵しないよう、寒冷紗や防虫ネットなどで被覆したほうが賢明です。

●収穫

コマツナなどツケナ類は、間引き菜から順次収穫できます。葉をちぎって食べておいしいうちは大きさにかかわらず収穫適期です。大きくなりすぎると硬くなりおいしくなくなるので、早めに収穫するようにします。コマツナなどの収穫適期は春・秋まきで播種後30～40日と早いので取り遅れないよう注意してください。ただし、秋まきの場合、霜に数回当ててから収穫すると、下葉は枯れますが旨みが倍増します。越冬して春にとう立ちしたものは、ナバナとして花が咲く前に手で折り取れる軟らかいところを収穫します。

まき溝から発芽するコマツナ

保存はあまりきかないので、必要な分だけ少しずつ収穫しますが、収穫が多いときは、漬けるか、おひたしにして冷蔵しておくと長期保存ができます。霜にあてたツケナは、刻んで3％の塩と、昆布、トウガラシなどを混ぜ、水が上がるように重しをしておくと、1週間くらい味の変化を楽しめます。

●自家採種

ダイコンと同様、秋に土ごと掘り取って収穫したものを大きさ順で並べ、中ぐらいの10株を選び、株間15cmくらいにして植え直します。春、開花前に交雑しやすいツケナ類（120ページ上段表参照）が近くにあるときは、防虫ネットをかけて隔離します。採種法はダイコンと同様です。

ツケナ類の採種（新戒青菜）

5……ユリ科の野菜

●原産地からみた特性

ユリ科野菜には、タマネギ、ネギ、ニンニク、ラッキョウ、アサツキ、ニラ、ワケギ、チャイブなどがあります。原産地は、タマネギは中国西域の中央アジアから近東、ネギやワケギは中国西部、ニンニクは中央アジアの山岳地方、ラッキョウ、ニラは中国、アサツキは日本とされています。いずれも多年草で寒さに強く、寒地以外では越冬します。

タマネギ、ニンニク、ラッキョウ、アサツキは、春にりん片に養分をためて肥大し、地上部が枯れて休眠します。ニンニク、ラッキョウ、アサツキは肥大した種球で、タマネギやネギ、ニラは種子で増やします。

●根の形態と特性

ユリ科植物はムギなどのイネ科と同じく単子葉植物で葉は筒状で、根は地際から次つぎと伸びる棒状のひげ根浅根型です。弱酸性以上の比較的肥えた、水はけの良い土壌を好みますが、この根は、微生物を引き寄せ未熟な有機物でも上手に分解しながら育つため、自然菜園導入初期に役立ちます。ステージ0～1の畑でも、堆肥や米ぬか、油かすなどを併用すると育てることができます。ただ、ニンニクだけは、未熟な有機物の処理が苦手なので、前もって完熟堆肥を施し、なじませておきます。

ネギ類は草マルチをしながら育てた夏野菜の後作に向いています。直根がなく夏草に負けやすいので、夏はこまめに株下の草を刈り、草マルチを厚めにします。連作障害がほとんど出にくいので、たくさん育てたい場合は、毎年同じ場所で栽培も可能です。

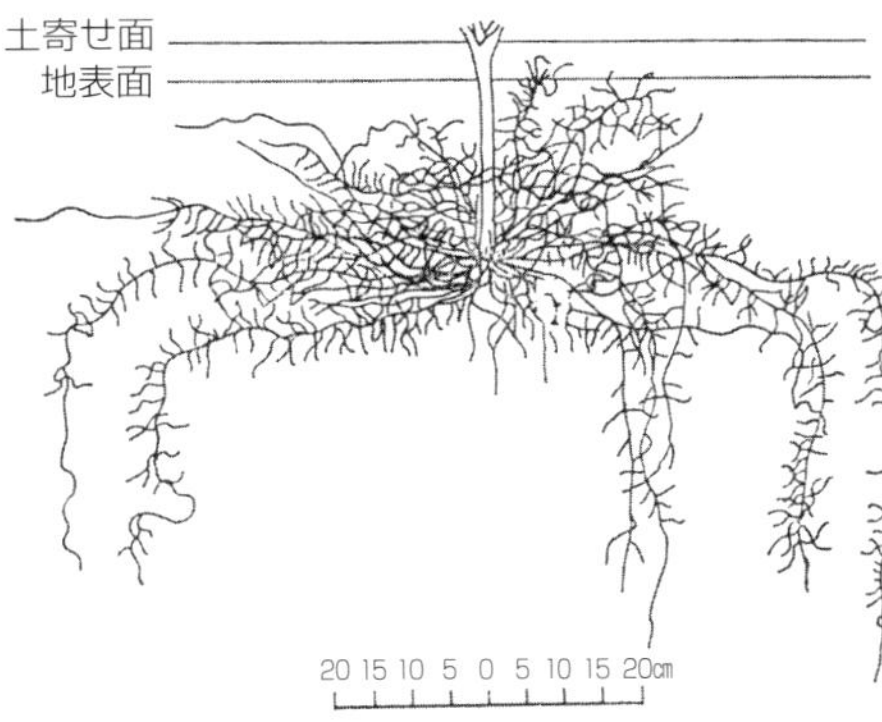

ネギの根（井上ら 1959）

●なくてはならない自然菜園のコンパニオンプランツ

注目すべき特徴は、ユリ科の野菜の根に共生する微生物が出す抗生物質に、土の中の病虫害を抑えたり、アブラムシなどの害虫を寄せつけない効果があることです。相性の良いウリ科やナス科には、ユリ科野菜の混植がおすすめです。ユリ科を育てると、ミミズなど土を育てる生きものが集まり土が豊かになります。逆にネズミやモグラはユリ科特有のにおいのため、寄ってこなくなります。

●自家採種

種子から育てるネギやタマネギは他家受精で、半径1㎞内に他品種があると交雑しやすいです。しかも、同じような品種どうしの近親交配では、小型化したり草勢が弱くなったりしやすいのです。そのため、F1品種が多く、F1品種の中には花を咲かせても種ができないものもあります。自家採種する場合は固定種を選び、採種株をできるだけ多く20株以上選んで植え直すなどの工夫が必要です。

ユリ科
1年草

タマネギ

栽培難易度 ★★★

●原産地と栽培適地

原産地は冷涼な気候の中央アジアから近東で、比較的肥えた弱酸性から中性の、水はけの良い土が適しています。

ユリ科の中で、もっとも養分、特に春先の肥大開始期に肥料分や水分が必要です。そのため、夏野菜がよく育った跡地が適しています。

自然菜園のタマネギは、小さめですが葉の枚数が多く硬くしまり、保存性が高く、風味豊かです。

●栽培適期

生育適温は15～20℃で冷涼な気候を好み、寒さには強くマイナス8℃まで耐えますが、暑さには弱く25℃以上になると生育しません。タマネギがむずかしい理由の一つは、播種適期を守らないと、春にとう立

原産地	中央アジア、近東
土ステージと適地	土ステージ３。pH6.5 以上の、風通しが良く、水はけの良い、水もちも良い肥沃な土壌を好む
根の形態―株間（自立根圏）	ひげ根浅根型―10 ～ 12㎝
生育適温と適期	低温性（生育適温 15 ～ 20℃）で寒さには強く、夏は休眠する。玉の肥大に適した温度は 15 ～ 20℃
おすすめ品種	ノンクーラー、泉州、ラッキー
コンパニオンプランツ	ソラマメ、クリムソンクローバー、スイカ、メロン
種子	他家受精　寿命１～２年

ちしてしまうことです。

定植する苗で、その後の玉の形や大きさが決まってしまいます。大きな苗のほうが大きな玉になりますが、一定の大きさ以上になった苗は冬の寒さにあうと花芽ができ、春にとうが立ちネギ坊主をつけ、玉があまり肥大せずに終わってしまいます。かといってあまり小さな苗は、冬の寒さで枯れてしまうので、適期にまき、適正な苗を植えることが第一です。

苗の適正な大きさは、根元の太さが5～7㎜、長さが20～25㎝、ちょうど割り箸サイズが目安です。種まきは定植適期にそのような苗の大きさになるように、逆算して決めます。定植日は、本格的に霜が降り生育停止するまでに十分に活着するように適期の日を選びますが、耕さない自然菜園では、耕した畑よりも活着や初期の根張りに時間がかかるので、特に寒地・寒冷地など急に寒くなる地域ではその地域の一般の適期より少し早めに植えます。植えてから本格的な冬で冬眠に入るまでにしっかり根を張らせことが大切です。根張りが良いと春先の玉の肥大がスムーズにできるようになります。

春先にとう立ちした株が10％以下であれば、適正な苗を適期に植えることができたといえます。

タマネギ栽培暦

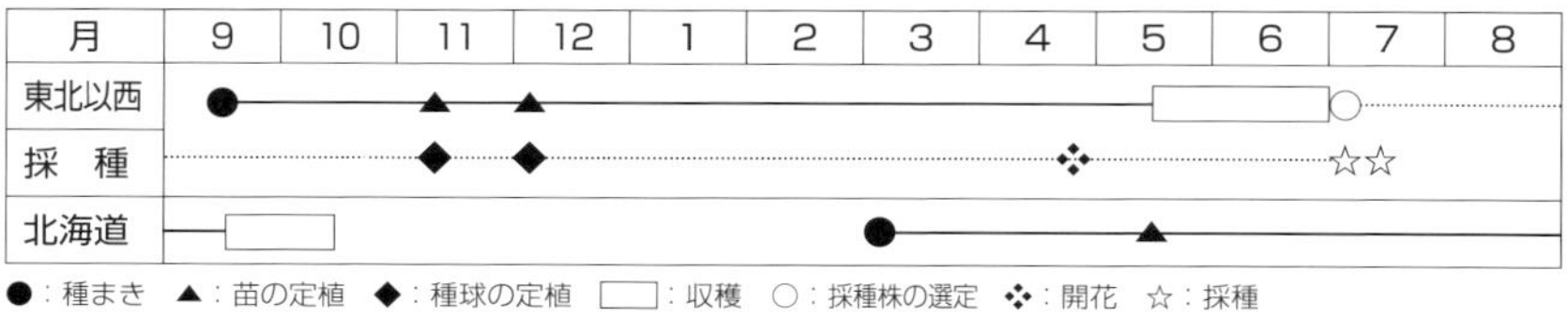

●コンパニオンプランツとの混植プラン

単植する場合は、1m幅のウネに条間30㎝の4条、株間10～12㎝で植えます。相性の良いソラマメかクリムソンクローバーを定植時にウネ中央の条間にまいておくと、ソラマメにはアブラムシよけとなり、タマネギにはチッソなどの養分補給になります。

また、春、タマネギの収穫前にウネの中央部にスイカやメロンを定植するとつる割れ病の予防になります。

●種まき

長ネギなどと比較すると格段に苗作りがむずかしいのがタマネギです。タマネギの育苗は乾燥が大敵です。かといって過湿は禁物です。タマネギの苗作りは手をかける必要があります。

種まきの1ヵ月前に、1㎡当たりくん炭5ℓ、完熟堆肥を3～5ℓ、

コンパニオンプランツとの混植例

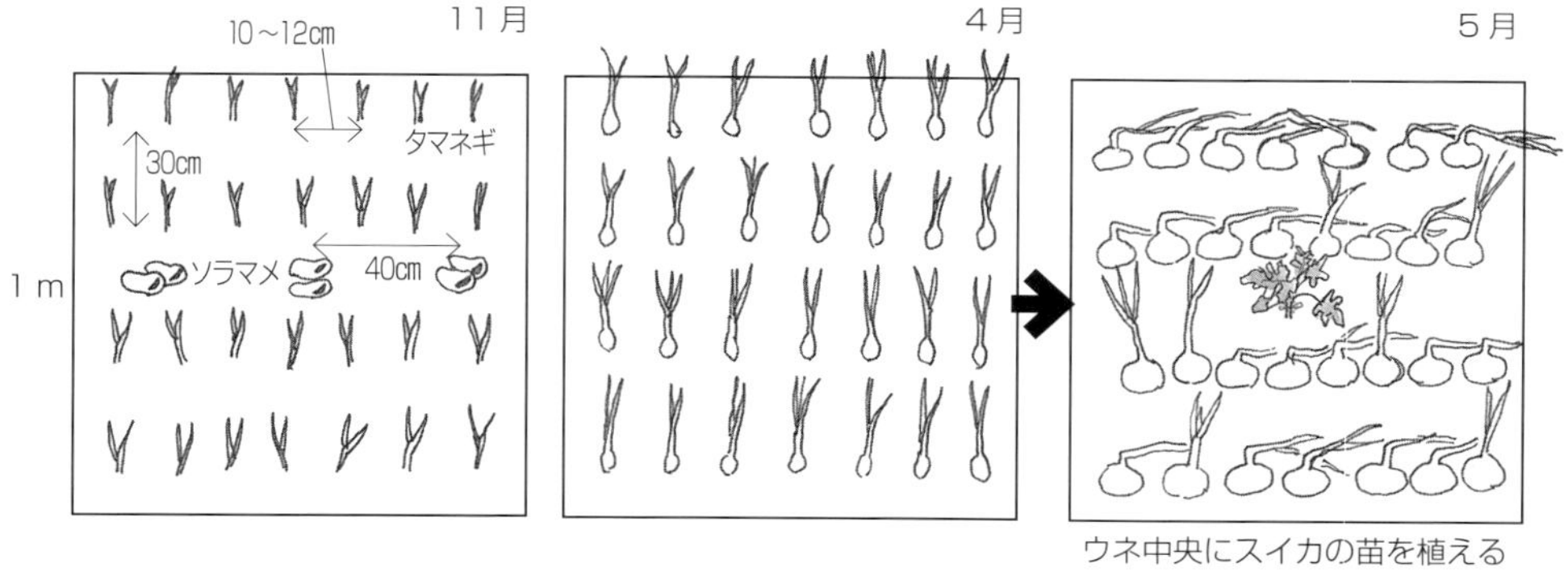

ウネ中央にスイカの苗を植える

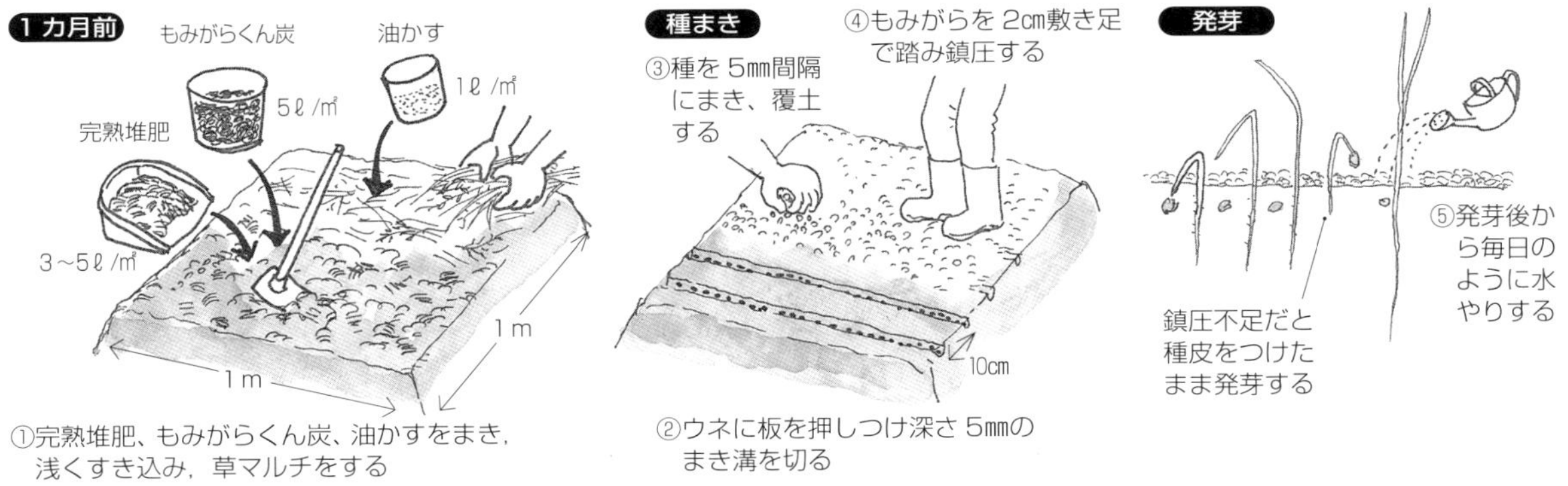
1カ月前
もみがらくん炭
油かす
5ℓ/m²
1ℓ/m²
完熟堆肥
3〜5ℓ/m²
1m
1m
①完熟堆肥、もみがらくん炭、油かすをまき，浅くすき込み，草マルチをする
種まき
③種を5mm間隔にまき、覆土する
④もみがらを2cm敷き足で踏み鎮圧する
10cm
②ウネに板を押しつけ深さ5mmのまき溝を切る
発芽
⑤発芽後から毎日のように水やりする
鎮圧不足だと種皮をつけたまま発芽する

タマネギの地床育苗

油かすを1ℓを地表にまいて浅くすき込み、草マルチをして苗床を用意しておきます。

種まき前に、条間10cmとって深さ5mmの浅い溝を切り、種子を5mm間隔にまき、種子が隠れる程度に土をかけ、しっかり鎮圧します。さらにもみがらで1〜2cmしっかり覆い、再度足で踏み鎮圧します。種まき時には水をかけずによく鎮圧することがポイントです。もみがらは保湿効果があり、発芽後は草を抑えてくれます。

1週間程度でもみがらの間から芽を出してきます。もし種皮もいっしょに持ち上がってきたときは、鎮圧が足りなかった証拠です。長ネギと異なり、発芽後から植えごろになるまで、しっかり毎日水をかけて育てます。土が乾くと苗の生長が滞り、ひ弱な苗になります。

草丈が8cmのころ、葉が2枚くらい伸びてきたら1cm間隔に間引いて株間を広げ、条間を除草します。1m²で約800本の苗ができます。

●畑の準備

しっかり草マルチなどをして育てた夏野菜などの跡地では必要ありませんが、それ以外では、定植の1ヵ月前に1m²当たりくん炭5ℓ、完熟堆肥3〜5ℓを浅くすき込み準備します。

●定植と追肥

10月末から11月初めに、条間30cmとって深さ5〜8cmの溝を切り、株間10〜12cmで植え付けます。苗の植える深さが深いと縦長の玉になり、浅いと扁平になり霜の害も受けやすいので、苗が元々土に隠れていた部分（葉鞘が白い部分）まで、やや浅めに植え、しっかり鎮圧することが何より大切です。

一般の栽培では肥大開始前の春先に化学肥料を追肥しますが、有機質肥料はまいてすぐに分解吸収できません。冬は有機質肥料の分解がゆっくりなので、苗を植えながらその日のうちに、苗の上から米ぬかと油かすを半々に混ぜたものを1m²当たり1kgまき、草やワラでしっかりマルチしておきます。こうしておけば春先の玉の肥大期までに分解され、よく吸収されます。

ネギ類はひげ根で葉が棒状に立っているため、春先に草が伸びてきやすく、草負けしやすいです。定植後、草マルチやワラでしっかり根元を覆い、春先の草を抑えるとともに保湿して玉の肥大を促します。ハコベやオドリコソウなど背が大きくならない冬草はそのままで良いのですが、背が高くなる草は、刈って根元に敷いて玉の肥大を応援します。

また、春先に霜で根が持ち上がって浮き出てしまった場合は、晴れた温かい日に地中に根を植え戻します。春の肥大期に雨が少ないときは、日中たっぷり水をあげます。

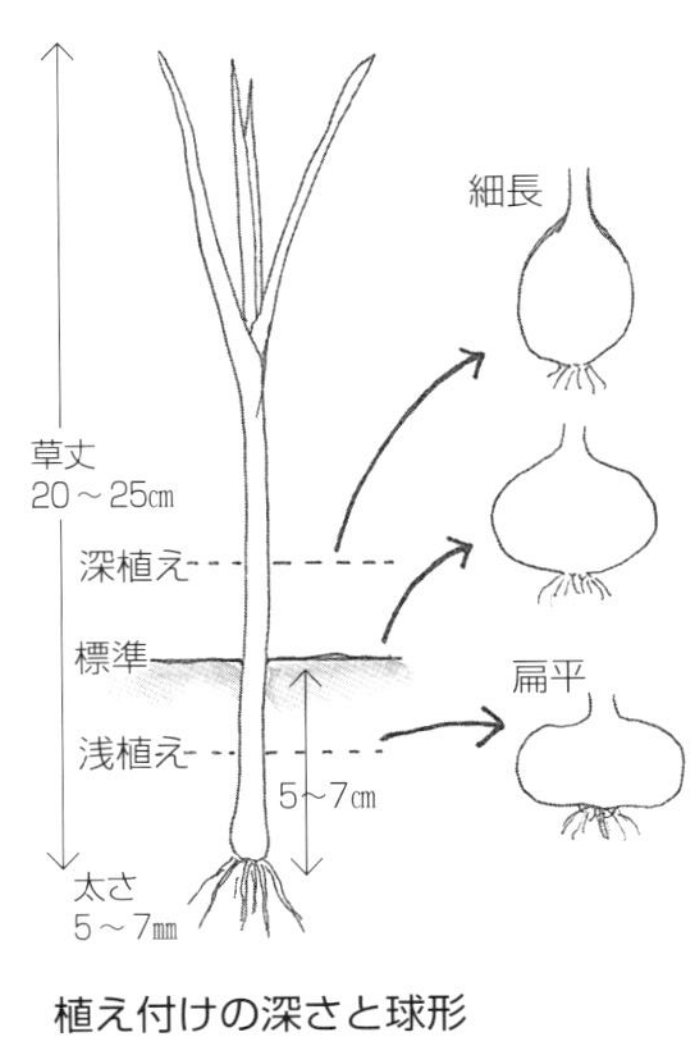
細長
草丈
20〜25cm
深植え
標準
扁平
浅植え
5〜7cm
太さ
5〜7mm

植え付けの深さと球形

●収穫・保存法

小さなネギ坊主をもった花茎が伸びてとう立ちしたタマネギは、玉の肥大が止まっているのでネギ坊主が大きくなる前に早期収穫し、葉も玉も新鮮なうちにいただきます。収穫適期の目安は、5〜8割の株の葉が倒れたときです。葉の倒伏後は、急激にタマネギが劣化するので、早めに、連日晴れて土が乾燥している

タマネギの定植の手順

1 植え付けの1ヵ月前に草マルチを除き苗床を作る

2 苗床全体にもみがらくん炭をまき混ぜる（5ℓ／㎡）

3 10月末、タマネギ苗を掘り取る

4 タマネギ苗（植える深さは基部の白い部分、3～4cm）

5 溝の片側に寄せて10～12cm間隔に苗を並べる

6 3～4cmと浅く覆土する

7 覆土した上を足でよく踏み鎮圧する

8 油かすと米ぬかを半々に混ぜる

9 鎮圧した上に油かす＋米ぬかをたっぷり（1kg／㎡）まく

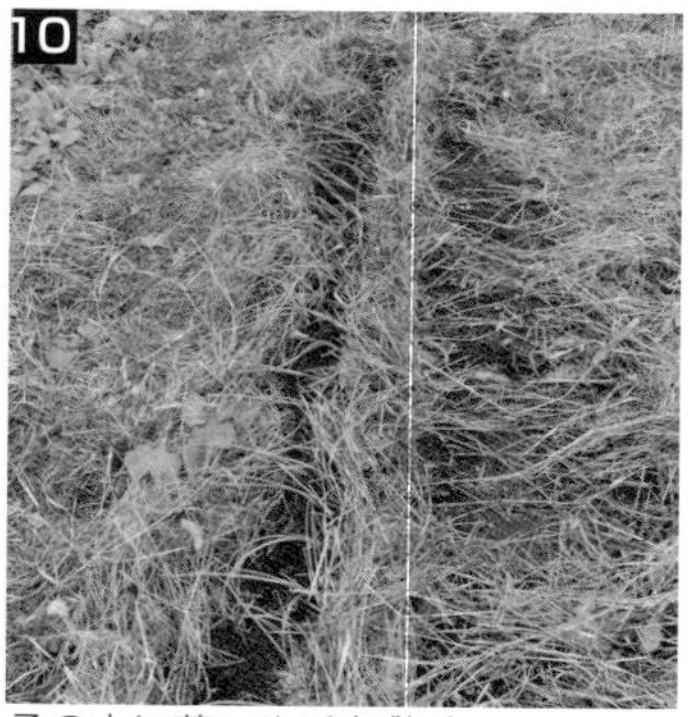
10 その上に草マルチを敷く

日にいっせいに収穫することが大切です。

収穫したら、畑で天日で2～3日よく乾燥させてから、風通しの良い雨の当たらない軒下などで、玉吊り保存します。保存期間は品種によってある程度決まっていますが、保存の良し悪しは、結球の硬さ、収穫時期の良し悪しで決まります。

●自家採種

その年に収穫したタマネギの中からよく肥大したものを種球に20株以上選び、風通しの良い日陰に吊るしておきます。

そして10～11月の苗を植える時期に植え直します。1mウネに溝を2条切ったところにくん炭をまいて、15cmの株間を空けて種球を溝に並べて尻部を押しつけておきます。覆土しないほうがよく根が出ます。よく発根し、霜が本格化してきたら、埋め戻してワラなどをかぶせます。開花が梅雨時なので、雨よけ支柱をします。

翌春にとう立ちしたネギ坊主を結実させてネギ坊主部を切り、10日間よく乾燥させてから、自家採種します。F1種子には種子ができない不稔交配種子が少ないので、優良固定種の自家採種がおすすめです。

タマネギの自家採種の手順

1 10～11月、芽が出かけた種球を15㎝間隔に溝に並べて押しつけ、くん炭をまく

2 霜が何回か降りたら土を種球にかぶせ、ワラなどを敷く（写真は春の採種タマネギ）

3 翌春、採種タマネギのとう立ち

4 結実したらネギ坊主を段ボールに入れて乾燥させる

5 フルイを逆さまにしてネギ坊主を軽く叩くようにして中の種子を落とす

ユリ科

ネギ

栽培難易度★

原産地	中国西部
土ステージと適地	土ステージ2～3。pH6.5以上の中性土壌。根は湿気に弱いため、水はけの良い土壌を好む
根の形態―株間（自立根圏）	ひげ根浅根型―10～12㎝
生育適温と適期	低温性（生育適温15～20℃）で寒さにはやや強く暑さにも耐える。分げつしない1本ネギ系は、秋～初春まき。葉ネギは冬を除きいつでもまける
おすすめ品種	九条太ネギ（葉ネギ）、赤根ネギ（根深ネギ）、下仁田ネギ（1本ネギ）
コンパニオンプランツ	ウリ科、ナス科全般
種子	他家受精　寿命1～2年

●原産地と栽培適地

ネギの種類は大きく分けて、関東で代表される軟化した白い部分を食べる根深ネギと、関西の青い葉を食べる葉ネギの2種類があります。葉ネギはよく分げつして増えますが、根深ネギはそれほど分げつしませんし、下仁田ネギはまったく分げつしません。

土ステージは2～3で、肥えた水はけの良い、日当たり・風通しが良い畑が適します。未熟な有機物でも上手に分解しながら育つので、自然菜園導入初期や、やせている畑では、堆肥や米ぬか、油かすなどを併用しながら育てると、地力をつけながら育てることができます。

ネギ（根深ネギ）栽培暦

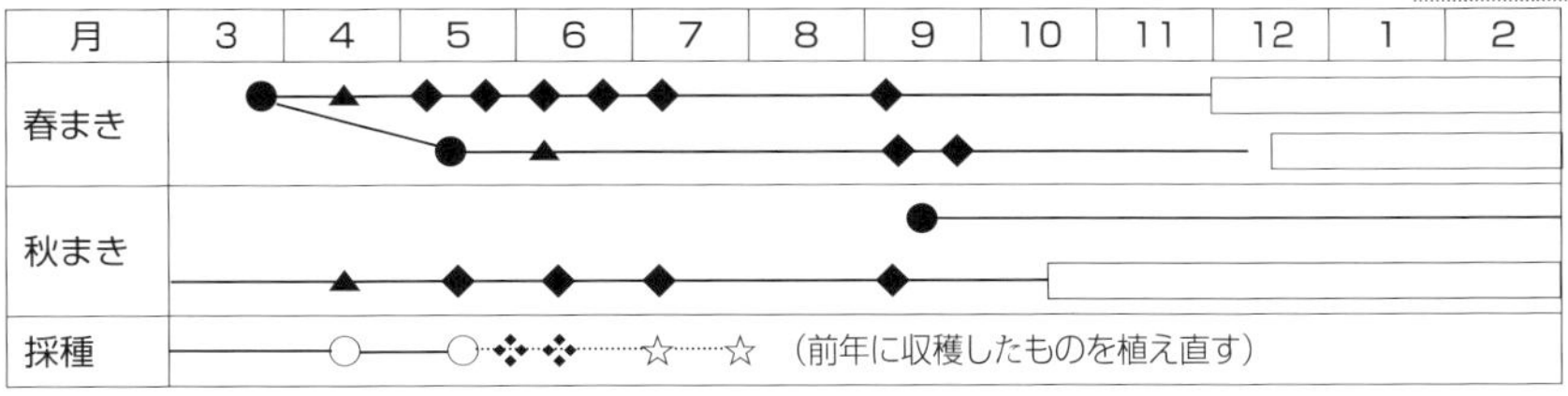

●：種まき　▲：定植　◆：土寄せ　□：収穫　○：採種株の選定と植え直し　❖：開花　☆：採種

●栽培適期

生育適温は15～20℃で、寒さに強く、暑さにも比較的強いです。種まきは冬期以外はいつでもできます。特に葉ネギは春から秋にいつでもまくことができます。根深ネギは土寄せを数回行ない葉鞘部を長く伸ばす必要があるので、秋まき（翌春定植・秋～冬どり）か春まき（春定植・冬どり）にします。

ネギはタマネギと同じく、一定の大きさの苗が冬の寒さにあうと花芽ができて、春にとう立ちしますが、ネギ坊主を早くかき取れば新芽ができて新しい株の葉が伸びてくるので、あまりとう立ちを心配する必要はありません。

●コンパニオンプランツとの混植プラン

ネギ類どうしやダイズ、ダイコン、ハクサイとは相性が悪いですが、ウリ科やナス科など多くの野菜と相性が良く、自然菜園の主役のコンパニオンプランツです。特に葉ネギは、土寄せが必要ないので自然菜園でとても育てやすくおすすめです。ウリ

葉ネギ

秋～冬の収穫

根深ネギ（ジャガイモとの輪作）

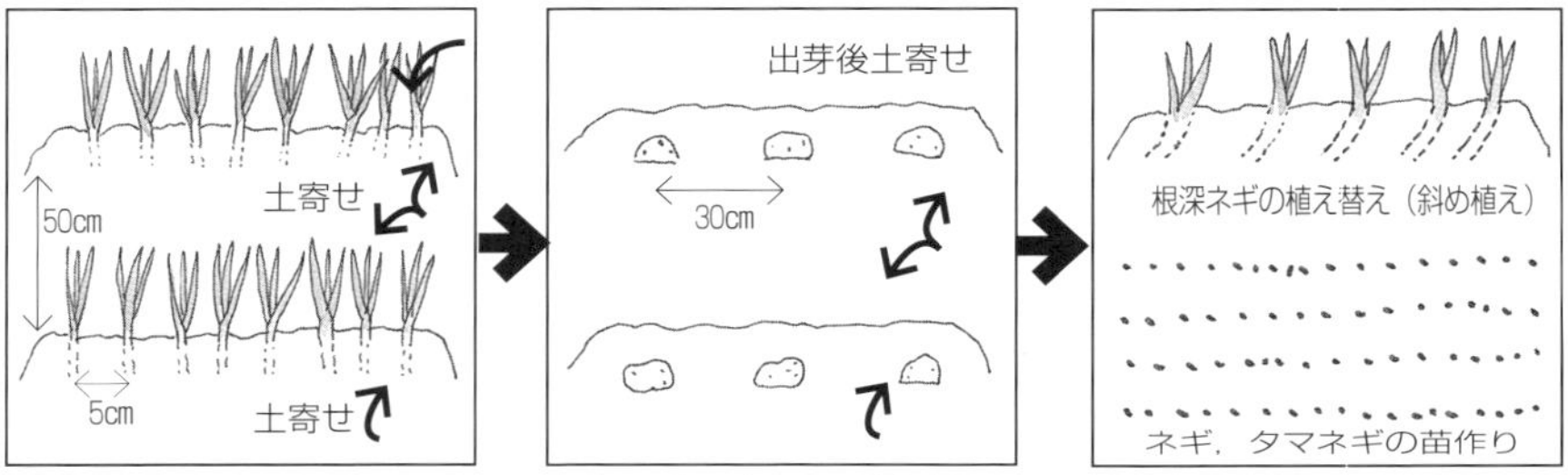

秋～冬の収穫　翌春・ジャガイモの植え付け　ジャガイモ収穫後の夏～秋

科やナス科の果菜の苗に根をからませていっしょに植え穴に植えます。

小カブやラディッシュなどのアブラナ科のウネの真ん中にネギの種を条まきしたり、ホウレンソウやミズナなどと混播して育苗する方法もあります。

根深ネギは、白く軟化させるために土寄せが必要ですが、土寄せしやすいようにジャガイモ、ダイコン、ニンジンなど根菜を収穫した後に植えると、土をあまり動かさず植えることができます。初夏にジャガイモを収穫したその後作としてネギを植え替えすると、冬まで土寄せが楽にできます。こうすると翌年またジャガイモを連作できます。

夏野菜と混植したネギは、混植野菜を収穫し終わったら、いったん抜き取り、新たな場所に植え直すととてもおいしくなります。

●育苗

ネギは草負けしやすく、特に育苗時に背の高い草で光が遮られるとネギ苗は消えてしまいます。土寄せした根深ネギの跡地は草が生えにくいので、格好の苗床になります。

育苗法は、タマネギの方法と同様です（135頁参照）。違う点は、発芽後も水やりはしないこと、育苗期間が長いので、初霜前にボカシ肥か油かすを上から追肥しておくこと、春先によく除草することです。

手軽にできる葉ネギのポット苗

10月下旬、ハコベといっしょに育つ根深ネギの苗

コンパニオンプランツとして株間に混植する葉ネギの苗は、ポットやセルトレイ（50～72穴トレイ）などで育苗すると手軽です。単独で植えるよりも、何本かまとめて植えておくと生育が安定するので、葉ネギはポットに10～20粒まいて育てて、5～6本ずつ分けて1ヵ所にまとめて植えます。

●定植

根深ネギは土寄せをして葉鞘部を伸ばし軟化させます。そのため深さ15～20㎝の溝を南北方向に、条間50㎝とって土を西側に上げて掘ります。そして苗を西側壁に寄せて、5㎝間隔に並べ、根が隠れる程度に土をかけ、足で踏んで鎮圧します。

ネギの根は大変酸素を欲しがるので、最初から深く植えると活着が悪くなります。ステージ1～2の場合は完熟堆肥ともみがらくん炭をその上に1～2㎝の厚さに敷きます。

1週間後には新根が伸びて活着し、葉が起きてきたら、1回目の土寄せをします。土を緑の葉にかけないように、緑の葉と葉鞘の分岐部以下までたっぷり埋め戻し、草やワラ

9条ネギの植え付け

でたっぷりマルチしておきます。土ステージ1～2の場合は、土寄せ後に完熟堆肥を再度施しておきます。

葉ネギは、相性の良い野菜の株間に、1ヵ所に苗を5～6本ずつ植えて混植します。

根元に完熟堆肥をひと握り施すか、草マルチの上から米ぬかと油かすを混ぜたものを必要に応じて施します。

●ネギ坊主摘み

花芽ができた苗はとう立ちしてネギ坊主ができ、開花します。ネギ坊主を開花・結実させると養分が実にとられて、分げつした新芽が枯れやすいので、とう立ちしたネギ坊主は早めに蕾のうちに切り取ります。

若いネギ坊主は、天ぷらにするとてもおいしいです。

●土寄せ

根深ネギは生長して葉鞘が伸びるごとに土寄せし、葉鞘を伸ばし軟白化します。2回目からの土寄せは、2～3週間に一度、葉鞘が伸びるごとに、草マルチをどかして、完熟堆肥とくん炭をネギの株元に1m当たりひと握りほど施し、葉の分岐部まで土を寄せて、その上に厚めの草マルチをして根元の草を抑えます。

ネギは夏は休眠して生長しないので土寄せを休み、秋以降は堆肥は施さず土寄せだけしっかりします。1本ネギは、夏に掘り起こし、新たに植え替えると、新しい根が伸び白い葉鞘がさらに長くなり、太く甘くおいしい曲がりネギになります。冬に収穫するネギの最終土寄せは、イチョウが色づくころまでとします。

●病害虫対策

自然菜園ではネギには病害虫は出にくいですが、さび病や黒斑病などウイルス病は、風通しが悪かったり、

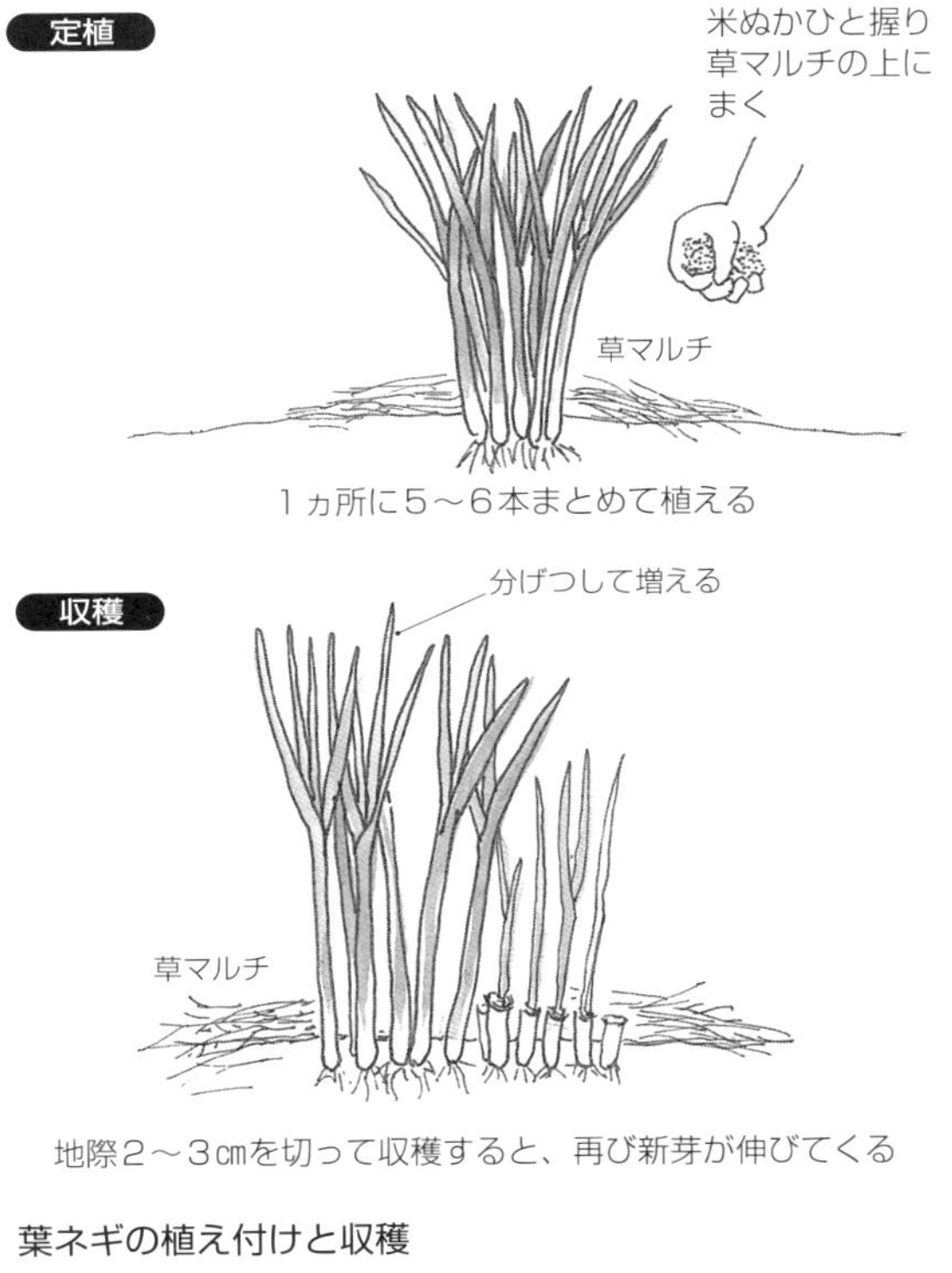

葉ネギの植え付けと収穫

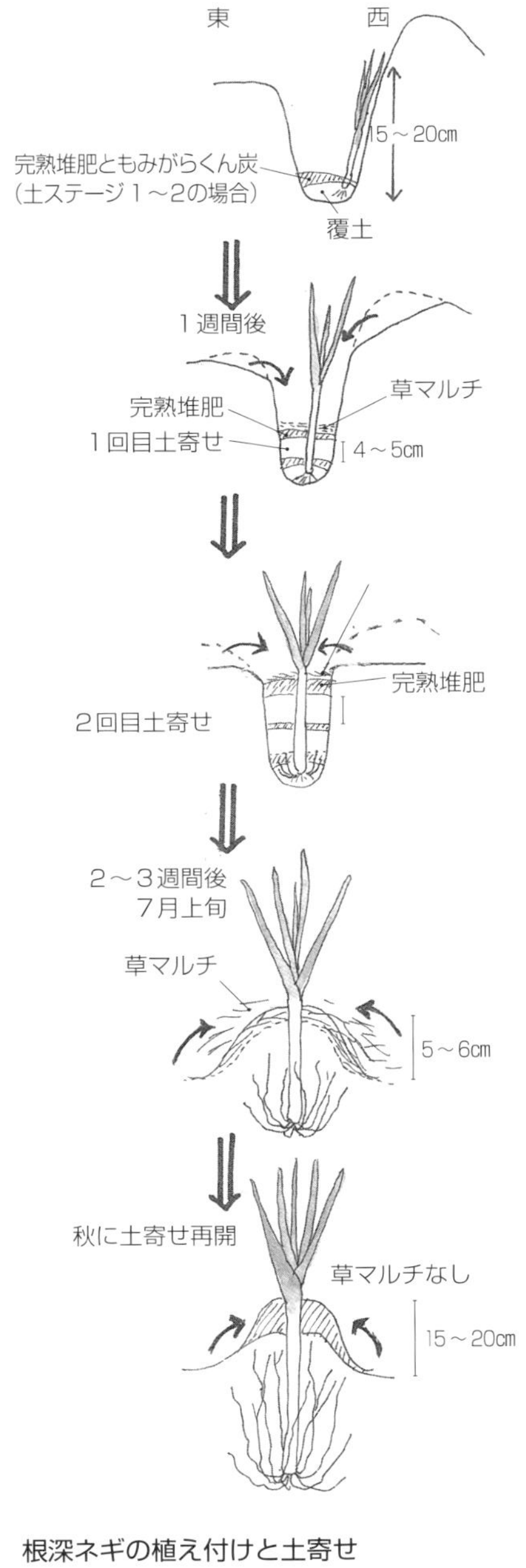

根深ネギの植え付けと土寄せ

冬、霜にあたりおいしくなる松本１本ネギ

８月に掘り起こし斜めに植え替えた松本１本ネギ

土寄せと草マルチをしたネギ（６月）

12月、植え替えて曲がった松本１本ネギを収穫

翌春に植え替え、とう立ちした採種ネギ

肥料が多すぎると発生します。発生を防ぐために、夏以降は堆肥を施さず、周囲の草を刈り草マルチをして、風通しを良くし極度の乾燥や多湿をさけます。

●収穫

よく分げつして増える葉ネギは、根を抜かずに、必要なだけを根元部分を残して葉をハサミなどで切って収穫すると、新たに葉が伸びてきて再生し何度も収穫できます。細くなったり、10本以上になったら、株分けしてほかの場所に植えて、さらに増やします。

根深ネギには、1本ネギのように分げつしない品種と分げつして株分けが必要なものがあります。分げつするものは、収穫時に数本残して植え替えます。

ネギは、霜にあたるととても甘く軟らかくなるので旬は冬ですが、必要に応じて品種の特性を活かして収穫します。寒地・寒冷地などで寒さや積雪でネギが越冬できない場合は、11月の末に掘り起こし、まとめて仮植えしておくと冬場も収穫でき重宝します。

●自家採種

春先に、生育が良かったネギを1列に植え替えします。その後、とうが立ち、ネギ坊主ができ、開花し、種子ができてきます。一部の種子ができてきたら、種子をこぼさないように、ネギ坊主を収穫し、並べて干しておくとすべての種子が完熟します。

ネギ坊主をビニール袋などに入れ、袋の中でもみながら叩くと種子が袋にたまります。その後、ごみと種子をフルイや箕で選別して採種します。

自家採種した枯れた1本ネギの古株をそのままにしておくと、わきから新たなネギが初夏に1～2本再生してきます。夏に硬くなってしまったネギとは違い、とても軟らかくおいしいので、古株はわざと残しておきます。

ネギの種子の寿命は1～2年と短命のため、できれば毎年自家採種したいものです。湿度に弱いため、ビンの中に乾燥剤などを入れて冷暗所に保存すると発芽率が保持されます。

ユリ科

ニンニク

栽培難易度 ★★

●原産地と栽培適地

原産地は中央アジアの山岳地方で、土ステージは3。よく肥えた肥沃で排水や保湿性が良いところを選びます。ほかのユリ科野菜との連作をさけ、トマトやナス、キュウリなど夏野菜の跡地に植えると生育が良いです。未熟な有機物をすき込むと、病気や腐りが多くなりやすいので注意してください。

●栽培適期

ニンニクはほかのネギ類と同じく、冬の寒さにあって花芽ができます。春になり花茎が伸びてとう立ちしてくるころ、各葉のわき芽（りん片）が肥大して球になります。

ニンニクは種子ではなく、このりん片を種球として植えます。

寒地型の品種は、秋の内に根を張って養分を蓄え、冬は生育を停止して冬眠します。そのため、秋のうちに十分に根張りが確保できるように、自然菜園では特に一般の栽培よりも1週間ほど早く植え、葉っぱ4枚で越冬させたいものです。遅植えすると、寒くなる前に十分に根が張れず枯死株が多くなります。

壱州早生などは、寒さには弱いですが冬眠しないので、暖地に向いています。

●コンパニオンプランツとの混植プラン

株間15cm、条間30cmとって植えますが、秋に相性の良いトマトやイチゴのウネの中央に植えたり、来春のナスウネの両サイドに植えると良いです。

キュウリなどウリ科のウネにも混植できますが、ウリ科特有の大きな葉やつるで日照不足になったり競合してしまうので、注意が必要です。

原産地	中央アジアの山岳地方
土ステージと適地	土ステージ3。pH6.5～7.0、水はけや日当たりの良い土壌を好む
根の形態─株間（自立根圏）	ひげ根浅根型─15cm
生育適温と適期	低温性（生育適温15～20℃）で寒さに強く、暑さに弱い。25℃以上では生育不可
おすすめ品種	寒地・寒冷地…福地ホワイト 暖地・温暖地…壱州早生
コンパニオンプランツ	トマト、ナス、イチゴ
種球の寿命	1年以内

ニンニク栽培暦

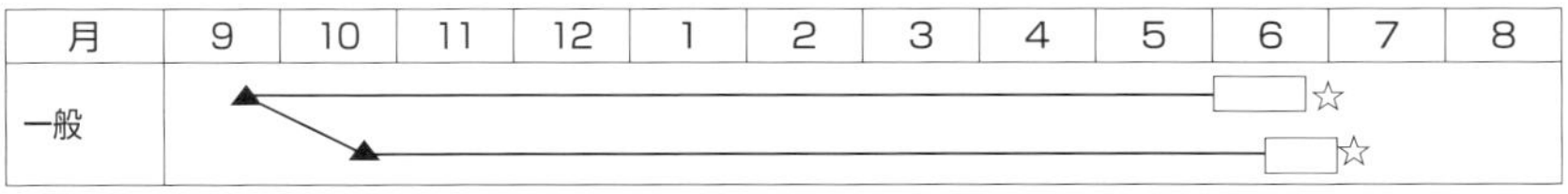

▲：定植　□：収穫　☆：種球の採種

トマトのウネの中央に前年の秋に植えたニンニク（まもなく収穫）

コンパニオンプランツとの混植例

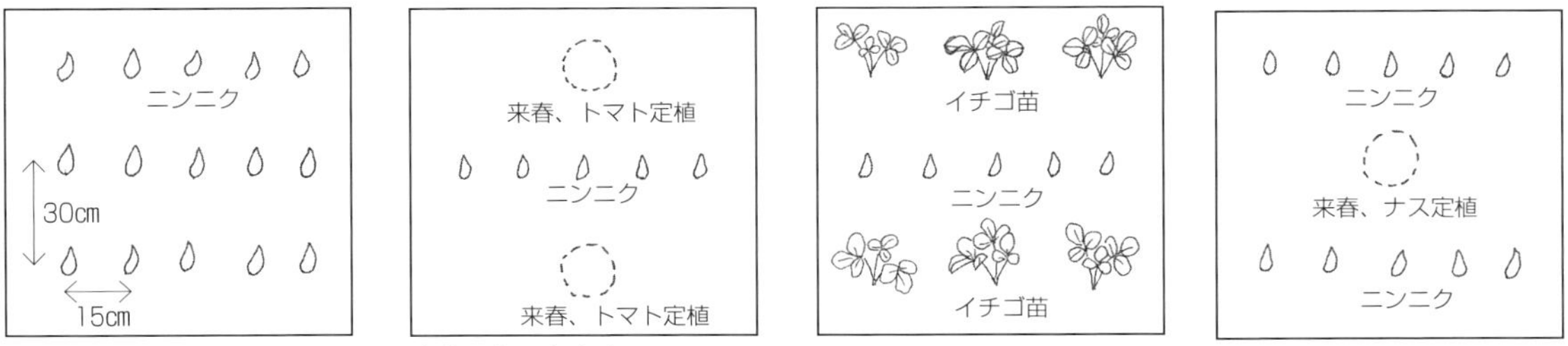

来春のトマトウネ　イチゴ苗と同時に植え付け　来春のナスウネ

●畑の準備と植え付け

土ステージ1～2で夏野菜がよく育った場所以外では、植え付け1ヵ月前までに完熟堆肥を1㎡当たり3kgともみがらくん炭5ℓをまいて浅く耕しすき込んでおきます。

ニンニクを1片ずつ分け、条間30cm、株間15cm間隔に芽の伸びる先端を上向きに挿し込むように植えます。土を5cmほどかけてしっかり鎮圧した後、刈った草を敷き、その上から米ぬかと油かすを混ぜたものをまいておきます。この肥料は冬眠からさめて新葉が伸び、りん片が肥大開始する春先から効いてきます。

●草管理と芽かき

肥大が始まる前の春先に、伸びてきた草を刈って株元に厚く敷き草マルチします。肥大期には肥料や水分をよく吸収するので、乾かないように保湿します。葉1枚がりん片1つを育てるので、葉を大事に育てます。

6月に入ると、とうが立ってきます。このとうを収穫したものが茎ニンニクです。茎ニンニクを早めに収穫すると、りん片の肥大が良くなります。

●収穫

長期間保存できるように収穫するのは、意外とむずかしいです。

下葉が枯れ株全体の葉の半分くらいが黄変し、上図のように球の尻部が平らになったときが収穫適期です。晴天が3日以上続いた日を選んで収穫します。株を引き抜き、すぐに根を切り落とします。そして、皮1枚をすぐにむいて一日天日でよく乾燥させます。すぐむかないと泥が取れにくくなります。

その後、軸を15cm残して葉を切り、雨の当たらない風通しの良い日陰に吊るして干しておきます。

収穫したニンニクを、オイルや醤油に漬けておくと調味料としても利用できます。

●自家採種

収穫して保存しておいたものの中から、病害虫に侵されていない大きなりん片を選んで種球とします。

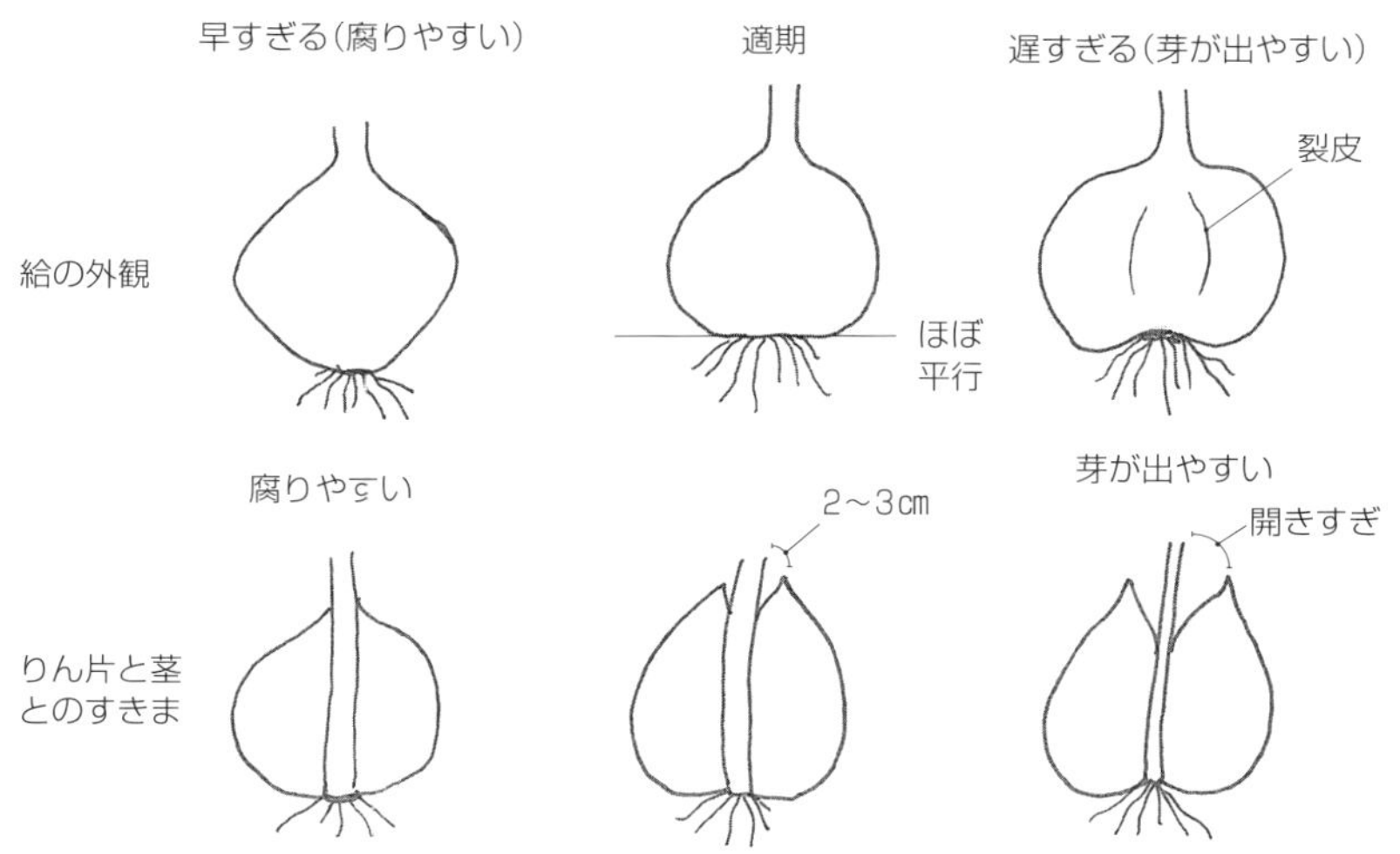

収穫適期の判断法

葉3～4枚で越冬中のニンニク

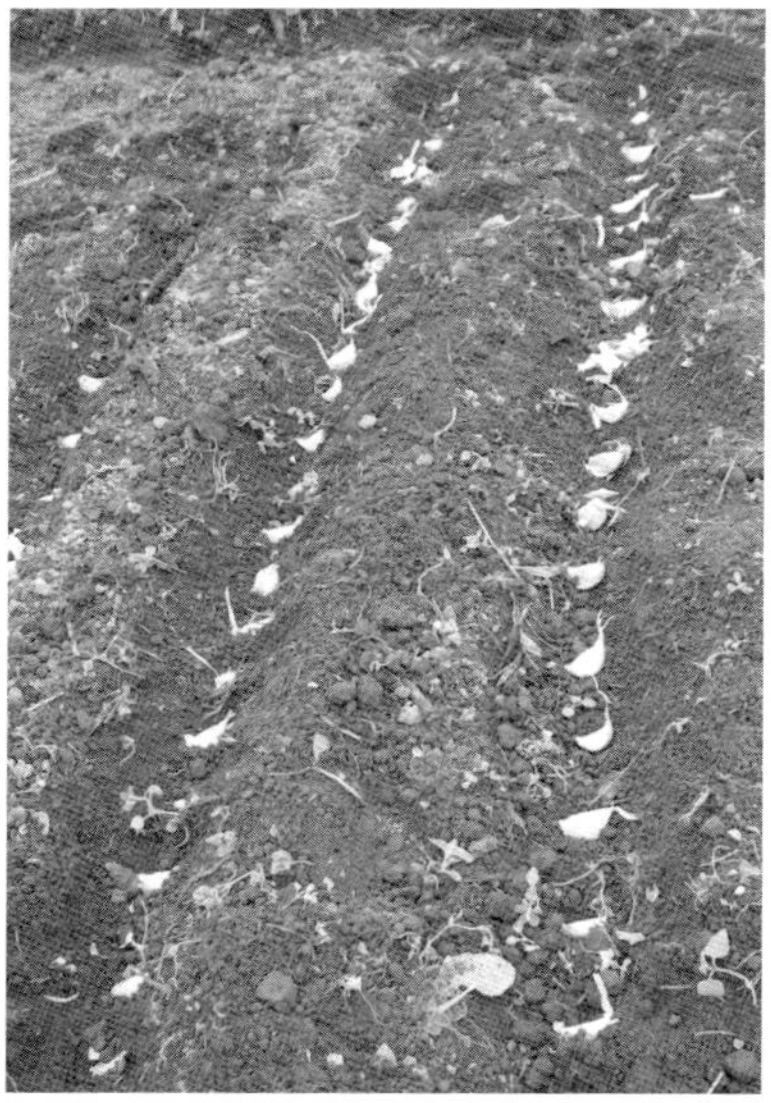
株間15cm間隔に芽の伸びる頂部を上向きに植える

●キク科野菜の種類と原産地

キク科の野菜にはシュンギク、レタス・サラダ菜、水前寺菜、ゴボウなどがあります。

シュンギクは、地中海沿岸が原産地とされヨーロッパではもっぱら観賞用の草花ですが、東アジアで食用に改良され、日本では古くから食用としても愛好されています。

レタスは、中近東から地中海沿岸が原産地とされ、日本でも古くから中国から伝わったカキチシャを栽培していました。結球レタスは、明治以降にヨーロッパ・アメリカから導入されました。

ゴボウはユーラシア大陸の北部に広く野生する植物です。日本には10世紀以前に薬草のひとつとして中国から渡来しました。しかし、ゴボウを食用として好むのは日本人、韓国人、台湾人だけらしいです。

●栽培適地

キク科の野菜は、野性味が強く、やせ地から肥沃地いずれでも育てやすいものです。ところが例外的に、品種改良が進んだ結球するレタス類は、肥沃地を好み、アブラムシが発生しやすく病気にも弱く、育てにくいものです。

同じキク科のタンポポの種子のように、キク科の野菜はこぼれ種で発芽しやすい好光性種子です。あまり厚く覆土をしないほうが発芽しやすいです。

●センチュウや害虫を忌避するコンパニオンプランツ

キク科の植物は、茎を折ると白い乳液を出し、強いにおいを発するポリフェノール物質が多く、センチュウ対策に有名なマリーゴールドや蚊などを殺虫する成分をもつ除虫菊もキク科の植物の仲間です。

そのため、キク科の野菜には病虫害が少なく、防虫効果も期待できます。特に虫のつきやすいアブラナ科野菜ととても相性が良いコンパニオンプランツです。

なかでも赤いサニーレタスやサンチェは効果的です。赤色は、害虫などが嫌がるからです。虫に発見されたくない野菜（アブラナ科の野菜など）よりも目立つように、周囲に前もって栽培し大きく育てておくと効果的です。とうが立って目立つようにするとさらに効果的です。

●自家採種

キク科は自家受精するので自家採種は簡単です。採種株は数株あれば十分で、サニーレタスやシュンギクは、こぼれ種でもよく発芽します。

キク科

レタス

栽培難易度　結球レタス★★★　非結球レタス★

●原産地と栽培適地

レタスの原産地は、冷涼な気候の中近東内陸の小アジアから地中海地方とされています。カキチシャなど種類によっては古くから栽培されています。レタスの種類には、硬く結球する玉レタス、ゆるく結球するサラダ菜、結球しないサニーレタス、タケノコ型に盛り上がるコスレタスやサンチェなどのカキチシャなどがあります。現在ふつうにレタスと呼ばれている玉レタス（クリスプヘッド型）は、明治初年に導入されたものです。第2次大戦後、食生活の洋風化から大幅に消費が増加した野菜です。

主根浅根型で根は浅く、水はけの良い土壌を好みますが、土ステージ2～3、pH6前後の弱酸性でも育ちます。結球レタスは中性に近い肥えた土壌が適し、ややむずかしいので、自然菜園では、野性味の強いサニーレタスなど結球しないレタスがおすすめです。

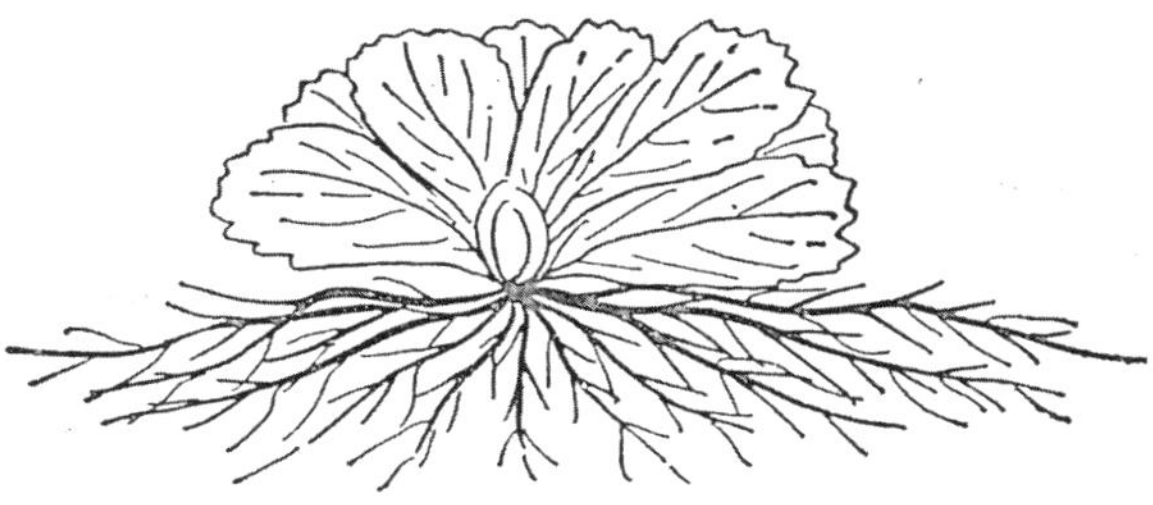
レタスの根

●栽培適期

気候的には冷涼を好み、生育適温は15～20℃です。寒さには比較的強いですが、暑さには弱く、25℃以上になると生育がストップし病気にもかかりやすくなります。また、25℃くらいの暑さにあうと花芽が分化してとう立ちしてしまいます。このため栽培適期は春と秋です。

●コンパニオンプランツとの混植プラン

キク科のレタスには害虫が寄りつかないので、害虫の多いキャベツ、ダイコン、ハクサイ、コマツナ、カブなどアブラナ科の野菜にとってはありがたい助っ人です。また、半日陰でも育つので、背の高いトウモロコシやトマトの株間でも栽培できます。また、直根型のニンジンとは根が張る層が異なるため、混植できます。

原産地	地中海沿岸から中近東地帯
土ステージと適地	土ステージ2～3。pH 6～7程度で、水はけの良い土壌を好む。高温多湿は苦手
根の形態―株間（自立根圏）	主根浅根型―25～35㎝
生育適温と適期	低温性（生育適温15～20℃）で結球するまでに寒さに強く、暑さに弱い。秋から春にかけて栽培できる。夏は高温と長日により花芽ができてとう立ちしやすいので注意
おすすめ品種	エルワン、エルゴー、エルロック
コンパニオンプランツ	アブラナ科全般、トウモロコシ、トマト、ニンジン
種子	自家受精　好光性種子　寿命1～2年

レタス栽培暦

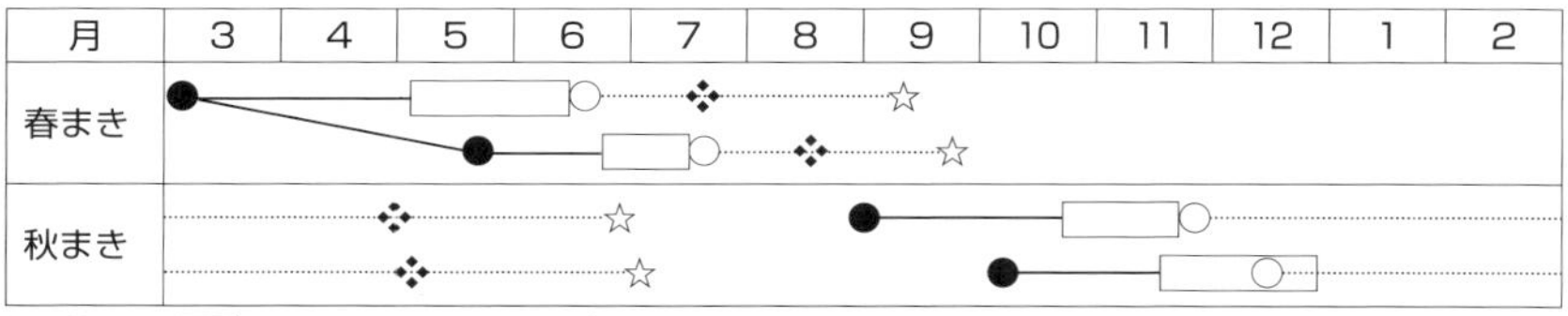

●：種まき　□：収穫　○：採種株の選定　❖：開花　☆：採種

3月植えのサニーレタスの株間に植えたキャベツ（矢印）

●種まき

レタスは、病虫害に強いため、直まきが簡単です。浅いまき溝を切って、5㎜間隔にひねりまきし、極薄く覆土して鎮圧します。葉が触れ合わないように、どんどん間引いていかないと大きくなれません。間引いたものは食べても、苗として移植しても良いでしょう。

秋に育てる場合は、暑い8月の種まきとなるので、涼しい場所で苗床か、10.5㎝ポットか大きな穴のセルトレイ（50穴トレイなど）に4粒まいて、1穴1本に間引き、本葉が4枚程度になるまで育ててから移植します。レタスは主根浅根型ですが、移植に強く、植え傷みが少ないです。

夏の高温下での種まきでは、種子

コンパニオンプランツとの混植例

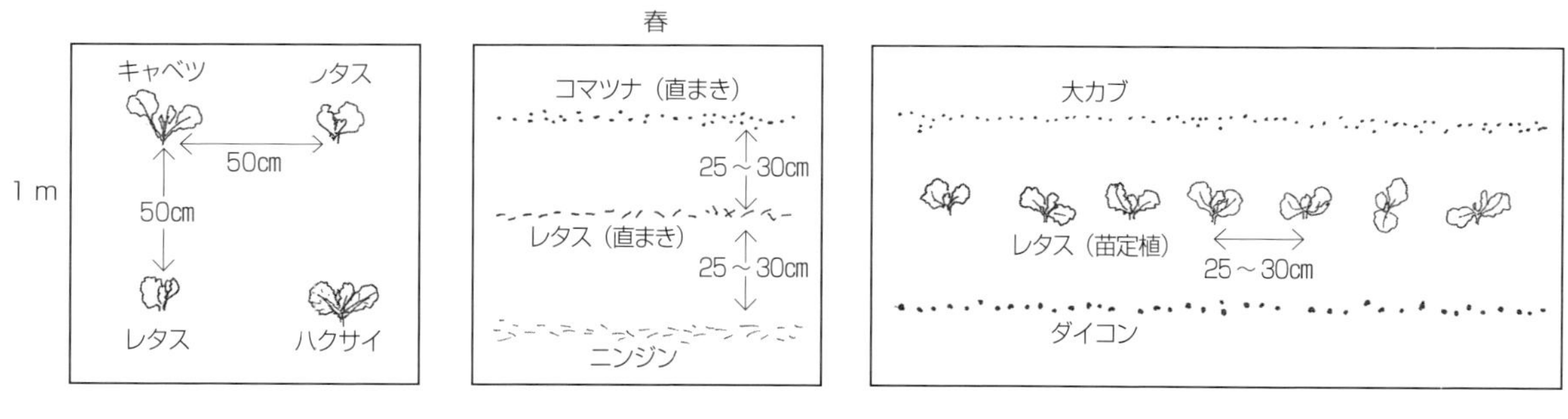

を数時間水に漬け、冷蔵庫に2〜3日入れて芽出しをしてからまくと発芽しやすくなります。好光性種子なので覆土は極薄くしてよく鎮圧します。

4月の直まき。5㎜間隔にひねりまき

大きな穴のセルトレイにまいて発芽した玉レタス

●畑の準備と草管理

サニーレタスなど非結球系のレタスは、無肥料でもとても育てやすいですが、玉レタスは肥えた中性に近い土でないと育ちにくいです。

うまく育たない場合は、前もって完熟堆肥をひと握り、クラツキで施して移植場所を肥えさせておきます。乾燥には強く過湿に弱いので、水はけの悪い畑ではウネを高くしたり、草をこまめに刈って風通しを良くしてあげます。特に、結球レタスはこまめに草を刈り、草マルチにします。

キャベツ（左列）の横にレタス苗を定植（右列）

レタスの採りまき

9月、とう立ちして種子が実ったレタスの株の下の草マルチをはいで整地

とう立ちの茎を切り、手で叩くようにして種子を落としたあと、足でよく鎮圧し草マルチを敷く

●定植

雨の降った翌日か、曇りの日に定植します。前日に、夕立のようにたっぷりと苗に水をあげておきます。本葉4枚の苗を、条間25〜30cm（1m幅のウネに3条）、株間25〜35cm間隔に植え付けします。

●収穫

玉レタスは生育初期には低温や高温にも耐えますが、結球期に入ると耐寒・耐暑性は劣ってくるので、取り遅れないようにします。手で押してある程度弾力が出てくる葉がしっかり結球したものをもっとも水分を含む早朝に収穫します。

結球レタスを保存するときは、水気を切り、芯をくり抜いて、保存パックなどに入れて冷蔵保存すると腐りにくくなります。芯をくり抜くと呼吸量が減り、鮮度が長く保てます。

サニーレタスは、葉をかき取りながら収穫すると、長期間収穫が楽しめます。とう立ちした葉もかき取り収穫します。

とう立ちした茎の葉をかき取り収穫

●自家採種

春まきのレタスの収穫時に形の良い数株を残しておき、玉レタスは包丁などで玉を割り、とう立ちを手助けします。とうが立って倒れてきた場合は、支柱で支えてあげます。

レタスは自家受精なので、とう立ちしにくい種子となるように、一番最後にとう立ちした1〜2株から種子を採ります。採種の時期が梅雨と重なる場合は、雨よけのハウスなどに移植しておくと良いでしょう。

レタスの採種

9月、とうが立ったまま枯れて種子が乾燥したレタス

とう立ちした茎をバケツの中で叩いて種子を落とす

レタスの種子

キク科

シュンギク

栽培難易度★

●原産地と栽培適地

原産地は地中海沿岸で温暖な気候を好み、土ステージは1～3でどんな土壌でも育ちますが、根は主根浅根型で肥沃な土壌を好みます。

シュンギクには草姿から、茎があまり伸びず、側枝が多く出る株張り型と、茎がよく伸び側枝も立ちぎみに伸びる株立ち型とがあります。株張り型はキクナと呼ばれ関西に多く、大葉春菊のように収穫適期に株ごと抜き取って収穫します。株立ち型は関東に多く、中葉春菊のように、はじめに本葉数枚を残して収穫して、残した葉から伸び出るわき芽を何回も長期間摘み取り収穫するので「摘み取り型」とも呼ばれています。

●栽培適期

シュンギクは、本葉4枚以降に低温にあうと花芽ができ、その後の27℃くらいの高温・長日でとう立ちします。暑い夏を除き、春まきと秋まきが適していますが、春まきであまりに早くまくと、大きくならないうちにとう立ちしてしまいます。

春まきは栽培期間が短いので、株元から収穫する株張り型が向いています。秋まきは花芽ができず長期間収穫できるので、摘み取り収穫する株立ち型が適しています。しかし、ホウレンソウやコマツナなどよりも寒さには弱く、収穫は初霜が降りるころまでです。

●コンパニオンプランツとの混植プラン

根が深く張るトマトやアブラナ

原産地	地中海沿岸
土ステージと適地	土ステージ1～3。pH5.5～6.5の、水はけの良い土壌を好む。日当たりを好む
根の形態─株間（自立根圏）	主根浅根型─株張り型8～10㎝ 株立ち型（摘み取り型）15～20㎝
生育適温と適期	低温性（生育適温15～20℃）で寒さにはやや強く、暑さに弱い。27℃を超えると生育不良になりとう立ちする
おすすめ品種	中葉春菊、大葉春菊
コンパニオンプランツ	トマト、アブラナ科全般
種子	自家受精　好光性種子　寿命2～3年

シュンギク栽培暦

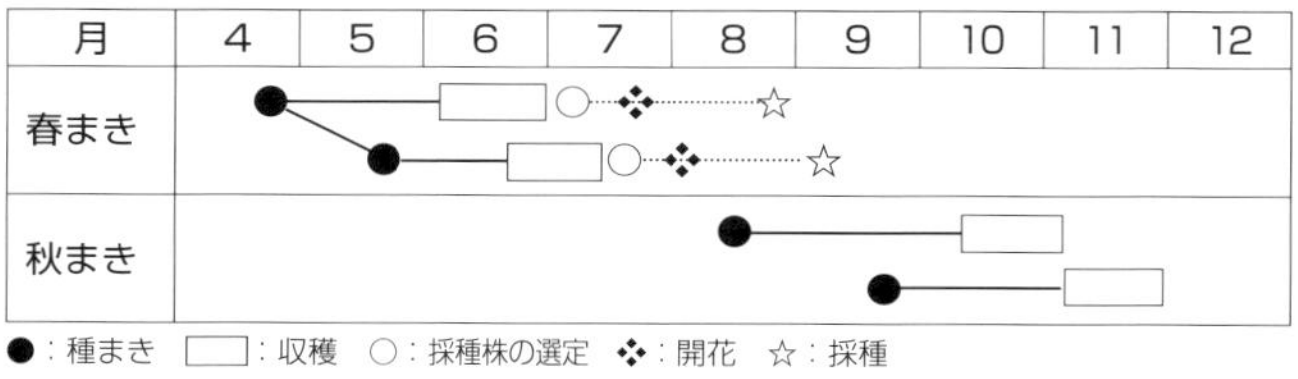

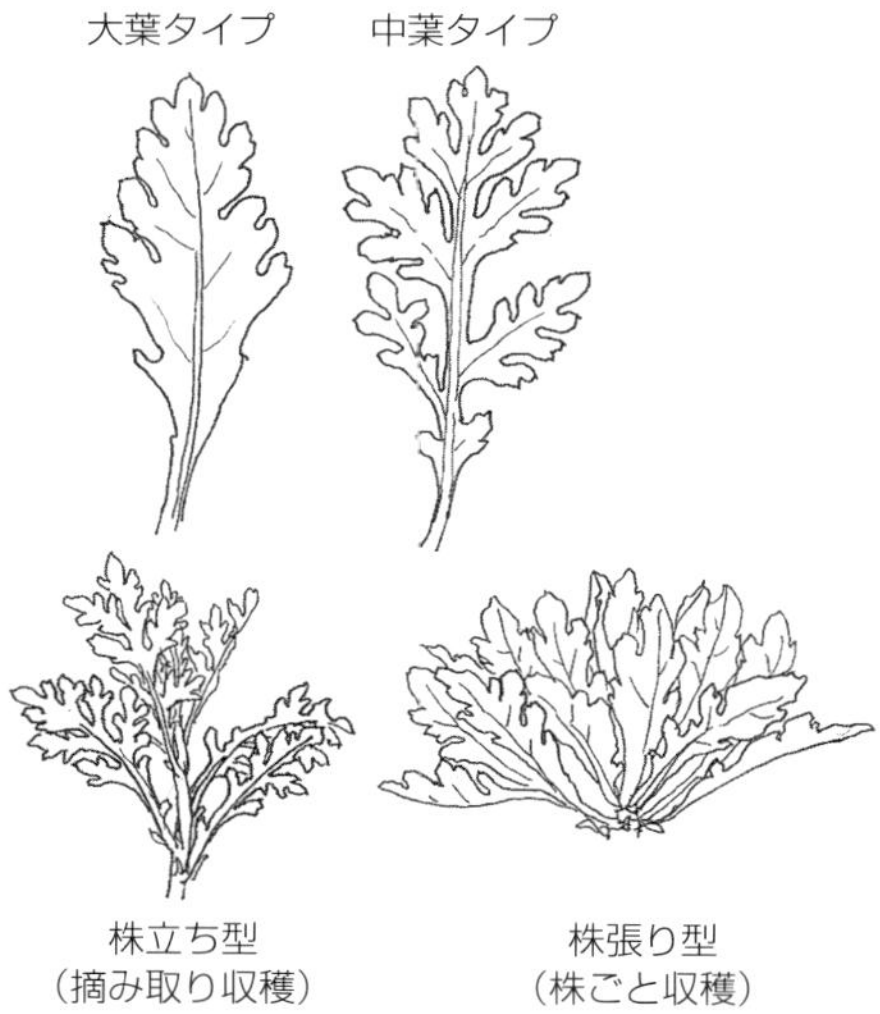

シュンギクの種類

コンパニオンプランツとの混植例

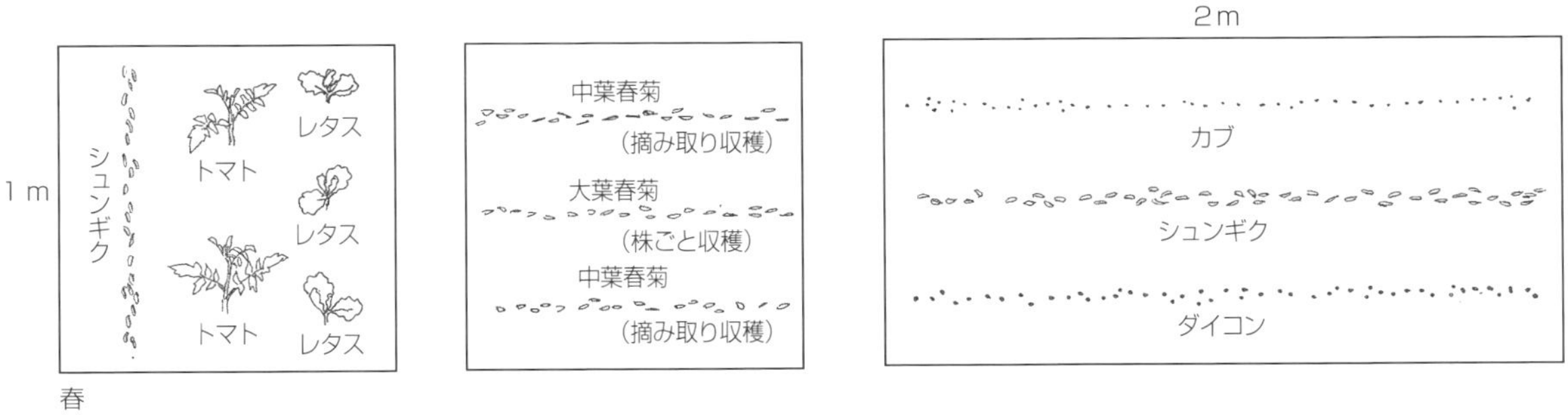

コマツナ（左）・シュンギク（中）・ハツカダイコン（右）の混植ウネ

科、特に直根型のダイコンやカブと相性が良いです。上図のように、春にトマトのウネの両サイドにまいたり、秋にカブやダイコンと混植してまきます。また大葉春菊と中葉春菊を組み合わせ、大葉春菊を早めに株ごと収穫し、両サイドの中葉春菊を摘み取り収穫すると長く収穫できます。

●**種まき**

種まきは3～5月（春まき）と8月下旬～9月下旬秋まき）に直まきします。シュンギクの種子は発芽率が50％と低いので、直まきでは種子を5㎜間隔に条まきし、発芽後、本葉2～3枚から間引き始め、本葉4～5枚のころに株張り型8～10㎝、株立ち型（摘み取り型）15～20㎝に1本になるよう間引きます。

食べきれない間引き菜は、本葉3枚のころに根を傷めないように取って、15㎝間隔に移植すると、大株に育ち、長期間摘み取り収穫ができます。シュンギクは移植に強いです。

●**草管理など**

ほかの葉菜類同様、草がシュンギクの草丈以上にならないように、株下の草を刈り草マルチにしていきます。葉の色は若草色がよく、黄色い場合や摘み取り収穫後にボカシ肥などを追肥すると生育が良くなります。

葉にハモグリバエの食害がある場合は、葉の上から指で押して殺虫します。

●**収穫**

収穫は草丈が20～25㎝になったら行ない、株張り型の品種は株ごと抜き取るか、株元からハサミで切って収穫します。摘み取り型の品種は下葉4～5枚を残して摘み取ります。残した葉からは、わき芽が伸びてくるので、わき芽が生長したら葉を2枚残して摘み取って収穫し、以後同様に、伸びたわき芽を収穫していきます。

一度にたくさん収穫したときは、さっとゆがいて保存します。自然菜園で育ったシュンギクは、葉の色が

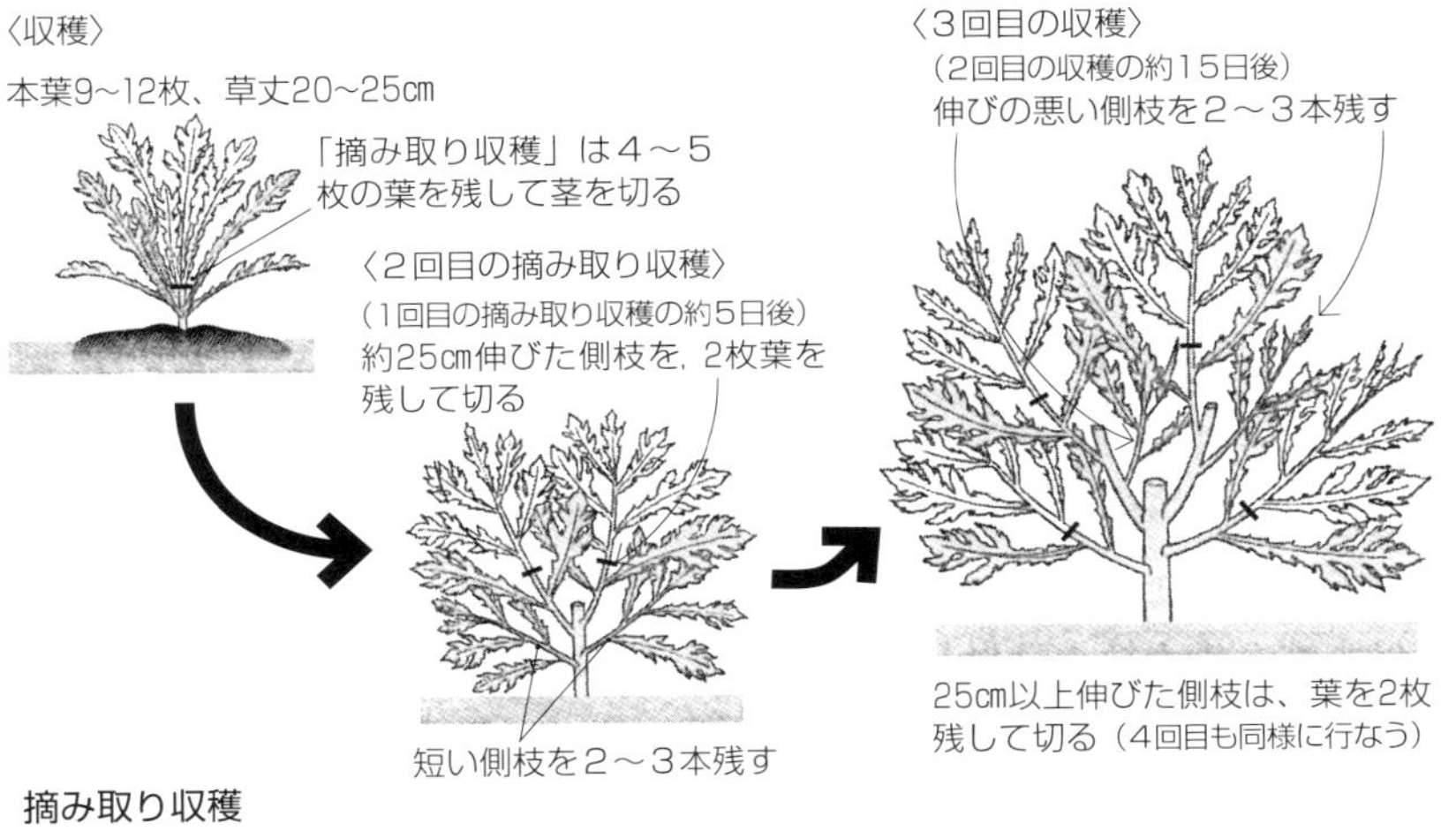

摘み取り収穫

淡く、苦みやエグミが少なく、風味豊かでサラダでもいただけますが、肥料過多で育ったものは、葉の色が濃く苦みやえぐみがきつく有毒な硝酸態チッソが多いので、ゆでこぼして洗い流します。

●自家採種

シュンギクは自家受精し、春の低温で花芽ができ夏に開花します。開花から40日程度で種子が充実し、1花あたり300～400粒ほど採種できます。できるだけ遅く咲いた花から採種すると、とう立ちが遅い種子になります。採種後2～3ヵ月程度の休眠期間があるため、休眠期間後に使用します。

種子の寿命は2～3年で、採種後1年以上経過した種子を使うと炭そ病の発生が少なくなります。

キクのような花が咲き、ヒマワリのような種子ができる

キク科

ゴボウ

栽培難易度★

●原産地と栽培適地

原産地はユーラシア大陸の北部です。土ステージは1～3でどんな土壌でもできますが、ハコベが生えるような中性で肥えた土壌が向いています。日当たりや水はけが良く、耕土が深い畑が適しています。主根深根型で乾燥には強いですが過湿には弱いです。

ゴボウには長根種と短根種があり、収量の多い長根種が一般的ですが、耕さない自然菜園では、掘り出しやすい短根の品種が育てやすいものです。大浦太ゴボウ（スが入っても、二股になってもおいしい）や堀川ゴボウ、葉も食べられる葉ゴボウがおすすめです。

原産地	ヨーロッパ北部、シベリア、中国東北部
土ステージと適地	土ステージ1～3。pH5.5～6.5、水はけが良く土が深く軟らかい土壌を好む
根の形態—株間（自立根圏）	主根深根型—15～20㎝
生育適温と適期	高温性（生育適温20～25℃）で寒さには弱く、暑さには強い
おすすめ品種	大浦太ゴボウ、堀川ゴボウ、葉ゴボウ
コンパニオンプランツ	ニンジン、ホウレンソウ、アブラナ科全般
競合作物	オクラ、ナス
種子	自家受精　好光性種子　寿命1～2年

ゴボウ栽培暦

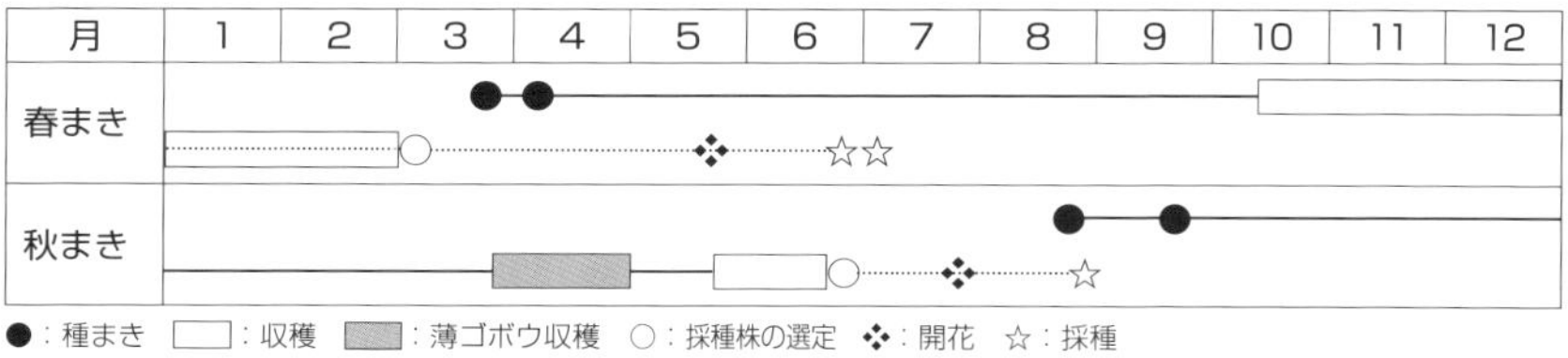

●栽培適期

生育適温・発芽適温は20～25℃とやや高温を好み、地上部は耐寒性が弱く3℃程度で枯れますが、地下部は強くマイナス20℃にも耐えます。

春まきと秋まきができます。春まきは秋から翌春にかけて収穫でき、秋まきは翌春から収穫できます。また、ゴボウは一定の大きさになってから寒さにあうと花芽分化し、夏にとう立ちして開花します。花芽ができると新しい葉もできず根も太りません。冬を越す秋まきは初夏にとう立ちするので、収穫適期は短くなります。秋まきでは、あまり太くならず、とう立ちしにくい品種を選ぶか、若い葉柄と根を食用にする葉ゴボウが向いています。

●コンパニオンプランツとの混植プラン

根は深く張りますが、自立根圏の幅は狭いです。ゴボウと相性の良いのは、ニンジンとホウレンソウです。春か秋にゴボウのウネにニンジンやホウレンソウを条まきします。根が深く広く張るナスやオクラなどとは

コンパニオンプランツとの混植例

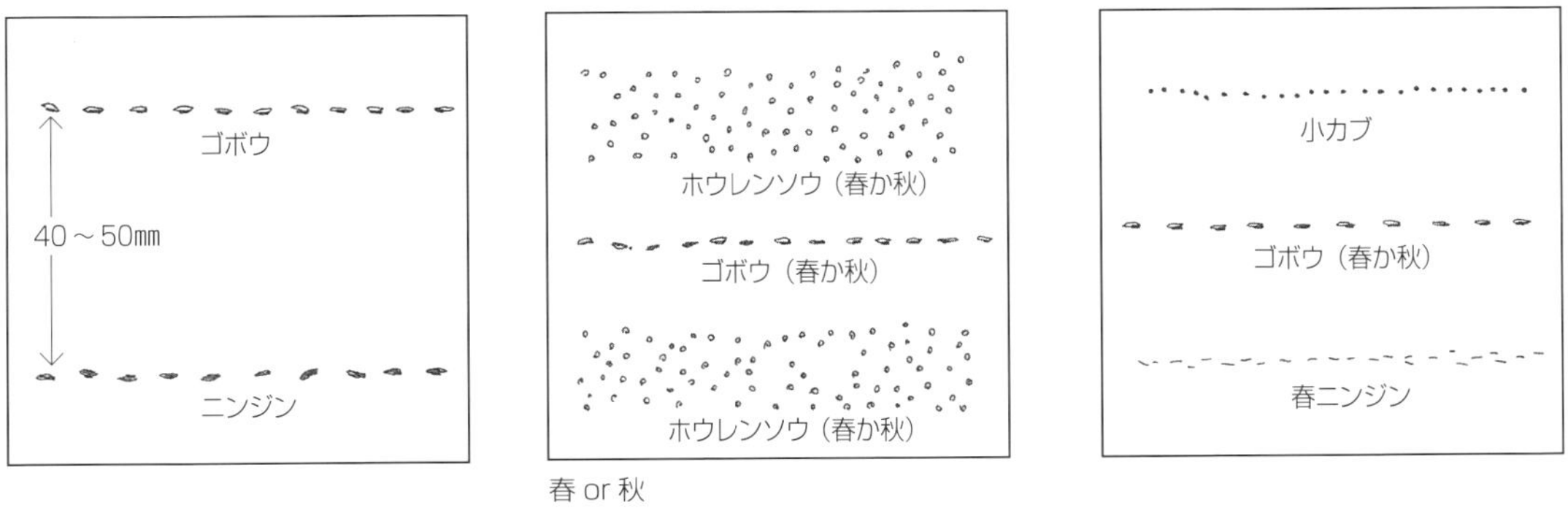

ゴボウウネの両側にカブとニンジンが育つ

根が競合するためか相性が悪く、混植、前後作いずれも不可です。

●畑の準備

連作を嫌うので、3～4年間は作付けしなかった場所を選びます。根菜類なので、直接根が堆肥に触れると、二股などになってしまいます。やせている場合は、株間にひと握りの堆肥を埋めてマチクラッキにします。酸性土壌では、くん炭を1㎡当たり3ℓまきます。

●種まき・間引き

条間を40㎝とって2条にし、浅く5～10㎜の深さの溝を掘って、3㎝間隔に条まきします。好光性種子なので薄く覆土ししっかり鎮圧します。または右写真のように、ウネ中央部に盛り土をしてゴボウをまき、

ゴボウの種まきの手順

ウネの中央部を盛り上げて固め、盛り上げた中央に浅い溝をきる

3㎝間隔に種子をまく

薄く覆土し、しっかり鎮圧

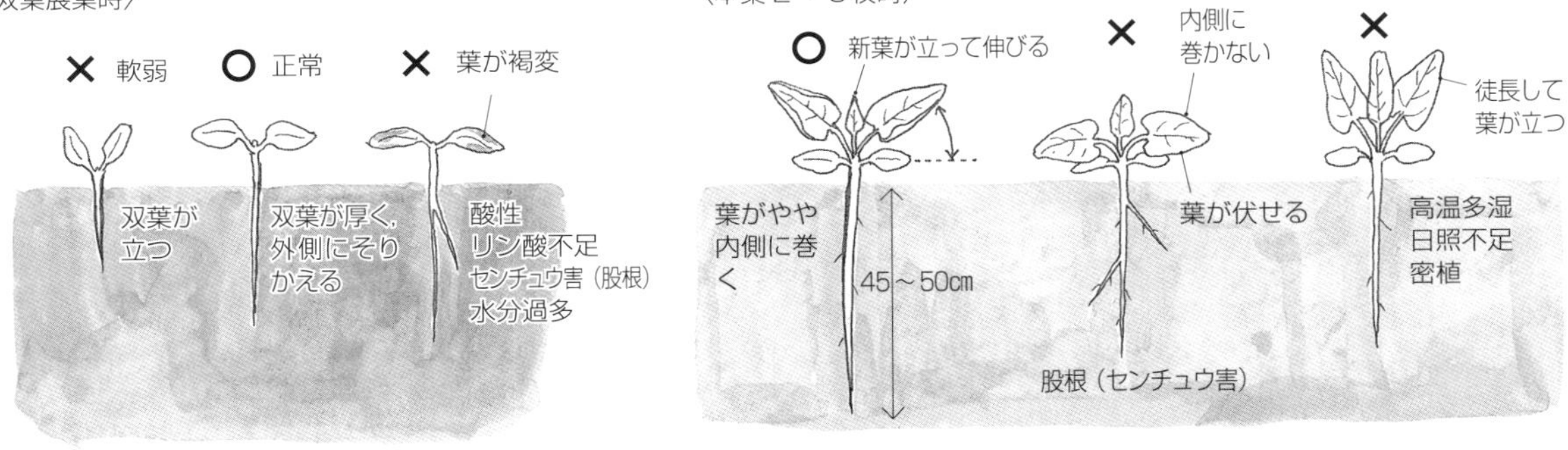

間引き

その両サイドにニンジンをまきます。
間引きは、発芽後に双葉が開いたときに、葉が素直に上方に伸びている株を残して10cm間隔くらいにし、本葉2～3枚のころに15～20cm間隔にします。間引きゴボウもおいしいので食用にします。

●草管理

生育初期は夏草に負けやすいので、葉が大きく展開するまでは、こまめに草を刈りマルチしていきます。

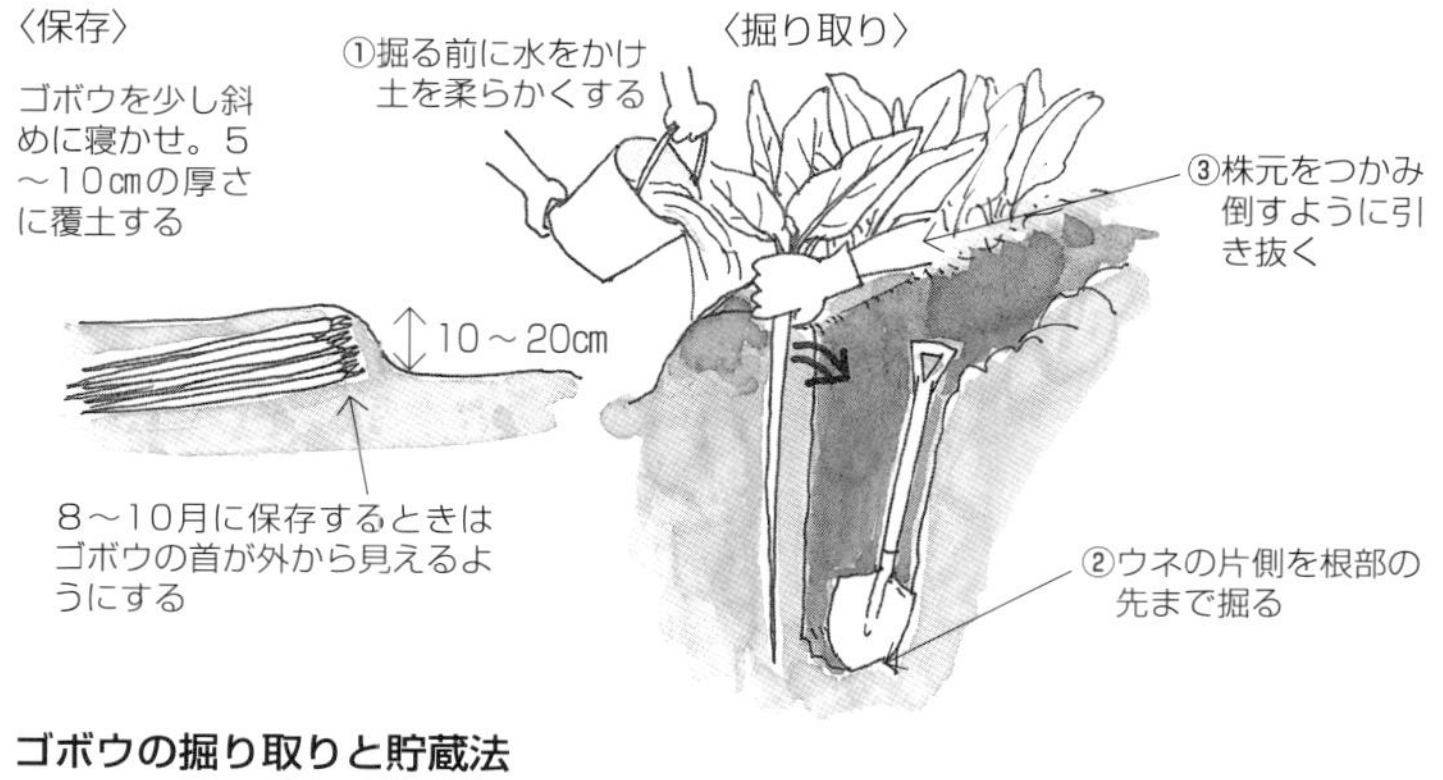

〈保存〉
ゴボウを少し斜めに寝かせ。5～10cmの厚さに覆土する
10～20cm
8～10月に保存するときはゴボウの首が外から見えるようにする
〈掘り取り〉
①掘る前に水をかけ土を柔らかくする
③株元をつかみ倒すように引き抜く
②ウネの片側を根部の先まで掘る

ゴボウの掘り取りと貯蔵法

●収穫

春まきは、間引きながら秋口から翌春まで少しずつ収穫できますが、秋まきは翌春から初夏までに収穫します。雨が降った翌日に、図のようにスコップでウネの中央部を掘り、根部を倒すようにして抜き取り収穫します。

ゴボウは乾燥すると硬くなりおいしさも失われます。保存する場合は、乾燥しないよう泥つきのまま新聞紙にくるんで冷暗所で保存するか、浅く土を掘って横に寝かせて埋めておきます。冷蔵庫で保管するときは、ビニール袋に入れて密封しておきます。

●自家採種

ゴボウはダイコンと同様に、選抜して斜めにして植え直すか、自家受精するので、初夏にとう立ちが一番遅かった株を1～2本そのまま残して花を咲かせて採種します。1株で1㎡くらいの面積が必要なため、自家採種後は周囲に野菜を植えないようにしましょう。翌年はこぼれ種からゴボウが自生するからです。

お手軽なゴボウの袋栽培

掘るのが面倒くさかったり、せっかくのできた自然耕の土を耕したくない場合は、ゴボウの袋栽培がおすすめです。市販の堆肥や肥料、培養土などが入ったポリエチレン袋をご用意ください。

以下の手順で手軽にできます。

①ハコベなどが生えているステージ3の土を袋にしっかり詰める。草や未熟な堆肥など有機物は入れず、大きな石は取り除き、土のみを入れる。
②袋を置く場所の草を綺麗に刈り取る。
③刈り取った場所に深さ10cm程度穴を掘り、①の袋を立てる。
④袋の底をのこぎり鎌などで切り取って引き抜き、袋の中の土と地面をつなげる。
⑤袋が倒れてこないように、掘った土で周囲を埋めて土止めする。
⑥袋の土の上に、刈った草を敷き、20ℓの水を3回に分けて注ぎ、袋の土と菜園の土をつなげる。
⑦30分待って土が落ち着いてから、図のようにゴボウとカブ、ハツカダイコンなどと3cm間隔に種をまき、土をかけしっかり鎮圧する。
⑧土が乾かないように刈り草を地面がうっすら見える程度軽くかける。
⑨発芽してきたら草をどかし、葉が触れるようになったら間引きながら収穫し、ひと袋に2～4本程度のゴボウを大きく育ます。
⑩収穫する際は、袋を切って取り土を崩して抜く。

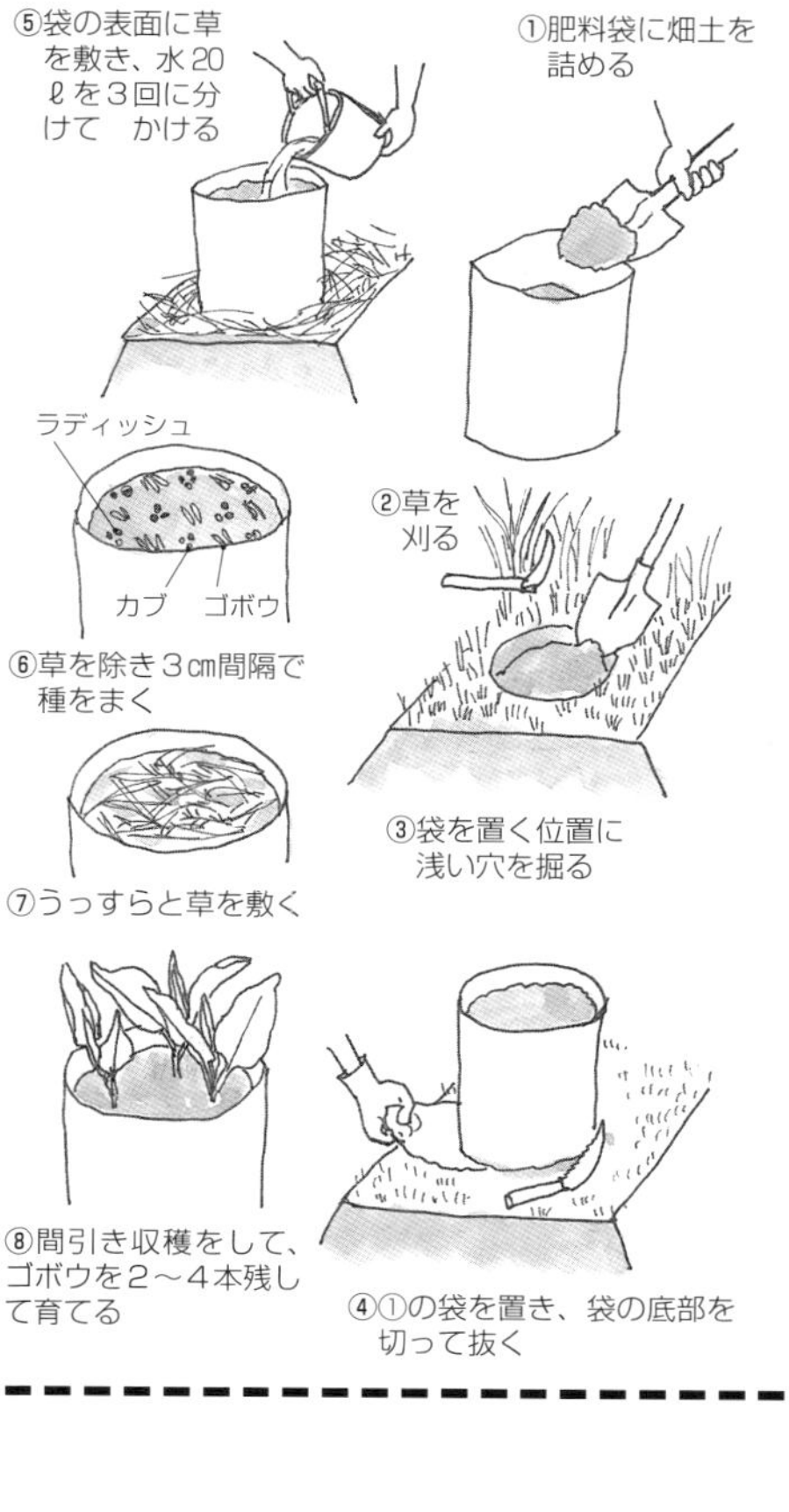

①肥料袋に畑土を詰める
②草を刈る
③袋を置く位置に浅い穴を掘る
④①の袋を置き、袋の底部を切って抜く
⑤袋の表面に草を敷き、水20ℓを3回に分けて　かける
ラディッシュ
カブ　ゴボウ
⑥草を除き3cm間隔で種をまく
⑦うっすらと草を敷く
⑧間引き収穫をして、ゴボウを2～4本残して育てる

7……その他の科の野菜

バラ科の野菜

バラ科の作物には、サクラ、ウメ、モモ、ナシ、アーモンドなどの果樹がありますが、野菜ではイチゴくらいです。イチゴの歴史は古く、石器時代には野生のイチゴを食べていたようです。日本でも平安時代には野イチゴを食べていました。江戸時代になって、現在のようなイチゴがオランダ人によって持ち込まれました。これは南米のチリに自生していたものを改良してできたものとされています。ただし、はじめは食用ではなく、観賞用として親しまれていたようです。

バラ科

イチゴ

栽培難易度★★

●原産地と栽培適地

イチゴはバラ科の多年草で、野生種は日本を含む北半球や南アメリカなどに広く自生しています。石器時代から食べられ、長い間にさまざまな品種改良が行なわれてきました。

イチゴは種子からも育てられますが、普通、初夏に株元から伸びるランナー（ほふく枝）に数個できる子株を苗にしています。多年草なので、毎年同じ株で収穫を続けることもできますが、同じ株で収穫し続けると、実が小さくなったり、ウイルス病などに感染して収穫量が激減する場合があるので、毎年、株を更新するのが一般的です。

イチゴは双子葉植物で、種子からは主根が伸びますが、子株の根は地際の茎（クラウン）からひげ根が次つぎと伸びます。このひげ根は比較的浅く張り、乾燥に非常に弱く、また過湿にも弱く、しかも多肥による濃度障害にも弱い、デリケートな根です。水もちの良い湿潤な土壌を好みますが、水はけが良く、弱酸性で地力のある土壌が向いています。

●栽培適期と品種

イチゴは冷涼な気候を好み、生育適温17～20℃で、低温に強く0℃以上なら生長します。秋にランナーから採った苗を植えます。花芽は、日が短くなる晩夏から秋にできて、その後休眠します。そしてわい化したまま冬の寒さ（0～7℃）にあたることによって休眠から目覚め（休眠打破）、春に再び生長して開花して5～6月に実を成らせます。

イチゴのシーズンはクリスマスから冬になっていますが、これは苗を遮光や冷蔵処理して早く花芽を作り休眠を打破し、加温したハウスで育てているからです。自然菜園では、あくまで自然の冬の寒さに当てて休眠を打破する露地栽培が原則です。そのためには地域の気候に適した品種を選ぶことが大切です。大きな実になる「とよのか」「女峰」などは休眠が浅く、ハウス栽培や暖地向きの品種です。これらの品種を寒冷地で露地栽培すると花数が少なくなってたくさん採れません。露地栽培では休眠が深く花芽が多い、宝交早生、章姫《あきひめ》（暖地向き）、

原産地	南アメリカ、北アメリカ、オランダ
土ステージと適地	土ステージ1～3。pH 6前後の弱酸性。日当たりの良い、水持ちの良い湿潤な土壌を好むが過湿に弱い
根の形態—株間（自立根圏）	ひげ根浅根型—30㎝
生育適温と適期	冷涼で温和な気候（生育適温 17～20℃）を好み寒さには強く、暑さに弱い
おすすめ品種	宝交早生、ダナー、北の輝（寒地・高冷地）、章姫（暖地）　夏娘（四季成り）
コンパニオンプランツ	ニンニク、ネギ
競合作物	ニラ
種子	主に他家受精　寿命１年

イチゴ栽培暦

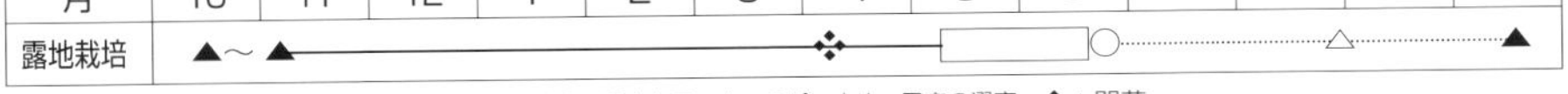

▲：定植　△：仮植え　▭：収穫　○：採苗株の選定とランナーのピン止め・果実の選定　✣：開花

コンパニオンプランツとの混植例

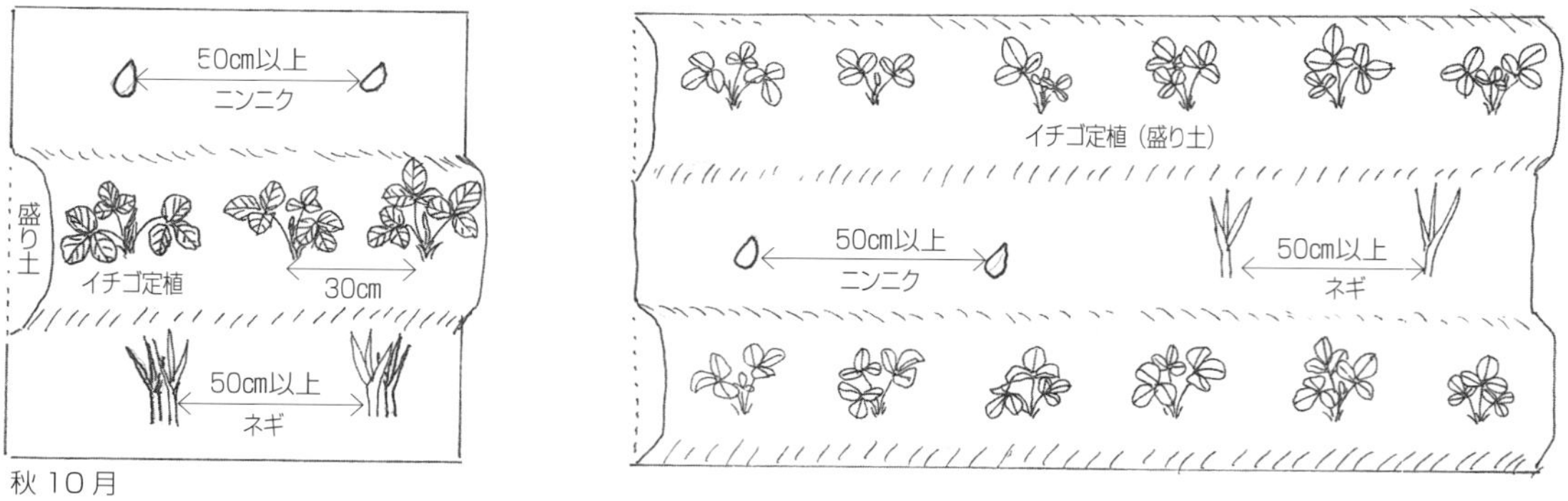

ダナー（中間地向き）、北の輝（寒地・高冷地）などがおすすめです。それから四季成りイチゴもおすすめです。四季成りイチゴは日が長くなる春に花芽ができ、夏から秋に花が咲いて収穫できるので、露地栽培に向いています。特に寒地・寒冷地や高地では四季成りがおすすめです。

●コンパニオンプランツとの混植プラン

上図のように、ウネの中央部に土を盛って高くしてイチゴを30cm間隔に植え、コンパニオンプランツのニンニクやネギを25～30cm離して植えると、病虫害を予防できます。あまり多く植えると、ひげ根どうしなので競合し、イチゴの実が小さくなる傾向があるので、イチゴ3株につき、ニンニク1片、ネギなら2本くらいが適当です。同じユリ科のニラの根は、イチゴと同じく浅根のひげ根で競合するのでさけましょう。

また、イチゴの周辺に開花期に合わせて咲く花を植えると、ハチなどを呼び寄せ、花粉をまんべんなく受粉してもらえるので、イチゴの実つきも形も良くなります。四季成りにはマリーゴールドやペチュニア、ボリジとの混植がおすすめです。

●苗の入手と植え付け

最初は苗を10～11月か、3～5月に購入して植え付けます。2年目からは収穫後に親株から発生する子株を育てて、10～11月に植え付けます。苗は葉がきれいな無病で、株元の茎（クラウン）が太いものを選びます。

風通しが悪かったり水はけの悪い畑では病気が出やすいので、周囲の草を刈ったり高ウネにして、風通しを良くしてあげます。初霜が降りる前にしっかり根を張らすことがポイントです。

植え付けるときは、ひげ根と葉柄が伸びている株元のクラウン部が、半分くらい埋まる程度に植えます。クラウン部が埋没しないよう注意してください。また、イチゴは親株側のランナーの反対側から花房（実）が出るので、採苗のときに残しておいたランナーの跡がある親株側をウネの内側に向けて植えると、果実は反対のウネの外側に向き果実への日当たりも良くなり収穫も容易になります。

市販の種子から育てることもできます。好光性種子なので、覆土はふるった土を種が隠れる程度にし、乾燥防止にモミガラを5mmかけ、しっかり鎮圧します。イチゴの発芽適温は20℃ですから、種まきは桜が咲く3月以降の暖かくなってきてからです。発芽した後に順調に育てば、果実の収穫は、翌年の春～初夏のころになります。

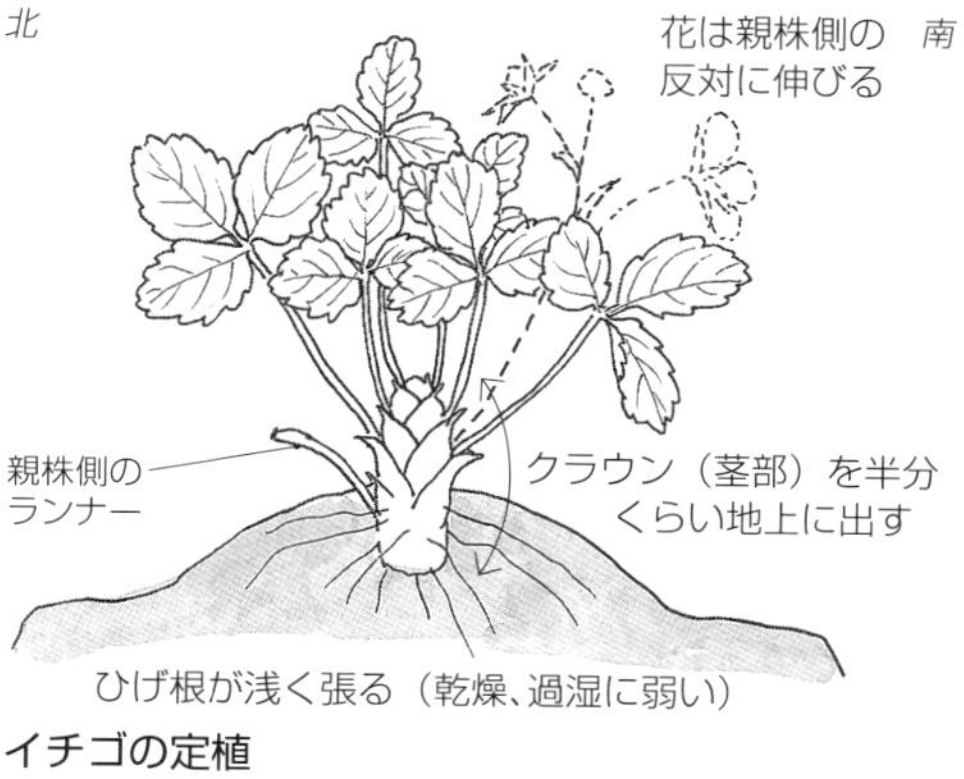

イチゴの定植

イチゴの定植

●冬越しと追肥

越冬中に乾燥したり、霜にあたらないように、草マルチを株下に厚くするか、冬草のハコベやオオイヌノフグリを自生させ、共存させます。

梅の花の開花に合わせて（2月下旬）米ぬかを株間周辺にひと握り施すと、春先から吸収されて果実が甘くなりやすいです。

●春の下葉かきと草マルチ

越冬後、暖かくなってくると急に生長を始めるので、老化した下葉、黄化葉を取り除き、病害虫の住処にならないようにします。春先に株下の草が15cm以上伸びてきたら、刈って草マルチを厚めにしておきます。

実がつき始めたら、日がよく当たるように伸びてくる草を刈りマルチしますが、カラスなど食害の多い畑では、ある程度草を生やして実が隠れるようにしても良いです。

●人工授粉

自然菜園ではハチなどの訪花昆虫が多いので、あえて人工授粉は必要ありません。しかし、開花して実にならないときや、歪な果実が多い場合は受粉が不完全な証拠なので、ほかの株の雄しべの花粉が雌しべにつくように、柔らかい筆などでなでるようにして人工授粉させます。花粉が雌しべにまんべんなくつくと形の良い実ができます。

人工授粉

実が地面についたりするとアリなどに食害されます。心配なときは株の周辺にワカメを煮出したものをまくと、なぜかアリは煮汁をさけて入ってこなくなります。

ナメクジの出る畑は、飲み残したビールを缶ごと土に半分埋めておくと、ナメクジはビールに引き寄せられて落ち溺れて死んでしまいます。

●収穫

開花から30～40日後、実が赤くなってきたら収穫できます。ヘタがめくり上がるまでおいておくと完熟します。おいしい果実は表面の黒い種子がくぼみに隠れてしまうほど果肉が盛り上がっています。

収穫中（開花中）に伸びたランナーは果実を充実させるために、早めに摘み取ります。

●苗の養成

収穫を終えたら、まず、ランナーが長く伸びる前に、一度ウネ全体の草を地際から刈り、草マルチにし、きれいにしておきます。1株から数本のランナーが伸び、1本のランナーに長男、次男、三男、四男、五男と次つぎに子株がついてきます。この、子株を来年の苗としますが、葉に黒い斑点などなく病気にかかっていない株を選び、親株とします。多年草なので親株でも来年成らすことはできますが、あまり収量は期待できません。

来年の苗としては、親株に近い長男と次男はウイルス病などの病害を受け継いでいる場合があるので使わずに放置し、3番目以降にできる子株を育てます。あまり小さすぎる苗は越冬できない場合があるので、末っ子もさけます。

苗としたい子株は、土を入れたポットなどに受け、浮き上がらないよう針金のピンなどで固定して、ポットに根づかせます。

8月下旬から9月上旬に子株が本葉3～4枚になったら、植え付けのときに向きを揃える目印となるよう、親株側のランナーを2～3cm残してカットし、子株側のランナーは付け根でカットしておきます。子株はそのままポットで育苗するか、もしくは苗床に仮植えして育苗し、10～11月になったら定植します。

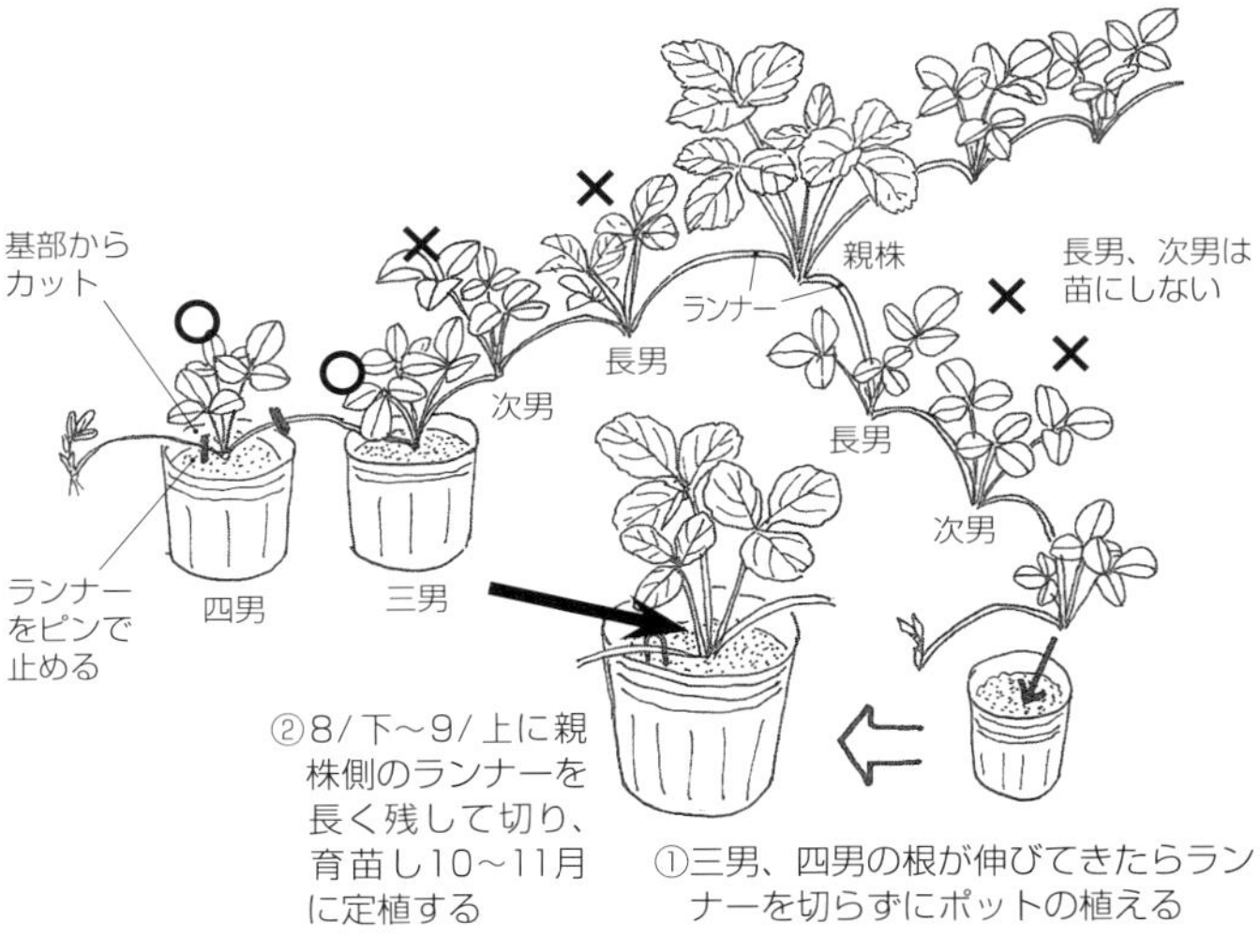

イチゴ苗の養成

アオイ科の野菜

アオイ科の植物は、ムクゲ、フヨウ、ワタ、タチアオイ、ハイビスカスなどがありますが、野菜としては、オクラやオカノリ、マロウ（ハーブ）などがあります。いずれも赤、白、黄、ピンクなど鮮やかな色の大きな５弁の花を咲かせます。また、いずれも主根深根型の直根で深く張ります。特にオカノリは野性的でこぼれ種でもよく生えます。

オクラは果実の幼果を、オカノリは軟らかい茎葉を食用にしますが、いずれもぬめりがあり、疲労回復や夏バテに効きます。

アオイ科

オクラ

栽培難易度★

●原産地と栽培適地

熱帯の北東アフリカ原産で、熱帯地域では多年草です。ハイビスカスと同じアオイ科なので、南国風の美しい花を咲かせ、開花後の若いサヤを食用にします。生育適温・発芽適温が25～30℃の高温性で寒さには弱く、日本では霜が降りると枯れてしまうため一年草として扱われています。

主根深根型で直根が深く張り、地上部も主幹が直立して１～２mほどになります。主根深根型なので、育苗して移植すると直根が植え傷みし活着が悪いので、できるだけ直まきが良いです。直根が深く入り過湿には弱いので、水はけの良い乾きぎみの畑が適しています。また、根の吸肥力が強く、土ステージ２～３のやや肥えた土壌が適しています。

品種には、サヤが五角形のものが一般的ですが、丸形や多角形のものもあります。週末家庭菜園の方は、サヤが長くなっても硬くなりにくい島オクラや八丈オクラなど、丸オクラがおすすめです。花オクラは大きな花を食用にするオクラです。

深くまで自然耕をしてくれ、病害虫にも強いので、自然菜園にはうってつけの野菜です。

原産地	北東アフリカ
土ステージと適地	土ステージ２～３。pH ６以上の弱酸性～中性、水はけの良い乾いた土壌を好む
根の形態―株間（自立根圏）	主根深根型―30 ～ 50㎝
生育適温と適期	高温性（生育・発芽適温 25 ～ 30℃）で暑さには強く、寒さに弱い。10℃以下では生育停止。霜に弱い
おすすめ品種	島オクラ、八丈オクラ、花オクラ
コンパニオンプランツ	エダマメ、つるありインゲン、ラッカセイ、エンドウ、ソラマメ
競合作物	ゴボウ、ナス
種子	自家受精　２～３年

●栽培適期

直まきがおすすめですが、高温性なので早くまいても芽が出ず腐ってしまいます。種まきは遅霜の心配がなくなり、最低気温が18℃以上になりコムギの穂が出始めるころまで待ったほうが賢明です。

寒地・寒冷地では、10.5cmポットにまき、ハウスで本葉が出るまで育てて定植します。極若い苗のほうが根を傷めずに定植できます。ただし、定植時期も最低気温が18℃以上になりコムギの穂が出始めるころまで待たないと植え傷みします。

オクラ栽培暦

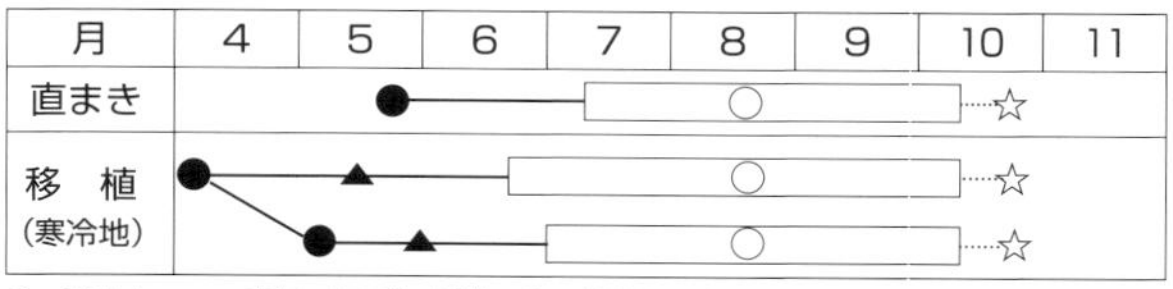

●：種まき　▲：定植　□：収穫　○：採種株・採種果実の選定　☆：採種

●コンパニオンプランツとの混植プラン

相性の良い野菜は土を肥やしてくれるマメ科です。オクラを株間50cmとって２条にまき、株間にラッカセイやつるありインゲン、エダマメなどをまいて混植します。つるありインゲンは、オクラにからみあって生長します。

枯れたオクラをそのままにして、後作にソラマメやエンドウをまくと、支柱の代わりになります。

コンパニオンプランツとの混植例

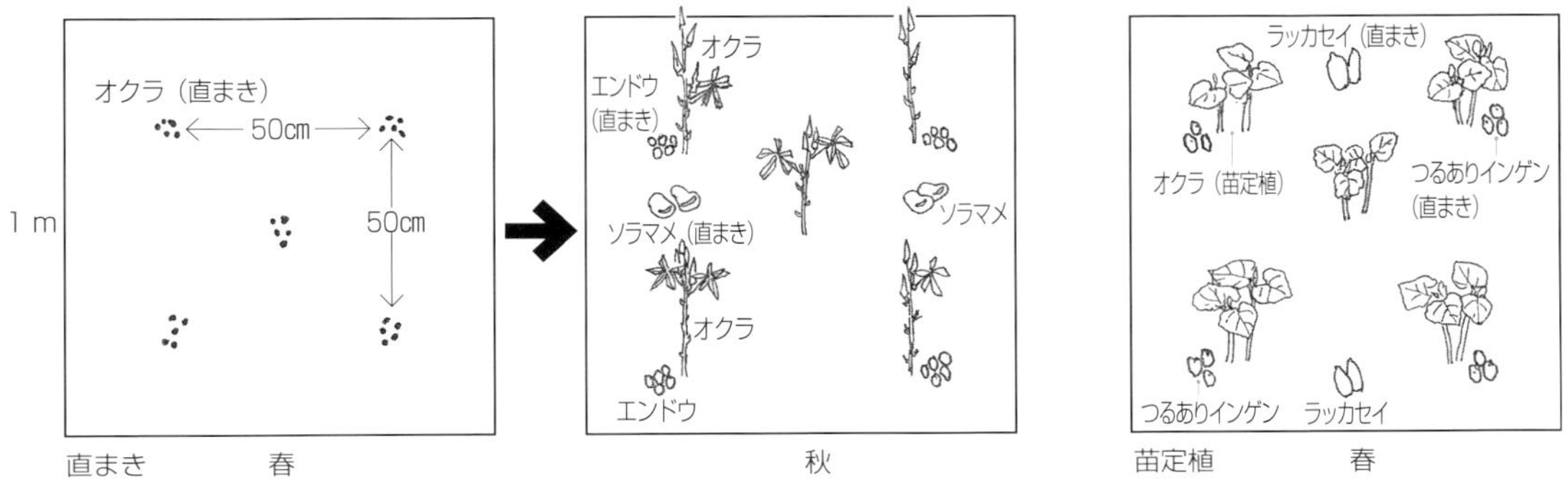

混植したバジルといっしょに育つオクラ

●種まき

オクラは硬い種皮に包まれているので浸種してまいたほうが良いといわれますが、1ヵ所に5～6粒をまき、しっかり土を鎮圧すれば、水に浸してまく必要はありません。強いもののみ発芽してきます。本葉が出てきたら1ヵ所2～3本残して、数本まとめて育てます。こうすると樹が矮性化し、一般的な五角オクラも実が硬くならずにゆっくり育ちます。ただし、1ヵ所1本の場合は株間30cmとしますが、この場合は50cmと広くします。ポットにまいて移植する場合も5～6粒をまいて、数本に間引き、本葉が出るころに移植します。

●草管理・追肥

高温性なので、草丈1mを超すまでは、地温が上がるように株元を露出させ、離れたところに草マルチをします。初期の生育はゆっくりなので、草負けしないよう株元の草や周囲の草はこまめに刈ります。

7～8月の間に、生長に合わせて米ぬかを1株にひと握りずつ草マルチの上から補います。

●収穫

サヤの生長が速いので早めに収穫します。収穫適期は、五角莢種は開花3～4日後、サヤが7～8cmの長さになったころ、島オクラは開花5～6日後、サヤが10～15cmになったころです。ただし、開花日はさまざまですので、収穫は毎日行ないます。大きくなりすぎると硬くなり、食味が低下します。

収穫するときに同時にする作業が2つあります。収穫したサヤの下の葉は、勢いが弱いときは1～2枚残しますが、元気が良いときは全部切って落とします。そうすることで、株元の日当たりや風通しが良くなり、着果を促進し、病害虫の発生を抑えることができます。オクラは病気に強く、下葉を切って風通しを良くしてあげればほとんど病虫害は発生しません。

もうひとつは、しぼんだ花びらが落ちずに幼果の先についているときは、その部分がカビ病にかかりやすいので、抜き取ってあげます。

収穫したオクラは乾燥と低温に弱いので、ポリ袋に入れて冷蔵庫の野菜室で保存してください。保存に適した温度は、7～10℃です。5℃以下の低温では品質が悪くなるので、冷やしすぎには気をつけましょう。

花オクラは花を食べるオクラで、サヤは硬くて食べられません。咲く直前の花を収穫し、刻んだり生のまま食べることができ、料理に彩りを添えてくれます。

収穫時の下葉落とし

●自家採種

自家受精するオクラの自家採種は簡単です。収穫が多く、健康な樹を選び、実をつけたままにしておきます。実が十分に枯れてきたら、収穫しサヤを割って採種します。

採種のころに雨が多いときは、そのままにしておくとサヤの中の種子がカビやすいので気をつけます。

ヒユ科の野菜

ヒユ科の野菜には、ホウレンソウ、ビートやフダンソウ、キヌア、トンブリ、オカヒジキなどがあります。江戸時代にはヒユ科のシロザやアカザも野菜として栽培されていました。シロザやアカザが、野山には生えず、土ステージ2～3の畑に生えるのはそのためでしょう。

ヒユ科

ホウレンソウ

栽培難易度 ★★★

●原産地と栽培適地

原産地は、アフガニスタン周辺の中央アジア地域といわれています。ヨーロッパへは11世紀ごろ、アラビア、アフリカを経てスペインに伝わり、ヨーロッパに広がりました。中国へはイランから唐の時代に伝わり、中国東北部で多くの品種が発達しました。日本には中国で発達した東洋種が16世紀末に、ヨーロッパで発達した西洋種が明治に入って渡来しました。

ホウレンソウは土ステージ3の肥沃で中性に近い土壌を好みます。酸性土壌ではなかなかうまく育ちません。根は主根が発達した主根深根型で比較的深く張るので、水はけの良い場所が適しています。

ホウレンソウは土や肥料に対して気むずかしく、栽培がむずかしい野菜です。ホウレンソウがよくできるようになれば、土も土ステージ3になってきた証拠です。

原産地	アフガニスタン周辺の中央アジア
土ステージと適地	土ステージ3。pH6.5 以上の中性を好み、酸性土壌を嫌う。水はけの良い乾いた土壌を好む
根の形態―株間（自立根圏）	主根深根型―3～5㎝
生育適温と適期	低温性（生育適温・発芽適温 10～20℃）で寒さにはやや強く、暑さに弱い。耐寒性が強く、－10℃の低温にも耐える。25℃以上では生育が劣り、病害がでやすくなる
おすすめ品種	春は西洋種、秋冬は日本ホウレンソウなどの東洋種
コンパニオンプランツ	葉ネギ、ゴボウ、ニンジン
種子	他家受精　寿命2～3年

●栽培適期

冷涼な気候を好み、寒さには比較的強く、生育適温・発芽適温は10～20℃ですが、4℃でも発芽し、マイナス10℃でもロゼット型になって耐えます。

逆に夏の暑さには弱いので、家庭菜園では夏期をさけて、春まきや秋まきで栽培するのが一般的です。秋まきすれば、春にとう立ちするまで収穫できるので、青ものが少なくなる冬には重宝します。

ホウレンソウの品種には、種子にとげがあり、葉の切れ込みが深く根元が赤い東洋種と、種子が丸く、葉が楕円形で根元が白い西洋種、これら東洋種と西洋種をかけ合わせた交配種の3つがあります。

ホウレンソウは日が長くなる長日条件と一定の寒さにあう低温条件とで花芽ができ、春の長日高温条件でとう立ちします。東洋種は西洋種に

ホウレンソウ栽培暦

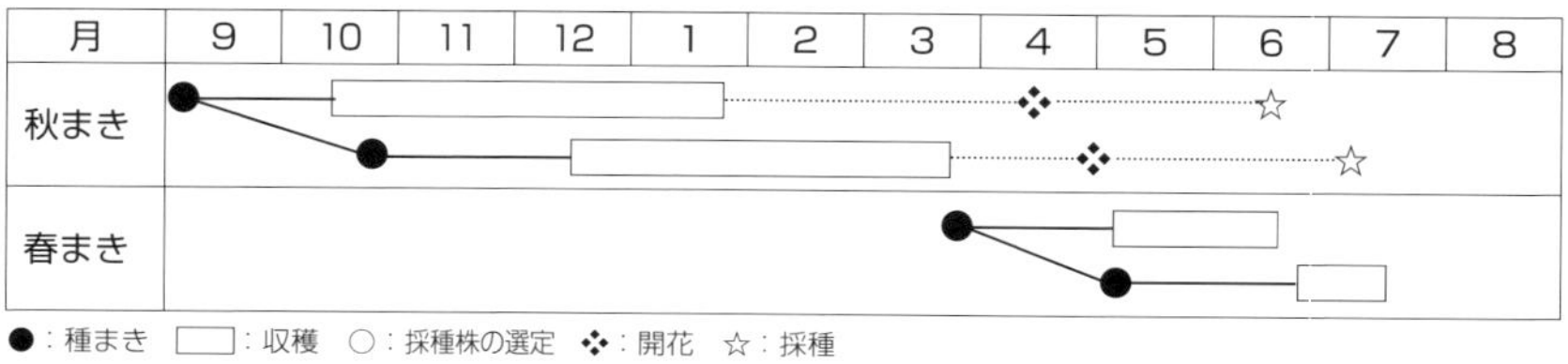

コンパニオンプランツとの混植例

比べて、この条件の感受性が強くとう立ちしやすいので、春まきより秋まきが適しています。春まきではとう立ちの遅い晩抽性の西洋種もしくは交配種を選ぶと良いです。低温でも発芽できるので、春に野菜の中で一番早く直まきすることができます。

●コンパニオンプランツとの混植プラン

種まき後約45～60日で収穫できるので、生育期間が長いゴボウやニンジン、葉ネギなどのウネの両サイドにばらまきすると、ウネを有効に活用できます。

ホウレンソウは連作ができるので、同じ場所で春と秋の2回まきができます。

●畑の準備

ホウレンソウは、夏野菜の跡地が適しています。養分（肥料）不足や酸性土壌の場合、葉が黄色くなったり、途中で生長が止まってしまいます。前もって草木灰や堆肥などをすき込んだり、前作にネギやエダマメなどを作るなどして、土を豊かにしておく必要があります。

ステージ1～2で酸性が強い場合、1ヵ月前に草木灰を1㎡当たり100g、完熟堆肥5ℓほどまきます。

肥料のやりすぎはアブラムシなどの害虫の発生で判断できますが、ホウレンソウにつく害虫は少ないので、健康診断は葉色や葉姿で判断します。健康で甘くておいしいホウレンソウは、根は深くまっすぐ伸び、葉は立性で先が尖りぎみで、葉色は淡いです。

多肥料や水で育ったホウレンソウは根が浅く、葉は大きく開張し、葉色は濃くなります。このようなホウレンソウは苦みやえぐみが多くおいしくありません。

●種まき

種まきは3～5月（春まき）と9～10月（秋まき）に、1～2cm間隔にばらまきします。ホウレンソウは中性を好むので、まいた種の上にもみがらくん炭をまき、覆土してよく鎮圧します。

低温期や高温期には、時期に合った品種を選びます。秋まきで冬越しさせ春まで収穫するには、本葉5～6枚で越冬できるように、10月末にまきます。それより早くまくと、大きく育ちなりすぎて耐寒性が弱くなり越冬できません。

間引きは、発芽後、本葉10枚くらいになってからはじめて間引きをするほうが生育が良いです。少しずつ間引いて食べながら、株間を3～5cmにしていきます。ホウレンソウは葉が重なりあっていても大丈夫です。発芽がばらける特性があるので、大きくなったものから順次収穫して株間を広げていくと、収穫期間が長くなります。

左から春まきのニンジン、ゴボウ、ホウレンソウ。ホウレンソウはまもなく収穫し、その跡に秋に2回目をまく

種まきの手順

鍬でまき床を作り鎮圧する

1～2㎝間隔にばらまきする

もみがらくん炭をその上にまく

土を寄せて覆土する

鍬の背で鎮圧する

発芽し本葉2枚のホウレンソウ

●草管理

秋まきホウレンソウが育つ時期は、ハコベやオオイヌノフグリなどの冬草が生えてきますが、株元に生えたものでも抜き取らず共存させたほうがよく育ちます。春まきのホウレンソウは、冬草がとう立ち、夏草が生えてくるので、ホウレンソウの周辺の草を刈りマルチします。生育が悪い場合は、草木灰やボカシ肥を草マルチの上から補います。

●収穫

栄養が多くおいしいホウレンソウを収穫するには、その日の光合成を終えた昼時に収穫します。収穫は草丈20～25㎝のころから行ないます。晩秋まき冬越しホウレンソウは、春になってとう立ちするまで収穫できます。日本ホウレンソウは、霜に数回当ててから収穫すると、甘みが増し抜群においしく、赤い根まで甘くおいしくなるので、ハサミを土に入れて、太い根もつけて収穫します。

東洋種は香りが強いのでおひたしなどに、西洋種は炒め物に向きます。ホウレンソウはアクが強く亜硝酸態チッソを多く含むため生食には向きませんが、最近では生でサラダに利用できる品種も育成されています。

ホウレンソウは日持ちしないので、たくさん収穫したときは、収穫後新鮮なうちに下ゆでし、ラップに包んで冷蔵保存しておきます。ゆでる際、葉の先端からゆでると、とても軟らかくゆで上がります。

●自家採種のポイント

ホウレンソウは、雌雄異株体なので、採種の際に、雌雄の株を見分ける必要があります。雄株のほうがとう立ちが早く先に枯れ、雌株だけが残り、葉腋に数個かたまって種子がつきます。八割がた黄化して枯れてきたら、根元から刈り取り、1週間くらい上下を入れ替えながら、天日干しにして追熟させます。完全に枯れてから、シートなどの上から棒で叩くか、靴で踏み種子を脱粒します。あとはごみを飛ばし、よく乾燥させて保存します。

枯れ始めた雄株（矢印）と受精した雌株（右）

セリ科の野菜

セリ科の野菜には、セリ、パセリ、ニンジン、セロリ、アシタバ、ミツバなどがあります。ハーブや香辛料としても使われます。どの野菜も好光性種子で、特有の香味があるため虫害が少なく、育てやすいものです。

セリ科

ニンジン

栽培難易度 ★★

原産地	アフガニスタン周辺の中央アジア
土ステージと適地	土ステージ1～3。pH5.5～6.5の水はけの良い乾いた土壌を好む
根の形態―株間（自立根圏）	主根深根型―10～15cm
生育適温と適期	冷涼な気候を好み、発芽適温15～20℃、生育適温18～21℃。高温下では病害が発生しやすい。過湿に弱い。日当たりを好む
おすすめ品種	横浜改良四寸、筑摩野五寸
コンパニオンプランツ	ゴボウ、エダマメ
種子	他家受精　好光性種子　受精1～2年

●原産地と栽培適地

原産地はアフガニスタン周辺の中央アジア地域といわれています。日本には、細長い東洋系品種と、太く短い西洋系品種の二つがあります。短く太い西洋系品種のほうが育てやすいです。

セリ科のニンジンはもともと水辺の植物なので、種まきから発芽まで保湿することが大切ですが、主根深根型で根の発達とともに深く張り、乾燥に強くなっていきます。そのため水もちが良く、水はけの良い土壌を好みます。意外とやせ地でもよく育つので、まずは何も施さず育ててみます。

未熟な有機物や石などがあると二股になりやすいので、種をまくときは、草など有機物が土の中に混じらないように気をつけます。

●栽培適期

ニンジンの発芽適温は15～20℃で、比較的高い温度にも耐えられるので、夏に種をまき、秋から冬にかけて収穫します。

よくニンジンは「発芽させるまでむずかしい野菜」といわれるほど、発芽がむずかしい野菜です。種まきの適期は短く、夏まきは梅雨明け前の雨後をねらって種まきします。早くまきすぎると根が変形したり、病害虫に食害されたりします。逆に遅くなって梅雨明け後に種まきすると、気温が高く乾燥するので、水の管理が非常にむずかしくなります。

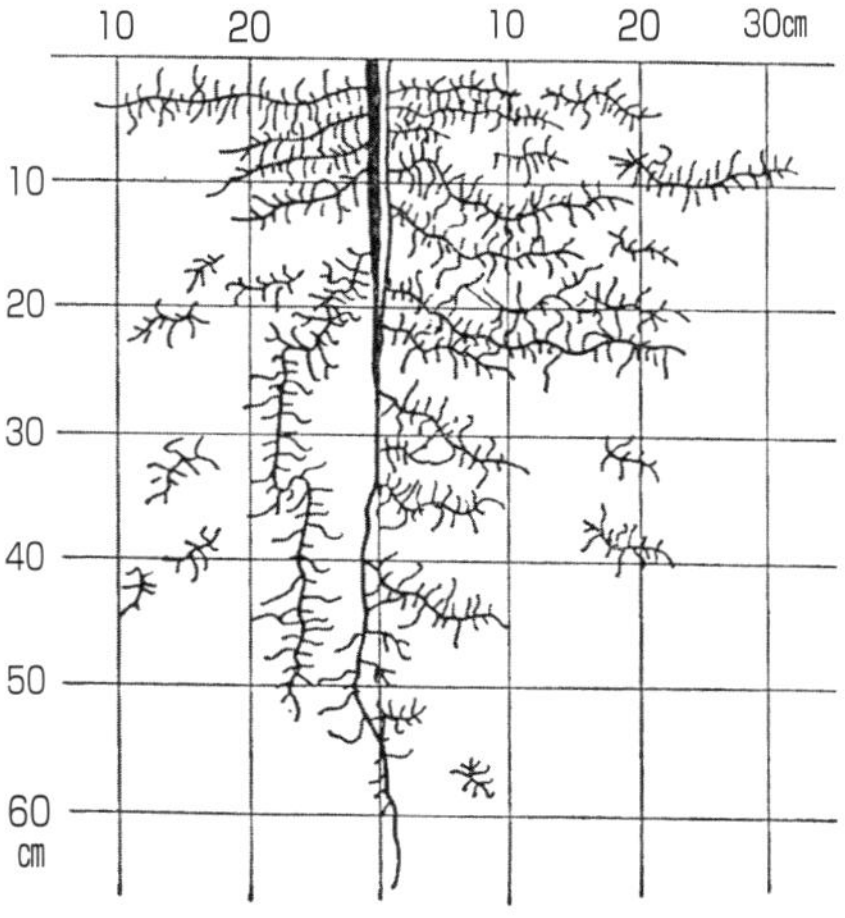

ニンジンの根

●コンパニオンプランツとの混植プラン

主根深根型で根は深く張りますが横にはあまり広がらないので、同じような根の張り方をするゴボウとは相性が良く、春まきではエダマメとの混植がおすすめです。

また、同じく中性を好むホウレンソウとの混植もおすすめです。

ニンジン栽培暦

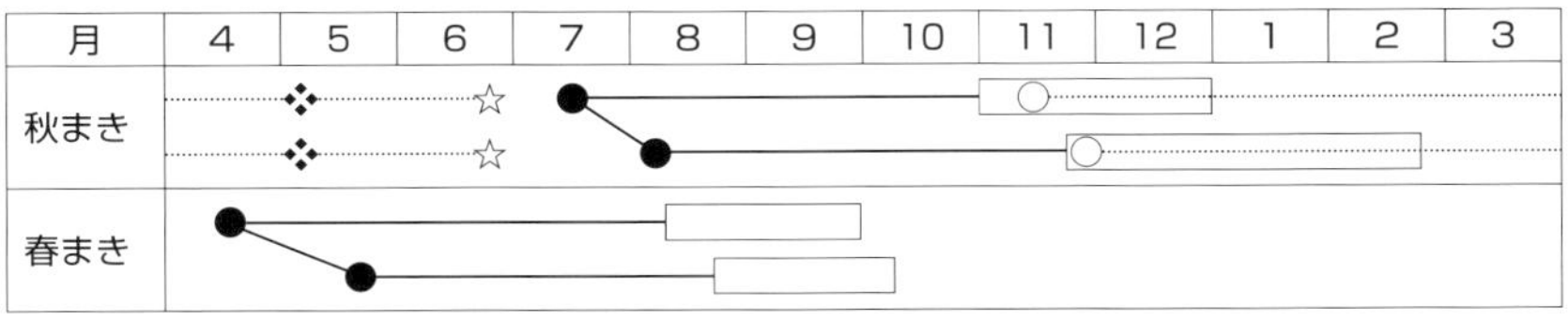

●：種まき　□：収穫　○：採種株の選定と植え直し　❖：開花　☆：採種

コンパニオンプランツとの混植例

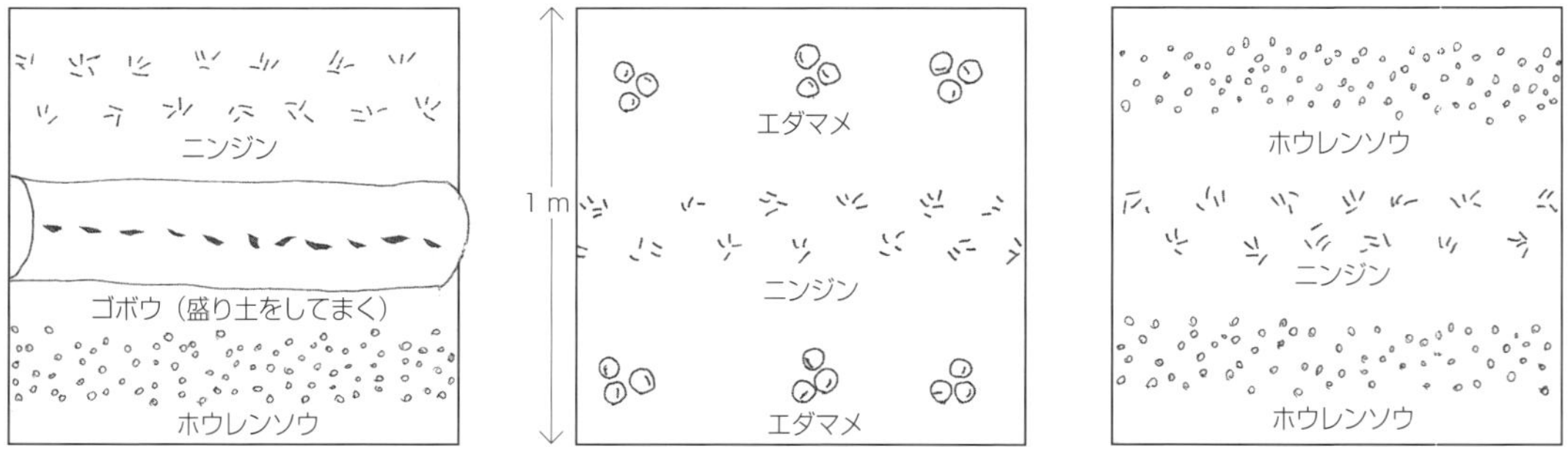

春・秋まき　　春まき（春～初夏まき）　　春・秋まき

●畑の準備

ほかの野菜が育つところであれば、特に準備はいりません。ステージ0～1の土が固く締まっているやせ地では、種まき1ヵ月前までに草を刈って除いた後、1㎡当たり完熟堆肥3kg、くん炭3ℓをまき、スコップなどで深くすき込み、刈った草で草マルチしておきます。

●種まき

種まきは3～4月（春まき）と7月（夏まき）に、5㎜間隔にばらまきし、よく鎮圧します。

ニンジンはゴボウと同じく、一定の大きさになって寒さにあうと花芽ができ、春にとう立ちします。春まきするニンジンは、とう立ちしにくい春まき専用か四季まき品種を選びます。

草を刈って溝を掘り、底の湿った

エダマメとの混植

種まきの手順

1 鍬の幅のまき床を作る

2 まき床に千鳥状に3～4粒ずつ左右交互にまく

3 鍬で薄く（種子の厚さの2～3倍）覆土する

4 鍬の背でしっかり鎮圧する

5 保湿、抑草のためもみがらを1㎝くらい厚く敷く

6 もみがらの上から足でさらに鎮圧

7 ニンジンウネのサイドにレタスをまく

土に種子をまき、種子が隠れる程度に薄く土をかけ、しっかり鎮圧します。鎮圧後、土が乾きぎみのときは水をたっぷりあげ、刈った草やもみがらをのせ、さらに鎮圧します。

もみがらで被覆して鎮圧することによって、土が保湿され、発芽を助けてくれます。また、もみがらは草負けしやすい生育初期のニンジンを守ってくれます。

●間引き収穫

ニンジンの間引き収穫は、2回あります。最初は本葉が2～3枚のときに株間5cmに間引き収穫します。間引きニンジンの葉は軟らかく、おひたし、サラダに最適です。

2度目は、本葉6～7枚のころに株間10～15cmに広げます。この間引きニンジンは、葉のかき揚げやキンピラにしていただきます。間引くと根の太りが良くなります。

●草管理

草負けしやすいので根が発達してくるまでの間は、こまめに草を刈って根元に草マルチして保湿します。その後も、草に負けないように草マルチを敷いていきます。

●収穫

根の直径が5～7cmになり、肩が土から出始めたら、収穫のタイミングです。肥大が進み、太りすぎると根が割れてしまうので、早めに収穫します。しかし、ニンジンは寒さに強く、自家用なら割れても差し支えないので、肩を土に埋めそのまま越冬させて雪の下から収穫すると、とても甘い雪下ニンジンを味わうことができます。

●自家採種

ニンジンを晩秋にいっせいに収穫したらダイコン同様に、根を大きい順に並べ、中ほどの形の揃った10本以上を斜めに植え直します。

翌春にとうが立ってきたものの中で、最初の1～2本は取り除き、残りのものから自家採種します。最初にとう立ちしたものは、とう立ちしやすい傾向があるためです。

よく乾燥させ、手でもみながら脱粒して、ごみを飛ばして採種します。

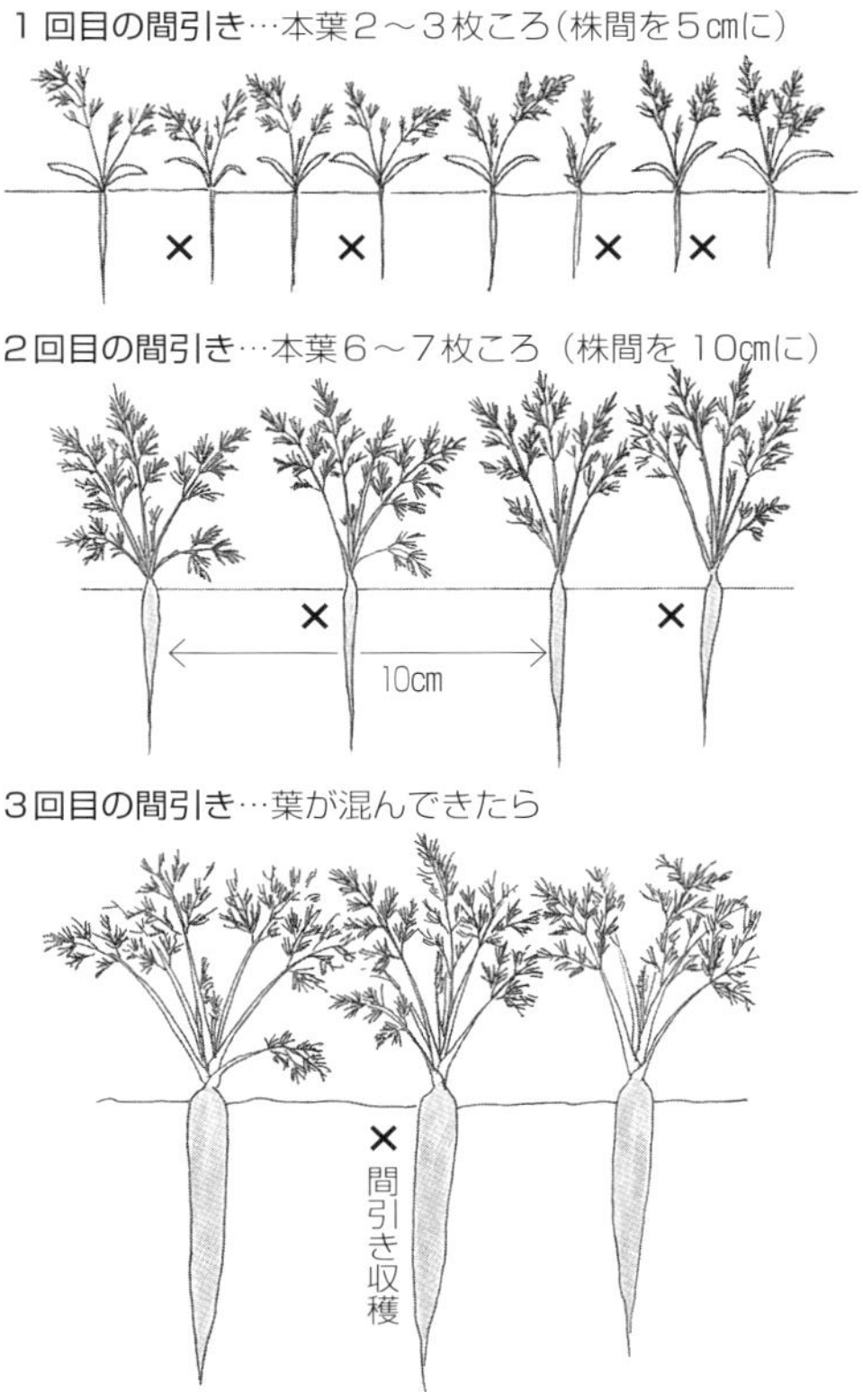

ニンジンの間引き

間引く株を指ではさんで押さえて引き抜く（またはハサミで切る）

採種の手順

晩秋に収穫したものから採種株を10本以上選び植え直す

とう立ちして稔実したニンジン

種子をフルイにこすりつけて落とす

イネ科の野菜と麦類

　イネ科は禾本科とも呼ばれ、稲や麦、粟、稗、黍やトウモロコシなどの穀物はすべてイネ科です。イネ科は単子葉植物で、針のような鞘葉が発芽してきます。根は各葉の節から伸びるひげ根（冠根）で、深くまで張って自然耕をしてくれるリーダー格の作物です。ところが、野菜としては未熟果を収穫するトウモロコシ（スイートコーン）くらいしかありません。そこで、エンバクやライムギ、オーチャードグラスやイタリアングラスなどを通路などにまき、根には自然耕をしていただき、茎葉は刈って草マルチ材料にします。

　貴重なイネ科野菜のトウモロコシは、自然菜園にはなくてはならない作物です。

イネ科

トウモロコシ（スイートコーン）

栽培難易度★

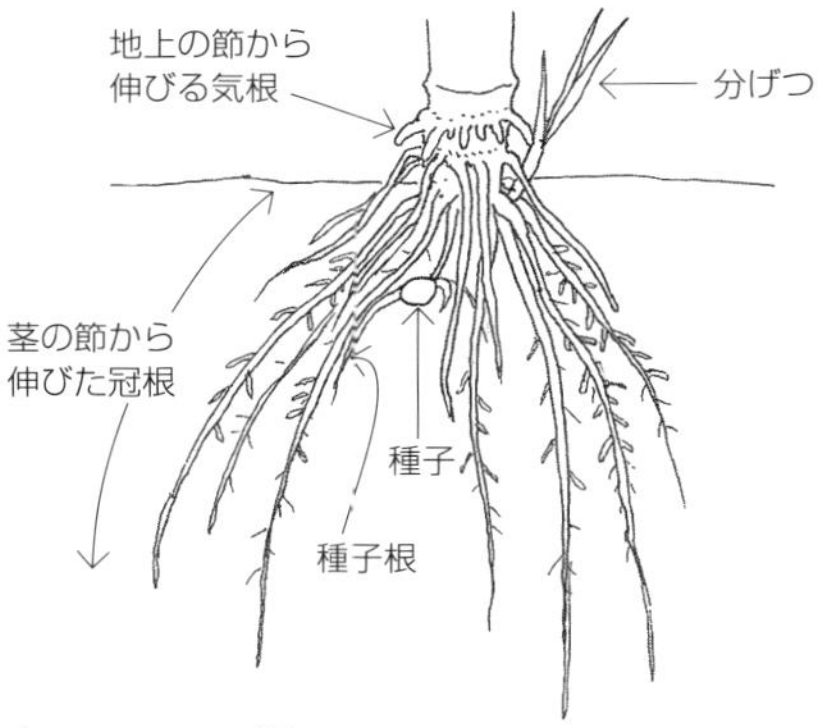

トウモロコシの根

●原産地と栽培適地

　原産地は中央アメリカで、紀元前5000年ころには、すでに南北アメリカ大陸で大規模に栽培される主要な農産物となっていました。マヤ文明、アステカ文明にもトウモロコシの記述が残っています。コロンブスのアメリカ大陸到達から世界各地に伝わり、日本へは16世紀にポルトガル人によって伝来されたといわれています。

　適した土ステージは2～3で日当たりと水はけの良い畑を好みますが、酸性から中性土壌まで、どんな土でも栽培できます
　トウモロコシの根は1m以上と深く張って深くまで耕してくれ、余剰な養分を吸い上げてくれるため、畑の掃除屋さんと呼ばれています。連作障害や病虫害の出る畑には、ぜひ植えたい野菜です。

　未熟果で収穫するトウモロコシは、スイートコーンと呼ばれる甘味種です。

　完熟させて収穫するトウモロコシには、フリントコーン（硬粒種）、ポップコーン（爆裂種）、飼料用のデントコーン（馬歯種）などがあります。

原産地	中央アメリカ
土ステージと適地	土ステージ2～3。pH5.5～6.5。水はけの良い乾いた土壌を好む
根の形態―株間（自立根圏）	ひげ根深根型―30㎝
生育適温と適期	温暖な気候を好み（生育適温20～30℃）、昼夜の温度差が大きいほうが生育も良好
おすすめ品種	モチットコーン、味来390
コンパニオンプランツ	エダマメ、つるありインゲン、ダイコン
競合作物	オクラ、ムギ、オカボ
種子	他家受精　寿命1～2年

トウモロコシ（スイートコーン）栽培暦

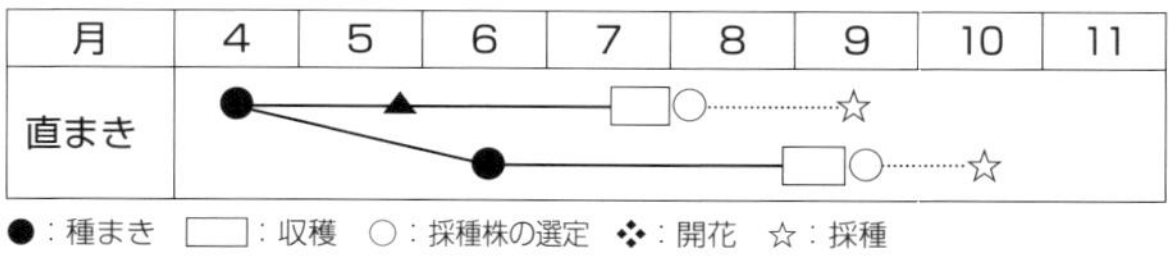

●栽培適期

　生育適温は20～30℃とやや高温ですが、寒さにも暑さにも強く、10℃以上あれば発芽します。しかし、低温期は生育が悪いので、直まきでの種まきは4月中旬以降です。早くまいて早く収穫したいときは、ポットにまいて、本葉2～3枚まで育てて若いうちに定植します。あまり大きくした苗は植え傷みしやすいのでさけます。

　種まき後、早生種で80日程度、中

コンパニオンプランツとの混植例

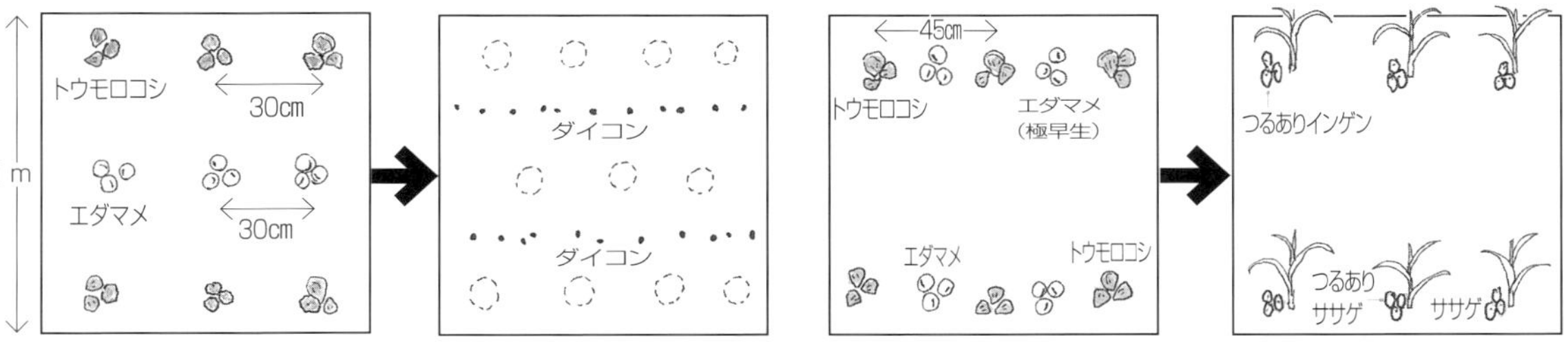

春（トウモロコシの条間にエダマメをまく）　秋（トウモロコシとエダマメの収穫後、ダイコンをまく）　春（トウモロコシの株間に極早生エダマメをまく）　夏（エダマメ収穫後、つるありのインゲン、ササゲをまき、トウモロコシにからませる）

生種で90日程度で収穫できるので、4月から6月中ごろまで、前回のまいたトウモロコシが15～20㎝大きくなったら、次のトウモロコシをまいていくと7月から9月ころまで続けて収穫できます。

注意したいことは、トウモロコシは他家受精なので、近くに違う品種があると交雑し味が落ちます。特にポップコーンが近くにあると、煮ても硬くて食べられない粒が混じってしまいます。違う品種はさけるか、栽培時期をずらすようにします。

●コンパニオンプランツとの混植プラン

チッソを固定してくれるマメ科野菜と相性が良く、2条まきしたトウモロコシのウネの中央にエダマメをまきます。そしてエダマメとトウモロコシを収穫したら、養分が少ない土で育つダイコンを、エダマメとトウモロコシの株の中間にまくと、きれいなダイコンができます。

トウモロコシを3条にしてエダマメを株間に混植する場合は、トウモロコシの株間を50㎝と広くとります。このエダマメの収穫後、トウモロコシの草丈が1ｍ以上に育ってから、つるありインゲンやつるありササゲを根元に3粒ずつまくと、トウモロコシの茎が支柱代わりになって巻きつきます。隣のウネにカボチャを作ると、同様につるがからみつき、畑の有効利用ができます。

株間にエダマメを混植したトウモロコシウネにスイカのつるが侵入して成る

●種まき

他家受精で1株だけでは受粉しにくいので、10本以上まとめて植え、風で受粉しやすいよう2列以上にします。複数の品種を混植すると、花粉が交雑して本来の品種の特性が出ない場合があるので、同時に育てるのは単一品種だけにします。

直まきは4月中旬から5月上旬ころに、1ｍ幅のウネに3条、条間30㎝、株間30㎝以上とり、1ヵ所に3粒ずつ点まきします。覆土・鎮圧後、刈った草を土の上に敷いておくと、枯れ草の中から発芽してくるので、ハトなどの鳥に見つかりにくくなり食害が少なくなります。

また、アワノメイガの発生は時期は地域によって違いますが毎年同じ時期なので、アワノメイガの発生するタイミングを外して栽培すると良いでしょう。

●発芽後の管理

発芽後、本葉が出たら間引き始め、本葉3～4枚のころ、1ヵ所1本になるよう間引きます。

トウモロコシの生育初期は、同じイネ科の草と間違いやすいので気をつけながら刈り、受粉が終わるまでは、しっかり草マルチをします。

トウモロコシの葉色が薄く、黄色く下葉が枯れてくるような場合は、早めに草マルチの上から米ぬかやボカシ肥をまいて追肥をします。トウモロコシは肥料分をよく吸収するので、樹をしっかり育てることがポイントです。生育が進むと、株元からわき芽が出てきますが、倒伏防止になるので摘み取らずにそのままにしておきます。

●授粉とアワノメイガ防除

トウモロコシは雄雌異花で、茎の

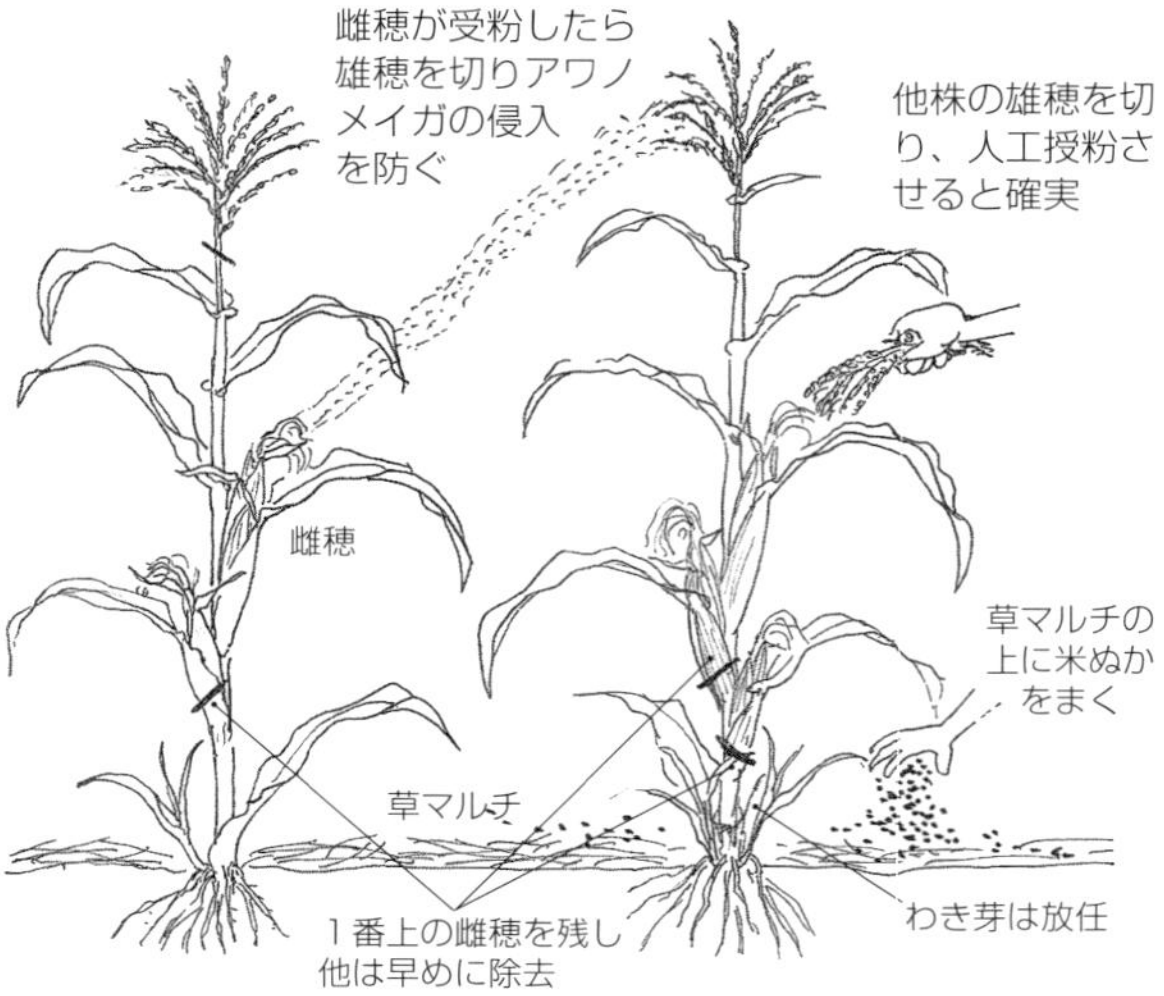
雄穂が受粉したら
雄穂を切りアワノ
メイガの侵入
を防ぐ
他株の雄穂を切
り、人工授粉さ
せると確実
雌穂
草マルチの
上に米ぬか
をまく
草マルチ
1番上の雌穂を残し
他は早めに除去
わき芽は放任
トウモロコシの授粉

先端に雄穂が咲き、途中に雌穂がつきます。通常、先端の雄穂が雌穂より先に伸びて咲き、数日遅れて毛のような雌穂が出てきます。雄穂の花粉が雌穂の絹糸につくと、花粉が雌穂の1本1本の絹糸の中を通って、実の1粒1粒の胚にたどり着いて受精します。受粉が確実に行なわれないと、実が歯抜けになります。

トウモロコシはほかの株の花粉で受精する他家受精なので、雌穂が伸びてきたら、ほかの株の雄穂を切って、雌穂に花粉をかけてやると確実です。また、トウモロコシの最大の害虫であるアワノメイガの幼虫は、雄穂にまず入り、次に雌穂の穂に入り食害をするので、授粉が終わったら雄穂をすべて刈り取ってしまうと、被害が少なくなります。

●収穫

実の詰まった果実を育てるなら1株1本が基本です。最初に開花した1本を残し、その下から出た雌穂は若いうちにかき取ります。かき取った雌穂は、ヤングコーンとしてゆでてサラダや炒め物などに利用できます。

収穫適期は、雌穂の絹糸が出てから20～25日後、雌穂の絹糸が褐色になったころです。少し皮をむいて、実の肥大を確認してから収穫すると確実です。

トウモロコシはとりたてが最高で、収穫後横に倒して保存すると加速的に糖度が低くなるため、移動中は実がついていたときのように立てておき、半日以内に加熱調理します。ゆでて冷えたトウモロコシは、醤油をぬって焼くと香ばしくておいしいです。ゆでてから実を外し、冷凍保存しておけば半年くらいもちます。

●自家採種

自家採種する場合は、トウモロコシは他家受精で、花粉は風で飛ばされてくるので、周囲500m以内に異なる品種のトウモロコシがないことを確認します。周囲にある場合は、苗で早植えして受粉の時期をずらすか、人工授粉によって他品種の花粉が混ざらないようにする工夫が必要です。

枯れて実が乾燥してしわがよるまで樹につけておいてから収穫します。カラスやハクビシンなどにも食害されやすいので、種子用は一つひとつにタマネギネットをかけておきます。収穫後、皮をむき逆さにし、雨の当たらない風通しの良いところに1ヵ月以上乾燥させてから保存します。

イネ科

ムギ類

栽培難易度★

土ステージ0～1のスギナが繁茂する畑でも育つムギ

●原産地と栽培適地

ムギの種類には、大きく分けて冬麦と呼ばれるオオムギ、コムギ、ライムギ、夏麦と呼ばれるエンバクがあります。緑肥作物には、エンバク、ライムギが適しています。

原産地は中央アジアのコーカサス地方から西アジアのイラン周辺と考えられています。普通コムギの栽培はメソポタミア地方で始まり、紀元前3000年にはヨーロッパやアフリカに伝えられました。

ムギは、元来乾燥した気候に適した畑作物であるため、適した土ステージは1～3で日当たりと水はけの良い畑を好みますが、弱酸性から中性土壌まで、どんな土でも栽培できます。

特に寒さにもっとも強いライムギは緑肥効果が高く、根は2m以上と深く張って深くまで耕し、余剰な養分を吸い上げてくれます。

●栽培適期

ムギ栽培の一番重要なことは、種をまく時期です。

ムギ類は寒さに強く暑さに弱いので秋まきが基本ですが、早まきして大きくなりすぎると、霜や低温で枯れてしまいます。遅いと分げつ期間が短くなり減収してしまいます。

最低気温が3～5℃になったころが種まきの適期です。まき遅れた場合は、種子の量を多めにします。

夏涼しい北海道などの寒地では春まきができます。また、エンバクは比較的寒さに弱いので春まきがおすすめです

ほかのムギも実を収穫しない緑肥作物としてまくなら、いずれも春まきができます。

●コンパニオンプランツとの混植プラン

チッソを固定してくれるマメ科野菜と相性が良く、ムギの刈り取り直前に、ダイズをまきます。ムギの中で発芽したダイズは鳥の被害が抑えられ、ムギ刈り後、ダイズがよく育ち収量がアップします。

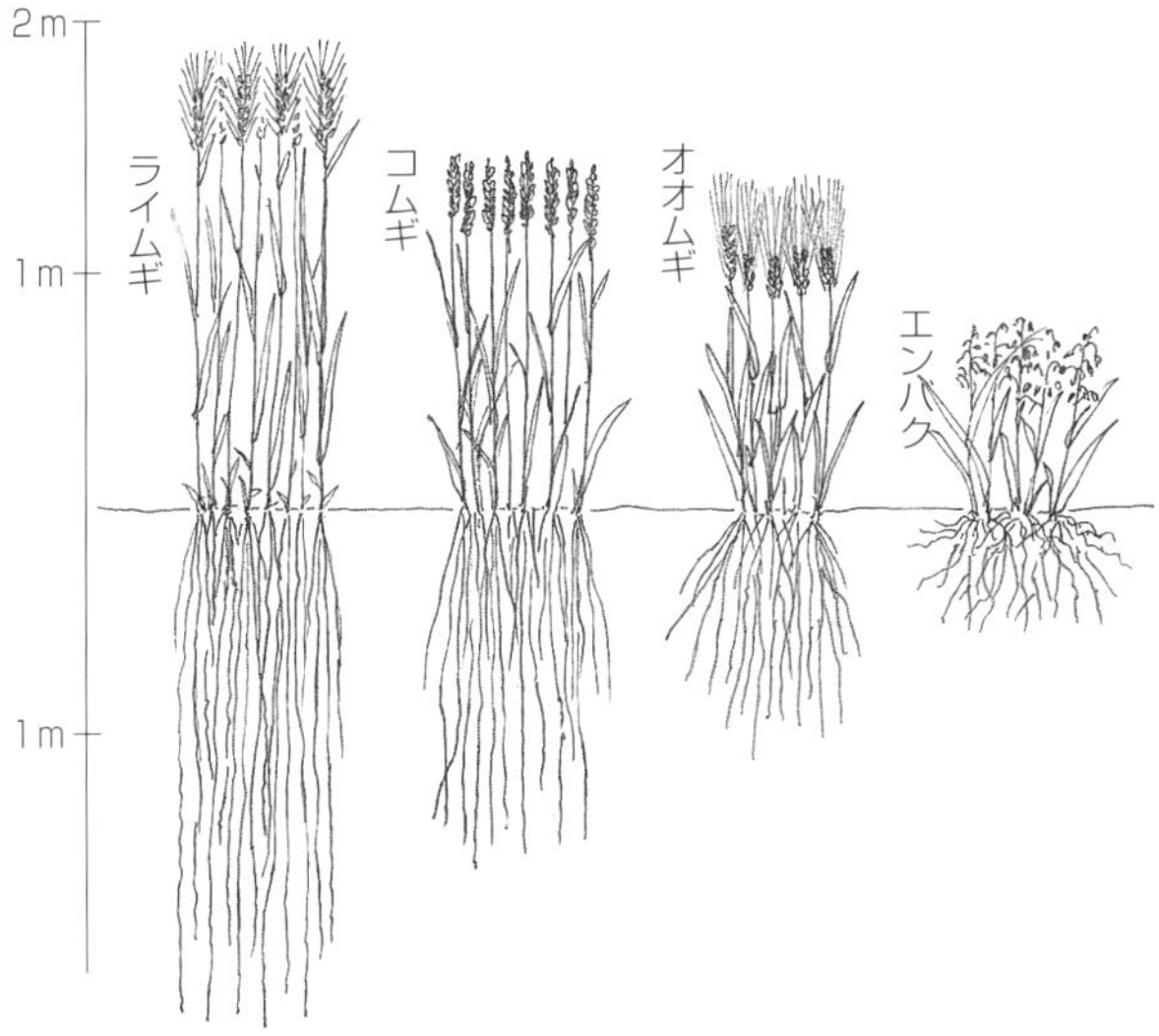

麦類の草丈と根

原産地	コムギ・オオムギ・エンバク…中央アジア・中国等 ライムギ…西アジア
土ステージと適地	土ステージ1～3。pH5.5～6.5で、水はけの良い乾いた土壌を好む
根の形態―株間（自立根圏）	ひげ根深根型―15～30㎝（点まきの場合）
生育適温と適期	低温性（生育適温20～25℃）で寒さに強く、暑さに弱い。秋まき10～11月。ライムギは2月まきも可。エンバクはやや寒さに弱いので寒冷地では春まきが良い
おすすめ品種	地域の奨励品種、南部小麦、ライムギ
コンパニオンプランツ	エンドウ、野菜全般
種子	自家受精　寿命1～2年

麦類栽培暦

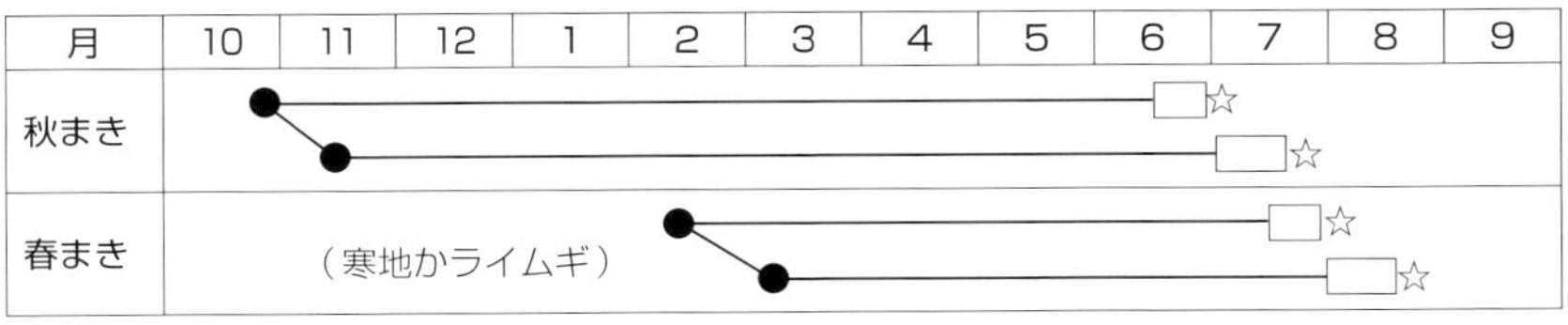

●：種まき　□：収穫　☆：採種

コンパニオンプランツとの混植例

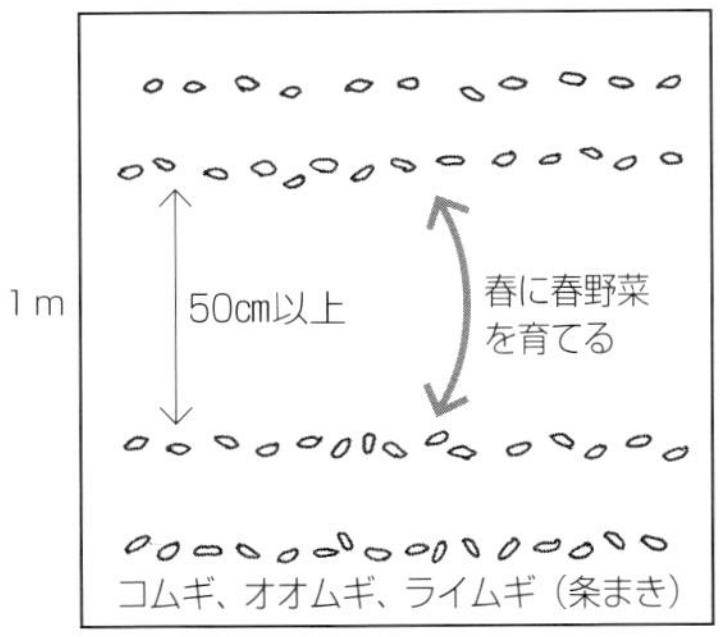

秋まき緑肥

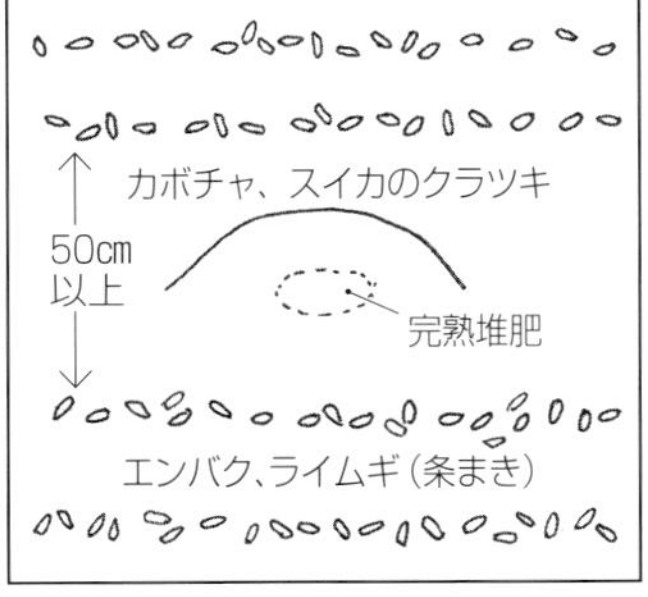

秋・早春まき緑肥

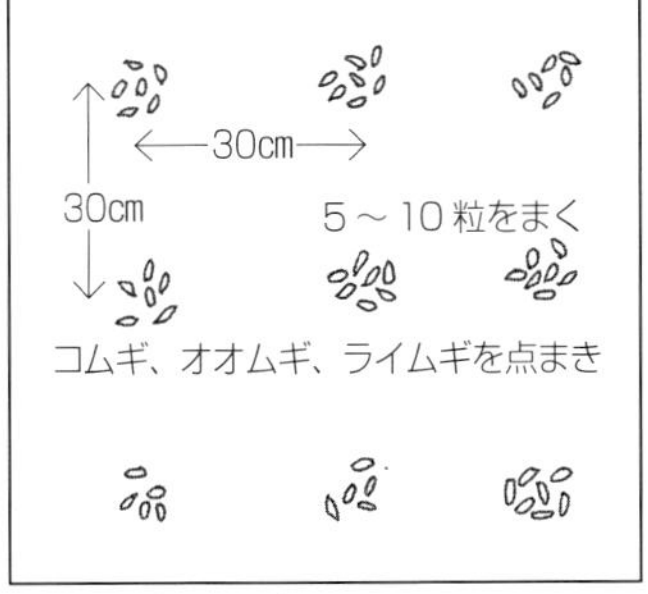

実収穫（点まき）

晩秋にエンドウとライムギを混播

翌春のエンドウとライムギ

キュウリのウネの中央に早春にまいたエンバク（敷きワラとなる）

オオムギとサツマイモを組み合わせると、サツマイモのできが良くなります。

通路などに緑作物としてまく場合は、マメ科のクリムソンクローバーや赤クローバー、イネ科のエンバクとイタリアンライグラス、オーチャードグラスのミックス種子を早春にまきます。

カボチャやスイカなどの這う野菜は、早春にエンバクやライムギをウネのサイドや通路にまいておき、つるが伸びて刈ってマルチにすると草も抑えられます。

●種まき

まき方は、緑肥作物にするときは、条まきかばらまきで、実を収穫するときは、点まきがおすすめです。

点まきは、株間を30cmとって1ヵ所に5～10粒まきます。土ステージ3の肥えた畑ではよく分げつするので5粒、やせたステージ1の畑では10粒と、畑の肥沃度によって播種量を調整すると収穫量がアップします。土ステージ1～2の畑では、まいた直後に1㎡当たり米ぬか1kg、くん炭3ℓを覆土の上にまいておきます。

緑肥作物として畑の中のウネや通路にまくときは、条まきにします。通路には真ん中にまき、ウネにまくときはウネの両側にまいて野菜を中央に混植し、いずれも野菜が大きくなるにつれて刈って草マルチしていきます。

畑の周辺の土手などにまくときはばらまきにします。一部を実らせてから刈り、そのまま敷いておくと、毎年その同じところから自生し、バンカープランツとなったり、草マルチの材料となり重宝します。

●麦踏み

エンバクを除くムギは、冬は麦踏みをすると倒伏を防ぐだけでなく、収量も多くなります。葉が3枚出たら麦踏みを開始します。12月から2月に30～45日間隔で2～3回は踏んで、霜で浮いた根を再び戻してあげます。ムギは踏まれると、より根性のある根を出し、分げつしやすくなり茎数も増えます。幼穂が形成され茎が伸び始めて葉が立ち上がってきたら麦踏みは終了です

暖冬で生育が旺盛な場合は特に必要です。葉が露で濡れているときや畑が湿っているときはさけ、よく晴れた日の日中に行ないます。

もし、生育が悪い場合は、ムギを踏みながら、1㎡当たり米ぬかと油かすを半々に混ぜたものを1kgまきます。

●収穫

緑肥作物として収穫する場合は、穂をつける直前に刈ります。穂をつける前が青ワラに一番養分があるからです。また、穂が熟してから刈り取って敷きワラにするときは、種をわざとこぼしておき、毎年自生するエリアを作るのも手です。

実を収穫するムギ刈りは、ムギの品種によって時期が異なります。実を噛んで、カリッといったら収穫します。梅雨時期の刈り取りは、早めに刈り取り、雨の当たらないところでワラごと天日干しすると良いでしょう。

●自家採種

ムギは自家受精しますが近くに異なる種類があると多少交雑するので、自家採種する場合は、ほかの種類のムギが生えていない場所で育てます。穂のついたワラをそのまま敷くと自生するので、緑肥作物としてまく場所とは別に採種場所を設けます。刈り遅れると首が折れ、穂のまま発芽したり、カビが入ってしまうので気をつけましょう。

土の上にシートを敷き、その上に刈り取った穂を並べて棒などで叩

き、脱穀します。コンクリートなどの上で叩くと実がつぶれてしまいます。

脱穀後は、扇風機やうちわなどでごみを飛ばし種子をきれいにします。そしてよく乾燥させてから、ビンなどで保存します。

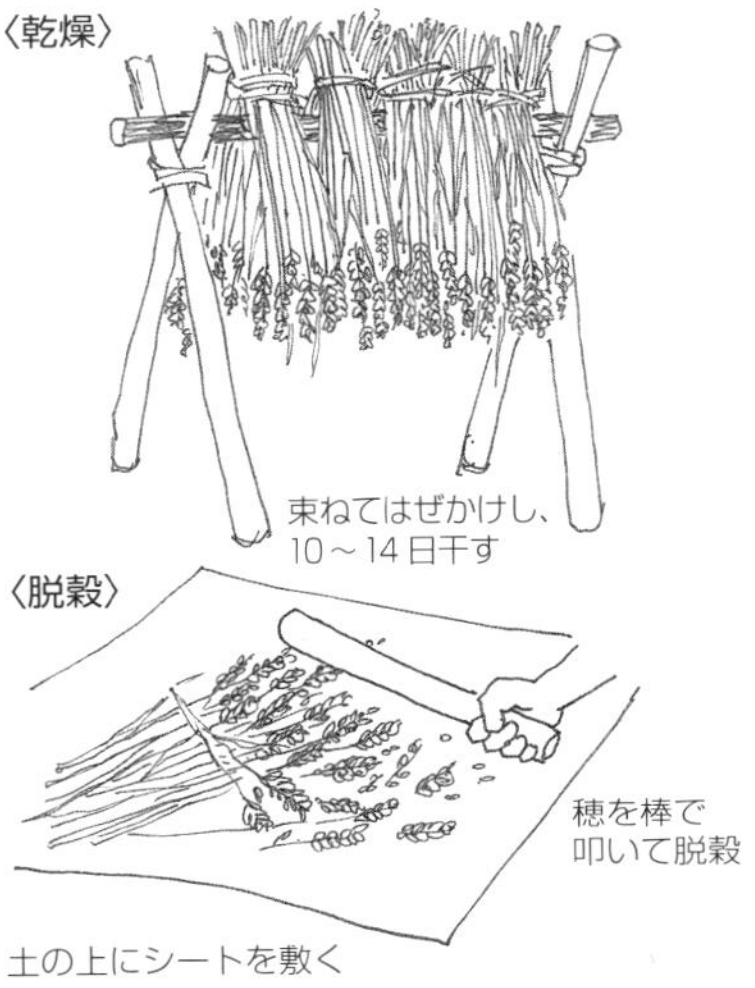
〈乾燥〉
束ねてはぜかけし、10～14日干す
〈脱穀〉
穂を棒で叩いて脱穀
土の上にシートを敷く
ムギの採種

ヒルガオ科の野菜

ヒルガオ科の野菜には、サツマイモと空心菜（クウシンツァイ、アサガオ菜）とがあり、アサガオもヒルガオ科です。枝がつる状に伸びて這います。

ヒルガオ科

サツマイモ

栽培難易度★

●原産地と栽培適地

サツマイモの原産地は中央アメリカのメキシコ辺りです。日本には江戸時代初期に伝わり、薩摩藩を中心に普及しました。その後、徳川吉宗の時代に蘭学者の青木昆陽が全国に広めました。

高温性ですが、やせた土壌でも天候が悪くても安定して収穫ができるため、北海道を除き全国で栽培されています。

花はめったに咲かず、種イモから萌芽したつるを切って、挿し芽をして増やします。土ステージ0～2で、pH5～6の酸性でやせていて、水はけの良い乾いた土壌を好みます。根が深く広く張るため、乾燥に強く、肥料が少なくてもよく育ちます。チッソ分が多いと、つるばかり繁茂して、イモの肥大が悪くなる「つるボケ」と呼ばれる現象を起こすので、無肥料で育てます。生育が悪い場合、1㎡当たりひと握りの草木灰（またはくん炭3～5ℓ）をまきます。

品種も多彩で、肉色が紫やオレンジなどの品種、加熱しても甘くならないサラダ向きの品種、干し芋用品種、葉を食用にする品種などがあります。

原産地	中央アメリカ
土ステージと適地	土ステージ0～2。pH 5～6の酸性で、温暖な水はけの良く乾いたやせた土壌を好む。過湿に弱い
根の形態―株間（自立根圏）	ひげ根浅根型―25 ～ 40㎝
生育適温と適期	高温性（生育適温 20 ～ 30℃）で暑さには強く、寒さに弱い。霜に弱い。萌芽適温は 30℃前後。35℃以上、18℃以下では生育不良になる
おすすめ品種	ベニアズマ、パープルスイートロード
コンパニオンプランツ	エダマメ、ラッカセイ、ゴマ、オオムギ
種イモ	寿命１年以内、萌芽した芽を挿し芽して増やす

サツマイモ栽培暦

月	3	4	5	6	7	8	9	10	11	12	1	2
露地栽培	■ 伏せ込み		▲～ 挿し芽	▲				□	□○			

▲：挿し芽（苗の植え付け）　□：収穫　○：採種株の選定　■：種イモの伏せ込み

●栽培適期

苗となるつるを採取するには、植え付けの1ヵ月以上前に踏み込み温床などに種イモを伏せ込み、乾かないように水やりをし30℃前後を保って萌芽させて伸ばします。畑への挿し芽も地温が18℃以上になる5月中旬以降です。家庭菜園では何本も必

コンパニオンプランツとの混植例

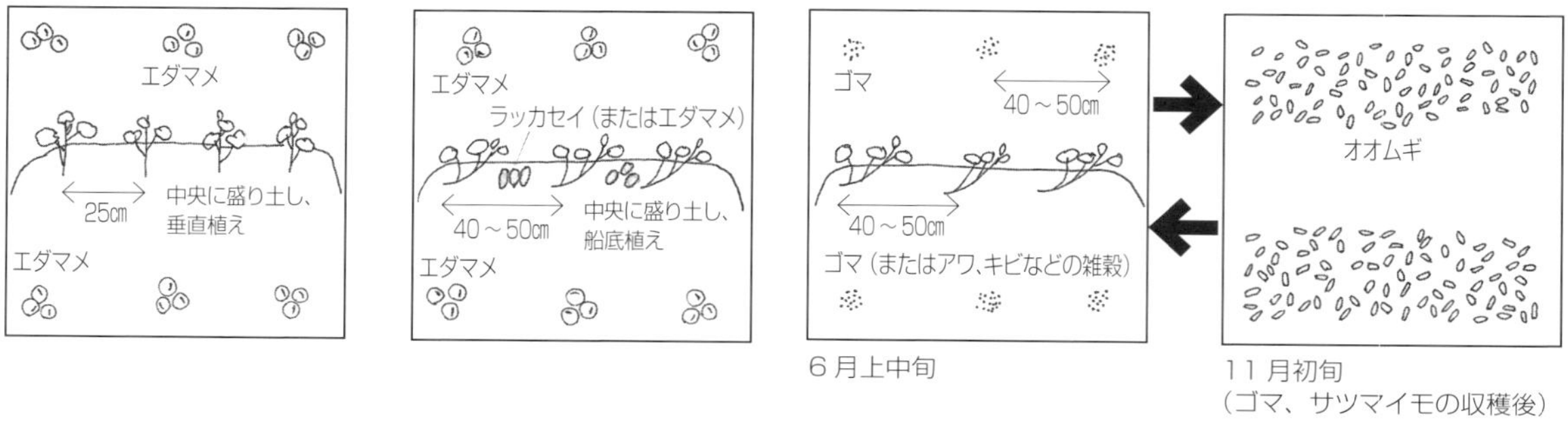

サツマイモのつるの中で実るエダマメ

サツマイモの株間にエダマメまく

要ないので、苗は植え付け適期のころに購入したほうが良いでしょう。

●コンパニオンプランツとの混植プラン

ウネの中央に土を寄せて盛り、サツマイモの苗を株間25cmで挿し、両サイドにエダマメやラッカセイを混植します。あるいは株間を40～50cmと広げて、株間に極早生のエダマメやゴマを植えるとともによく育ちます。ステージ3の肥沃な土壌の場合、前後作にオオムギを育てるとつるボケせずに、イモのつきや肥大が良くなります。

●苗の植え付け

市販の苗を、十分地温が上がってからムギの穂が出る5月ころに、高ウネに植えます。苗は、葉が5～6枚ついた長さ20～30cmの、茎が太く節間が詰まっていて新鮮なものを選びます。植え付け前日まで苗の元1cmのみを水につけて、十分吸水させてから植えます。吸水中に発根した部分は切って短くします。

逆に自家苗の場合は水につけずに、苗とり後1日間、段ボール箱の中でしおれさせてから植えたほうが新根の発根が良くなります。

植え方には、茎を横に寝かせて植える船底植えや垂直に挿して植える垂直植えなどがあります。船底植えは株元より離れたところに、いろいろな形のイモがたくさんできます。垂直植えは、植えたすぐ下に、形の揃った味の良いイモができます。茎を斜め45度に挿す斜め植えは、垂直植えと船底植えの中間です。

どの植え方でも、2～3節は土中に埋め、葉っぱ3～4枚を地上部に出して植え、しっかり鎮圧し、草マルチをしておきます。

●植え付け後の管理

植え付け後、一度苗が枯れたようになりますが、1週間くらいで活着してつる先が伸びてきます。発根するために、一度葉が枯れてくる現象です。梅雨が明けるまでは、草の勢いにのまれないように、植え付け1ヵ月間は、しっかり草を刈って、草マルチをして草を抑えます。8月

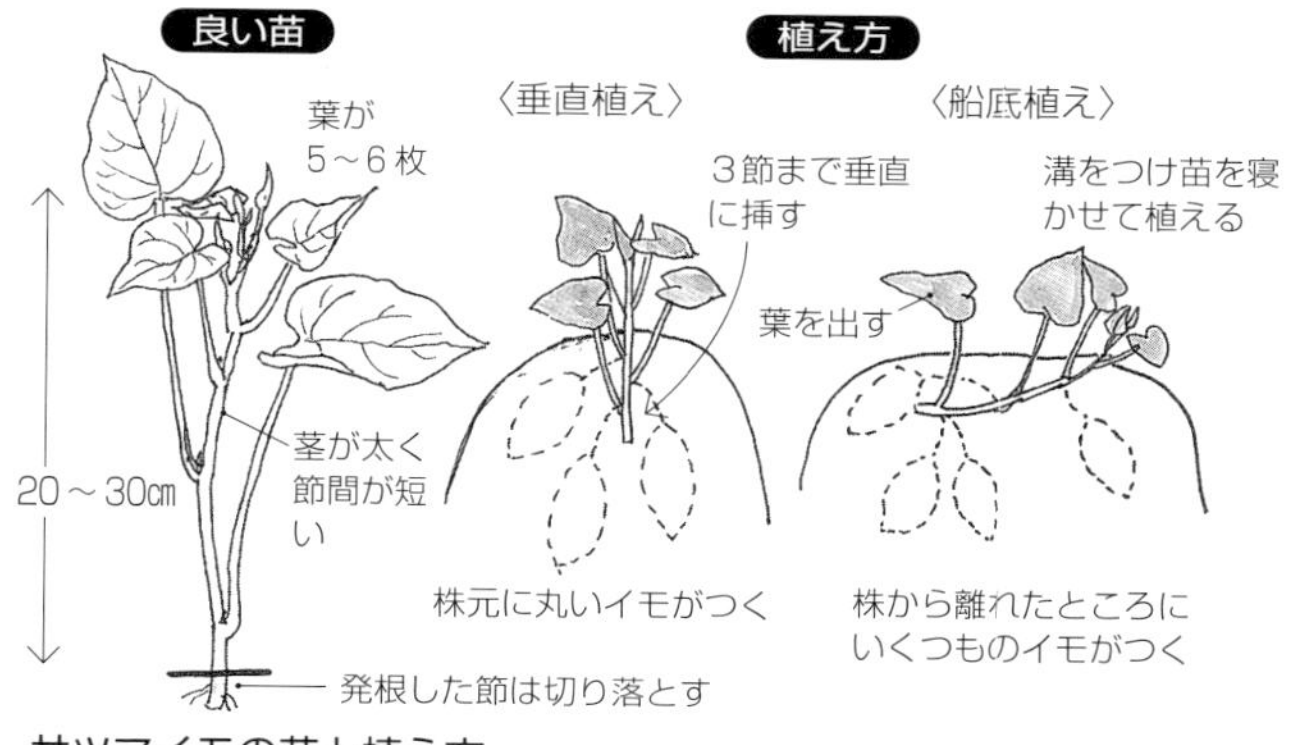

サツマイモの苗と植え方

に入るとつるが四方八方旺盛に伸び、草を抑えてくれます。

●収穫

葉が霜に当たるとイモの食味が悪くなるので、収穫は霜が降りる前に行ないます。晴れた日の午前中に掘り上げ、畑に半日干して表面を乾かします。つるの根元を残し、それ以外を全部刈り取り、イモを傷つけないように掘り上げます。大きくなりすぎると大味になるので、少し早めの時期に試し掘りをしてから収穫すると良いです。サツマイモの葉柄も、煮物や佃煮などにして食べることができます。

収穫後、新聞紙にくるみ、段ボール箱などに入れて13～16℃で2週間保存すると、掘りたてよりも甘くおいしくなります。9℃以下で保存すると、イモが寒さで死に溶けてしまいます。寒地では、皮ごと蒸して、1cmにスライスして天日干しし、干し芋にして保存すると良いでしょう。

サツマイモは、クイックスイートという品種以外は60～80℃の低温で30分以上加熱すると、サツマイモの糖化酵素の働きでデンプンが糖化して甘くなります。蒸したり、おき火でゆっくり加熱することが秘訣です。

●自家採苗

自家採苗するとき、種イモを越冬保存の必要があります。傷のついてないイモを選び、つるがつながったままばらさずに、株ごと掘ったままの状態で、9℃以下にならないように保存します。

寒冷地は室内で、発泡スチロール箱に土といっしょに入れて保存します。暖地・温暖地では、排水の良い場所に、穴を60～80cm掘ってイモの上にワラやもみがらを敷き埋めておき、雨が入らないよう山状に土を盛っておきます。

葉も収穫して葉柄を食べる

垂直植えでできたサツマイモ

種イモの貯蔵
深さ60～80cm掘り、網袋に入れたサツマイモを並べ、その上にサトイモを株ごと逆さまにして入れ、ワラやもみがらを敷き詰める

サトイモ科の野菜

サトイモ科の野菜には、サトイモ、クワイ、コンニャクなどがあります。単子葉植物で、花はめったに咲かず（コンニャクは5～6年目に開花）、種イモで繁殖します。

サトイモ科

サトイモ

栽培難易度 ★★

●原産地と栽培適地

原産地はインド、東南アジア、中国南部と広く、原始マライ民族によって太平洋の島々に広められたといわれます。それらの地方ではタロと呼んで主食に利用してきました。

日本へはイネよりもっと早く伝来し、先史時代に野生していたヤマイモに対しイエツイモ（家芋）、つまり里で作るイモとして作られていました。ジャガイモやサツマイモが伝来するまでは、イモといえばサトイモのことを指していました。中秋の名月を「芋名月」と呼んでサトイモを供える習慣がありますが、それは、旧暦八月十五夜が南島由来のイモ食文化の「収穫祭」だったことの名残りだという説があります。

湿潤を好む熱帯性の作物で、草丈は1m以上にもなります。食用とするイモは、種イモから萌芽した茎の基部が肥大したものが親イモ、その親イモから萌芽した茎の基部が肥大したものが子イモ、さらにその子イモから萌芽した茎の基部が肥大したものが孫イモです。主に子イモを食用とする品種（大野芋、土垂れ、石川早生）、親イモを食用とする品種（京芋）、親イモと子イモを食べる親子兼用の品種（八頭、海老芋、セレベス）、主に葉の葉柄を食べる葉柄用品種（蓮芋）があります。

土ステージ2～3の、肥沃で湿潤な畑や転作田などに向いています。乾燥に弱いので、梅雨明けにはたっぷりの草マルチと水やりが必要です。田んぼの畦でよく育ちます。

原産地	熱帯のインド、東南アジア、中国南部
土ステージと適地	土ステージ2～3。pH5.5～6.0の弱酸性で、水持ちの良い湿潤な土壌を好む。日当たりを好む
根の形態—株間（自立根圏）	ひげ根浅根型—30～50cm
生育適温と適期	高温性（生育適温25～30℃）で暑さにはやや強く、寒さに弱い。霜で枯れる。寒冷地では芽出しをして植えると効果的
おすすめ品種	子イモ用…大野芋、土垂れ、石川早生 親イモ用…京芋（筍芋） 親子兼用…セレベス、八頭、海老芋 葉柄用…蓮芋
コンパニオンプランツ	エダマメ、ショウガ、青ジソ
種イモ	寿命1年以内

サトイモ栽培暦

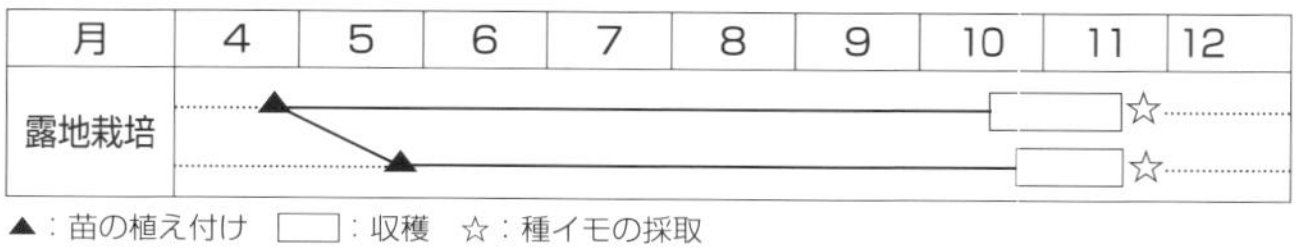

●コンパニオンプランツとの混植プラン

サトイモとショウガはいずれも高温性で湿潤を好み、サトイモは日当たり、ショウガはやや日陰でも育つので、混植すると非常に相性が良いです。サトイモの株間を100cmに広げ、その間にショウガを1株育てると、サトイモは根元が乾きにくく、ショウガも半日陰で乾きにくくなるためお互いに生育が良くなります。半日陰を好むミツバも同じように混植できます。

チッソを固定してくれるエダマメやダイズを混植する場合は、日当たりをもっとも好むエダマメやダイズを日光がよく当たる側に植え、サトイモが日陰になるように配置します。シソも周辺に植えるとサトイモの株下が日陰になり乾燥を防いでくれます。

●植え付け

サトイモは高温性ですが地温が桜が咲くころの15℃くらいあれば萌芽

サトイモの株間で育つショウガ

田んぼの畦で元気に育つサトイモ

コンパニオンプランツとの混植例

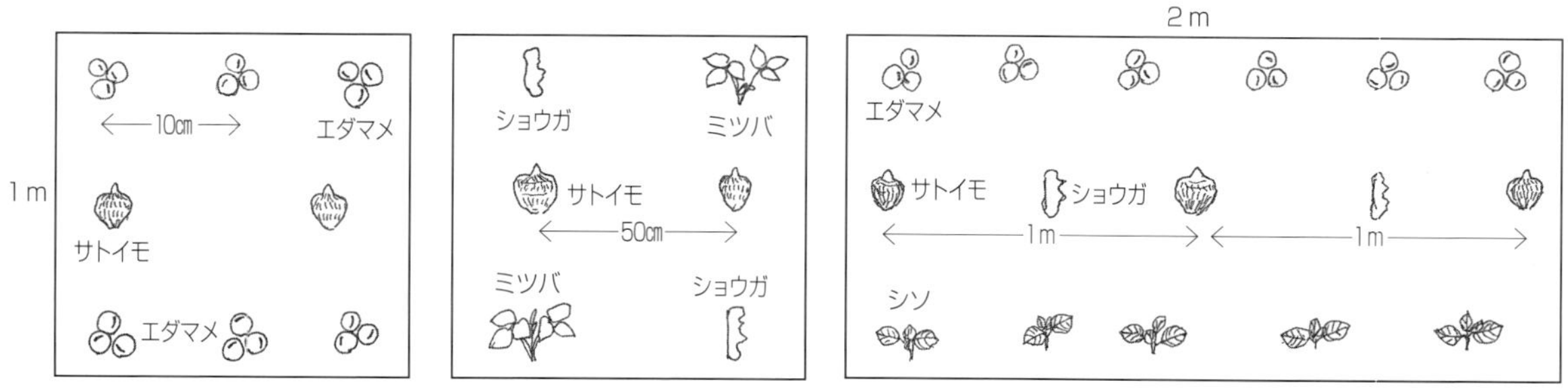

芽出しをした種イモ。芽が2本以上伸びているものは1本に間引く

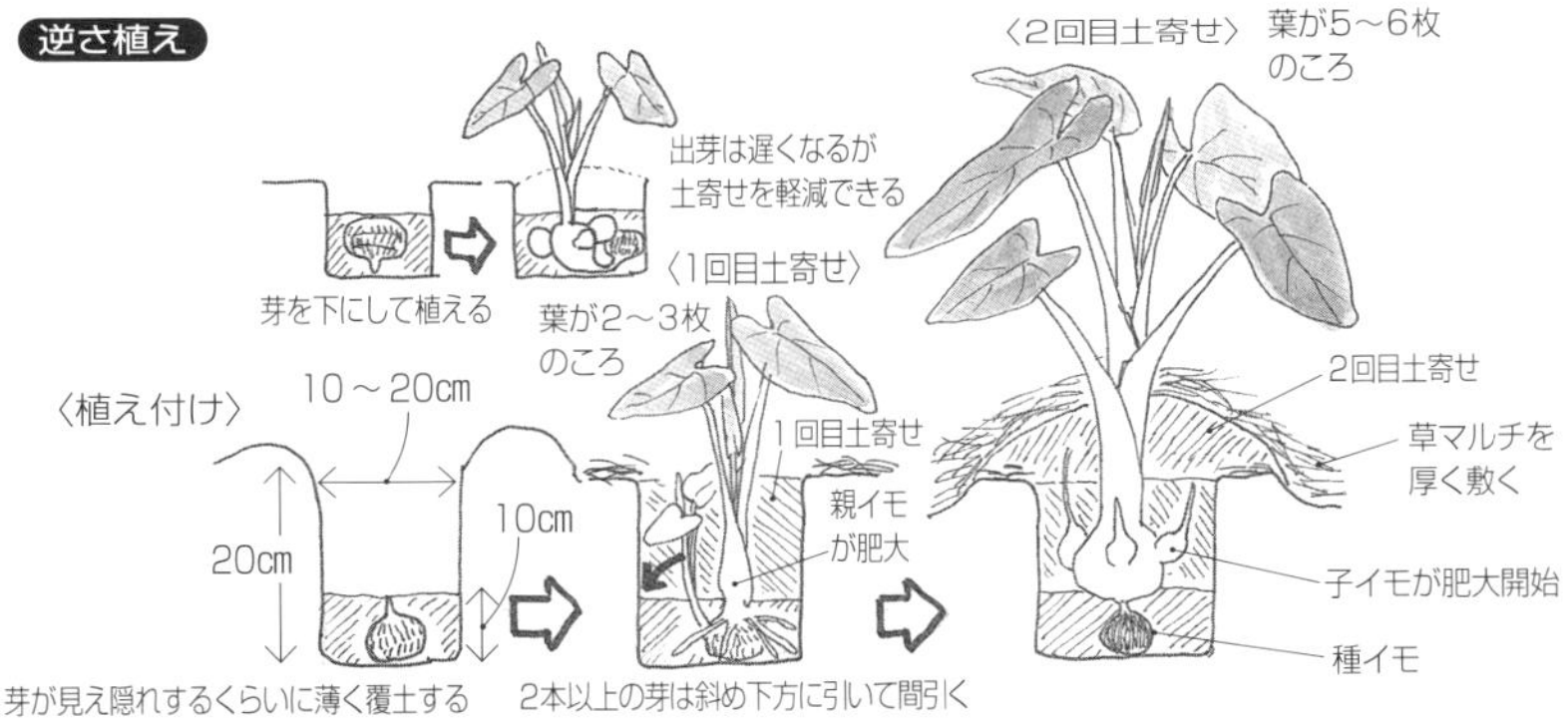

植え付けと土寄せ

し始めます。しかし、霜には弱いので晩霜の心配がなくなる4月下旬から5月中旬が植え付けの適期です。寒地・寒冷地では、種イモをコンテナなどに仮植えして、暖かい場所に置いて芽出しをしてから植え付けると、生育・肥大期間が長くなり効果的です。

自然菜園では全面的な土寄せはしにくいので、植え付けは、まずウネの中央に50cmごとに、直径20〜30cm、深さ20cmの大きな深い穴を掘ります。そして種イモが隠れるくらい薄く覆土し、残りの掘って出た土を両脇に盛っておきます。種イモを逆さ、あるいは横向きにして植えると、強い芽のみが地上部に伸び、子イモが通常よりも深部にできるため、土寄せの回数を減らすことができます。

植え付け後1ヵ月くらいは、地温を上げるために、株まわりをあけて草マルチをします。

●芽かきと土寄せ

植え付け後、何本もの芽が萌芽してきたら、太い芽を1本残して、ほかの芽は株元を押さえて斜め下方に引いて抜きます。そして、本葉2〜3枚のころに残りの10cmくらいの穴を埋めながら土寄せし、株元までたっぷり草マルチを重ねていきます。このころに種イモから伸びた芽の基部が肥大し親イモとなりますが、肥大部が露出したり乾燥すると肥大しにくくなります。

2回目は、梅雨入りし本葉5〜6枚のころ、さらに10cm程度高く土を盛ります。肥大した親イモから子イモになる芽が伸びてくるころに、株元から出ている子イモの芽を倒して埋め、草マルチも厚くしていきます。穴を深く掘って植えると、土寄せはこの2回で十分です。

●草管理と水やり

最終土寄せをすました後、伸びてきた草を刈って株元までたっぷりマルチします。30℃以上の気温はイモの肥大を停めてしまうので、地温が上がりすぎないように、子イモ・孫イモに日が当たらないように、草マルチを厚くしていきます。

サトイモは、葉が地面と水平に大きなお皿のようになっているときは、とても健康で元気がある姿です。ところが、梅雨明け後晴天が続き、土が乾いたり、養分が吸えないと葉が垂れてきます。そんなときは、1株当たり、5〜10ℓバケツ1杯の水を数回に分けてかけ、その水が乾かないように大量の草マルチを足してあげます。イナワラなどあれば良いのですが、手に入らない場合はあいたところにエンバクやライムギなどワラを育てておくのも手です。

水やりは9月に入るまで、10日雨がなければ夕立の代わりにたっぷりあげます。

自然菜園のサトイモは、有機物の投入が少ないためハスモンヨトウなどの幼虫に葉を食害されることは少ないですが、もし発生した場合は、すぐに取り除きます。

●収穫・保存

早生品種では9月ころから収穫ができますが、そのほかの品種もイモの太りぐあいを見て10月ころから収穫できます。

サトイモ料理といえば煮物が一番ですが、よく洗って皮ごと焼いた焼き芋もおすすめです。自然菜園で育てたサトイモはきめ細かくねっとりと食味が良く、どのように調理してもおいしくいただけます。

ムギワラマルチの中で葉を水平に皿状に広げる元気なサトイモ（石川早生）

サトイモは高温性で、8℃以下の低温にあうと腐ってしまうので、初霜で茎葉がしおれて枯れてきたら、いっせいにすべて掘って、8℃以上を保ち乾燥しないようにして保存します。

量が少ない場合は、新聞紙に包んで発泡スチロール箱やコンテナなどに入れて室内で保存します。量が多いときは、株ごと土のついたまま掘り取り、畑の隅に50cm以上深く穴を掘り、株を逆さに積んで埋め（逆さにすると貯蔵中に芽が出にくい）、その上にワラやもみがらなどを敷き、その上に土を20cmかぶせて乾燥と低温を防いで保存します。ある程度湿度が必要ですが、加湿になると傷口などからカビで腐りやすいです。1株当たりミミズを数匹混入させて保存すると、カビを食べてくれるので長持ちします。

寒冷地では、ハウス内の雨が穴にたまらない場所に深さ60cmくらいの穴を掘って保存すると安心です。地上部には、くん炭をまいてネズミ対策をしておくと、さらに良いでしょう。

収穫したサトイモ（大野芋）

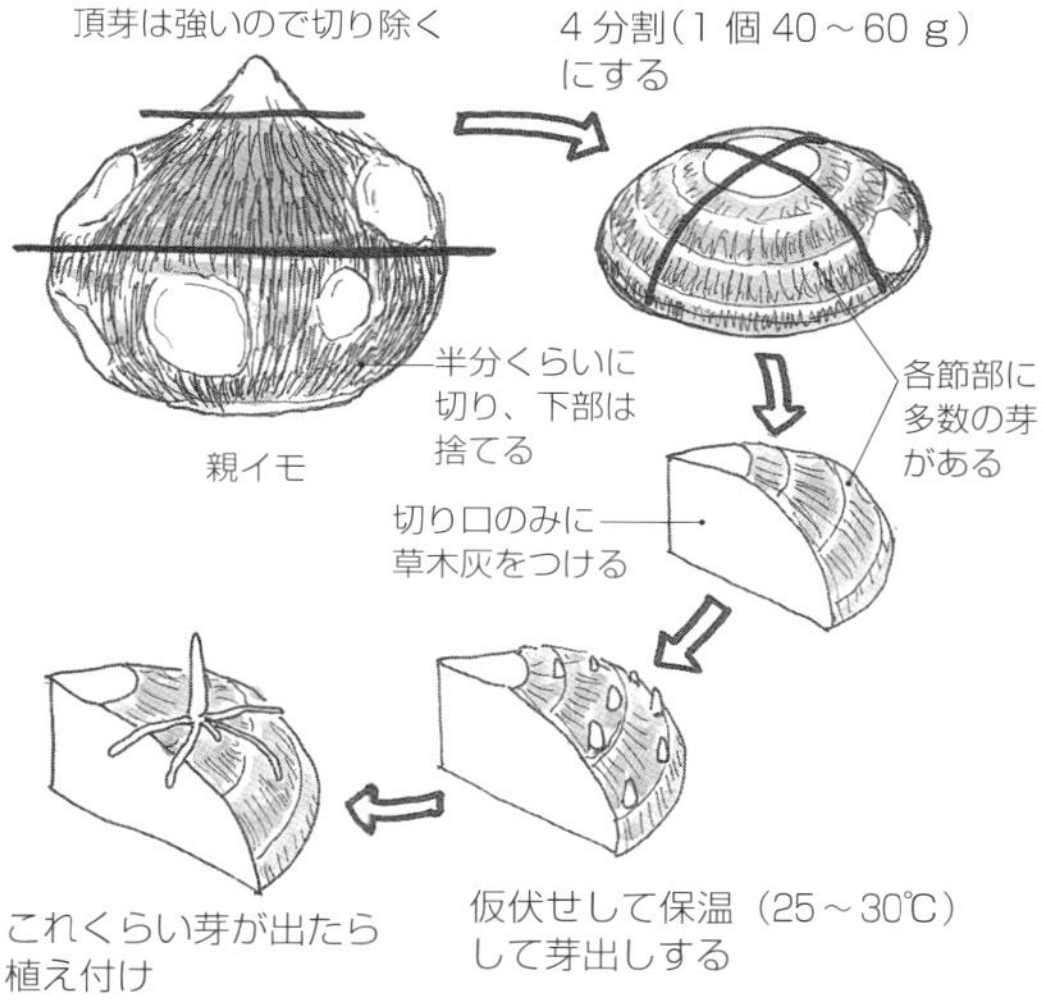
頂芽は強いので切り除く
4分割（1個40～60g）にする
半分くらいに切り、下部は捨てる
親イモ
各節部に多数の芽がある
切り口のみに草木灰をつける
これくらい芽が出たら植え付け
仮伏せして保温（25～30℃）して芽出しする
親イモを種イモにする方法

●種イモの選択

保存したイモから、腐れや病害のない株を選び、1個40～60gの大きなイモを種イモにします。また親イモを切って種イモにすることもできます。親イモは栄養豊富なので、上半分を切り、さらに1片40～60gずつに縦に切り分け、切り口に灰をつけて芽出しして植え付けます。貯蔵養分の多い親イモを切らずにそのまま植える場合は、逆さにして植えると収量が多くなります。

ショウガ科の野菜

ショウガ科の野菜には、ショウガ、ミョウガ、ウコン、ゲットウなどがあります。

ミョウガは温帯の東アジア、そのほかは熱帯アジアが原産地の単子葉植物の多年草です。地下茎が発達し、その地下茎から硬い葉鞘に包まれた葉が伸びます。ショウガやウコンは肥大した地下茎を、ミョウガは花や葉鞘を、ゲットウは全草をハーブとして食用にします。

湿潤で肥えた土壌を好み、半日陰でも育ちます。温帯育ちのミョウガは寒さにも強く日本でも越冬する多年草ですが、ショウガやウコンは寒さに弱く、沖縄などの暖地以外では晩秋に地下茎を掘り取り、保温して保存し、翌春に植え直します。

ショウガ科

ショウガ

栽培難易度★

●原産地と栽培適地

熱帯アジア原産の多年草で、古くから世界中で利用されている香辛野菜のひとつです。漢方薬などでもよく使われます。

肥大した塊茎を食用にし、草丈は60～100cm近くになります。土ステージ3で、pH6前後の弱酸性、水はけの良い湿り気のある土壌を好みます。根は浅く張るひげ根で乾燥に弱く、半日陰でも育ちますが、日当たりが良く、乾燥しない場所が理想です。

●ショウガの種類とおすすめ品種

ショウガには、収穫期の姿から、夏に若い塊茎を葉つきで利用する筆ショウガ・葉ショウガと、晩秋に充実した塊茎を収穫する根ショウガに分けられます。筆ショウガ（矢ショウガ）・葉ショウガは生食や漬物に、根ショウガは薬味や料理の香りづけなどに利用されます。

品種は塊茎の大きさにより、大ショウガ（近江・お多福など）、中ショウガ（房州・らくだなど）、小ショウガ（谷中・三州・金時など）に大別され、小ショウガは早生で比較的寒さに強く、出芽数が多く辛みが強いので筆ショウガ・葉ショウガに適します。大ショウガは暖地・温暖地向きで肥沃土を好み、晩生で出芽数が少なく、辛みが少なく、漬物や薬味、香辛料に適します。中ショウガはその中間で、葉ショウガや漬物などに用いられます。自然菜園では育てやすい中・小ショウガがおすすめです。

●栽培適期

ショウガは萌芽適温が18～20℃で、生育適温が25～30℃と高温性なので、晩霜の心配がなく、地温が15℃以上になって藤が咲くころ（暖地・温暖地で4月上中旬、寒冷地5月中旬）まで待って植え付けます。

低温ほど出芽に日数がかかるので、寒冷地では仮植えして保温し芽出しした苗を植えると、生育が早くなり早く収穫できます。

●コンパニオンプランツとの混植プラン

小ショウガは条間・株間を25～30㎝とって、高温性で湿潤を好むサトイモの株間に交互に植えるとお互いの生育を良くします。また半日陰を好むミツバとも相性が良いです。

●植え付け

土ステージ1～2の場合は、植え付けの1ヵ月前に、植え位置に、深さ30㎝の穴を掘り、完熟堆肥をクラツキで施しておきます。

植え付け前に種ショウガを3～4芽つけて、小ショウガで50g程度、中・大ショウガで150g程度になるよう分割し、半日程度陰干しにします。ショウガは種ショウガから伸びた芽の基部が肥大し、2次、3次の塊茎が種ショウガの方向の直角方向に伸びていくので、植え穴をサトイモ同様、20㎝と深めに掘り、種ショウガをウネ方向と直角の向きに植え、10㎝覆土し、穴の半分まで埋めます。

寒冷地などでは、萌芽までに1ヵ月程度かかるので芽出しをしてから

原産地	熱帯アジア
土ステージと適地	土ステージ3。pH6.5～7.0で、日当たりが良く、水はけの良い湿り気のある肥沃な土壌を好む。半日陰でも育つ。乾燥に弱い
根の形態―株間（自立根圏）	ひげ根浅根型―25～30㎝
生育適温と適期	高温性（生育適温25～30℃、萌芽適温18～20℃。）で暑さに強く、寒さに弱い（15℃以下で生育が衰える）。霜で枯れる
おすすめ品種	房州・らくだ（中ショウガ）、金時・谷中・三州（小ショウガ）
コンパニオンプランツ	サトイモ、ミツバ
種イモ	寿命1年以内

ショウガ栽培暦

▲：種イモの植え付け　□：収穫　☆：種イモの採取

コンパニオンプランツとの混植例

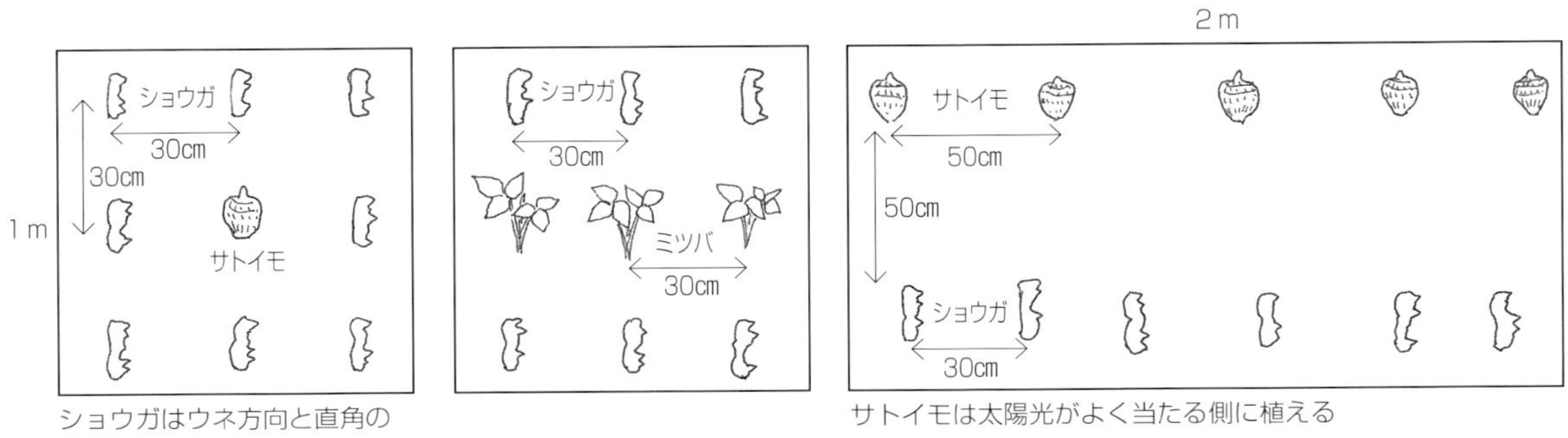

ショウガはウネ方向と直角の向きに

サトイモは太陽光がよく当たる側に植える

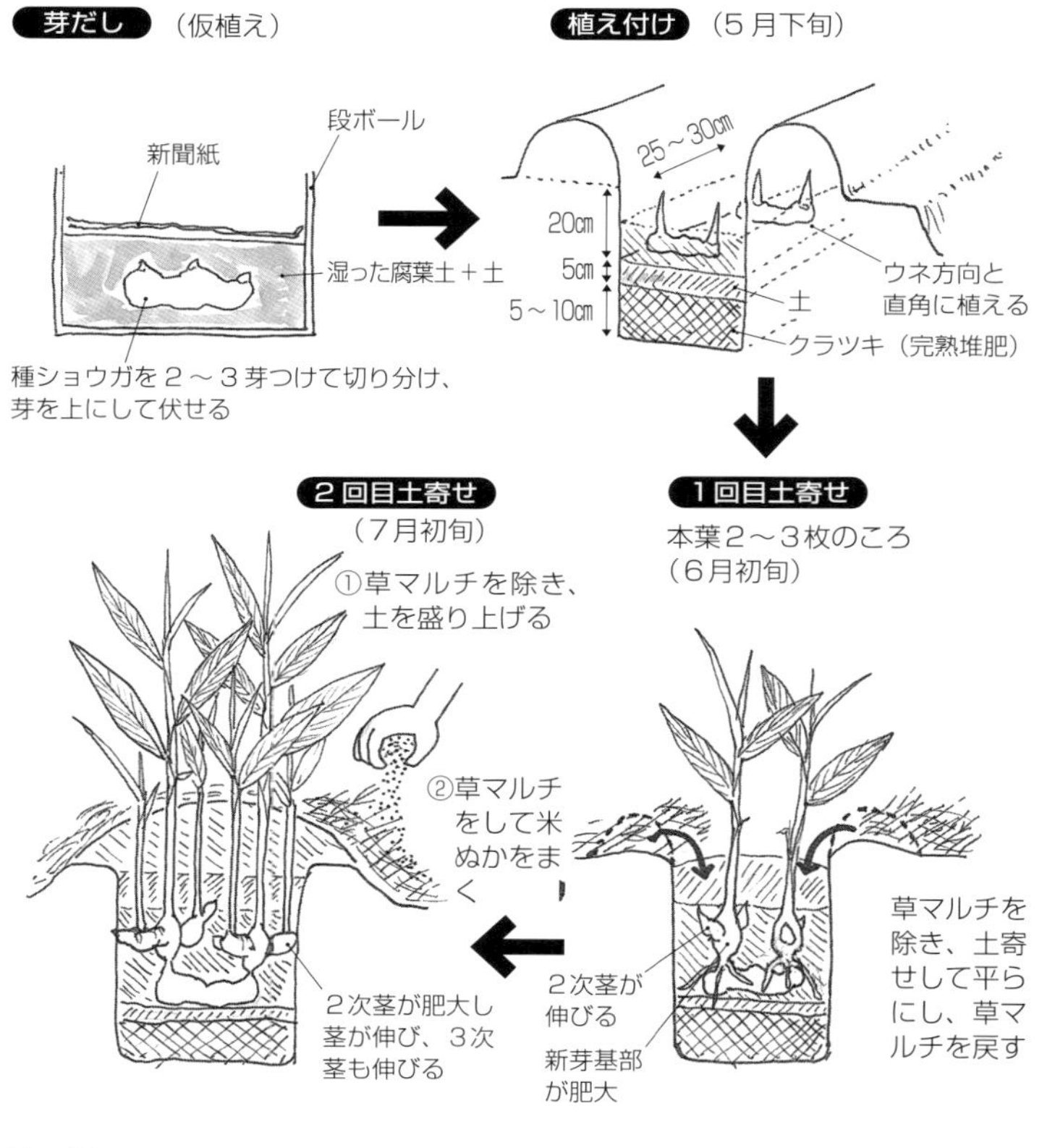

植え付けと土寄せ

植えると効果的です。植え付け適期前にコンテナなどに種ショウガを仮植えして、腐葉土と土を1対1に混ぜたものをかけて暖かい場所で保温して、萌芽した芽が1～2㎝程度になってから植えると生育が早まります。

●土寄せと管理

ショウガは単子葉植物なので、まっすぐな新芽を出します。草刈りはこの新芽が出て地温が高くなるまでしっかり行ないます。草刈りの際に新芽を折ったり、刈ってしまうと再生しないので、草刈りには細心の注意が要ります。

本葉が2～3枚になったころ（6月初め）に1回目の土寄せをし、穴を埋めてしまいます。その1ヵ月後（7月初め）に2回目の土寄せをこんもりと盛り上げ、草マルチを株元までたっぷりと厚くします。土ステージ2以下の場合、草マルチの上から米ぬかを補ってあげます。

梅雨明け後の30℃を超す真夏は、再度伸びてきた草をあえて伸ばし、半日陰を作るのも手です。

●健康診断と対策

未熟や腐敗堆肥を大量に使うと、病虫害にかかりやすくなります。完熟堆肥をクラツキで、1ヵ月前にもって土によくなじませることが大切です。もし葉が黄化したり枯れ始めた株は、伝染する腐敗病の可能性が高いので、抜き取って処分し伝染を防ぎます。

葉にアワノメイガやハスモンヨトウなどの幼虫の食害を見つけたら捕殺し、ひどいときはネットをかけて親の蛾の飛来を予防します。

●収穫

筆ショウガは、葉が3～4枚になったら、種ショウガが抜け出ないように親茎の株元を手で押さえて、新芽だけを切り離すように引き抜きます。葉ショウガは葉が5～6枚のころに同様に引き抜きます。根ショウガは茎葉が黄色くなってきたら、霜が降りる前にスコップで塊茎を掘り上げます。春に植えた種ショウガも、ひねショウガとして、すりおろして薬味などに利用できます。

収穫した根ショウガは寒さに弱く、13℃以下になると腐敗が始まるので、プランターなど土の中に仮植えし、13～16℃を保てる冷暗所で乾燥させないように保存します。

●保存法

ショウガはカビやすく鮮度を保つことがむずしいので、スライスして冷凍保存するか、スライスし細かく刻んで酒や蜂蜜などに漬けて保存すると、一年中使え重宝します。

またショウガシロップを作っておくと、紅茶に入れてインド風紅茶「チャイ」や炭酸で割った「ジンジャエール」が楽しめます。

●自家採種

暖地・温暖地では、地温が13℃以下にならないように土を1m以上掘り、種ショウガを埋め、ミミズを投入して、さらに土、もみがらを重ねて保存します。ミミズが腐敗菌を食べてくれるため、カビで種ショウガが腐るのを防いでくれます。段ボール箱などに土といっしょに入れて室内で保存することもできます。

寒冷地や寒地では、種ショウガの冬越しはなかなかむずかしいものです。

広い自然菜園のリレー栽培プラン

24頁の自然菜園のリレー栽培は、100㎡以内の主に自給野菜を育てる菜園向きです。100㎡（1a）以上の広い畑の場合は、是非、大豆や麦を混植や緑肥作物としてだけでなく、収穫を目的にリレーに加えてみてください。100㎡あれば、1人分の1年間の野菜だけでなく、豆腐、味噌や醤油、うどんやお菓子用の大豆や小麦も自給できます。

図は6.5×16ｍの畑（130㎡）のリレー栽培の略図（実際は春作も秋作もこの2倍）です。ウネは幅1.5ｍと広くして3条を基本に育てます。

大豆と小麦をリレー栽培では、

A春野菜→大豆

B夏野菜→小麦・越冬野菜

Cウネ　小麦・越冬野菜→秋野菜

の3種類のウネを同じ面積で作り、A→B→C→Aの順で3年1回転のリレー栽培をします。

A春野菜→大豆のウネには、1.5ｍウネに3条にダイズだけをまくか、2条にしてその間に春野菜を育てます。夏までに春野菜は収穫となり秋は大豆だけになります。大豆の枝や鞘は草マルチや堆肥、踏み込み温床の材料になります。

B夏野菜→小麦・越冬野菜のウネは、大豆の後作となるので土が豊かになり、果菜が最後まで元気よく育ちます。果菜の収穫後の晩秋に、小麦を条間50㎝の3条にまきます。また、エンドウやソラマメ、タマネギなどの越冬野菜も育てます。

Cウネ　小麦・越冬野菜→秋野菜のウネは、初夏に小麦や越冬野菜の収穫後に、秋の根菜や葉菜やネギ類の苗を育てます。肥えた果菜の後を小麦がさらに深く耕してくれているので、ダイコンやゴボウなどの根菜やハクサイやキャベツなどの結球野菜も素直に育ってくれます。小麦のワラは夏果菜ウネのマルチにします。

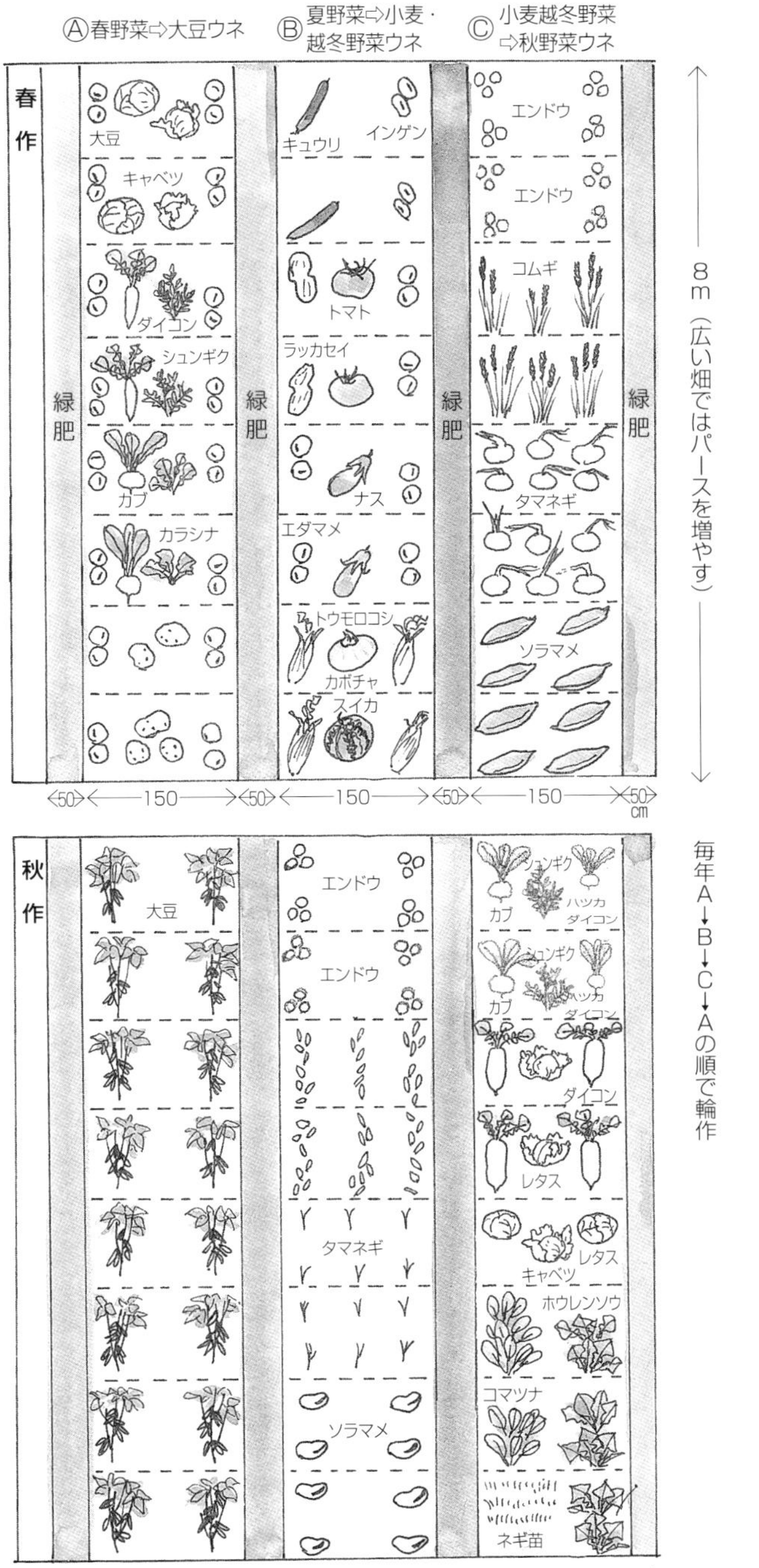

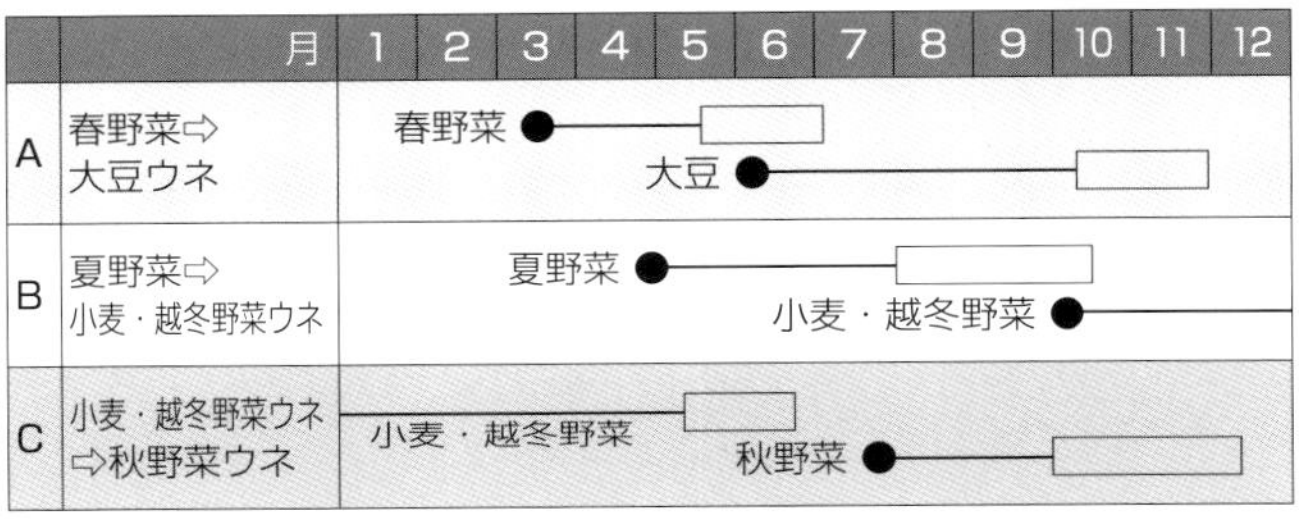

著者略歴

竹内 孝功（たけうち　あつのり）

1977年、長野県生まれ。2001年、中央大学経済学部国際経済学科卒。
19歳で、福岡正信著『わら一本の革命』と出会い、東京都日野の市民農園で自然菜園を始める。卒業後勤めた某自然食品店店長を辞し、本格的な自然農・自然農法の修行に入る。（財）自然農法国際研究開発センターの研修を経て、自給自足Lifeを開業し、菜園教室「Azumino自給農スクール」「あずみの自然農塾」などを開催する。現在、各菜園スクールをはじめNHKカルチャーなどで講師を務める。自然菜園コンサルタント。

著書『コンパニオンプランツで　失敗しらずのコンテナ菜園』（家の光協会）

ホームページ：@自給自足Life　http://39zzlife.jimdo.com/

これならできる！ 自然菜園 ― 耕さず草を生やして共育ち ―

2012年 8 月30日　第1刷発行
2024年 6 月 5 日　第18刷発行

著者　竹内 孝功

発行所　一般社団法人 農山漁村文化協会
郵便番号　335-0022　埼玉県戸田市上戸田2-2-2
電話　048（233）9351（営業）　048（233）9355（編集）
FAX　048（299）2812　振替 00120-3-144478

ISBN 978-4-540-10197-7
〈検印廃止〉

Printed in Japan

DTP制作／條 克己
印刷／㈱ 光陽メディア
製本／根本製本 ㈱
定価はカバーに表示

乱丁・落丁本はお取り替えいたします